O leitor de Marx

José Paulo Netto
organizador

O leitor de Marx

2ª edição ampliada

CIVILIZAÇÃO BRASILEIRA
Rio de Janeiro
2022

Copyright da organização © José Paulo Netto, 2012

Todos os direitos reservados. É proibido reproduzir, armazenar ou transmitir partes deste livro, através de quaisquer meios, sem prévia autorização por escrito.

Texto revisado segundo o novo Acordo Ortográfico da Língua Portuguesa.

Direitos desta edição adquiridos pela
EDITORA CIVILIZAÇÃO BRASILEIRA
Um selo da
EDITORA JOSÉ OLYMPIO LTDA.
Rua Argentina, 171 — Rio de Janeiro, RJ — 20921-380 — Tel.: (21) 2585-2000.

Seja um leitor preferencial Record.
Cadastre-se no site www.record.com.br
e receba informações sobre nossos lançamentos e nossas promoções.

Atendimento e venda direta ao leitor:
sac@record.com.br

CIP-BRASIL. CATALOGAÇÃO NA PUBLICAÇÃO
SINDICATO NACIONAL DOS EDITORES DE LIVROS, RJ

L557
2. ed.

O leitor de Marx / organização José Paulo Netto. – 2. ed. ampl. – – Rio de Janeiro : Civilização Brasileira, 2022.
504p.

ISBN 978-65-5802-033-2

1. Marx, Karl, 1818-1883 – Visão política e social. 2. Ciências sociais – Filosofia. I. Netto, José Paulo.

21-71482

CDD: 335.4
CDU: 330.85

Meri Gleice Rodrigues de Souza – Bibliotecária – CRB-7/6439

Impresso no Brasil
2022

Sumário

INTRODUÇÃO 7
CRONOLOGIA 35
BIBLIOGRAFIA 39

1. EMANCIPAÇÃO POLÍTICA E EMANCIPAÇÃO HUMANA 49
2. PARA A CRÍTICA DA FILOSOFIA DO DIREITO DE HEGEL. INTRODUÇÃO 73
3. TRABALHO ALIENADO, PROPRIEDADE PRIVADA E COMUNISMO 91
4. PROUDHON, A ECONOMIA POLÍTICA E A MISSÃO DO PROLETARIADO 123
5. ELEMENTOS FUNDANTES DE UMA CONCEPÇÃO MATERIALISTA DA HISTÓRIA 133
6. TESES SOBRE FEUERBACH 161
7. SOBRE A *FILOSOFIA DA MISÉRIA* — UMA CARTA A P. V. ANNENKOV 167
8. MANIFESTO DO PARTIDO COMUNISTA 183
9. O FENÔMENO BONAPARTISTA 217
10. INTRODUÇÃO [A *CRÍTICA DA ECONOMIA POLÍTICA*] 235
11. PREFÁCIO A *PARA A CRÍTICA DA ECONOMIA POLÍTICA* 267
12. VALOR, TRABALHO E MAIS-VALIA. O CONFRONTO ENTRE TRABALHO E CAPITAL 275
13. EXTRATOS D'*O CAPITAL. CRÍTICA DA ECONOMIA POLÍTICA* 311

    13.1 Economia política e lutas de classes 313

    13.2 A mercadoria: valor e fetichismo 316

    13.3 Dinheiro e capital 334

    13.4 A força de trabalho e seu valor 338

    13.5 Processo de trabalho e produção de valor 346

    13.6 Capital constante e capital variável 356

    13.7 A taxa de mais-valia 365

    13.8 Mais-valia: absoluta e relativa 371

13.9 A acumulação capitalista e sua lei geral 378
13.10 A queda da taxa de lucro 393
13.11 O reino da liberdade 398
13.12 Trabalho produtivo no sistema de produção capitalista 400
14. A COMUNA DE PARIS 405
15. OBSERVAÇÕES À MARGEM DO *PROGRAMA DO PARTIDO OPERÁRIO ALEMÃO* 423

NOTAS 445

ÍNDICE 501

Introdução

José Paulo Netto

A obra de Karl Marx, por sua significação teórica, é um marco na cultura ocidental e, por seu impacto sócio-histórico, tem relevância universal. Ele instaurou as bases de uma teoria da sociedade burguesa que, fundada numa ontologia social nucleada no trabalho, permanece no centro das polêmicas relativas à natureza, à estrutura e à dinâmica da sociedade em que vivemos; e a investigação a que dedicou toda a vida foi norteada para subsidiar a ação revolucionária dos trabalhadores, cujo objetivo — a emancipação humana — supõe a ultrapassagem da ordem social comandada pelo capital.

Teórico e homem de ação, pesquisador e militante, Marx foi invocado, ao longo do século XX, por aqueles que se empenharam na crítica radical da sociedade burguesa e nos processos prático-políticos de libertação nacional, de luta anti-imperialista e de construção socialista. Intelectuais da mais diferente extração pautaram suas reflexões inspirados em Marx e milhões de homens e mulheres, jovens e velhos, nas mais diversas latitudes, protagonizaram combates e experiências em nome de suas ideias — ou de ideias a ele atribuídas, uma vez que seu legado foi objeto de múltiplas interpretações, vulgarizações, deformações etc. Reativamente, intelectuais conservadores desqualificaram a obra de Marx e líderes burgueses demonizaram seu pensamento. Idolatrado ou odiado, Marx foi um contemporâneo de todos os que viveram o século XX.

A crise terminal do "socialismo real", nos anos 1980-1990, por um momento pareceu levar Marx para o museu das antiguidades. Mas foi apenas aparência, e momentânea: na entrada do século XXI, a barbarização da vida social em nossas sociedades, a insustentabilidade (também ecológica) do padrão de crescimento capitalista, a reiteração das crises econômicas, o aprofundamento das desigualdades e a agudização exponenciada e planetária da "questão social" fazem Marx retornar ao palco da história no calor da hora. Nada indica que esse senhor sairá de cena tão cedo.

É oportuno, portanto, examinar (ou reexaminar) seu pensamento, recorrendo diretamente à fonte original. Este volume[1] pretende fornecer um elenco de textos marxianos que, com seu caráter expressivo da totalidade da obra marxiana, estimule esse exame (ou reexame) necessário, em alguma medida subsidiado pelas informações contidas nas páginas desta introdução.

DA VIDA UNIVERSITÁRIA À VIDA POLÍTICA

Marx nasceu a 5 de maio de 1818, em Tréveris (Renânia), segundo dos oito filhos de Heinrich Marx (1782-1838), um advogado que admirava Voltaire, e Henriette Pressburg (1787-1863) — ambos de ascendência judaica.

Concluídos os estudos fundamentais na cidade natal, em outubro de 1835 Marx desloca-se para Bonn, em cuja universidade frequenta o curso de direito. No ano seguinte, depois de ficar noivo, em segredo, de uma amiga de infância, Jenny von Westphalen (1814-1881), transfere-se para a universidade de Berlim. Aí tem suas primícias literárias (poesia, teatro), participa de um cenáculo de intelectuais hegelianos (o *Doktorklub*) e trava relações, entre outros, com os irmãos Bauer (Bruno, 1809-1882, e Edgar, 1820-1886) e Karl Köppen (1808-1863). A pouco e pouco, seus interesses dirigem-se para a filosofia, estimulado por Bruno Bauer, que lhe sugere a carreira universitária.

À época, a Alemanha, sem experimentar as transformações próprias à revolução burguesa, não se erguera como um Estado nacional moderno: a Confederação Germânica, sob o comando da Prússia, era um conjunto de quase quatro dezenas de Estados, com sistemas de representação política diversificados e restritivos, ausência de laicização, burocracias de raiz feudal e submetida à dominação da

---

[1] O organizador deste volume agradece o suporte editorial que lhe foi oferecido por Marina Vargas e Andreia Amaral, bem como a inestimável colaboração do professor Vicente Azevedo de Arruda Sampaio.

nobreza fundiária. Esse atraso — a "miséria alemã", notável quando se comparava a persistência do Antigo Regime na Confederação Germânica com a nova ordem social que se consolidava na França, na Inglaterra, na Bélgica e nos Estados Unidos — contrastava com a grandeza da sua filosofia clássica, que culminara na obra de Hegel (1770-1831).

A sombra de Hegel se projetava para além de sua morte: na cultura alemã, nas duas décadas que se seguiram à morte do filósofo, disputava-se a sua herança — de um lado, alinhavam-se aqueles que extraíam do seu sistema conclusões conservadoras, a "direita hegeliana"; de outro, os que retinham de sua obra o método dialético, adequado à apreensão do movimento histórico, os "jovens" que constituíam a "esquerda hegeliana". O *Doktorklub* era um espaço privilegiado no âmbito dessa disputa, reunindo os "jovens" mais credenciados.

É no marco dessa polêmica que Marx se volta para a filosofia: a 15 de abril de 1841 obtém o grau de doutor na Universidade de Jena, com uma dissertação sobre as filosofias da natureza em Demócrito e Epicuro. O projeto de ingressar no magistério superior, porém, torna-se inviável: com a ascensão de Frederico Guilherme IV ao trono prussiano (1840), uma vaga reacionária se afirma e atinge também a universidade — e Bruno Bauer é dela excluído (outubro de 1841). Resta a Marx o ingresso na atividade jornalística: a partir de abril de 1842, começa a colaborar com a *Gazeta Renana*.

Esse jornal, criado a 1º de janeiro de 1842 em Colônia, era uma iniciativa dos setores burgueses da Renânia que animavam o débil liberalismo alemão, opondo-se ao reacionarismo de Frederico Guilherme IV. Marx não nutria ilusões liberais, mas suas convicções democráticas viam na *Gazeta Renana* um instrumento de combate à "miséria alemã". Seus primeiros artigos defendem a liberdade de imprensa (o que leva a censura a visá-los), tematizam a legislação que impede aos camponeses a apropriação da lenha e denunciam a miséria dos vinhateiros do Mosela. Suas intervenções dão-lhe destaque no quadro de colaboradores do jornal e, em outubro de 1842, ele se instala em Colônia e assume a sua direção. Conduzido por Marx, o jornal acentua a sua orientação crítica e as autoridades respondem com uma pressão constante sobre os seus proprietários. Ao perceber que estes tendem a capitular, Marx demite-se (18 de março de 1843) e logo depois o jornal é fechado (31 de março).

A experiência jornalística foi breve, porém significativa para Marx. De uma parte, foi obrigado a enfrentar a realidade imediata da vida política e social e constatou que a sua formação acadêmica era insuficiente para dar conta dos conflitos que moviam a sociedade — constatação que o estimulou a realizar estudos históricos e políticos. De outra parte, verificou o caráter vacilante do liberalismo alemão, incapaz de dar consequência à sua própria programática — verificação que o levou a aprofundar as suas convicções democráticas, tornando-as mais radicais. E uma das primeiras implicações dessa experiência foi o seu afastamento (que logo depois tornar-se-ia ruptura) dos seus amigos do *Doktorklub*, cada vez mais distanciados dos problemas da vida social e mergulhados num idealismo crescentemente abstrato. Anote-se que, para esse afastamento, contribuiu fortemente o impacto que causou em Marx a leitura da obra do hegeliano "de esquerda" Ludwig Feuerbach (1804-1872), publicada em 1841: *A essência do cristianismo*, livro em que a contraposição ao idealismo de Hegel se fazia pela afirmação de um materialismo sensualista.

O essencial da experiência da *Gazeta Renana* para Marx foi, todavia, a descoberta da *política*, não como atividade institucional, mas como dimensão necessária da vida social numa sociedade saturada de conflitos. Esta descoberta, para ele, não cancelou a relevância da reflexão filosófica, mas evidenciou os seus limites se divorciada de uma perspectiva de ação — e eis que ele se dedica, no segundo semestre de 1843, à leitura de pensadores políticos (Rousseau, Montesquieu) e de estudiosos da Revolução Francesa (Ludwig, Ranke, Wachsmuth).

A CAMINHO DO COMUNISMO: EMANCIPAÇÃO HUMANA E REVOLUÇÃO

A segunda metade do ano de 1843, cuja maior parte passa em Kreuznach, onde está vivendo Jenny, com quem se casa a 19 de junho,[2] é importante no trajeto intelectual de Marx. Com efeito, ele se propõe dois projetos imediatos: uma re-

---

[2] Marx e Jenny tiveram sete filhos: Jenny (1844-1883), Laura (1845-1911), Edgar (1846-1855), Heinrich Guido (1849-1850), Franziska (1851-1852), Eleanor (1855-1898) e um menino que mal sobreviveu ao nascimento (1857). Helene Demuth (1823-1890), criada que se agregou à família Marx em 1846, teve um filho, Frederick (1851-1929), do qual, segundo todas as indicações, Marx era o pai.

visão do pensamento político de Hegel e a criação de um periódico que vincule a filosofia à intervenção política.

A preocupação com o pensamento político de Hegel, fundamentalmente com a relação que o filósofo estabelecia entre Estado e sociedade civil, vinha de 1842. Mas é nesse segundo semestre de 1843 que Marx examina a fundo a *Filosofia do direito* hegeliana num manuscrito (conhecido como *Manuscrito de Kreuznach* ou, ainda, *Crítica da filosofia do direito público de Hegel*, inédito até 1927) em que, sob a direta influência de Feuerbach, desconstrói as formulações hegelianas. Paralelamente, redige uma crítica, a que adiante nos referiremos, a Bruno Bauer, seu companheiro no *Doktorklub*.

É também desses meses de 1843 o projeto de um novo periódico, elaborado em parceria com Arnold Ruge (1802-1880), hegeliano "de esquerda" cuja trajetória política não superaria o liberalismo. Em função desse projeto, Marx deixa a Alemanha em outubro e se estabelece em Paris, onde travará relações com o poeta Heinrich Heine (1797-1856) e com o influente socialista francês P.-J. Proudhon (1809-1865).

O periódico — *Anais Franco-Alemães* — conhece apenas um número, editado em Paris em fevereiro de 1844. Marx e Ruge pretendiam vincular a elaboração política dos franceses à reflexão filosófica alemã. Para tanto, solicitam a colaboração de pensadores franceses e alemães e é nele que comparece o texto de um jovem então vivendo na Inglaterra, que Marx conhecera rapidamente na redação da *Gazeta Renana*, Friedrich Engels (1820-1895) — o artigo do moço, "Esboço de uma crítica da economia política", impressionará decisivamente Marx, como veremos adiante.

Nos *Anais Franco-Alemães* saem dois textos de Marx, que assinalam um giro no seu desenvolvimento teórico-político — assinalam, de fato, *a sua incorporação do materialismo e o seu trânsito do radicalismo democrático à perspectiva revolucionária.*

No primeiro deles, *Para a questão judaica* — redigido ainda em Kreuznach e reproduzido parcialmente adiante, às pp. 49-71, Marx critica as formulações, recém-publicadas, de Bruno Bauer acerca da "questão judaica". Muito brevemente, a "questão judaica" consistia nas restrições (operantes desde 1816) aos direitos políticos dos judeus na Alemanha — que lhes proibiam, por exemplo, o exercício de funções nos organismos de Estado. Para Bauer, agora vinculado a um grupelho conhecido como *os livres de Berlim*, a igualdade legal de direitos, própria da emancipação política, supunha um Estado ele mesmo emancipado da religião — no fundo, para Bauer, que defendia o Estado laico, o ateísmo era a condição para a emancipação política; assim, ele recomendava aos judeus, na sua luta pela igualdade de direitos, o combate prioritário à sua própria religião.

Marx afasta-se de seu ex-companheiro do *Doktorklub* porque considera a sua proposição insuficiente para a luta dos judeus; mas, sobretudo, critica Bauer pelo fato de conservar a questão em termos religiosos. Materialisticamente, Marx se nega a converter as questões mundanas (a emancipação política) em querelas religiosas (cristianismo/judaísmo): quer transformar estas últimas em questões mundanas (políticas).

Por isso Marx centra a atenção no Estado: mesmo quando este se laiciza (deixa de ser cristão e torna-se político *stricto sensu*), instaurando-se como comunidade política, na qual o homem se reconhece como um *ser público*, a vida prática decorre mesmo é na sociedade civil, na qual o homem age como *indivíduo*, pessoa privada. E assim age porque movido pelo egoísmo, componente inevitável da vida social fundada na propriedade privada e nas relações mediadas pelo dinheiro — relações que já eram objeto da crítica de outro "jovem hegeliano" convertido ao comunismo e com o qual mantinha relações, Moses Hess (1812-1875). Para Marx, essa cisão (emblemática do que chamará de *alienação*) entre ser público/indivíduo, devida ao egoísmo, à necessidade prática e ao poder do dinheiro, realiza-se sob as condições da emancipação política (isto é: sem relações de dependência pessoal e com a igualdade formal de direitos) e sob o Estado político (inteiramente laico) — logo, o Estado político pode assegurar a emancipação política, mas não pode garantir a *emancipação humana*, que implica o fim da alienação (o poder da propriedade privada e do dinheiro) e garante a liberdade real e concreta de todos os homens. Marx descobre então que aquilo que outros chamarão depois de *espírito do capitalismo* está bem tipificado no *judaísmo*: o culto do poder do dinheiro. Mas, atenção: o judaísmo não é uma "característica" do "judeu" (e, portanto, não há, na posição de Marx, nenhum "antissemitismo") — é, antes, a característica da sociedade em que a distinção Estado político/sociedade civil, com a propriedade privada e as relações mediadas pelo dinheiro, apenas expressa, abertamente, a fratura do homem em ser público (o *cidadão*) e indivíduo privado (o *burguês*). É nessa linha de análise que, em vez de considerar a "questão judaica" um problema religioso, Marx afirma que "a emancipação *social* do judeu é a *emancipação da sociedade relativamente ao judaísmo*".

Segundo Marx, "só quando o homem individual retoma em si o cidadão abstrato e, como homem individual — na sua vida empírica, no seu trabalho individual, nas suas relações individuais —, se tornou *ser genérico*; só quando o homem reconheceu e organizou as suas *forces propres* como *forças sociais* e, portanto, não separa mais de si a força social na figura da força *política* — [é] só então [que] está consumada a emancipação humana" (cf., adiante, a p. 72). Entretanto, em *Para a questão judaica*, ele não tematiza as condições que podem conduzir à emancipação humana, o que fará no outro texto publicado nos *Anais Franco-Alemães*, sob o título *Para a crítica da filosofia do direito de Hegel. Introdução* — redigido provavelmente em dezembro de 1843/janeiro de 1844 e reproduzido integralmente adiante, às pp. 73 e ss.

Para superar a "miséria alemã", Marx está convencido de que são necessárias intervenções teóricas e práticas; no caso das primeiras, o caminho está desobstruído pela crítica da religião — o materialismo já fornece, na Alemanha, as bases necessárias para a crítica teórica; mas não bastam as *armas da crítica*, é necessária a *crítica das armas*: o que significa, em Marx, a urgência de vincular teoria *e* prática. Se o Estado alemão, evidência daquela "miséria", é um anacronismo, a teoria alemã do Estado (a de Hegel) é contemporânea à realidade histórica — para Marx, aliás, os alemães só são contemporâneos do presente no domínio espiritual (filosófico). A crítica dessa teoria e de seu objeto, *operada na teoria e na prática*, atende, pois, não só a interesses dos alemães, mas a interesses universais — contudo, a viabilidade da emancipação humana, inscrita na filosofia que a exige, depende de um sujeito histórico para o qual essa emancipação é uma questão de vida ou morte. Pela primeira vez nos escritos de Marx, esse sujeito é identificado — o *proletariado* — e sua tarefa histórica assinalada — a *revolução*. A emancipação humana, assim, é posta na dependência da revolução: a realização prática da exigência filosófica (a liberdade) é a missão da classe operária que, executando-a, se suprime como classe porquanto suprime a existência da sociedade de classes — eis a formulação marxiana: "A *cabeça* dessa emancipação é a *filosofia*, seu *coração* o *proletariado*. A filosofia não pode se realizar efetivamente sem a suprassunção do proletariado, o proletariado não pode suprassumir-se sem a realização efetiva da filosofia" (cf., adiante, a p. 89).

A OPÇÃO COMUNISTA E A MATURAÇÃO TEÓRICA DE MARX

O estágio alcançado pela reflexão de Marx, tal como o documentam os dois textos que acabamos de mencionar, inscreve-o num campo ideopolítico que impede a continuidade de sua colaboração com o liberal Arnold Ruge — e o rompimento entre eles sela o fim dos *Anais Franco-Alemães*. Marx, no primeiro trimestre de 1844, ingressa claramente no campo da crítica radical à sociedade capitalista e passa a se identificar como revolucionário. De fato, ele faz uma escolha, uma opção: torna-se *comunista*.

Ao longo de todo esse ano, Marx frequenta os meios operários franceses, contacta pensadores socialistas — nomeadamente Proudhon — e liga-se aos trabalhadores emigrados alemães (escrevendo, inclusive, em sua imprensa, notadamente no *Avante!*). Começa aqui uma relação, a relação com os trabalhadores, que dará sentido à vida e à pesquisa de Marx — o comunismo marxiano, na medida em que sua opção toma corpo, é um comunismo *proletário*: Marx faz uma opção *de classe*. Ele tem plena consciência de que não é um proletário, nem quer fazer-se passar como tal — sem abrir mão de sua condição de intelectual, que lhe impõe requisições específicas (teóricas), vincula-se ao proletariado, assumindo a sua *perspectiva de classe e os seus interesses emancipatórios universais*.

É já esse Marx comunista que se põe uma tarefa teórica específica: se percebera, desde o *Manuscrito de Kreuznach*, que a compreensão do Estado supunha a compreensão da sociedade civil, agora — em 1844 — dirige-se à análise do que chamará de "anatomia da sociedade civil". Para essa análise, não bastam considerações filosóficas; é preciso explorar outra via — e o rumo das suas investigações foi definido pela mencionada contribuição de Engels aos *Anais Franco-Alemães*: o artigo enviado da Inglaterra indicou a Marx que um conhecimento profundo e radical da sociedade civil só poderia ser elaborado com base na *crítica* da economia política. É por influência de Engels, que se tornara comunista antes dele, que Marx

INTRODUÇÃO

descobre a economia política e, a partir de abril de 1844, dedica-se intensivamente ao estudo dos seus teóricos (A. Smith, D. Ricardo, J. Mill, Mac-Culloch, Boisguillebert, Say, Sismondi).

Um dos principais resultados desse primeiro encontro de Marx com a economia política são os *Manuscritos econômico-filosóficos de 1844* (também conhecidos como *Manuscritos econômico-filosóficos de Paris*, inéditos até 1932). Nesse conjunto de três manuscritos, redigidos entre abril e agosto de 1844 e a que está apenso um importante excurso sobre a *Fenomenologia do Espírito*, de Hegel, registra-se um momento seminal da reflexão marxiana: ainda sem se apropriar da riqueza teórica da economia política, Marx começa a elaborar a sua concepção ontológica do homem como *ser prático e social*. Ele desenvolve sua reflexão situando o *trabalho* como a objetivação primária por meio da qual o homem se autoconstituiu e concebe a *essência humana* como estrutura radicalmente *histórica*, cujo aviltamento se expressa na *alienação*, que tem suas raízes especialmente na *propriedade privada*. Marx mostra como o *trabalho assalariado* aliena o trabalhador de si mesmo, dos outros homens e da natureza tanto quanto aliena também o capitalista (cf., adiante, as pp. 94 e ss.). Mas a ultrapassagem da alienação só pode ser uma *necessidade* para os trabalhadores: a supressão da propriedade privada, com o comunismo, é o "momento da emancipação e da recuperação humanas" — o comunismo, pois, não é o fim da história, mas a forma da sociedade humana (cf., adiante, a p. 121). Os *Manuscritos de 1844* começam a dar concreticidade ao *humanismo* de Marx: a crítica das categorias da economia política, neles iniciada, está direcionada para o projeto da emancipação humana que pode constituir uma livre sociabilidade que confira aos indivíduos a consciência do seu pertencimento ao *gênero humano*.

Já estavam redigidos tais manuscritos quando, em finais de agosto, retornando da Inglaterra, Engels visitou Marx em Paris. Esse foi, de fato, um encontro histórico: dando início a uma amizade que os uniria por toda a vida, inaugurou uma exemplar colaboração intelectual e política. Se ambos tinham chegado ao comunismo por vias diversas, a essa altura havia entre eles uma autêntica comunhão de ideias e de projetos.

O mais imediato era uma crítica às teses sustentadas pelos *livres de Berlim* — o grupelho liderado por Bruno e Edgar Bauer, que, a partir de finais de 1842, deixando para trás suas posturas oposicionistas anteriores, derivaram para um aberto antipoliticismo, postulando para a filosofia o papel de uma "crítica crítica" elitista e anarquizante. Redigido principalmente por Marx entre setembro e novembro de 1844 e publicado em fevereiro de 1845, o irônico e contundente *A sagrada família ou A crítica da Crítica crítica. Contra Bruno Bauer e consortes* centra-se na crítica dos antigos "jovens hegelianos", especialmente nas suas concepções idealistas — o livro, realmente, dá início ao balanço da filosofia pós-hegeliana que Marx e Engels desenvolveriam logo mais. Em contraposição àquelas concepções, Marx não só consolida a sua postura materialista, mas prossegue na crítica da economia política e na sinalização do protagonismo histórico da classe operária (cf., adiante, as pp. 123 e ss.).

Os dias de Marx em Paris, contudo, estavam contados. Com efeito, a Prússia, ao longo de 1844, pressionou o governo francês para impedir a circulação do *Avante!*; atendendo a tais pressões, Guizot, ministro do Interior, ordenou a expulsão dos principais colaboradores do jornal e assim, em princípios do ano seguinte, Marx é obrigado a exilar-se na Bélgica — residirá em Bruxelas de fevereiro de 1845 a março de 1848. Aí, a sua reflexão avançará e chegará a um novo estágio, fomentada pelo estreitamento de seus vínculos com organizações de trabalhadores e pelas polêmicas que mantém com socialistas contemporâneos — num andamento que logo o tornará conhecido e respeitado nos círculos revolucionários.

Em Bruxelas, Marx continua estudando num ritmo assombroso (ocupa-se da economia política, dos "socialistas utópicos", de demografia e da história da maquinaria, da tecnologia e do desenvolvimento bancário). Todo esse acúmulo vai subsidiar a base para dois documentos fundamentais da arquitetura da obra marxiana. O primeiro, as *Teses sobre Feuerbach* (reproduzido integralmente adiante, às pp. 161-166), foi redigido por Marx na primavera de 1845, permanecendo inédito até 1888, quando Engels o divulgou; as onze teses marxianas não apenas reavaliam criticamente o materialismo de Feuerbach, antes valorizado por Marx — nelas se funda a concepção materialista dialética que seria desenvolvida intensivamente no segundo documento, escrito por Marx e Engels

INTRODUÇÃO

entre novembro de 1845 e abril de 1846, *A ideologia alemã*. Inédita até 1932, *A ideologia alemã* é muito mais que um balanço crítico da filosofia alemã pós-hegeliana: nela comparecem, pela primeira vez explicitamente, as originais concepções teórico-metodológicas que estarão na base da teoria social de Marx (cf., adiante, as pp. 133 e ss.). Não há risco de exagero se se afirma que, com as *Teses...* e com *A ideologia...*, Marx ascende a um novo patamar do seu itinerário intelectual — já domina o arcabouço do método de investigação que refinará ao longo dos dez anos seguintes. Cabe notar que a esse nítido progresso teórico de Marx não é alheia a viagem de estudos que, com Engels, fez à Inglaterra no verão (julho-agosto) de 1845.

Esse novo patamar teórico se revela no livro que redige em francês, entre fins de 1846 e abril de 1847, e que sai à luz no mês de julho: *Miséria da filosofia*. Trata-se de obra polêmica, em que Marx reduz a pó a argumentação que Proudhon expendera no recém-publicado *Filosofia da miséria* (1846); entretanto, a ácida crítica marxiana (cujos lineamentos Marx resumira em carta de 28 de dezembro de 1846 a Annenkov, que reproduzimos integralmente adiante, pp. 167 e ss.) não se esgota na denúncia da inépcia teórica de Proudhon — na *Miséria da filosofia*, Marx avança a sua primeira análise sistemática do modo de produção capitalista: historicizando as categorias econômicas, ele oferece (assumindo-se, pela primeira vez, como "economista") uma visão de conjunto da gênese, do desenvolvimento e das contradições desse modo de produção.

O confronto com Proudhon, de natureza teórica, era simultaneamente político: com a *Miséria da filosofia*, Marx enfrentava — demonstrando suas debilidades — uma influente corrente socialista que incidia muito além das fronteiras francesas. Essa polêmica é parte da interlocução crítica que, nesses anos, Marx travará, juntamente com Engels, com socialistas contemporâneos — de fato, no período de seu exílio belga, ele criticará, entre outros, W. Weitling (1808-1871), autodidata que defendia um grosseiro "comunismo igualitário", e H. Kriege (1820-1850), publicista do "socialismo verdadeiro".

Essa interlocução crítica adquire seu pleno significado se se considera que, nesses anos de Bruxelas, Marx e Engels aprofundam seus laços com o movimento operário e socialista. Em 1846, os dois tomam a iniciativa de criar os "comitês de correspondência comunista", com o objetivo de trocar informações e estabelecer vínculos entre os revolucionários do continente e da Inglaterra. Em agosto de 1847, Marx e Engels fundam, em Bruxelas, a *Sociedade Operária Alemã*, cujos membros eram, principalmente, operários alemães emigrados; é para eles que, na segunda quinzena de dezembro de 1847, Marx fez uma série de palestras que foram publicadas depois (1849) sob o título *Trabalho assalariado e capital* — nas quais estão presentes e mais explicitadas as determinações sobre a exploração do trabalho e as precisões teóricas contidas na *Miséria da filosofia*.

De todas as relações estabelecidas por Marx e Engels até então, a mais decisiva foi com a *Liga dos Justos* (cisão de uma antecedente *Liga dos Proscritos*). Composta especialmente por artesãos alemães emigrados, eivada de ideias conspirativas e nutrida de utopismos, a *Liga dos Justos* entra em crise nos meados dos anos 1840. No marco dessa crise, alguns de seus dirigentes — que desde antes já procuravam o apoio de Marx e Engels — ganham o respaldo de ambos para a realização de um congresso para revisar suas concepções, condição imposta por Marx e Engels para ingressar na organização. Em junho de 1847, a *Liga* se reúne num congresso em Londres (com a presença de Engels), transforma-se em *Liga dos Comunistas* e decide-se por um segundo congresso, precedido por uma ampla discussão acerca da sua reestruturação e das suas propostas programáticas. A discussão prolonga-se até que, novamente em Londres, reúnem-se noutro congresso delegados de vários países europeus, entre 29 de novembro e 8 de dezembro, com a presença de Marx e Engels. Os dois, eleitos para a direção central da *Liga*, são incumbidos de redigir o seu manifesto programático — é assim que, entre dezembro de 1847 e janeiro de 1848, eles se dedicam à elaboração do *Manifesto do partido comunista*, cujos primeiros 3 mil exemplares, em alemão, são publicados em Londres, na última semana de fevereiro de 1848.

O documento (reproduzido integralmente adiante, às pp. 183 e ss.) é profundamente inovador na tradição de "manifestos" inaugurada pelo que o professor Hobsbawm chamou de *era das revoluções*: é o primeiro, entre todos, que apresenta uma programática sociopolítica embasada teoricamente. As suas propostas não partem de uma prospecção utópica de um futuro a ser construído pela dedicação eticamente generosa de uma vanguarda ilustrada, mas da análise das possibilidades concretas postas na dinâmica histórica pelo desenvolvimento real da situação presente. Por isso, o comunismo não aparece somente como a aspiração a uma sociedade "em que o livre desenvolvimento de cada um é a condição para o livre desenvolvimento de todos" (cf., adiante, a p. 205); antes, é uma possibilidade concreta que se inscreve na dinâmica da realidade: o evolver da sociedade burguesa põe objetivamente a alternativa comunista (pelo florescer das forças produtivas, pela exigência de uma força de trabalho crescentemente organizada, pela interdependência de todos os países por meio da criação do mercado mundial e, sobretudo, pela radicalização da contradição entre a produção progressivamente socializada e a apropriação privada do excedente econômico).

A análise realizada no *Manifesto*... parte dos fundamentos materiais que, na sociedade burguesa, põem a possibilidade do comunismo e opera com as categorias teóricas que a pesquisa marxiana veio elaborando a partir de 1844 — assim, a referencialidade central radica na determinação do desenvolvimento histórico como dinamizado pelas *lutas de classes*, do regime do capital como fundado na *exploração* e da sua natureza *contraditória* e *historicamente transitória*, do Estado como um *poder de classe* e da *revolução* como processo protagonizado por massas de homens e mulheres *conscientemente organizados*, sob a direção da *classe operária*. Ao longo dos anos seguintes, Marx afinará suas categorias heurísticas, retificará várias delas à base de novas pesquisas e descobertas e da experiência histórica, articulará novas categorias — ou seja: no *Manifesto*..., as bases da sua teoria social ainda não se apresentam plenamente fundamentadas. Mas a referencialidade central aqui indicada manter-se-á sem alterações substantivas: até o fim de seus dias, Marx — nunca animado por uma esperança profética ou mística, mas sempre movido por convicções teóricas e políticas — sustentará tal referencialidade.

REVOLUÇÃO E EXÍLIO

Em fevereiro de 1848, quase simultaneamente à publicação do *Manifesto*..., a revolução explode em Paris e logo se espraia pelo continente. Faísca que incendeia a pólvora acumulada desde a reação promovida pela Santa Aliança, o processo eversivo abala o edifício europeu de ponta a ponta, experimenta auges e refluxos por quase dezoito meses, envolve exigências socioeconômicas, demandas políticas e aspirações nacionais e se conclui pela derrota das forças mais progressistas. O ano de 1848 foi um divisor de águas e adquiriu significado histórico-universal: esgotada a sua vocação emancipatória, a burguesia retrai-se no espaço do conservadorismo (ou do reformismo conservador) e o proletariado emerge na história como *classe para si*; a herança ilustrada da Modernidade, à direita, é ferida pelo emergente irracionalismo, ao centro degrada-se no positivismo e, à esquerda, é criticamente recolhida pelos revolucionários. No epicentro francês, a subsequente vitória eleitoral de Luís Napoleão demonstrou que conquistas democráticas podem ser neutralizadas e, na periferia europeia, foi breve *a primavera dos povos* — mas o mundo mudou.

A *Liga dos Comunistas* imerge no turbilhão e Marx faz a experiência da revolução *a quente*. O governo provisório da República Francesa cancela a sua ordem de expulsão e, nos primeiros dias de março, está em Paris; no fim do mês, organiza o retorno à Alemanha dos membros da *Liga* e redige, com Engels, as *Reivindicações do Partido Comunista na Alemanha*, panfleto logo divulgado e que constitui o primeiro programa concreto do proletariado numa revolução democrática. Regressado à Alemanha, entre abril e maio Marx prepara em Colônia o lançamento da *Nova Gazeta Renana*, "órgão da democracia" de que será o redator-chefe e que circulará de junho de 1848 a maio de 1849 — o jornal será de fato o dirigente da ala proletária na revolução e núcleo orientador da *Liga* (no interior da qual, aliás, se expressam divergências). Ademais das tarefas de redator-chefe e de editorialista, Marx, assim como Engels, firmou expressiva quantidade de artigos no periódico.

Na sequência da brutal repressão à insurreição do proletariado parisiense, que, entre 23 e 26 de junho de 1848, pôs na ordem do dia a instauração da *república democrática e social*, a contrarrevolução se articula em escala europeia. Na Alemanha, a partir de setembro, sucedem-se escaramuças que sinalizam uma agudização das lutas de classes e Marx se joga em febril atividade organizativa, tornada ainda mais urgente dadas as vitórias da contrarrevolução na Áustria, em outubro. Em novembro, Frederico Guilherme IV ensaia a repressão; depois de relativa acalmia nos primeiros meses de 1849, em maio os conflitos se agravam e explodem insurreições em várias cidades alemãs — Marx se desloca para algumas delas, conclamando as forças democráticas e proletárias à unidade para a resistência. No fim de maio, com a generalização da ofensiva contrarrevolucionária que prenuncia a derrota total do movimento, Marx é obrigado a retirar-se para a França, enquanto Engels ainda teima em combater de armas nas mãos.

A estada em Paris foi angustiante — com a capital em estado de sítio, Marx, inteiramente sem recursos, esperou semanas por sua família (Jenny e três filhos). Pressionado pelas autoridades, foi compelido a dirigir-se à Inglaterra: chegou a Londres, onde viveria exilado até o fim de seus dias,[3] a 26 de agosto (sua família se juntaria a ele semanas depois). Quanto a Engels, só em novembro aportaria à capital inglesa.

Mal se estabelece no exílio, Marx se empenha na organização de um periódico que dê continuidade à *Nova Gazeta Renana* — será a *Nova Gazeta Renana. Revista Político-Econômica*. É nela que, em 1850, único ano de vida da revista, Marx dá à luz uma série de três artigos (*De 1848 a 1849*), com um cuidadoso balanço do movimento revolucionário francês; muito depois (1895), Engels acrescerá a eles um quarto artigo, redigido por ambos em outubro de 1850, e os publicará sob o título de *As lutas de classes na França (1848-1850)*.

Durante todo o ano de 1850, Marx e Engels se esforçam, com outros revolucionários exilados, numa avaliação crítica do movimento derrotado, ao mesmo tempo que procuram reconstituir a *Liga dos Comunistas*, para que ela pudesse operar sob as novas condições; também intentam dar vida, com cartistas ingleses e blanquistas, a uma *Sociedade Internacional dos Comunistas Revolucionários*, que não prosperará. Em março de 1850, na atividade de reconstrução da *Liga*, Marx e Engels redigem uma *Mensagem do Comitê Central à Liga*; nesse documento, extraindo lições do processo que se iniciara em 1848, discutem a relação entre a necessidade das alianças do proletariado com outras frações de classes e a sua autonomia no curso da revolução democrática — é quando formulam a teoria da *revolução permanente*.

---

[3] Marx só voltará ao continente europeu em 1861 — a partir de então, fará várias viagens à Holanda e à Alemanha, viagens que, especialmente em busca de tratamento para a sua saúde abalada, nos anos seguintes prosseguirão incluindo outros países (a última das quais no segundo semestre de 1882).

Desses anos iniciais do exílio, o trabalho mais expressivo de Marx é aquele que se refere ao golpe de Luís Bonaparte, de 2 de dezembro de 1851, e que desaguaria, um ano mais tarde, na restauração imperial. Muito rapidamente, pois o enviou a Nova York (onde seria publicado em maio) em fins de março de 1852, Marx escreveu *O dezoito brumário de Luís Bonaparte* — trata-se de um autêntico paradigma de análise de conjuntura: partindo da análise da estrutura de classes da França, Marx estuda a correlação das forças políticas no processo de 1848 e o significado do golpe, ao mesmo tempo que desenvolve riquíssimas considerações sobre a natureza do Estado burguês e o fenômeno do *bonapartismo* (cf., adiante, as pp. 217 e ss.).

Ainda em 1851, ocupado com a solidariedade aos exilados, Marx tem de haver-se com problemas também na Alemanha: no bojo da vaga contrarrevolucionária, instauram-se processos contra os revolucionários presos em Colônia, em especial os membros da *Liga dos Comunistas*. Os processos vão se arrastar até 1852, e Marx mostra-se incansável na defesa de seus camaradas — redigiu, em dezembro de 1852, um panfleto (*Revelações sobre o processo dos comunistas de Colônia*), publicado em janeiro de 1853, no qual desmonta a farsa judiciária preparada pela reação.

Entre 1850 e 1852, como é frequente em face de derrotas políticas significativas, as divergências entre os exilados e no interior da própria *Liga* se acentuam e se convertem em antagonismos, levando a dissidências e a sectarismos, ademais de tagarelices, maledicências e cizânias (clima simultaneamente frívolo e doentio, que Marx e Engels ridicularizam num texto, *Os grandes homens do exílio*, escrito em maio-junho de 1852 e só publicado em 1930). Então, Marx e Engels — que, entrementes, mediante as suas análises de conjuntura, convenceram-se de que o momento revolucionário de 1848 estava esgotado — decidem dissolver a seção londrina da *Liga dos Comunistas* (17 de novembro de 1852), o que, de fato, significou o fim da organização.

Entendendo, a partir de suas análises, que a hora da reação chegara, Marx e Engels afastam-se de inócuas atividades partidárias. Engels já deixara Londres em novembro de 1850, para se estabelecer em Manchester, onde trabalhará até 1869 numa indústria têxtil de que sua família é coproprietária — e com seus ganhos contribuirá para a sobrevivência de Marx e sua família, e isso de forma sistemática a partir de finais dos anos 1860. Até lá, Marx viverá dos parcos e irregulares rendimentos propiciados por sua atividade jornalística (para jornais ingleses, do continente e norte-americanos), experimentando situações de penúria e de miséria, literalmente vexatórias.

1857/1865: UM *TOUR DE FORCE* INTELECTUAL

Sob péssimas condições de vida e trabalho, Marx retoma seus estudos sistemáticos de economia política, valendo-se especialmente do acervo documental do *British Museum*, de que se torna frequentador assíduo. Àquelas condições somam-se os primeiros sinais de deterioração da sua saúde (em março de 1853, manifesta-se-lhe uma hepatite), que se agravaria com o passar dos anos. As obrigações que tem como jornalista tomam-lhe tempo precioso e levam-no a interromper as suas pesquisas, mas lhe oferecem a oportunidade de analisar questões da Europa Meridional e Central e do Oriente, bem como de acompanhar o movimento bancário e bursátil e o comércio internacional — e tudo isso se reflete na sua larga e intensa produção jornalística. Por outro lado, a colaboração com Engels, mesmo com este em Manchester, não se reduz: a correspondência entre ambos, notavelmente regular e volumosa a partir de 1853, revela a fecundidade e a relevância dessa interação intelectual para a consecução da obra marxiana.

Marx sempre trabalhou obsessivamente: o "Mouro", seu apelido entre os mais próximos, lê tudo, devora livros, panfletos, jornais, documentos, publicações científicas. Poliglota, senhor de um estilo castigado, tem uma sede de saber fáustica, mas não é um erudito ou um pensador enciclopédico, cujos interesses vão da literatura clássica à matemática — antes, assemelha-se aos homens cultos do Renascimento, capazes de integrar totalizadoramente os conhecimentos numa visão de mundo radicalmente antropocêntrica. O período 1857-1865 — no qual realiza o *tour de force* intelectual de que resultarão suas principais descobertas teóricas — é expressivo do que acabamos de afirmar.

Foi uma quadra de enorme desgaste pessoal — e não só pelas precárias condições de vida já assinaladas. No fim dos anos 1850, a difícil relação, aliás nunca rompida, que mantinha com F. Lassale (1825-1864), escritor e publicista de esquerda muito influente na Alemanha, experimenta forte tensionamento. À mesma época, Karl Vogt (1817-1895), que se descobriu depois ser um agente de Napoleão III, divulgou um panfleto denegrindo a honra dos revolucionários e a *Liga dos Comunistas*, com acusações particularmente dirigidas a Marx — que perdeu tempo, saúde e energia para desmistificar a provocação no livro *O senhor Vogt* (publicado em 1860).

Pois é nesses anos que Marx, em sua plena maturidade intelectual e política, apoiado no acúmulo de quase quinze anos de estudos, levará a cabo, em três momentos, um *tour de force* que consolidará a sua crítica da economia política e assentará as bases da sua teoria social. A irrupção da crise econômica de 1857, com seu impacto mundial, pressionou Marx a dedicar-se à redação da obra que prometia desde a segunda metade dos anos 1840 a seus amigos (e a editores), uma *Crítica da economia política* — redação sempre postergada. De julho de 1857 a março de 1858, produzirá, num trabalho insano, um plano para a obra e os *manuscritos* só integralmente publicados em 1939-1941 sob o título *Elementos fundamentais para a crítica da economia política. Rascunhos. 1857-1858* (cuja decisiva "Introdução" reproduzimos adiante, às pp. 235 e ss.). A crítica da economia política, seu método e objeto, o exame histórico-sistemático das suas categorias, o tratamento do valor e a sua expressão monetária, o complexo capital/trabalho, a exploração do trabalho e a alienação — todos esses constituintes do modo de produção capitalista são examinados no seu movimento dialético. Nesses *manuscritos* tem-se, sem dúvida, o que Rosdolsky caracterizou como a gênese e a estrutura d'*O capital* — ainda que sob uma forma bruta e incompleta.

A partir de alguns dos resultados parciais até aí alcançados, Marx preparou, entre agosto e novembro de 1858, o livro que publicaria em junho do ano seguinte: *Para a crítica da economia política*. Afinada e polida, a exposição marxiana (precedida de um prefácio antológico, reproduzido adiante, às pp. 267 e ss.) contém dois enxutos capítulos: no primeiro, é analisada a estrutura da mercadoria, e no segundo, a do dinheiro e da circulação monetária.

Num segundo momento, entre 1861 e 1863 — quando foi obrigado a ocupar-se também com a defesa de L. A. Blanqui (1805-1881), revolucionário francês perseguido por Luís Bonaparte, com as mudanças sociais na Rússia (abolição da

INTRODUÇÃO

servidão, 1861) e com a guerra civil norte-americana —, Marx empreendeu a redação de mais um conjunto de manuscritos, volumoso material só integralmente publicado em 1976-1982. Também aqui, Marx não escreve para publicar — também esses manuscritos são o diagrama da sua pesquisa, da sua investigação, a serem objeto de uma formalização especial quando da publicação; por isso, como no caso dos anteriores, registra-se a existência de passagens inconclusas e pouco polidas estilisticamente. Mas a genialidade teórica se mostra a cada página: se, nesses manuscritos, uma parte importante trata da análise histórico-crítica dos economistas, essencial é a abordagem de questões relacionadas ao problema geral da produção do capital: transformação do dinheiro em capital, mais-valia, subsunção formal e real do trabalho ao capital, tecnologia e capital, acumulação e acumulação originária. E Marx avança, ainda, para a problemática da reprodução, enfrentando as relações entre mais-valia e lucro. Os manuscritos de 1861-1863, na realidade, contêm elementos dos vários livros d'*O capital*.

Enfim, o *tour de force* em questão — que expressa o apogeu intelectual de Marx — responde pela elaboração, entre 1863 e 1865, de um terceiro conjunto de manuscritos, menos volumoso que os dois anteriores e só publicado em 1988. Aqui, a análise marxiana centra-se em dimensões pouco exploradas nos manuscritos anteriores: a circulação do capital e as formas transformadas da mais-valia.

Nestes três conjuntos de manuscritos está *in flux* a investigação marxiana que descobriu, na sua riqueza e complexidade, a estrutura e a dinâmica — com suas tendências ("leis") fundamentais — e os limites imanentes do modo de produção capitalista. Está aí o que se poderia designar como as redações provisórias dos quatro livros da *opus magnum* inconclusa de Marx, *O capital. Crítica da economia política*. Mas a exposição nunca concluída[4] da sua investigação só começaria no ano seguinte — cerca de seis meses depois que, em junho de 1865, polemizando com um certo John Weston no interior do Conselho Geral da Internacional (que abordaremos mais à frente), Marx antecipou uma síntese dos resultados de suas

---

[4] De fato, Marx prosseguiu até 1879 pesquisando e buscando dar forma expositiva ao conteúdo dos três conjuntos de manuscritos citados — assim é que, entre 1865 e1870 e depois de 1877, pensando na forma do Livro I d'*O capital*, acumulou oito novos manuscritos; pensando na forma do Livro III, produziu novos manuscritos entre 1867 e 1870 e 1870 e 1879. Somente os manuscritos cujo conteúdo referia-se especificamente ao Livro IV (o terceiro conjunto acima referido, redigido em 1861-1863) não foram, posteriormente, enriquecidos de modo significativo.

pesquisas, só publicada em 1898, sob o título *Salário, preço e lucro* (de que oferecemos extratos adiante, às pp. 275 e ss.).

O CAPITAL: UMA OBRA INACABADA

A conversão da investigação em exposição foi mínima. Ela começou em janeiro de 1866; razões de saúde e a militância na Internacional interromperam-na várias vezes, e em abril de 1867 o texto estava pronto — numa tiragem de mil exemplares, saiu em Hamburgo, pela editora de Otto Meissner, em meados de setembro de 1867: *O capital. Crítica da Economia Política*. Era somente o Livro I, centrado no *processo de produção do capital* — de todo o enorme conjunto de manuscritos, apenas este Livro I foi preparado para publicação por Marx. Nem essa primeira versão, todavia, pode ser considerada definitiva: para a segunda edição (1873), Marx fez adições significativas ao texto — de fato, o Livro I só adquiriu sua feição última a partir da quarta edição alemã (1890), com a revisão de Engels a partir de outras anotações de Marx.

Marx prosseguiu seu trabalho até por volta de 1880, mas nunca chegou a uma redação final. Dois anos após a morte de Marx, ou seja, em 1885, saiu o Livro II, cujo objeto é *o processo de circulação do capital*, editado por Engels. E só quase dez anos depois, em 1894, veio à luz o Livro III, que trata do *processo global da produção capitalista* — a demora da publicação deveu-se ao estado dos materiais deixados por Marx, bastante desarticulados; por isso, no caso deste Livro III, cabe dizer que Engels foi muito mais que um editor, intervindo na sua estruturação. O Livro IV, uma história crítica do pensamento econômico (as *teorias da mais-valia*), veio à luz entre 1905 e 1910, sob a responsabilidade de Kautsky, numa edição bastante precária (somente nos anos 1950 foi possível contar com uma edição confiável).[5] Em síntese: essa *opus magnum* permaneceu de fato inconclusa — afora o Livro I, o restante d'*O capital* é menos uma obra finalizada que *um projeto/processo em curso, inacabado*, por mais que o esfor-

---

[5] A maioria das edições d'*O capital*, desde então, trata o Livro IV como obra autônoma — tem-se, pois, geralmente, duas "obras": *O capital*, composto pelos livros I, II e III (em seis ou cinco volumes, nas duas versões brasileiras), e *Teorias da mais-valia*, enfeixando o conteúdo do Livro IV (na única versão brasileira, em três volumes).

ço sistematizante de Engels (cujo mérito, quanto a isso, nunca será exagerado) produza impressão diferente.

Não cabe, aqui, esboçar qualquer "resumo" d'*O capital*[6] — mas é preciso dizer algo mais sobre a sua estrutura. O Livro I, *O processo de produção do capital*, trata basicamente da relação de produção determinante do modo de produção capitalista (MPC): *a exploração do trabalho assalariado pelo capital*. A análise parte da "célula" do MPC, a mercadoria, expõe os efeitos da mercantilização universal das relações sociais (o fetichismo), desvela a natureza do valor, mostra a transformação do dinheiro em capital, determina a peculiaridade da mercadoria força de trabalho, distingue capital constante de capital variável, descobre a essência da exploração do trabalho e precisa a sua natureza no trato da mais-valia — e traz à luz a lei geral da acumulação capitalista (de todas essas categorias e processos oferecemos extratos adiante, às pp. 311 e ss.). O Livro II, *O processo de circulação do capital*, apreende, na análise do *movimento do capital*, as metamorfoses do capital e os seus ciclos; a rotação do capital e a circulação da mais-valia, a reprodução e a acumulação são examinadas do ponto de vista da circulação. O Livro III, *O processo global da produção capitalista*, culmina a análise do modo de produção capitalista: Marx estuda-o como *unidade indissolúvel de produção e circulação*; a vigência efetiva da lei do valor é verificada e as formas concretas do capital (inclusive a do "capital produtor de juros") são estudadas em seu movimento; Marx também se ocupa da renda fundiária e, ainda, dos limites imanentes à produção capitalista, bem como da alternativa do "reino da liberdade" (também oferecemos adiante, pp. 393 e ss., extratos dessas elaborações). No Livro IV, o dedicado às *teorias da mais-valia*, para além da análise crítica do pensamento econômico (Steuart, os fisiocratas, Smith, Ricardo, Sismondi *et alii*), Marx tematiza a questão fundamental do *trabalho produtivo e improdutivo* (cf., adiante, as pp. 400 e ss.).

A análise exaustiva do modo de produção capitalista é a condição *necessária* para a compreensão totalizadora da sociedade burguesa, que nele se funda — afinal, desde *A ideologia alemã*, para Marx o conhecimento da sociedade demanda o conhecimento de como os homens organizam a produção material das condições da sua vida social. A crítica da economia política propicia o

---

[6] Para "resumos" ou condensações d'*O capital*, cf., adiante, a Bibliografia.

conhecimento dessa produção e, a partir dela, pode se desenvolver adequadamente a investigação sobre as instituições sociais e políticas, o *ethos* e a cultura, que exigem tratos específicos. Marx, em 1857, determinou com precisão o método que permite o conhecimento do modo de produção capitalista — aquele que "consiste em elevar-se do abstrato ao concreto", no qual "as determinações abstratas conduzem à reprodução do concreto por meio do pensamento" (cf., adiante, a p. 255) — por isso, o leitor não encontrará n'*O capital* definições e sim determinações, cada vez mais ricas e mais inclusivas na reconstrução teórica do movimento real do capital. A crítica da economia política é, pois, a condição para a teoria social, capaz de reconstruir reflexivamente a dinâmica da sociedade; resumidamente, é sobre ela que se pode elaborar o conhecimento das classes sociais, suas relações e seu movimento, do poder político, da cultura etc. Essas instâncias ou níveis da vida social dispõem de legalidades e especificidades próprias, mas a sua inteligibilidade está hipotecada à compreensão do modo de produção. *O capital*, portanto, não nos oferece inteiramente a teoria social de Marx — que está contida tanto nessa obra quanto naquelas que a precedem e sucedem —, mas o seu fundamento.

Temos insistido em que *O capital* é uma obra inacabada. Devemos observar o duplo caráter desse inacabamento: de um lado, Marx não concluiu nem expôs o conjunto da pesquisa a que procedeu; de outro, o seu objeto (o modo de produção capitalista) não se esgotou ou desapareceu historicamente — prosseguiu e prossegue se desenvolvendo, instaurando novos processos e gestando novas categorias. Mais de um século depois da morte de Marx, é compreensível que *O capital* não baste para apreender o modo de produção capitalista em sua feição contemporânea. No entanto, os principais resultados a que Marx chegou têm sido largamente comprovados pela prática social e pela história; sumariemos esses resultados tais como *O capital* os apresenta:

1. o modo de produção capitalista dispõe de extraordinário dinamismo para a produção de riquezas materiais e exerceu, historicamente, um papel civilizador;
2. à medida que se desenvolve, o modo de produção capitalista revela contradições inextirpáveis, que se manifestam nas suas crises periódicas (componente

ineliminável da sua dinâmica, elas não o suprimem, mas criam condições para que a intervenção consciente dos trabalhadores possa superá-lo);
3. nessa mesma medida, o papel civilizador do modo de produção capitalista se atrofia e se converte no seu antípoda, a barbarização da vida social, consequência da lei geral da acumulação;
4. o modo de produção capitalista, a partir da sua plena maturação, engendra fortes tendências ao bloqueio da sua própria dinâmica;
5. o modo de produção capitalista não é a expressão de uma pretensa ordem natural, menos ainda o fim da história: é uma modalidade temporária, transitória e substituível de organização da produção e distribuição das riquezas sociais.

Tais resultados, sistematicamente negados pelos apologistas do capital e sistematicamente confirmados pelo curso real dos acontecimentos, comprovam a correção da análise marxiana — são, portanto, sólidos indicadores de que não se compreende a sociedade contemporânea sem tal análise; nesse sentido, *O capital* é absolutamente necessário à compreensão do tempo presente. Mas, como observamos, o evolver do modo de produção capitalista, depois da morte de Marx, apresenta dados e processos novos que, sem infirmar a essencialidade da análise marxiana, exigem desenvolvimentos teóricos inéditos — e isso equivale a dizer que, *necessário* à compreensão do tempo presente, *O capital* não basta nem se apresenta como *suficiente*. O desafio atual posto àqueles que se inscrevem na tradição que vem de Marx consiste precisamente em dar prosseguimento à investigação de que *O capital* é um marco insuperado.

E é n'*O capital* que está a base da teoria social de Marx, teoria da sociedade burguesa: *um complexo articulado de hipóteses verificadas e verificáveis, extraídas da análise histórica concreta, sobre a gênese, a constituição, o desenvolvimento e as condições de crise da ordem social que se estrutura sobre o modo de produção capitalista*. Assim como não concluiu a sua *opus magnum*, Marx também não legou à posteridade uma teoria social acabada (e pelas mesmas razões antes assinaladas do inacabamento d'*O capital*: concebendo a sociedade burguesa como uma totalidade de máxima complexidade e em movimento, Marx também não a fixaria num esquema formal-explicativo). Mas no conjunto de sua obra posterior à sua definição como materialista e comunista encontram-se as formulações que, determinadas e concretizadas com as descobertas operadas na pesquisa que levou a *O capital*, permitem o conhecimento verdadeiro (logo, para Marx, crítico e revolucionário) da sociedade burguesa — conhecimento sem o qual os esforços para a sua superação seguramente revelar-se-ão frustrados.

De fato, o conhecimento da estrutura da sociedade burguesa era, para Marx, essencial à iniciativa revolucionária. Se recusava essa sociedade por suas iniquidades, ele não considerava que uma fundamentação ética era suficiente para substituí-la por uma ordem social em que a *igualdade* garantisse a *liberdade* (o valor último por que sempre lutou) — seu *realismo político* conduziu-o a buscar na teoria as armas da crítica, sem a qual toda crítica das armas é ilusória.

A INTERNACIONAL, O *ASSALTO AO CÉU* E A SOCIAL- DEMOCRACIA ALEMÃ

Desde a grande crise econômica de 1857, Marx previra que o movimento operário europeu disporia de condições para recuperar-se das derrotas de 1848-1849 — para ele, a crise abria uma conjuntura favorável à retomada das lutas. Sua projeção confirmou-se plenamente quando, refletindo a mobilização proletária na Europa Ocidental, em Londres, a 28 de setembro de 1864, representantes do operariado inglês, francês e emigrado decidiram criar a *Associação Internacional dos Trabalhadores*.[7] Marx, presente a esta reunião fundacional, foi eleito para o Conselho Geral (instância decisória mais alta) e designado um dos redatores dos estatutos (com o programa) da organização. Em 1º de novembro, o Conselho Geral aprovou o texto oferecido por Marx para a documentação oficial e mais a sua *Mensagem inaugural da Associação Internacional dos Trabalhadores*.

Graças à *Internacional*, Marx, afastado da ação política desde a dissolução da *Liga dos Comunistas*, voltou ativamente a ela: foram notáveis o entusiasmo e o

---

[7] Depois conhecida como Primeira Internacional, porque sucedida pela Internacional Socialista, criada em Paris, em 1889, e designada como Segunda Internacional — a crise desta (1914) e a Revolução Bolchevique (1917) propiciaram a fundação da Internacional Comunista (1919-1943), logo identificada como Terceira Internacional; na oposição ao stalinismo, Trotski criaria, em 1938, a Quarta Internacional. Cumpre lembrar que, em 1951, dirigentes social-democratas deram vida a uma nova organização que, sob a denominação de Internacional Socialista, aglutina hoje partidos nominalmente de esquerda de todos os continentes.

INTRODUÇÃO

empenho com que assumiu a sua função dirigente na organização. O entusiasmo não se devia apenas à reinserção da classe operária na cena política — devia-se sobretudo ao fato de estar em jogo uma *perspectiva internacionalista* para o movimento proletário e revolucionário, questão sempre central para Marx. Quanto ao seu empenho nas tarefas dirigentes (as reuniões do Conselho Geral, a orientação das lutas, a redação de documentos, o combate ao espírito de seita, a propaganda, a organização das várias seções nacionais etc.), era tanto mais redobrado quanto mais heterogênea se apresentava a composição da *Internacional* — e Marx jogava toda a sua energia para garantir-lhe uma unidade fundada numa consciente posição de *classe*. Durante a vida breve da organização, toda a intervenção de Marx visou a um objetivo estratégico: assegurar a sua unidade classista e internacionalista.

Esse objetivo, de fato, não foi alcançado por completo: a crescente influência de Marx e suas ideias, simultânea à grande expansão da organização no final dos anos 1860, não impediu conflitos importantes, jamais inteiramente solucionados nos vários congressos da Internacional.[8] Desses conflitos, o mais significativo opôs a Marx o anarquista russo Mikhail Bakunin (1814-1876), que, em 1869, criou a *Aliança Democrática Socialista*; contra ele e seus seguidores, aliás, Marx e Engels redigiram o documento *As pretensas cisões na Internacional* (1872) e Marx colaborou no texto, também dirigido contra o anarquismo, de 1873, escrito por Engels e Paul Lafargue (1842-1911, genro de Marx), *A Aliança Democrática Socialista e a Associação Internacional dos Trabalhadores*. Em 1872, o congresso da *Internacional* reunido em Haia decidiu pela expulsão de Bakunin e seus seguidores e transferiu o Conselho Geral de Londres para Nova York (1872) e a Conferência da Filadélfia (1876) acabou por dissolver a organização. Então, Marx concluíra que ela já não correspondia às necessidades do movimento revolucionário — e, para essa conclusão, contribuiu a Comuna de Paris, primeira experiência de poder operário, para Marx um verdadeiro *assalto ao céu*.

Estourando a guerra franco-prussiana a 15 de julho de 1870, após a derrota de Sedan (2 de setembro) instaurou-se a república na França e o governo provisório tentou negociar, inutilmente, com Bismarck, que sitiou Paris. Um novo governo,

---

[8] Os congressos da Internacional reuniram-se em 1866 (Genebra), 1867 (Lausanne), 1868 (Bruxelas), 1869 (Basileia) e 1872 (Haia).

chefiado por Adolphe Thiers (1797-1877), político reacionário que fora primeiro-ministro do deposto Napoleão III, assinou uma paz ominosa — rechaçada pelos trabalhadores de Paris, que não depuseram as armas e, em março de 1871, proclamaram a *Comuna*, que resistiu heroicamente às forças de Thiers (apoiadas pelos prussianos) até maio, quando elas entraram em Paris e, numa repressão inaudita, massacraram covardemente dezenas de milhares de *communards*.

Marx, que em nome da *Internacional*, ainda em setembro de 1870, advertira os trabalhadores parisienses contra qualquer insurreição prematura, pôs-se a organizar a solidariedade a eles, denunciou as barbaridades cometidas por Thiers e mobilizou a *Internacional* na defesa da Comuna, notadamente contra as calúnias que a imprensa da época fez ecoar contra ela. Marx, porém, não se ateve apenas aos aspectos mais salientes dessa primeira e meteórica experiência de poder operário e democracia direta: analisou-a profunda e detalhadamente, extraindo dela inferências (em especial as relativas à questão do Estado) que avaliou como decisivas para o projeto revolucionário — e o fez na última das três *Mensagens* que preparou para serem emitidas pelo Conselho Geral da Internacional, entre julho de 1870 e maio de 1871. É desta mensagem, *A guerra civil na França*, que oferecemos extratos adiante, às pp. 405 e ss.

Marx mantinha-se atento às mudanças no capitalismo (transitando da "primeira" para a "segunda" Revolução Industrial), às modificações na correlação internacional de forças (com a entrada em cena de uma Alemanha unificada e se industrializando sob o tacão de Bismarck), às transformações fora do eixo euro-ocidental (especialmente nos Estados Unidos e na Rússia) e, sobretudo, ao amadurecimento político da classe operária e de outros segmentos trabalhadores. Compreendendo que emergia uma nova quadra histórica, passou a preocupar-se em especial com a constituição de *partidos operários de massa* — e, por isso, dedicou particular importância aos seus embriões, tais como se apresentavam na Alemanha, desde meados dos anos 1860, com o surgimento da *Associação Geral dos Operários Alemães*, animada e dominada por Lassalle e seus adeptos, e na França pós-Comuna, com o nascente *Partido Operário Francês*, capitaneado por Jules Guesde (1845-1922).

INTRODUÇÃO

Principalmente o processo alemão interessava a Marx: as transformações em curso no país sugeriam a ele e a Engels (que sempre pensaram a revolução mundial a partir dos países capitalistas mais avançados, até então simbolizados pela Inglaterra) que o centro de gravidade da revolução se deslocava para lá. Assim, Marx acompanhou com cuidado a aproximação entre os *lassalleanos* e os seus próprios seguidores — liderados por A. Bebel (1840-1913) e K. Liebknecht (1826-1900) —, conhecidos como *eisenachianos*, uma vez que, em 1869, num congresso em Eisenach, haviam criado um *Partido Operário Social-Democrata* (a fórmula "social-democracia", diga-se de passagem, sempre desagradou a Marx). As duas correntes se fundiram, em 1875, num congresso realizado em Gotha, do qual resultou o *Partido Social-Democrata Alemão*. Marx defendia a unidade das correntes socialistas e revolucionárias, desde que assentada em princípios claros e numa programática definida — mas não verificou nada disso no congresso de Gotha, vendo nele, antes, uma tática apressada e uma solução conciliadora. Diante do programa proposto no congresso, Marx redigiu umas *Glosas marginais* a ele, enviadas aos dirigentes partidários, mas só publicadas por Engels, em 1891, sob o título *Crítica ao Programa de Gotha*. Seguramente o último texto teórico-político relevante de Marx, a *Crítica...* (aqui reproduzida integralmente, às pp. 423 e ss.) formula ideias sumamente importantes acerca da transição revolucionária para além do capitalismo, inclusive a distinção entre as "duas fases" da sociedade comunista.

A COERÊNCIA DE UMA VIDA

Apontar a *Crítica ao Programa de Gotha* como o último texto relevante de Marx não significa dizer que com ele se encerra a sua atividade intelectual. De fato, Marx continuou trabalhando até por volta de 1881, quando perdeu Jenny, a companheira da sua vida. Até lá, prossegue em suas investigações econômicas, intervém na tradução francesa do Livro I d'*O capital*, faz inúmeras leituras sobre a Rússia, elabora um capítulo para o livro de Engels *O Sr. Dühring subverte a ciência* (1878), estuda física e matemática (Leibniz e Descartes), prepara um questionário para uma enquete junto a trabalhadores franceses, lê a obra econômica de A. Wagner

(1835-1917), entusiasma-se com as pesquisas de L. H. Morgan (1818-1881), acompanha a evolução do movimento operário e colabora esporadicamente com jornais e revistas.

Desfrutando desde o final dos anos 1860 de uma vida decente (sem a miséria da primeira década e meia do exílio, quando se viu perseguido por dívidas a merceeiros, açougueiros e padeiros), é, porém, afetado pela deterioração da sua saúde. Compensa-o o reconhecimento de sua obra e de sua militância pelas vanguardas operárias e por alguns restritos círculos intelectuais. Está longe, porém, de ser um pensador célebre e de ver suas ideias ganharem um peso ponderável entre as massas trabalhadoras — o que só viria a ocorrer após a sua morte, inicialmente com a invenção, a divulgação e a vulgarização do *marxismo* por meio da publicística da Segunda Internacional.

Morreu sem grandes padecimentos (ao contrário de Engels), e sobretudo morreu em paz: a meio da tarde de 14 de março de 1883, depois de uma hemorragia que lhe sobreveio pela manhã, o amigo de quatro décadas subiu ao seu quarto: "Quando entramos", anotou Engels, "estava deitado, dormindo, mas para não mais acordar. [...] Em dois minutos adormecera tranquilamente e sem sofrimento". Foi sepultado no dia 17, no cemitério de Highgate, na tumba onde já repousava Jenny. Coube a um emocionado Engels a despedida final.

Adolescente ainda, estudante de liceu, o jovem Marx escrevera, numa redação de agosto de 1835, seu mais antigo texto conservado, *Reflexão de um jovem em face da escolha de uma profissão*: "Se o [homem] trabalha apenas para si mesmo, poderá talvez tornar-se um célebre erudito, um grande sábio ou um excelente poeta, mas nunca será um homem completo, verdadeiramente grande [...]. Se escolhermos uma profissão em que possamos trabalhar ao máximo pela humanidade [...] não fruiremos uma alegria pobre, limitada, egoísta, mas a nossa felicidade pertencerá a milhões [de pessoas]."

Vê-se a coerência de Marx: trabalhou pela emancipação da humanidade, foi um homem verdadeiramente completo e grande. Sua morte, ao fim de um triste inverno londrino, sinalizou apenas o cumprimento coerente de toda uma vida.

Cronologia*

1818 (5 de maio)
Nasce em Tréveris (Renânia).

1835-1841
Faz estudos de direito em Bonn e Berlim. Participa do *Doktorclub*, aproxima-se de Bruno Bauer. Conclui os estudos universitários (filosofia) em Jena, com a dissertação **Diferença entre as filosofias da natureza em Demócrito e Epicuro.**

1842
Colabora com a *Gazeta Renana* e torna-se seu redator-chefe.

1843
Demite-se da *Gazeta Renana*. Sob a influência de Feuerbach, critica Hegel. Vai para Paris. **Manuscrito de Kreuznach; Para a questão judaica; Para a crítica da filosofia do direito de Hegel. Introdução.**

1844
Com Ruge, edita os *Anais Franco-Alemães*. Torna-se comunista, frequenta meios operários e inicia seus estudos sobre economia política. Rompe com Ruge e Bauer. Estabelece relações com Engels. Expulso da França por Guizot. **Manuscritos econômico-filosóficos de 1844.**

1845
Fixa residência em Bruxelas. ***A sagrada família ou A crítica da Crítica crítica; Teses sobre Feuerbach.**

---

*Uma vez que, na introdução, já foi elencada a produção marxiana mais substantiva, nesta cronologia sumária de Marx se mencionam, em negrito, apenas alguns escritos do autor — aqueles redigidos em colaboração com Engels são precedidos por asterisco.

1846
Cria os "comitês de correspondência comunista". Contacta com dirigentes da Liga dos Justos. *A ideologia alemã.

1847
Passa a integrar a direção da *Liga dos Comunistas*. Critica Proudhon: **Miséria da filosofia; Trabalho assalariado e capital.**

1848
Regressa à Alemanha. É um dos líderes da revolução alemã, dirige a *Nova Gazeta Renana*. *Manifesto do Partido Comunista.

1849
Após a derrota da revolução, exila-se na Inglaterra.

1850-1852
Fixa-se definitivamente em Londres. Cria a *Nova Gazeta Renana. Revista Político-Econômica*. Participa ativamente das lutas internas da *Liga dos Comunistas* até sua dissolução. Deixa atividades partidárias para dedicar-se ao estudo da Economia Política. De 1848 a 1849 [reeditado e acrescido por Engels, em 1895: **As lutas de classes na França (1848-1850)**]; **O dezoito brumário de Luís Bonaparte.**

1853-1858
Prossegue seus estudos de economia política. Inicia sua colaboração, que se prolongará por anos, em jornais da Inglaterra, do continente e norte-americanos, familiarizando-se com questões que transcendem o mundo europeu. **Elementos fundamentais para a crítica da economia política.** Rascunhos [os *manuscritos de 1857-1858*, com o plano do que será *O capital*].

1859
Lê com prazer a obra de Darwin, lançada neste ano, *A origem das espécies*. **Para a crítica da economia política.**

1860
O senhor Vogt.

1861-1863
Pela primeira vez desde a derrota de 1848-1849, viaja à Alemanha. **Manuscritos de 1861-1863.**

1863-1865

Em 1864, volta a atividades políticas públicas: é um dos fundadores da *Associação Internacional dos Trabalhadores*. **Manuscritos de 1863-1865; Salário, preço e lucro.**

1866-1867

Dedica-se a preparar para publicação os materiais que vem elaborando desde 1857. **O capital. Crítica da Economia Política** [Livro I].

1868-1870

Prossegue em seus estudos de economia política. Participa ativamente das polêmicas no interior da *Internacional*.

1870-1871

Estuda materiais sobre a Rússia. No interior da *Internacional*, posiciona-se contra Bakunin. Proclamada a Comuna em Paris, inicia uma campanha de apoio a ela. Redige, em nome do Conselho Geral da *Internacional*, as três *mensagens* sobre a guerra franco-prussiana e sobre a Comuna (esta última republicada por Engels, em 1891, em **A guerra civil na França**).

1872-1873

Ruptura aberta com Bakunin. *As pretensas cisões na Internacional.

1875

Acompanha a constituição do *Partido Social-Democrata Alemão* e redige as *Glosas marginais ao programa do Partido Operário Alemão* (publicadas por Engels em 1891, sob o título **Crítica ao Programa de Gotha**).

1876-1880

Faz muitas viagens em tratamento de saúde. Aprofunda pesquisas em relação à agricultura. Estuda a questão da renda fundiária e da problemática financeira.

1881

Experimenta duro golpe pessoal: falece-lhe a mulher.

1882

Seu estado de saúde se agrava. Faz viagens em busca de cura.

1883 (14 de março)

Falece em Londres e é enterrado no Cemitério de Highgate.

Bibliografia

Sobre o complicado destino editorial da obra de Marx, vale recorrer à breve informação de Hobsbawm (cf. Eric J. Hobsbawm, org., *História do marxismo*, Rio de Janeiro, Paz e Terra, vol. 1, 1980, pp. 423-443).

No que toca à publicação sistemática do espólio Marx-Engels, cabe assinalar a iniciativa pioneira de David Riazanov (1870-1938, assassinado pela polícia política stalinista), nos anos 1920, para a edição *Marx-Engels Gesamtausgabe* (MEGA): planejava ele coligir textos marxianos e engelsianos em 42 volumes — seu projeto foi implementado entre 1928 e 1935, mas não se completou. Nos anos 1950, projetou-se, nas então União Soviética e República Democrática Alemã, a edição *Marx-Engels Werke* (MEW) — que se efetivou entre 1956 e 1968, com a publicação de 39 volumes (mais adendos). Na década de 1970, surgiu o projeto de uma nova MEGA (conhecida como MEGA²), formulado também nas ex-União Soviética e República Democrática Alemã, com a previsão de 114 volumes; interrompido pelos eventos que culminaram com a crise do "socialismo real", o projeto foi retomado nos anos 1990 — e está em curso — pelo Internationale Marx-Engels Stiftung (IMES), instituição criada especificamente para este fim pelo International Institute of Social History (IISH), de Amsterdã. Ainda hoje, há milhares de páginas de Marx que permanecem inéditas.

Para uma informação (que cobre até os anos 1960) sobre as edições brasileiras de escritos de Marx, Engels e seus seguidores, o texto de referência é o de Edgard Carone, *O marxismo no Brasil. Das origens a 1964* (Rio de Janeiro, Dois Pontos, 1986).

Arrolam-se a seguir os principais títulos marxianos disponíveis em português, editados depois de 1960:*

A burguesia e a contrarrevolução. São Paulo: Ensaio, 1987 [textos da *Nova Gazeta Renana*, de dezembro de 1848].
A Espanha revolucionária. In Marx, K. e Engels, F. *A revolução espanhola*. Rio de Janeiro: Leitura, 1966 [contém os oito textos marxianos publicados no *New York Daily Tribune*, de julho a setembro de 1854, mais uma série de textos de Marx e Engels, também referidos à Espanha, preparados entre 1855 e 1873].
A guerra civil na França. São Paulo: Global, 1986; *A guerra civil na França*. São Paulo: Boitempo, 2011.
A ideologia alemã [com F. Engels]. São Paulo: Boitempo, 2007 [contendo as *Teses sobre Feuerbach*].
A sagrada família ou A crítica da Crítica crítica [com F. Engels]. São Paulo: Boitempo, 2003.
As lutas de classes na França (1848-1850). São Paulo: Global, 1986; *As lutas de classes na França. 1848-1850*. São Paulo: Boitempo, 2010.
Crítica ao programa de Gotha. In Marx, K. e Engels, F. *Obras escolhidas em três volumes*. Rio de Janeiro: Vitória, vol. II, 1961; *Crítica do programa de Gotha*. São Paulo: Boitempo, 2012.
Crítica da filosofia do direito de Hegel. São Paulo: Boitempo, 2005 [contendo o *manuscrito de Kreuznach*, de 1843, e o texto publicado nos *Anais Franco-Alemães*, em 1844].
Diferença entre as filosofias da natureza em Demócrito e Epicuro. Lisboa: Presença, 1972; *Diferença entre a filosofia da natureza de Demócrito e Epicuro*. São Paulo: Boitempo, 2018.
Escritos ficcionais. São Paulo: Boitempo, 2018 [reúne textos literários da juventude].
Formações econômicas pré-capitalistas. Rio de Janeiro: Paz e Terra, 1977 [materiais constitutivos dos *manuscritos de 1857-1858*, editados pela primeira vez em 1939-1941

---

* Desde 1998, por iniciativa de Ivana Jinkings, a Boitempo Editorial (São Paulo) vem editando, em traduções diretas do original, as obras de Marx e Engels.

sob o título de *Gründrisse der Kritik der Politischen Ökonomie. Rohentwurf. 1857-1858 (Elementos fundamentais para a crítica da economia política. Rascunhos. 1857-1858)*], cuja tradução integral, sob o título *Grundrisse, Manuscritos econômicos de 1857-1858. Esboços da crítica da economia política*, está disponível em português (São Paulo/Rio de Janeiro: Boitempo/ UFRJ, 2011).

Liberdade de imprensa. Porto Alegre: L&PM, 1999 [seleção de textos da *Gazeta Renana* e outros periódicos, escritos entre 1842 e 1861].

Lutas de classes na Alemanha [com F. Engels]. São Paulo: Boitempo, 2010 [reúne textos de Marx e Engels].

Manifesto do partido comunista [com F. Engels]. São Paulo: Cortez, 1998. Em edição mais recente, *O Manifesto Comunista*. Rio de Janeiro: Paz e Terra, 2021.

Manuscritos econômico-filosóficos. São Paulo: Boitempo, 2004; *Cadernos de Paris & Manuscritos econômico-filosóficos*. São Paulo: Expressão Popular, 2015.

Miséria da filosofia. São Paulo: Expressão Popular, 2009; *Miséria da filosofia*. São Paulo: Boitempo, 2017.

Nova Gazeta Renana. São Paulo: Educ, 2010 [reúne praticamente a totalidade dos textos marxianos publicados na *Nova Gazeta Renana* (1848-1849)]; *Nova Gazeta Renana*. São Paulo: Expressão Popular, 2020 [reúne a totalidade dos textos de Marx publicados na *Gazeta Renana*].

O capital. Crítica da Economia Política. Rio de Janeiro: Civilização Brasileira, 6 volumes, 1967-1974 [edição dos livros I-II-III d'*O capital*]. Há ainda outras edições dos três livros, em tradução diversa: *O capital. Crítica da Economia Política*. São Paulo: Abril Cultural, col. "Os economistas", 5 volumes,1983-1985 e *O capital. Crítica da Economia Política*. São Paulo: Boitempo, 3 volumes, 2013-2014-2017.

O capital. Livro I, capítulo VI (inédito). São Paulo: Ciências Humanas, 1978.

O dezoito brumário de Luís Bonaparte. In Marx, K. e Engels, F. *Obras escolhidas em três volumes*. Rio de Janeiro: Vitória, vol. I, 1961; *O dezoito de brumário de Luís Bonaparte*. São Paulo: Boitempo, 2011.

O questionário de 1880. In Thiolent, Michel. *Crítica metodológica, investigação social e enquete operária*. São Paulo: Polis, 1982 [trata-se do questionário, elaborado em abril de 1880, a pedido dos socialistas franceses, para uma enquete a ser feita entre operários acerca da sua situação econômica, social e política].

Os despossuídos. São Paulo: Boitempo, 2017 [reúne materiais da *Gazeta Renana*, de 1842, sobre a legislação acerca do furto de madeira].

Para a crítica da economia política. In Marx, K. *Manuscritos econômico-filosóficos e outros textos escolhidos*. São Paulo: Abril Cultural, col. "Os pensadores", 1974; *Contribuição à crítica da economia política*. São Paulo: Expressão Popular, 2008.

Para a crítica da economia política. Manuscrito de 1861-1863. Cadernos I a V. Belo Horizonte: Autêntica, 2010.

Para a questão judaica. São Paulo: Expressão Popular, 2009; *Sobre a questão judaica*. São Paulo: Boitempo, 2010.

Salário, preço e lucro. In Marx, K. e Engels, F. *Obras escolhidas em três volumes*. Rio de Janeiro: Vitória, vol. I, 1961.

Simon Bolívar. São Paulo: Martins Fontes, 2008.

Sobre o suicídio. São Paulo: Boitempo, 2006.

Sobre o suicídio. São Paulo: Boitempo, 2006.

Sr. Vogt. Lisboa: Iniciativas Editoriais, I-II, 1976.

Teorias da mais-valia. História crítica do pensamento econômico. São Paulo: DIFEL, 3 volumes, 1980-1985 [edição do Livro IV d'*O capital*].

Trabalho assalariado e capital. In Marx, K. e Engels, F. *Obras escolhidas em três volumes*. Rio de Janeiro: Vitória, vol. I, 1961; *Trabalho assalariado e capital & Salário, preço e lucro*. São Paulo: Expressão Popular, 2006.

Pequena parte dos materiais — especialmente jornalísticos — produzidos por Marx referentes a processos extraeuropeus encontra-se em Marx, K. e Engels, F. *Sobre o colonialismo*. Lisboa: Estampa, 1978 e em *idem. Obras escolhidas em três volumes*. Rio de Janeiro: Vitória, vol. 1, 1961.

Uma seleção de textos marxianos referidos à arte e à literatura encontra-se em Marx, K. e Engels, F. *Cultura, arte e literatura. Textos escolhidos*. São Paulo: Expressão Popular, 2010.

A copiosa correspondência de Marx continua praticamente inédita em português. Nos títulos seguintes, encontram-se algumas cartas de inequívoca relevância teórico-política:

Marx, Karl e Engels, F. *Cartas sobre "O capital"*. São Paulo: Expressão Popular, 2020.

Marx, Karl e Engels, Friedrich. *História*. São Paulo: Ática, col. "Grandes cientistas sociais", vol. 36, 1983;

Marx, Karl e Engels, Friedrich. *Obras escolhidas em três volumes*. Rio de Janeiro: Vitória, vols. 1-2, 1961, vol. 3, 1963;

Marx, Karl. *O 18 brumário e Cartas a Kugelmann*. Rio de Janeiro: Paz e Terra, 2002;

"Resumos" do Livro I d'*O Capital* publicados no Brasil:

Cafiero, Carlo. *O capital. Uma leitura popular*. São Paulo: Polis, 1987.

Deville, Gabriel. *O capital*. São Paulo: Ed. e Pub. Brasil Editora, 1962.

"Resumos" dos três livros d'*O capital* encontram-se em:

Borchardt, Julian. *O capital de Karl Marx*. Rio de Janeiro: Zahar, 1967.

Brouwne, Alfredo L. *Leitura básica de "O capital". Resumo e crítica da obra de Marx*. Rio de Janeiro: Civilização Brasileira, 1968.

E uma "condensação" dos três livros é acessível em:

Bicalho, Luiz de C. *O capital. Resumo literal. Condensação dos livros 1, 2 e 3*. São Paulo: Novos Rumos, s.d. [1988?].

BIBLIOGRAFIA SOBRE MARX

A bibliografia sobre Marx listada a seguir, contendo apenas títulos em português, é, obviamente, apenas uma mínima amostragem do imenso acervo relativo ao autor d'*O capital*. Ela recolhe materiais de análise e contextualização histórica, de crítica imanente, de interpretação e reinterpretação etc. produzidos por marxistas e não marxistas — e envolve escritos de níveis de complexidade muito diversos, de obras de divulgação a textos de argumentação mais sofisticada.

Althusser, Louis. *Freud e Lacan. Marx e Freud*. Rio de Janeiro: Graal, 1985.
Althusser, Louis *et alii*. *Ler o Capital*. Rio de Janeiro: Zahar, I-II, 1979-1980.
Aricó, José. *Marx e a América Latina*. Rio de Janeiro: Paz e Terra, 1982.
Aron, Raymond. *O marxismo de Marx*. São Paulo: ARX, 2004.
Barata-Moura, José. *Marx e a crítica da "Escola Histórica do Direito"*. Lisboa: Caminho, 1994; *Marx, Engels e a crítica do utopismo*. Lisboa: Avante!, 2015; *As teses das "Teses [sobre Feuerbach]"*. Lisboa: Avante!, 2918.
Bastien, Carlos, Fagundes, J. V. (orgs.). *O capital de Marx, 150 anos depois*. Coimbra: Almeidina, 2018.
Bedeschi, Giuseppe. *Marx*. Lisboa: Edições 70, 1989.
Benjamin, César. (org.). *Marx e o socialismo*. São Paulo: Expressão Popular, 2003.
Bensaïd, Daniel. *Marx, o intempestivo*. Rio de Janeiro: Civilização Brasileira, 1999.
Berlin, Isaiah. *Karl Marx*. Lisboa: Edições 70, 2014.
Bogo, Ademar. *Marx e a superação do Estado*. São Paulo: Expressão Popular, 2018.
Bottigelli, Émile. *A gênese do socialismo científico*. São Paulo: Mandacaru, 1989.
Bottomore, Thomas B. (org.). *Karl Marx*. Rio de Janeiro: Zahar, 1981.
Buey, Francisco Fernández. *Marx (sem ismos)*. Rio de Janeiro: Editora UFRJ, 2004.
Calvez, Jean-Yves. *O pensamento de Karl Marx*. Porto: Tavares Martins, 1962.
Chasin, José. *Marx. Estatuto ontológico e resolução metodológica*. São Paulo: Boitempo, 2009.
d'Hondt, Jacques *et alii*. *A lógica em Marx*. Lisboa: Iniciativas Editoriais, 1978.
Duarte, Rodrigo A. de Paiva. *Marx e a natureza em "O Capital"*. São Paulo: Loyola, 1986.
Dussel, Enrique. *A produção teórica de Marx*. São Paulo: Expressão Popular, 2012.
Eagleton, Terry. *Marx*. São Paulo: Ed. UNESP, 1999; *Marx estava certo*. Rio de Janeiro: Nova Fronteira, 2012.
Fausto, Ruy. *Marx. Lógica & política. Investigações para uma reconstituição do sentido da dialética*. São Paulo: Brasiliense, t. I-II, 1983-1987; São Paulo: 34, t. III, 2002.

BIBLIOGRAFIA

Fedosseiev, P. N. *et alii*. *Karl Marx. Biografia*. Lisboa/Moscou: Avante!/Progresso, 1983.

Feitosa, Enoque. *Direito e humanismo no jovem Marx*. João Pessoa: Ed. UFPB, 2015.

Fernandes, Florestan. "Introdução" a Marx, Karl e Engels, Friedrich. *História*. São Paulo: Ática, col. "Grandes cientistas sociais", vol. 36, 1983.

Fetscher, Iring. *Karl Marx e os marxismos*. Rio de Janeiro: Paz e Terra, 1970.

Flickinger, Hans-Georg. *Marx e Hegel. O porão de uma filosofia social*. Porto Alegre: L&PM, 1986.

Foster, John Bellamy. *A ecologia de Marx. Materialismo e natureza*. Rio de Janeiro: Civilização Brasileira, 2005.

Fougeyrollas, Pierre. *Marx*. São Paulo: Ática, 1989.

Frederico, Celso. *O jovem Marx (1843-1844: as origens da ontologia do ser social)*. São Paulo: Expressão Popular, 2010.

Fromm, Erich. *Conceito marxista do homem*. Rio de Janeiro: Zahar, 1979 [contém uma precária versão dos *Manuscritos econômico-filosóficos de 1844*].

Gabriel, Mary. *Amor e capital. A saga familiar de Karl Marx e a história de uma revolução*. Rio de Janeiro: Zahar, 2013.

Garaudy, Roger. *Karl Marx*. Rio de Janeiro: Zahar, 1967.

Gerdes, Paulus. *Os manuscritos filosófico-matemáticos de Karl Marx sobre o cálculo diferencial. Uma introdução*. Maputo: Universidade Eduardo Mondlane, 2008.

Giannotti, José Arthur. *Origens da dialética do trabalho*. São Paulo: DIFEL, 1966. *Marx. Vida e obra*. Porto Alegre: L&PM, 2000. *Certa herança marxista*. São Paulo: Companhia das Letras, 2000; *Marx: além do marxismo*. Porto Alegre: L&PM, 2009.

Gurvitch, Georges. *A sociologia de Karl Marx*. São Paulo: Anhembi, 1960.

Hecker, Rolf. *Marx como pensador*. São Paulo: Anita Garibaldi/Fund. M. Grabois, 2011.

Heinrich, Michael. *Karl Marx e o nascimento da sociedade moderna. 1818-1841*. São Paulo: Boitempo, I, 2018.

Hobsbawm, Eric J. "Introdução" a Marx, Karl. *Formações econômicas pré-capitalistas*. Rio de Janeiro: Paz e Terra, 1977.

Hobsbawm, Eric J. (org.). *História do marxismo*. Rio de Janeiro: Paz e Terra, vol. 1, 1980.

Jackson, J. Hampden. *Marx, Proudhon e o socialismo europeu*. Rio de Janeiro: Zahar, 1963.

Jones, G. Stedman. *Karl Marx. Grandeza e ilusão*. São Paulo: Companhia das Letras, 2018.

Konder, Leandro. *Karl Marx. Vida e obra*. Rio de Janeiro: Paz e Terra, 1976.

Korsch, Karl. *Karl Marx*. Lisboa: Antígona, 2018.

Labica, Georges. *As "Teses sobre Feuerbach", de Karl Marx*. Rio de Janeiro: Jorge Zahar, 1990.

Lápine, Nicolai. *O jovem Marx*. Lisboa: Caminho, 1983.

Lefèbvre, Henri. *Para compreender o pensamento de Karl Marx*. Lisboa: Edições 70, 1975. *Sociologia de Marx*. Rio de Janeiro: Forense, 1979.

Lênin, Vladimir Ilitch. "Karl Marx (Breve nota biográfica com uma exposição do marxismo)". *In* Lênin, V. I. *Obras escolhidas em três tomos*. Lisboa/Moscou: Avante!/Progresso, vol. 1, 1977.

Löwy, Michael. *A teoria da revolução no jovem Marx*. Petrópolis: Vozes, 2002.

Lukács, György. "Introdução aos escritos estéticos de Marx e Engels". *In* Lukács, G. *Ensaios sobre literatura*. Rio de Janeiro: Civilização Brasileira, 1968. "Marx e o problema da decadência ideológica". *In* Lukács, G. *Marxismo e teoria da literatura*. São Paulo: Expressão Popular, 2010. "O debate sobre o *Sickingen* de Lassalle". In Lukács, G. *Marx e Engels como historiadores da literatura*. São Paulo: Boitempo, 2016; *Ontologia do ser social. Os princípios ontológicos fundamentais de Marx*. São Paulo: Ciências Humanas, 1979. "O jovem Marx. Sua evolução filosófica de 1840 a 1844". *In* Lukács, G. *O jovem Marx e outros escritos de filosofia*. Rio de Janeiro: Editora UFRJ, 2007.

Manacorda, Mario. *Marx e a pedagogia moderna*. São Paulo: Cortez, 1991.

Mandel, Ernest. *A formação do pensamento econômico de Karl Marx. De 1843 até a redação de "O capital"*. Rio de Janeiro: Zahar, 1968.

Marcuse, Herbert. "Novas fontes para a fundamentação do materialismo histórico". *In* Marcuse, H. *Ideias sobre uma teoria crítica da sociedade*. Rio de Janeiro: Zahar, 1972.

BIBLIOGRAFIA

Markus, György. *Teoria do conhecimento no jovem Marx*. Rio de Janeiro: Paz e Terra, 1974.

Martins, M. Vieira. *Marx, Espinosa e Darwin: pensadores da imanência*. Rio de Janeiro: Consequência, 2017.

McLellan, David. *Karl Marx. Vida e pensamento*. Petrópolis: Vozes, 1990.

Mehring, Franz. *Karl Marx. A história de sua vida*. São Paulo: Sundermann, 2013.

Mello, Alex Fiuza de. *Marx e a globalização*. São Paulo: Boitempo, 1999.

Mészáros, István. *A teoria da alienação em Marx*. São Paulo: Boitempo, 2006.

Moraes Neto, Benedito Rodrigues de. *Marx, Taylor, Ford. As forças produtivas em discussão*. São Paulo: Brasiliense, 1989.

Musto, Marcelo. *O velho Marx. Uma biografia dos seus últimos anos (1881-1883)*. São Paulo: Boitempo, 2018.

Napoleoni, Claudio. *Lições sobre o capítulo VI (inédito) de Marx*. São Paulo: Ciências Humanas, 1981.

Negri, Antonio. *Marx além de Marx: ciência da crise e da subversão*. São Paulo: Autonomia Literária, 2016.

Netto, José Paulo. "Marx, 1843: o crítico de Hegel", "Para ler o *Manifesto do partido comunista*" e "1847: Marx contra Proudhon". *In* Netto, J. P. *Marxismo impenitente. Contribuição à história das ideias marxistas*. São Paulo: Cortez, 2004; *Karl Marx. Uma biografia*. São Paulo: Boitempo, 2020.

Oliveira, Vinicius. *Trabalho imaterial e teoria do valor em Marx*. São Paulo: Expressão Popular, 2013.

Paula, J. Antonio. (org.) *O ensaio geral. Marx e a crítica da economia política. (1857-1858)*. Belo Horizonte: Autêntica, 2010.

Pinheiro, Muniz. *et alii* (orgs.). *Marx: intérprete da contemporaneidade*. Salvador: Quarteto, 2009.

Pogredinschi, Thamy. *O enigma do político. Marx contra a política moderna*. Rio de Janeiro: Civilização Brasileira, 2009.

Renault, Emanuel. *Ler Marx*. São Paulo: Ed. UNESP, 2011.

Riazanov, David. *Marx, Engels e a história do movimento operário*. São Paulo: Global, 1984.

Romero, Daniel. *Marx e a técnica. Um estudo dos manuscritos de 1861-1863*. São Paulo: Expressão Popular, 2005.
Rosdolsky, Roman. *Gênese e estrutura de "O capital" de Karl Marx*. Rio de Janeiro: Contraponto/UERJ, 2001.
Rubel, Maximilien. *Crônica de Marx*. São Paulo: Ensaio, 1991.
Rubin, Isaak Illich. *A teoria marxista do valor*. São Paulo: Brasiliense, 1980.
Saad Filho, Alfredo. *O valor de Marx*. São Paulo: Ed. Unicamp, 2011.
Segrillo, Angelo. *Karl Marx. Uma biografia dialética*. Curitiba: Prismas, 2018.
Shanin, Teodor. (org.). *Marx tardio e a via russa. Marx e as periferias do capitalismo*. São Paulo: Expressão Popular, 2017.
Silva, Ludovico. *O estilo literário de Marx*. São Paulo: Expressão Popular, 2012.
Sperber. Jonathan. *Karl Marx. Uma vida do século XIX*. Barueri: Amarilys, 2014.
Teixeira, F. J. Soares, e Frederico, Celso. *Marx no século XXI*. São Paulo: Cortez, 2008.
Tible, Jean. *Marx selvagem*. São Paulo: Autonomia Literária, 2018.
Trindade, J. D. Lima. *Os direitos humanos na perspectiva de Marx e Engels*. São Paulo: Alfa-Ômega, 2011.
Vázquez, Adolfo Sánchez. *As ideias estéticas de Marx*. São Paulo: Expressão Popular, 2011; *Filosofia da práxis*. São Paulo: Expressão Popular/CLACSO, 2007.
Wheen, Francis. *Karl Marx*. Rio de Janeiro: Record, 2001. *'O capital' de Marx. Uma biografia*. Rio de Janeiro: Jorge Zahar, 2007.

1. Emancipação política e emancipação humana*

---

*O título deste texto é da responsabilidade do organizador deste volume, cujas notas vão assinaladas pela abreviação *N. do O*. Este artigo foi redigido por Marx no segundo semestre de 1843 e publicado originalmente em 1844 (no único número dos *Anais Franco-Alemães*), e faz parte da composição em que o filósofo critica as teses que Bruno Bauer (1809-1892) expendera pouco antes acerca da condição dos judeus na Alemanha. Extraído de K. Marx, *Para a questão judaica* (Lisboa: Editorial Avante!, 1997, pp. 71-91. Tradução de José Barata-Moura). As notas em parênteses são do tradutor português.

[...] Bauer exige, portanto, por um lado, que o judeu abdique do judaísmo (em geral, que o homem [abdique] da religião) para ser *civicamente* [*staatsbürgerlich*] *emancipado*. Por outro lado, de modo consequente, para ele, a supressão [*Aufhebung*] *política* da religião passa por supressão da religião pura e simplesmente. O Estado que pressupõe a religião ainda não é nenhum Estado verdadeiro, nenhum [Estado] real. "A representação religiosa, dá, decerto, garantias ao Estado. Mas a que Estado? *A que espécie de Estado?*" (p. 97.)*

Neste ponto, sobressai a versão *unilateral* da questão judaica [por parte de Bauer].

Não basta de modo nenhum investigar quem há de emancipar, quem há de ser emancipado. A crítica tinha uma terceira coisa a fazer. Tinha de perguntar: de *que espécie de emancipação* se trata? Que condições estão fundadas na essência da emancipação exigida? Na "questão universal do tempo",[1] apenas a crítica da própria *emancipação política* era a crítica final da questão judaica e a sua verdadeira resolução.

Porque Bauer não eleva a questão a esta altura, cai em contradições. Ele coloca condições que não estão fundadas na essência da própria emancipação *política*. Levanta questões que o seu problema não contém, e resolve problemas que deixam pendente a sua questão. Se Bauer diz dos adversários da emancipação judaica: "O vosso erro era apenas o de que pressupúnheis o Estado cristão como o unicamente verdadeiro e de que não o submetíeis à mesma crítica com

---

*As páginas indicadas entre parênteses remetem ao texto de Bauer (*Die Judenfrage*) [*A questão judaica*]. Braunschwig: F. Otto, 1843) e são referências do próprio Marx. As intervenções entre colchetes são clarificações dos editores alemães. (*N. do O.*)

que consideráveis o judaísmo" (p. 3), nós encontramos o erro de Bauer em que ele *apenas* submete à crítica o "Estado cristão", não o "Estado pura e simplesmente", em que ele não investiga a *relação da emancipação política com a emancipação humana*, e [em que], portanto, ele coloca condições que só são explicáveis a partir de uma confusão incrítica da emancipação política com a [emancipação] universalmente humana. Se Bauer pergunta aos judeus: tendes vós, segundo o vosso ponto de vista, o direito de pretender a *emancipação política*?, nós inversamente perguntamos: tem o ponto de vista da emancipação *política* o direito de exigir do judeu a supressão do judaísmo, [de exigir] do homem, em geral, a supressão da religião?

A questão judaica recebe uma versão modificada, consoante o Estado onde o judeu se encontra. Na Alemanha, onde não existe nenhum Estado político, nenhum Estado como Estado, a questão judaica é uma questão puramente *teológica*. O judeu encontra-se em oposição *religiosa* ao Estado, que confessa o cristianismo como sua base. Este Estado é *ex professo*[2] teólogo. A crítica é aqui crítica da teologia, [uma] crítica de dois gumes: crítica da teologia cristã, crítica da [teologia] judaica. Mas, assim, nós continuamo-nos a mover ainda na teologia, por muito que nela nós nos possamos também mover *criticamente*.[3]

Em França, no Estado *constitucional*, a questão judaica é a questão do constitucionalismo, a questão das *meias-tintas* [*Halbheit*] *da emancipação política*. Uma vez que aí a *aparência* de uma religião de Estado — ainda que numa fórmula que não diz nada e a si própria se contradiz — é conservada na fórmula de uma *religião da maioria*, a relação dos judeus para com o Estado conserva a *aparência* de uma oposição religiosa, teológica.

Só nos Estados livres norte-americanos — pelo menos, numa parte deles — perde a questão judaica a sua significação *teológica* e se torna numa questão realmente *mundana*. Só onde o Estado político existe no seu desabrochamento [*Ausbildung*] completo pode a relação do judeu (em geral, do homem religioso) para com o Estado político (portanto, a relação da religião para com o Estado) assomar na sua peculiaridade, na sua pureza. A crítica desta relação deixa de ser crítica teológica assim que o Estado deixa de se comportar de modo *teológico* para com a religião, assim que ele se comporta como Estado, i. e., *politicamente*, para com a religião. A crítica torna-se, então, *crítica do Estado político*. Neste ponto, em que a questão deixa de ser *teológica*, a crítica de Bauer deixa de ser crítica. "Il n'existe aux États-Unis ni religion de l'état, ni religion déclarée celle de la majorité ni prééminence d'un culte sur un autre. L'état est étranger à tous les cultes." (*Marie ou l'esclavage aux états-unis etc.*, par G. de Beaumont, Paris, 1835, p. 214)[4] Sim, há alguns estados norte-americanos onde "la constitution n'impose pas les croyances religieuses et la pratique d'un culte comme condition des privilèges politiques" (l. c., p. 224).[5] No entanto, "on ne croit pas aux États-Unis qu'un homme sans religion puisse être un honnête homme" (l. c., p. 224).[6] No entanto, a América do Norte é, de preferência, o país da religiosidade — como Beaumont,[7] Tocqueville[8] e o inglês Hamilton[9] asseguram a uma só voz. Os estados norte-americanos valem-nos entretanto apenas como exemplo. A questão é: como se comporta a emancipação política completa para com a religião? Se encontrarmos, mesmo no país da emancipação política completa, não só a *existência* [*Existenz*] mas também a existência *vitalmente fresca*, a [existência] *vitalmente vigorosa* da religião, está aduzida a prova de que a existência [*Dasein*] da religião não contradiz o completamento do Estado. Uma vez, porém, que a existência da religião é a existência de uma falta, a fonte desta falta [*Mangel*] não pode ser procurada senão na *essência* do próprio Estado. Para nós, a religião já não passa por ser o *fundamento*, mas apenas o *fenômeno*, da limitação mundana. Nós explicamos, portanto, o constrangimento religioso dos cidadãos de Estados livres a partir do seu constrangimento mundano. Nós não afirmamos que eles tenham de suprimir o seu constrangimento religioso para suprimirem as suas barreiras mundanas. Nós não transformamos as questões mundanas em [questões] teológicas. Nós transformamos as questões teológicas em [questões] mundanas. Depois de a história, durante bastante tempo, ter sido resolvida em superstição, nós resolvemos a superstição em história.[10] A questão da *relação da emancipação política com a religião* torna-se para nós a questão da *relação da emancipação política com a emancipação humana*. Nós criticamos as fraquezas religiosas do Estado político criticando o Estado político — abstraindo das fraquezas religiosas — na sua construção *mundana*.[11] Nós humanizamos a contradição do

Estado com uma *religião determinada* (porventura, com o judaísmo) na contradição do Estado com elementos *mundanos determinados*, [humanizamos] a contradição do Estado com a *religião em geral* na contradição do Estado com os seus *pressupostos* em geral.

A emancipação *política* do judeu, do cristão (em geral, do homem *religioso*) é a *emancipação* do Estado relativamente ao judaísmo, ao cristianismo (em geral, à religião). O Estado — na sua forma, no modo peculiar à sua essência, como *Estado* — emancipa-se da religião na medida em que se emancipa da *religião de Estado*, i. e., na medida em que o Estado, como Estado, não reconhece nenhuma religião, na medida em que o Estado se confessa, antes, como Estado. A emancipação *política* relativamente à religião não é a emancipação consumada, a [emancipação] desprovida de contradição, relativamente à religião, porque a emancipação política não é o modo consumado, o [modo] desprovido de contradição, da emancipação *humana*.

O limite da emancipação política aparece logo no fato de que o Estado pode libertar-se de uma barreira sem que o homem esteja *realmente* livre dela, [no fato de] que o Estado pode ser um *Estado livre* sem que o homem seja *um homem livre*. O próprio Bauer admite isto tacitamente, quando põe à emancipação política a seguinte condição: "Teria de ser suprimido todo o privilégio religioso, em geral (portanto, também o monopólio de uma Igreja privilegiada), e se alguns, ou muitos, ou mesmo a *esmagadora maioria, ainda acreditassem ter de cumprir deveres religiosos*, este cumprimento teria de lhes ser concedido como uma *pura coisa privada*."[12] O Estado pode, portanto, ter-se emancipado da religião, mesmo quando a *esmagadora maioria* ainda é religiosa. E a esmagadora maioria não deixa de ser religiosa pelo fato de ser *privatim*[13] religiosa.

Mas o comportamento do Estado — nomeadamente, do *Estado livre* — para com a religião é, no entanto, apenas o comportamento dos *homens* que formam o Estado para com a religião. Segue-se daqui que [é] por *meio do Estado* [que] o homem se liberta *politicamente* de uma barreira, ao elevar-se acima dessa barreira de um modo *abstrato* e *limitado*, de um [modo] *parcial*. Segue-se, além disso, que [é] por um *desvio* [*Unweg*], por um *médium* (ainda que por um *médium necessário*) [que] o homem se liberta, ao libertar-se *politicamente*. Segue-se, por fim, que, mesmo quando ele se proclama ateu por mediação do Estado (i. e., quando ele proclama o Estado ateu), o homem continua a permanecer ainda religiosamente constrangido, precisamente porque ele só se reconhece a si próprio por um desvio, por um *médium*. A religião é, precisamente, o reconhecimento do homem por um atalho.[14] Por um *mediador*. O Estado é o mediador entre o homem e a liberdade do homem. Assim como Cristo é o mediador a quem o homem imputa toda a sua divindade, todo o seu *constrangimento religioso* [*religiöse Befangenheit*], também o Estado é o mediador para o qual ele transfere toda a sua não divindade, toda a sua *ingenuidade humana* [*menschliche Unbefangenheit*].

A elevação política do homem acima da religião partilha de todas as faltas e de todas as vantagens da elevação política, em geral. O Estado como Estado anula, por exemplo, a *propriedade privada* [*Privateigenthum*], o homem declara *suprimida* (de modo *político*) a propriedade privada assim que suprime o *censo* [*Census*] para a elegibilidade ativa e passiva,[15] como aconteceu em muitos estados norte-americanos. *Hamilton* interpreta este fato do ponto de vista político, de um modo totalmente correto: "*As massas arrancaram a vitória aos proprietários e à riqueza do dinheiro.*"[16] Não é a propriedade privada suprimida idealmente quando o não possidente se tornou legislador do possidente? O *censo* é a última forma *política* de reconhecer a propriedade privada.

Todavia, com a anulação política da propriedade privada, a propriedade privada não só não é suprimida como é mesmo pressuposta. O Estado suprime, à sua maneira, a diferença do *nascimento*, do *estado* [social, *Stand*], da cultura, da *ocupação* [profissional, *Beschäftigung*], quando declara diferenças *não políticas* o nascimento, o estado, a cultura, a ocupação, quando (sem atender a estas diferenças) proclama cada membro do povo participante *por igual* da soberania popular, quando trata todos os elementos da vida popular real do ponto de vista do Estado. Não obstante, o Estado deixa *atuar* a propriedade privada, a cultura, a ocupação, à maneira *delas* (i. e., como propriedade privada, cultura, ocupação) e fazer valer a sua essência *particular*. Muito longe de suprimir estas diferenças *fáticas*, ele só existe antes no pressuposto delas, ele só se sente como *Estado político*, e só faz valer a sua *universalidade*, em oposição a estes seus elementos. Hegel determina, portanto, de um modo totalmente correto a relação do *Estado político* com a religião, quando diz: "Para que o Estado possa vir à existência como a *realidade ética, que se sabe*, do espírito é necessária a sua *diferenciação* relativamente à forma da autoridade e da fé; esta diferenciação só resulta, porém, na medida em que o lado eclesial chega, em si próprio, à separação [*Trennung*]; só assim [é que], *por cima* das Igrejas *particulares*, o Estado ganhou a *universalidade* do pensamento, o princípio da sua forma, e os traz à existência." (*Rechtsphil[osophie]* de Hegel, 2ª ed., p. 346).[17] Sem dúvida! Só assim, *por cima* dos elementos *particulares* [é que] o Estado se constitui como universalidade.

O Estado político completo é, pela sua essência, a vida genérica[18] do homem em *oposição* à sua vida material. Todos os pressupostos desta vida egoísta continuam a subsistir *fora* da esfera do Estado na *sociedade civil*, mas como propriedades [*Eigenschaften*] da sociedade civil. Onde o Estado político alcança o seu verdadeiro desabrochamento, o homem leva — não só no pensamento, na consciência, mas na *realidade*, na *vida* — uma vida dupla, uma [vida] celeste e uma [vida] terrena: a vida na *comunidade política* (em que ele se [faz] valer como *ser comum*) e a vida na *sociedade civil* (em que ele é ativo como *homem privado*, considera os outros homens como meio, se degrada a si próprio à [condição] de meio, e se torna o joguete de poderes estranhos).[19] O Estado político comporta-se precisamente para com a sociedade civil de um modo tão espiritualista como o Céu para com a Terra. Está na mesma oposição a ela, triunfa dela do mesmo modo que a religião [triunfa] do constrangimento do mundo profano — i. e., na medida em que ele igualmente tem que a reconhecer, estabelecer, de novo, [tem igualmente] que se deixar ele próprio dominar por ela. O homem, na sua realidade *mais próxima*, na sociedade civil, é um ser profano.[20] Aqui onde ele se [faz] valer a si próprio e aos outros como indivíduo real — é um fenômeno *não verdadeiro*. No Estado, pelo contrário — onde o homem vale como ser genérico —, ele é o membro imaginário de uma soberania imaginada, é roubado da sua vida individual real e repleto de uma universalidade irreal.

O conflito em que o homem (como confessor de uma religião *particular*) se encontra com a sua cidadania de Estado, com os outros homens (como membros da comunidade), reduz-se à cisão [*Spaltung*] *mundana* entre o Estado *político* e a *sociedade civil*. Para o homem, como *bourgeois*,[21] a "vida no Estado" é "apenas aparência ou uma exceção momentânea face à essência e à regra".[22] Decerto que o *bourgeois*, tal como o judeu, só sofisticamente permanece na vida de Estado, assim como o *citoyen*⁽²³⁾ só sofisticamente permanece judeu ou *bourgeois*; mas esta sofística não é pessoal. Ela é *sofística* do próprio *Estado político*. A diferença entre o homem religioso e o cidadão é a diferença entre o comerciante e o cidadão, entre o jornaleiro e o cidadão, entre o *indivíduo vivo* e o *cidadão*. A contradição em que o homem religioso se encontra com o homem político é a mesma contradição em que o *bourgeois* [se encontra] com o *citoyen*, em que o membro da sociedade civil se encontra com a sua *pele de leão*⁽²⁴⁾ política.

Este conflito mundano a que finalmente a questão judaica se reduz, a relação do Estado político com os seus pressupostos (sejam eles elementos materiais, como a propriedade privada etc., ou [elementos] espirituais, como cultura, religião), o conflito entre o interesse *universal* e o interesse *privado*, a cisão entre o *Estado político* e a *sociedade civil* — estas oposições mundanas, deixa-as Bauer subsistir enquanto polemiza contra a sua expressão *religiosa*. "[São] precisamente as suas bases — a necessidade [*Bedürfnis*] que assegura à *sociedade civil* o seu subsistir e *garante a sua necessidade* [*Notwendigkeit*] — [que] expõem o seu subsistir a perigos constantes, [que] mantêm nela um elemento inseguro, e a produzem numa mistura em constante mudança de pobreza e riqueza, de miséria e prosperidade, de mudança em geral." (p. 8.)⁽²⁵⁾

Confira-se toda a seção: "A sociedade civil" (pp. 8, 9), que está delineada segundo os traços fundamentais da Filosofia do Direito de Hegel.⁽²⁶⁾ A sociedade civil, na sua oposição ao Estado político, é reconhecida como necessária, porque o Estado político é reconhecido como necessário.

A emancipação *política* é, sem dúvida, um grande progresso; ela não é, decerto, a última forma da emancipação humana, em geral, mas é a última forma da emancipação política *no interior* da ordem mundial até aqui. Entende-se: nós falamos aqui de emancipação real, de [emancipação] prática.

O homem emancipa-se *politicamente* da religião — ao bani-la do Direito público para o Direito privado. Ela não é mais o espírito do Estado, onde o homem — ainda que de modo limitado, numa forma particular e numa esfera particular — se comporta como ser genérico, em comunidade com outros homens; ela tornou-se o espírito da sociedade civil, da esfera do egoísmo, do *bellum omnium contra omnes*.⁽²⁷⁾ Ela não é mais a essência da *comunidade* [*Gemeinschaft*], mas a essência da diferença. Ela tornou-se a expressão da separação do homem relativamente à sua *comunidade* [*Gemeinwesen*], a si próprio e aos outros homens — [tornou-se] aquilo que ela *originalmente* era. Ela já só é a confissão abstrata da insânia particular, da *tineta privada* [*Privatschrulle*], do arbítrio. A fragmentação infinita da religião na América do Norte, por exemplo, dá-lhe, já *exteriormente*, a forma de um assunto puramente individual. Ela foi relegada para o número dos interesses privados, e exilada da comunidade como comunidade. Mas não nos iludamos acerca dos limites da emancipação política. A cisão do homem no homem *público* e no homem *privado*, o *deslocamento* da religião do Estado para a sociedade civil, não são um estádio, são o *complemento* da emancipação política que, portanto, precisamente, tão pouco suprime quanto se esforça por suprimir a religiosidade *real* do homem.

A *decomposição* do homem no judeu e no cidadão, no protestante e no cidadão, no homem religioso e no cidadão — esta decomposição não é nenhuma mentira *contra* a cidadania de Estado, não é nenhum torneamento da emancipação política; ela *é a própria emancipação política*, é o modo *político* de [alguém] se emancipar da religião. Sem dúvida: em tempos em que o Estado político como Estado político é feito nascer violentamente da sociedade civil,⁽²⁸⁾ em que a autolibertação humana se esforça por perfazer sob a forma da autolibertação política — o Estado pode e tem de prosseguir até à *supressão da religião, até ao aniquilamento* da religião, mas só como ele prossegue até à supressão da propriedade privada, até ao *Maximum*,⁽²⁹⁾ até ao confisco, até ao imposto progressivo, como ele [prossegue] até à supressão da vida, até à *Guillotine*.⁽³⁰⁾ Nos momentos do seu autossentimento particular,⁽³¹⁾ a vida política procura esmagar o seu pressuposto, a sociedade civil e os seus elementos, e constituir-se como a vida genérica real, desprovida de contradição, do homem. Ela só o consegue, entretanto, por contradição *violenta* com as suas condições de vida próprias, só [o consegue] declarando *permanente* a revolução,⁽³²⁾ e o drama político termina, portanto, tão necessariamente pelo restabelecimento da religião, da propriedade privada, de todos os elementos da sociedade civil, como a guerra termina pela paz.⁽³³⁾

Sim, não [é] o chamado Estado *cristão* — que confessa o cristianismo como base sua, como religião de Estado, e se comporta, portanto, de modo exclusivista para com as outras religiões — [que] é o Estado cristão completo, mas antes o Estado *ateu*, o Estado *democrático*, o Estado que remete a religião para os demais elementos da sociedade civil. Ao Estado que é ainda teólogo, que aceita ainda o credo do cristianismo de modo oficial, que ainda não ousou proclamar-se *como Estado* — não foi ainda dado expressar em forma *mundana, humana*, na sua *realidade* como Estado, a base *humana* de que o cristianismo é expressão exaltada [*übersciwänglicher*]. O chamado Estado cristão é apenas, simplesmente, o *não Estado*, porque apenas pode consumar em criaturas realmente humanas, não o cristianismo como religião, mas só o *pano de fundo* [*Hintergrund*] *humano* da religião cristã.

O chamado Estado cristão é a negação cristã do Estado, mas de modo algum a realização estatal do cristianismo.[34] O Estado que confessa ainda o cristianismo na forma de religião ainda não o confessa na forma do Estado, pois ele ainda se comporta religiosamente para com a religião, i. e., ele não é a *consumação* [*Ausführung*] *real* do fundamento humano da religião, porque ele ainda se reclama da *irrealidade* da figura *imaginária* deste núcleo humano. O chamado Estado cristão é o Estado *imperfeito*, e a religião cristã lhe valhe de *complemento* e de *santificação* da sua imperfeição. A religião torna-se-lhe portanto necessária como *meio*, e ele é o Estado da *hipocrisia*. Há uma grande diferença entre: ou o Estado *completo* contar a religião entre os seus pressupostos por causa da falta que reside na essência universal do Estado, ou o Estado *incompleto* declarar a religião como *base* sua por causa da falta que reside na sua *existência particular*, como Estado defeituoso. No último caso, a religião torna-se *política imperfeita*. No primeiro caso, a própria imperfeição da *política* completa mostra-se na religião. O chamado Estado cristão precisa da religião cristã para se perfazer *como Estado*. O Estado democrático, o Estado real, não precisa da religião para a sua prefeitura [*Vervollständigung*] política. Pode antes abstrair da religião, porque, nele, a base humana da religião foi consumada de modo mundano. O chamado Estado cristão comporta-se, pelo contrário, politicamente para com a religião e religiosamente para com a política. Quando ele degrada as formas de Estado a aparência, degrada precisamente outro tanto a religião a aparência.

Para esclarecer esta oposição, consideremos a construção do Estado cristão [por parte] de Bauer, uma construção que proveio da intuição do Estado germano-cristão.

"Recentemente", diz Bauer, "para demonstrar a *impossibilidade* ou a *não existência* de um Estado cristão, remeteu-se frequentemente para aquelas sentenças do Evangelho que o Estado, *não só não* observa, como também *nem sequer pode observar*, se não se quiser dissolver completamente." "Mas a coisa não se resolve tão facilmente. Que exigem, pois, aqueles versículos evangélicos? A autoabnegação sobrenatural, a submissão à autoridade da revelação, o afastamento relativamente ao Estado, a supressão das relações mundanas.[35] Só que o Estado cristão exige e faz tudo isso. Ele aproximou-se do *espírito do Evangelho*, e se ele o não traduz na mesma letra por que o Evangelho o expressa, isso só acontece portanto porque ele expressa esse espírito em formas de Estado, i. e., em formas que decerto são retiradas do sistema de Estado neste mundo, mas que, no renascimento religioso que têm de experimentar, são degradadas a aparência. É o afastamento relativamente ao Estado que, para a sua consumação, se serve das formas de Estado." (p. 55.)[36]

Bauer continua então a desenvolver como o povo do Estado cristão é um não povo, [como] não tem mais qualquer vontade própria; [como], porém, possui a sua existência verdadeira no chefe a que se submete (o qual lhe é contudo, originalmente e por natureza, estranho, i. e., dado por deus e advindo sem a sua intervenção própria); como as leis desse povo não são obra sua (mas revelações positivas); como o seu chefe supremo precisa de mediadores privilegiados [para o seu contato] com o povo propriamente dito, com a massa; como esta própria massa se desagrega num conjunto de círculos particulares, que o acaso forma e determina, que se diferenciam pelos seus interesses, paixões e preconceitos particulares e que recebem, como privilégio, a permissão de reciprocamente se fecharem uns aos outros etc. (p. 56.)

Só que Bauer diz mesmo: "A política, se ela não há-de ser senão religião, não deve ser política, tão pouco quanto a limpeza das panelas, se ela houver de passar por assunto de religião, deve ser considerada como uma coisa de economia [doméstica]." (p. 108) No Estado cristãmente germânico, a religião é, porém, uma "coisa de economia [doméstica]",[37] tal como a economia [doméstica] é religião. No Estado cristâmente germânico, a dominação da religião é a religião da dominação.[38]

A separação do "espírito do Evangelho" e da "letra do Evangelho" é um ato *irreligioso*. O Estado que faz o Evangelho falar na letra da política, segundo uma outra letra que não a letra do espírito santo — comete um sacrilégio,[39] se não aos olhos humanos, então aos seus próprios olhos religiosos. Ao Estado que confessa o cristianismo como sua norma suprema, que [confessa] a Bíblia como sua Carta, têm que se contrapor as palavras da Sagrada Escritura, pois a Escritura é sagrada até à palavra. Este Estado — tanto quanto o *lixo humano* sobre que se baseia — cai numa contradição dolorosa (invencível, do ponto de vista da consciência religiosa) quando é remetido para aquelas sentenças do Evangelho que ele "não só não observa, como *não pode também sequer observar, se não se quiser dissolver completamente como Estado*". E por que não se quer ele dissolver completamente? A isso ele próprio não pode responder, nem a ele [mesmo] nem aos outros. Perante a sua própria consciência, o Estado cristão oficial é um *dever-ser [Sollen]*,[40] cuja realização é inalcançável, que só sabe constatar a *realidade* da sua existência através de mentiras para com ele próprio, e que permanece sempre portanto para si próprio um objeto de dúvida, um objeto de pouca confiança, problemático. A crítica encontra-se portanto no pleno direito quando coage o Estado que se reclama da Bíblia à loucura da consciência, em que ele próprio já não sabe se é uma *imaginação* ou uma *realidade*, em que a infâmia das suas finalidades mundanas (às quais a religião serve de capa) entre num conflito insolúvel com a honestidade da sua consciência *religiosa* (à qual a religião aparece como finalidade do mundo). Este Estado só se pode livrar do seu tormento interior quando se tornar *beleguim* da Igreja Católica. Face a ela — que declara o poder mundano como um corpo que a serve —, o Estado é impotente, é impotente o poder *mundano* que afirma ser a dominação do espírito religioso.[41]

No chamado Estado cristão, vale decerto a *alienação [Entfremdung]*, mas não o *homem*.[42] O único homem que vale — o rei — é um [homem] especificamente diferente dos outros homens, para além de [constituir] ser ainda ele próprio um ser religioso que se conecta diretamente com o Céu, com deus.[43] As ligações que aqui dominam são ainda ligações *de fé*. O espírito religioso, portanto, ainda não se mundanizou realmente.

Mas o espírito religioso também não pode ser realmente mundanizado, pois o que é ele próprio senão a forma *não mundana* de um estádio de desenvolvimento do espírito humano? O espírito religioso só pode ser realizado na medida em que o estádio de desenvolvimento do espírito humano (de que ele é expressão religiosa) assome e se constitua na sua forma *mundana*. Isto acontece no Estado *democrático*.[44] Não [é] o cristianismo, mas o *fundamento humano* do cristianismo, [que] é o fundamento deste Estado. A religião permanece a consciência ideal, não mundana, dos membros daquele, porque ela é a forma ideal do *estádio de desenvolvimento humano* que nele é efetuado.[45]

Os membros do Estado político são religiosos pelo dualismo entre a [vida] individual e a vida genérica, entre a vida da sociedade civil e a vida política; [são] religiosos, na medida em que o homem se comporta para com a vida de Estado para além da sua individualidade real como sua vida verdadeira; [são] religiosos, na medida em que a religião é aqui o espírito da sociedade civil, a expressão da separação e do afastamento do homem relativamente ao homem. A democracia política é cristã, na medida em que, nela, o homem (não só um homem, mas cada homem) passa por ser *soberano*, por [ser] supremo, mas [é] o homem no seu fenômeno insocial,[46] incultivado, o homem na sua existência contingente, o homem tal como anda e está, o homem tal como (por toda a organização da nossa sociedade) está corrompido, se perdeu a si mesmo, se alienou, se encontra dado sob a dominação de relações e de elementos inumanos — numa palavra, o homem que ainda não é nenhum ser genérico *real*. A imagem da fantasia, o sonho, o postulado do cristianismo, a soberania do homem — [tudo isto,] mas como uma essência estranha, diferenciada do homem real, é, na democracia, realidade sensível, presente, máxima mundana.[47]

A própria consciência teológica e religiosa passa por ser, na democracia completa, tanto mais religiosa, tanto mais teológica, quanto, aparentemente, carece de significação política, de finalidade terrena, é assunto de sentimentos inimigos do mundo, expressão da tacanhez de entendimento, produto do arbítrio e da fantasia, é como uma vida realmente de Além. O cristianismo alcança aqui a expressão *prática* da sua significação religiosa universal, ao agrupar as mundividências de espécie mais variada na forma do cristianismo, umas ao lado das outras; e, mais ainda, pelo fato de colocar aos outros, nem sequer a exigência do cristianismo, mas apenas só de religião, em geral, de uma qualquer religião (cf. o escrito de Beaumont citado).[48] A consciência religiosa regala-se com a riqueza da oposição religiosa e da multiplicidade religiosa.

Mostramos, portanto, que a emancipação política relativamente à religião deixa a religião subsistir ainda que [não seja] nenhuma religião privilegiada. A contradição em que o apoiante de uma religião particular se encontra relativamente à sua cidadania de Estado é apenas *uma parte da contradição mundana* universal *entre o Estado político e a sociedade civil*. O completamento do Estado cristão é o Estado que se confessa Estado e abstrai da religião dos seus membros. A emancipação do Estado relativamente à religião não é a emancipação do homem real relativamente à religião.[49]

Não dizemos, portanto com Bauer, aos judeus: vós não podeis ser politicamente emancipados, sem vos emancipardes radicalmente do judaísmo. Nós dizemos-lhes antes: porque vós podeis ser politicamente emancipados sem vos verdes completamente livres e sem contradição do judaísmo, por isso [é que] a *emancipação política* não é propriamente a emancipação *humana*. Se vós, judeus, quereis ser politicamente emancipados sem vos emancipardes vós próprios humanamente, as meias-tintas e a contradição não residem apenas em vós, elas residem na *essência* e na *categoria* da emancipação política. Se vós estais presos nessa categoria, vós partilhais um constrangimento geral. Assim como o Estado *evangeliza* quando, apesar de Estado, se comporta cristâmente para com os judeus, assim também os judeus *politizam* quando, apesar de judeus, exigem direitos cívicos.[50]

Mas, se o homem, ainda que judeu, pode ser politicamente emancipado, pode receber direitos cívicos, pode ele reivindicar e receber os chamados *direitos humanos*? Bauer *nega-o*. "A questão é de se o judeu como tal, i. e., o judeu que admite ele próprio que é coagido pela sua essência verdadeira a viver em eterno isolamento dos outros, é capaz de receber e de conceder aos outros os *direitos humanos universais*."[51]

"Para o mundo cristão, o pensamento dos direitos humanos só foi descoberto no século passado. Não é inato ao homem, é antes apenas conquistado em luta contra as tradições históricas em que até aqui o homem foi educado. Assim, os direitos humanos não são um presente da Natureza, [nem] nenhum dote da história até aqui, mas o preço da luta contra o acaso do nascimento e contra os privilégios que a história, de geração em geração, até agora legou. São resultados da cultura, e só os pode possuir quem os tenha adquirido e merecido."[52]

"Ora, pode o judeu realmente tomar posse deles? Enquanto for judeu, a essência limitada que faz dele judeu tem de triunfar da essência humana que o há-de vincular, como homem, ao homem, e [ela tem] de o isolar do não judeu. Ele declara, por este isolamento, que a essência particular que faz dele judeu é a sua verdadeira essência suprema, perante a qual a essência do homem tem que recuar."[53]

"Do mesmo modo, o cristão como cristão não pode outorgar quaisquer direitos humanos." (pp. 19, 20)

O homem tem, segundo Bauer, de sacrificar o "privilégio da fé" para poder receber os direitos humanos universais.[54] Consideremos, por um instante, os chamados direitos humanos e, decerto, os direitos humanos na sua figura autêntica, na figura que eles possuem nos seus *descobridores*, os norte-americanos e os franceses! Em parte, esses direitos humanos são direitos *políticos*, direitos que só podem ser exercidos na comunidade [*Gemeinschaft*] com outros. A *participação* na *comunidade* [*Gemeinwesen*] e, decerto, na comunidade *política*, no *sistema de Estado*, forma o seu conteúdo. Caem na categoria da *liberdade política*, na categoria dos *direitos cívicos*, as quais de modo nenhum pressupõem, como vimos, a supressão positiva, e sem contradição, da religião, portanto, também porventura [a] do judaísmo. Resta considerar a outra parte dos direitos humanos, os *droits de l'homme*[55] na medida em que eles são diferentes dos *droits du citoyen*.[56]

Na série destes [direitos], encontra-se a liberdade de consciência, o direito de exercer um qualquer culto. O *privilégio da fé* é expressamente reconhecido, quer como um *direito humano*, quer como consequência de um direito humano, da liberdade.

Déclaration des droits de l'homme et du citoyen, de 1791, art.10: "*Nul ne doit être inquiété pour ses opinions même religieuses.*"⁽⁵⁷⁾ No Título 7 da Constituição de 1791, é garantido como direito humano: "*La liberté à tout homme d'exercer le culte religieux auquel il est attaché.*"⁽⁵⁸⁾

A *Déclaration des droits de l'homme* etc., de 1793, conta entre os direitos humanos, art. 7: "*Le libre exercice des cultes.*"⁽⁵⁹⁾ Sim, no que se refere ao direito de tornar públicos os seus pensamentos e opiniões, de se reunir, de exercer o culto, diz-se mesmo: "*La nécessité d'énoncer ces droits suppose ou la présence ou le souvenir récent du despotisme.*"⁽⁶⁰⁾ Confira-se a *Constitution*⁽⁶¹⁾ de 1795, título XIV, art. 354.

Constitution de Pensylvanie, art. 9, §3: "*Tous les hommes ont reçu de la nature le droit imprescriptible d'adorer le Tout-Puissant selon les inspirations de leur conscience, et nul ne peut légalement être contraint de suivre, instituer ou soutenir contre son gré aucun culte ou ministère religieux. Nulle autorité humaine ne peut, dans aucun cas, intervenir dans les questions de conscience et contrôler les pouvoirs de l'ame.*"⁽⁶²⁾

Constitution de New-Hampshire, art. 5 e 6: "*Au nombre des droits naturels, quelques-uns sont inaliénables de leur nature, parce que rien n'en peut être l'équivalent. De ce nombre sont les droits de conscience*"⁽⁶³⁾ (Beaumont, 1. c., pp. 213, 214.).⁽⁶⁴⁾

A incompatibilidade da religião com os direitos humanos reside tão pouco no conceito dos direitos humanos que o direito de ser *religioso*, de ser religioso do modo que lhe aprouver, de exercer o culto da sua religião, até está expressamente contado entre os direitos humanos. O *privilégio da fé* é um *direito humano universal*.

Os *droits de l'homme*, os direitos humanos, são, como tais, diferentes dos *droits du citoyen*, dos direitos do cidadão. Quem é o *homme* diferente do *citoyen*? Ninguém senão o *membro da sociedade civil*. Por que é que o membro da sociedade civil é chamado "homem" (pura e simplesmente "homem"), por que é que os seus direitos são chamados *direitos do homem*? A partir de quê explicamos nós este fato? A partir da relação do Estado político com a sociedade civil, a partir da essência da emancipação política.

Antes de tudo, constatemos o fato de que os chamados *direitos do homem*, os *droits de l'homme*, diferentemente dos *droits du citoyen*, não são outra coisa senão os direitos do *membro da sociedade civil* [burguesa, *bürgerliche Gesellschaft*] i. e., do homem egoísta, do homem separado do homem e da comunidade.⁽⁶⁵⁾ A constituição mais radical, a constituição de 1793, pode dizer:

Déclaration des droits de l'homme et du citoyen.

Art. 2. Ces droits etc. (les droits naturels et imprescriptibles) sont: *l'égalité, la liberté, la sûreté, la propriété.*⁽⁶⁶⁾

Em que consiste a *liberté*?

Art. 6. "*La liberté est le pouvoir qui appartient à l'homme de faire tout ce qui ne nuit pas aux droits d'autrui*"⁽⁶⁷⁾ ou, segundo a Declaração dos Direitos do Homem de 1791: "*La liberté consiste à pouvoir faire tout ce qui ne nuit pas à d'autrui.*"⁽⁶⁸⁾

A liberdade é, portanto, o direito de fazer e empreender tudo o que não prejudique nenhum outro. Os limites dentro dos quais cada um se pode mover *sem prejuízo* de outrem são determinados pela lei, tal como os limites de dois campos são determinados pela estaca [das cercas]. Trata-se da liberdade do homem como mónada⁽⁶⁹⁾ isolada, virada sobre si própria. Por que é que, segundo Bauer, o judeu é incapaz de receber os direitos do homem? "Enquanto ele for judeu, a essência limitada que faz dele judeu tem de triunfar sobre a essência humana que o há-de ligar, como homem, ao homem, e [tem] de o isolar dos não judeus." Mas o direito humano à liberdade não se baseia na vinculação do homem com o homem, mas, antes, no isolamento do homem relativamente ao homem. É o *direito* deste isolamento, o direito do indivíduo *limitado*, limitado a si.

A aplicação prática do direito humano à liberdade é o direito humano à *propriedade privada*.⁽⁷⁰⁾

Em que consiste o direito humano à propriedade privada?

Art. 16 (Constituição de 1793): "*Le droit de* propriété *est celui qui appartient à tout citoyen de jouir et de disposer* à son gré *de ses biens, de seus revenus, du produit de sont travail et de son industrie.*"⁽⁷¹⁾

O direito humano de propriedade privada, é, portanto, o direito de — "arbitrariamente" (*à son gré*⁽⁷²⁾), sem referência aos outros homens, independentemente da sociedade — gozar a sua fortuna e dispor dela; [é] o direito do interesse próprio [*Eigennutz*].

Aquela liberdade individual, assim como esta aplicação dela, formam a base da sociedade civil.⁽⁷³⁾ Ela faz com que cada homem encontre no outro homem, não a *realização*, mas antes a *barreira* da sua liberdade. Porém, ela proclama, antes de tudo, o direito do homem "*de jouir et de disposer* à son gré *de ses biens, de ses revenus, du droit de son travail et de son industrie*".

Restam ainda os outros direitos humanos: a *égalité* e a *sûreté*.

A *égalité* — aqui, no seu significado não político — não é senão a igualdade da *liberté* acima descrita, a saber: que cada homem seja, de modo igual, considerado como essa mônada que repousa sobre si [própria]. A Constituição de 1795 determina o conceito desta igualdade, conforme à sua significação, assim:

Art. 3. (*Constitution de 1793*): "*L'égalité consiste en ce que la loi est la même pour tous, soit qu'elle protège, soit qu'elle punisse*".⁽⁷⁴⁾

E a *sûreté*?

Art. 8. (*Constitution de 1793*): "*La sûreté consiste dans la protection accordée par la société à chacun de ses membres pour la conservation de sa personne, de ses droits et de ses propriétés*".⁽⁷⁵⁾

A *segurança* é o supremo conceito social da sociedade civil, o conceito da *Polícia*, porque a sociedade toda apenas existe para garantir a cada um dos seus membros a conservação da sua pessoa, dos seus direitos e da sua propriedade. Neste sentido, Hegel chama à sociedade civil "o Estado da necessidade e do entendimento [*Noth-und Verstandesstaat*].⁽⁷⁶⁾

Pelo conceito da segurança, a sociedade civil não se eleva acima do seu egoísmo. A segurança é, antes, o *asseguramento* do seu egoísmo.

Nenhum dos chamados direitos do homem vai, portanto, além do homem egoísta, além do homem tal como ele é membro da sociedade civil, a saber: [um] indivíduo remetido a si, ao seu interesse privado e ao seu arbítrio privado, e isolado da comunidade. Neles, muito longe de o homem ser apreendido como ser genérico, [é] antes a própria vida genérica, a sociedade [que] aparecem como um quadro exterior aos indivíduos, como limitação da sua autonomia original. O único vínculo que os mantém juntos é a necessidade de Natureza, a precisão [*Bedürfnis*] e o interesse privado, a conservação da sua propriedade e da sua pessoa egoísta.

É já enigmático que um povo que precisamente começa a libertar-se, a derrubar todas as barreiras [*Barrièren*] entre os diversos membros do povo, a fundar uma comunidade política, [é enigmático] que um tal povo proclame solenemente (*déclaration* de 1791[77]) a legitimação [*Berechtigung*] do homem egoísta, isolado do [seu] semelhante [*Mitmenschen*] e da comunidade, sim, [é enigmático] que repita esta proclamação num instante em que só o devotamento heroico pode salvar a nação (e é, portanto, imperiosamente exigido), num instante em que o sacrifício de todos os interesses da sociedade civil é posto na ordem do dia e o egoísmo tem que ser punido como um crime. (*Déclaration des droits de l'homme* etc., de 1793[78]). Mais enigmático se torna este fato, quando vemos que a cidadania de Estado rebaixa mesmo a *comunidade política* dos emancipadores políticos a mero *meio* para a conservação desses chamados direitos do homem; que, portanto, declara o *citoyen* servidor do *homme* egoísta; [que] degrada a esfera em que o homem se comporta como ser genérico, a esfera em que ele se comporta como ser parcelar; [que,] finalmente não [é] o homem como *citoyen*, mas o homem como *bourgeois*,[79] [que] é tomado por homem *verdadeiro* e *propriamente dito*.

"*Le* but *de toute* association politique *est la conservation des droits naturels et imprescriptibles de* l'homme."[80] (*Déclaration des droits* etc. de 1791, art. 2). "*Le* gouvernement *est institué pour garantir à l'homme la jouissance de ses droits naturels et imprescriptibles.*"[81] (*Déclaration* etc. de 1793, art. 1). Portanto, mesmo nos momentos do seu entusiasmo de frescura juvenil e levados ao extremo pelo ímpeto das circunstâncias, a vida política declara-se um mero *meio*, cuja finalidade é a vida da sociedade civil. Com efeito, a sua prática revolucionária está em flagrante contradição com a sua teoria. Enquanto, por exemplo, a segurança é declarada como um direito do homem, a violação do segredo de correspondência é publicamente posta na ordem do dia. Enquanto a "*liberté* indéfinie *de la presse*"[82] (*Constitution de 1793*, art.º 122) é garantida como consequência do direito do homem, da liberdade individual, a liberdade de imprensa é completamente aniquilada, pois "*la liberté de la presse ne doit pas être permise lorsqu'elle compromet la liberté publique*"[83] (Robespierre jeune, hist. parlem. de la rév. franç. par Buchez et Roux, t. 28, p. 159),[84] i. e., portanto: o direito humano da liberdade deixa de ser um direito assim que entra em conflito com a vida política, enquanto, segundo a teoria, a vida política apenas é a garantia dos direitos humanos, dos direitos do homem individual; ele tem, portanto, que ser liquidado assim que contradiz a sua *finalidade*, esses direitos humanos. Mas a prática é apenas a exceção, e a teoria [é] a regra. Mesmo que se quisesse, porém, considerar a prática revolucionária como a correta posição da relação, continua ainda a ficar por resolver o enigma de por que é que, na consciência dos emancipadores políticos, a relação está posta de cabeça para baixo, e a finalidade aparece como meio, [e] o meio como finalidade. Esta ilusão óptica[85] da sua consciência continuaria a ser o mesmo enigma, embora [fosse] então um enigma psicológico, um [enigma] teórico.

O enigma resolve-se simplesmente.

A emancipação política é, simultaneamente, a *dissolução* da velha sociedade sobre que repousa o sistema de Estado alienado do povo, o poder do soberano.[86] A revolução política é a revolução da sociedade civil. Qual era o caráter da velha sociedade? Uma palavra a caracteriza. A feudalidade. A velha sociedade civil tinha *imediatamente* um caráter *político*, i. e., os elementos da vida civil (como, por exemplo, a posse ou a família, ou o modo de trabalho) estavam elevados a elementos da vida de Estado na forma da senhorialidade fundiária, do estado [social, *Stand*] e da corporação.[87] Eles determinavam, nesta forma, a relação do indivíduo singular para com o *todo do Estado*, i. e., a sua relação *política*, i. e., a sua relação de separação e exclusão relativamente às outras partes componentes da sociedade. Pois aquela organização da vida do povo não elevou a posse ou o trabalho a elementos sociais, mas completou antes a sua *separação* relativamente ao todo do Estado, e constituiu-os em sociedades *particulares* na sociedade.[88] Assim, as funções vitais e as condições vitais da sociedade civil continuavam entretanto ainda a ser políticas, ainda que políticas no sentido da feudalidade, i. e., elas excluíam o indivíduo do todo do Estado, transformavam a relação particular da sua corporação para com o todo do Estado na sua relação universal própria para com a vida do povo, bem como a sua atividade, e situação universal. Como consequência desta organização, necessariamente, a unidade de Estado (bem como a consciência, a vontade e a atividade da unidade de Estado — o poder de Estado universal) aparece igualmente como assunto *particular* de um soberano, apartado do povo e dos seus servidores.[89]

A revolução política — que derrubou este poder do soberano e elevou os assuntos de estado a assuntos do povo, que constituiu o Estado político como assunto *universal*, i. e., como Estado real — destroçou necessariamente todos os estados [sociais, *Stände*], corporações, grêmios, privilégios, que eram, precisamente, outras tantas expressões da separação do povo relativamente à sua comunidade.[90] A revolução política *suprimiu*, com isso, o *caráter político da sociedade civil*. Destroçou a sociedade civil nas suas partes componentes simples: por um lado, nos *indivíduos*; por outro lado, *nos elementos materiais e espirituais*, que formam o conteúdo vital, a situação civil desses indivíduos. Soltou o espírito político que, de algum modo, estava dissipado, fracionado, diluído nos diversos becos da sociedade feudal; reuniu-o desta dispersão, libertou-o da sua mistura com a vida civil, e constituiu-o como a esfera da comunidade, dos assuntos *gerais* do povo, em independência ideal[91] relativamente àqueles elementos *particulares* da vida civil. A atividade de vida *determinada* e a situação de vida determinada decaíram para um significado apenas individual. Elas deixaram de fornecer a relação universal do indivíduo para com o todo do Estado. Os assuntos públicos, como tais, tornaram-se antes assunto universal de cada indivíduo, e a função política [tornou-se] a sua função universal.

Só que o completamento do idealismo do Estado foi, simultaneamente, o completamento do materialismo da sociedade civil.[92] O sacudir do jugo político foi, simultaneamente, o sacudir dos vínculos que mantinham preso o espírito egoísta da sociedade civil. A emancipação política foi, simultaneamente, a emancipação da sociedade civil relativamente à política, relativamente à *aparência* mesma de um conteúdo universal.

A sociedade feudal foi dissolvida no seu fundamento, no *homem*. Mas no homem tal como ele era realmente fundamento dela, no homem *egoísta*.

Este *homem*, o membro da sociedade civil, é agora a base, o pressuposto, do Estado *político*. É por ele reconhecido como tal nos direitos do homem.

A liberdade do homem egoísta e o reconhecimento dessa liberdade são porém, antes, o reconhecimento do movimento *desenfreado* dos elementos espirituais e materiais que formam o seu conteúdo de vida.[93]

O homem não foi, portanto, libertado da religião: recebeu a liberdade de religião. Não foi libertado da propriedade. Recebeu a liberdade de propriedade. Não foi libertado do egoísmo do ofício [*Gewerbe*], recebeu a liberdade de ofício.

A *constituição do Estado político*, e a dissolução da sociedade civil nos indivíduos independentes — de que o *direito* é a relação, assim como o *privilégio* era a relação do homem de estado [social, *Stand*] e do [homem de] grêmio —,[94] perfaz-se *num e no mesmo ato*. O homem, tal como é membro da sociedade civil, o homem *impolítico*, aparece, porém, necessariamente como o homem *natural*. Os *droits de l'homme* aparecem como *droits naturels*,[95] pois a *atividade autoconsciente* concentra-se no *ato político*. O homem *egoísta* é o resultado *passivo* (apenas, *encontrado*) da sociedade dissolvida, [é] objeto da *certeza imediata*, portanto, objeto *natural*.[96] A *revolução política* dissolve a vida civil nas suas partes componentes, sem *revolucionar* e submeter à crítica essas mesmas partes componentes. Ela comporta-se para com a sociedade civil, para com o mundo das precisões, do trabalho, dos interesses privados, do Direito privado, como para com a *base do seu subsistir*, como para com um *pressuposto* não mais ulteriormente fundamentado, portanto, como para com a sua *base natural*. Por fim, o homem, tal como ele é membro da sociedade civil, vale como o homem *propriamente dito*, como o *homme* que é diferente do *citoyen*, porque ele é o homem na sua existência individual sensível *mais próxima*, enquanto o homem *político* é apenas o homem abstraído, artificial, o homem como uma pessoa *alegórica, moral*. O homem real só é reconhecido na figura do indivíduo *egoísta*, o homem *verdadeiro* só [é reconhecido] na figura do *citoyen abstracto*.

Rousseau descreve corretamente a abstração do homem político assim:

"Celui qui ose entreprendre d'instituer un peuple doit se sentir en état de *changer*, pour ainsi dire, la *nature humaine*, de *transformer* chaque individu, qui par lui-même est un tout parfait et solitaire en *partie* d'un plus grand tout, dont cet individu reçoive en quelque sorte sa vie et son être, de substituer une *existence partielle* et *morale* à l'existence physique et indépendante. Il faut qu'il ôte à *l'homme ses forces propres* pour lui en donner qui lui soient étrangères et dont il ne puisse faire usage sans le secours d'autrui."[97] (*Cont. Soc.*, Liv. II, Londr. 1782, pp. 67, 68).[98]

Toda a emancipação política é a redução do homem, por um lado, a membro da sociedade civil, a indivíduo *egoísta independente*; por outro lado, a *cidadão*, a pessoa moral.

Só quando o homem individual real retoma em si o cidadão abstrato e, como homem individual — na sua vida empírica, no seu trabalho individual, nas suas relações individuais —, se tornou *ser genérico*; só quando o homem reconheceu e organizou as suas "forces propres"[99] como *forças sociais*, e, portanto, não separa mais de si a força social na figura da força *política* — [é] só então [que] está consumada a emancipação humana.[100]

2. Para a crítica da filosofia do direito de Hegel. Introdução*

---

*Este é o texto integral do ensaio, redigido por Marx entre finais de 1843 e inícios de 1844, que foi originalmente publicado no único número dos *Anais Franco-Alemães*. Extraído de K. Marx-F. Engels, *Werke*. Berlim: Dietz Verlag, Band 1, 1958, pp. 378-391. Tradução de Vicente A. de A. Sampaio. As notas indicadas pela sigla *N. da E. A.* são da edição alemã.

Para a Alemanha, a *crítica da religião*, no essencial, está terminada, e a crítica da religião é o pressuposto de toda crítica.

A existência *profana* do erro está comprometida depois que sua *oratio pro aris et focis* celestial* foi refutada. O homem, que na realidade fantástica do céu, onde busca um super-homem, achou apenas o *reflexo* de si mesmo, não há mais de estar propenso a achar apenas a *aparência* de si mesmo, apenas o não homem, onde busca e tem de buscar sua verdadeira realidade efetiva.

O fundamento da crítica irreligiosa é: o *homem faz a religião*, a religião não faz o homem. Deveras, a religião é a consciência de si e o sentimento de si do homem, o qual ou ainda não conquistou a si mesmo, ou já se perdeu novamente. Mas *o homem*, isso não é nenhum ser abstrato, acocorado fora do mundo. O homem, isso é *o mundo do homem*: Estado, sociedade. Este Estado, esta sociedade produzem a religião, uma *consciência de mundo invertida*, porque são um *mundo invertido*. A religião é a teoria universal deste mundo, seu compêndio enciclopédico, sua lógica em forma popular, seu *point d'honneur* espiritualista, seu entusiasmo, sua sanção moral, seu completamento solene, seu fundamento universal de consolação e justificação. É a *realização fantástica* do ser humano, porque o *ser humano* não possui nenhuma realidade efetiva verdadeira. A luta contra a religião é assim, mediatamente, a luta contra *aquele mundo* cujo *aroma* espiritual é a religião.

A miséria *religiosa* é ora a *expressão* da miséria efetivamente real, ora o *protesto* contra a miséria efetivamente real. A religião é o suspiro da criatura oprimida, o

---

*Oração para altar e fogão. (*N. da E. A.*)

ânimo de um mundo sem coração, bem como o espírito de condições pobres de espírito. Ela é o *ópio* do povo.

A abolição da religião como felicidade *ilusória* do povo é a exigência de sua felicidade *efetivamente real*. A exigência de renunciar às ilusões sobre sua condição é a *exigência de renunciar a uma condição que demanda ilusões*. A crítica da religião é assim, em *germe*, a *crítica do vale de lágrimas*, cuja *auréola* é a religião.

A crítica arrancou as flores fantásticas do grilhão, não para que o homem carregue um grilhão sem fantasia, sem consolo, mas para que ele jogue fora o grilhão e a flor viva rebente. A crítica da religião desilude o homem, para que ele pense, aja, configure a sua realidade efetiva como um homem que perdeu as ilusões e recobrou a razão, para que ele se mova em torno de si mesmo e, com isso, em torno de seu sol efetivamente real. A religião é apenas o sol ilusório que se move em torno do homem enquanto ele não se move em torno de si mesmo.

Assim, a *tarefa da história*, depois que o *além da verdade* desapareceu, é estabelecer a *verdade do aquém*. De início, a *tarefa da filosofia* que está a serviço da história, *depois que a configuração sagrada* da autoalienação humana foi desmascarada, é desmascarar a autoalienação em suas *configurações profanas*. A crítica do céu se transforma, com isso, na crítica da terra, a *crítica da religião* na *crítica do direito*, a *crítica da teologia* na *crítica da política*.

A exposição que se segue — uma contribuição a este trabalho crítico — não se atém primeiramente ao original, mas a uma cópia, à *filosofia* alemã do Estado e do direito, por nenhuma outra razão senão porque se atém à *Alemanha*.

Caso se desse atenção ao próprio *status quo* alemão, ainda que da única maneira adequada, isto é, negativamente, o resultado permaneceria sempre um *anacronismo*. Mesmo a negação de nosso presente político já se apresenta como fato empoeirado no quarto de entulhos da história dos povos modernos. Se recuso as perucas polvilhadas com talco, ainda tenho as perucas sem talco. Se recuso as condições alemãs de 1843, dificilmente estou, segundo a cronologia francesa, no ano de 1789 — e ainda menos no foco incandescente do presente.

Com efeito, a história alemã se lisonjeia de um movimento que nenhum povo no firmamento historiográfico nem fez antes nem fará igual depois. Pois compartilhamos das restaurações dos povos modernos sem compartilhar de suas revoluções. Fomos restaurados, primeiro, porque outros povos ousaram uma revolução, e segundo, porque outros povos sofreram uma contrarrevolução; uma vez porque nossos senhores tinham medo, e outra vez porque não tinham medo nenhum. Nós, nossos pastores à frente, encontramo-nos apenas uma única vez na companhia da liberdade, no *dia de seu enterro*.

Uma escola que legitima a infâmia de hoje através da infâmia de ontem, uma escola que declara rebelde todo grito do servo contra o relho desde que o relho se tornou um relho antigo, historiografado, ancestral, uma escola para a qual a história, como o deus de Israel ao seu servo Moisés, mostra apenas seu *a posteriori* — eis a *Escola Histórica do Direito*,* que teria, portanto, inventado a história alemã, não fosse ela uma invenção da história alemã. Como um Shylock,** mas um Shylock subserviente, ela jura, à custa de cada meio quilo de carne cortado do coração do povo, pela sua aparência, pela sua aparência historiográfica, pela sua aparência cristão-germânica.

Entusiastas bonachões, em contrapartida, germanófilos pelo sangue e liberais pela reflexão, buscam nossa história da liberdade além de nossa história, nas primevas florestas teutônicas. Através do que, porém, a nossa história da liberdade se distingue da história da liberdade do javali, se ela só pode ser achada nas florestas? Ademais, todos sabem: o que se grita floresta adentro ecoa floresta afora. Portanto, paz às primevas florestas teutônicas!

Guerra às condições alemãs! Por todos os meios! Elas estão *abaixo do nível da história*, estão *abaixo de toda crítica*, mas permanecem um objeto da crítica, como o criminoso que está abaixo do nível da humanidade permanece um objeto *do carrasco*. Em luta com elas, a crítica não é nenhuma paixão da cabeça, mas a cabeça da paixão. Ela não é um bisturi de anatomia, mas uma arma. Seu objeto é seu *inimigo*, que ela não quer refutar, mas *aniquilar*. Pois o espírito de tais condições está refutado. Em e para si, elas não são nenhum objeto *digno de ser pensado*, mas *existências* tanto desprezíveis quanto desprezadas. A crítica para si não demanda a compreensão de si relativa a esse objeto, pois está às claras com

---

*A *Escola Histórica do Direito*, cujo expoente foi Friedrich Karl von Savigny (1779-1861), expressava concepções reacionárias no domínio da história e do direito. (*N. do O.*)
**Personagem que, na peça *O mercador de Veneza*, de Shakespeare, encarna a figura do usurário. (*N. do O.*)

ele. Ela não se dá mais como *fim em si mesma*, mas tão só como *meio*. Seu *pathos* essencial é a *indignação*, seu trabalho essencial, a *denúncia*.

Importa a descrição de uma abafada opressão recíproca de todas as esferas sociais umas sobre as outras, de um dissentimento geral, inativo, de uma estreiteza que tanto não reconhece como mal conhece a si mesma, inserida no quadro de um sistema de governo que, vivendo da conservação de todas as lástimas, não é ele mesmo nada mais que a *lástima no governo*.

Que espetáculo! A divisão contínua *ad infinitum* da sociedade nas mais diversas raças, que se contrapõem umas às outras com antipatias mesquinhas, más consciências e mediocridade brutal, que, justamente em favor de sua postura recíproca, ambígua e suspeita, são todas tratadas pelos seus *senhores*, sem distinção, ainda que com formalidades diferentes, como *existências concedidas*. E mesmo o fato de que estão *dominadas, governadas, possuídas*, elas têm de reconhecer e confessar como uma *concessão do céu*! Do outro lado, estão os próprios senhores, cuja grandeza está na proporção inversa ao seu número!

A crítica que se ocupa com esse conteúdo é a crítica em meio à *pancadaria*, e na pancadaria não se trata de saber se o adversário é um adversário nobre, de mesma origem, *interessante* — trata-se de *acertá*-lo. Trata-se de não consentir aos alemães nenhum momento de autoilusão ou resignação. É preciso tornar a opressão efetivamente real ainda mais opressora ao acrescentar-lhe a consciência da opressão, a vergonha ainda mais vergonhosa, ao torná-la pública. É preciso descrever toda esfera da sociedade alemã como a *partie honteuse** da sociedade alemã, é preciso forçar essas relações petrificadas a dançar cantando-lhes sua própria melodia! É preciso ensinar o povo a *aterrorizar-se* consigo mesmo para dar-lhe *courage*.** Cumpre-se com isso uma demanda imperiosa do povo alemão, e as demandas dos povos são, em pessoa, as razões últimas de sua satisfação.

E mesmo para os povos *modernos*, essa luta contra o conteúdo bitolado do *status quo* alemão não pode ser sem interesse, pois o *status quo* alemão é a *franca consumação do ancien régime*, e o *ancien régime* é a *deficiência encoberta do Estado moderno*. A luta contra o presente político da Alemanha é a luta contra o passado

---

*Em francês, no original, "parte vergonhosa". (*N. do O.*)
**Em francês, no original, "coragem". (*N. do O.*)

dos povos modernos, que continuam sendo incomodados pelas reminiscências desse passado. É-lhes instrutivo ver o *ancien régime*, que viveu entre eles sua *tragédia*, desempenhando sua *comédia* como *revenant* alemão. *Trágica* foi sua história enquanto ele era o poder preexistente do mundo; a liberdade, ao contrário, era uma fortuita ideia pessoal enquanto ele mesmo, em uma palavra, acreditava e tinha de acreditar em sua justificação. Enquanto o *ancien régime* lutava, como ordem do mundo subsistente, com um mundo que vinha a ser pela primeira vez, estava a seu lado um erro histórico-universal, mas nenhum erro pessoal. Seu declínio foi, por isso, trágico.

Em contrapartida, o regime alemão atual — um anacronismo, uma flagrante contradição perante axiomas universalmente reconhecidos, a nulidade do *ancien régime* exposta à contemplação do mundo — ainda presume acreditar em si mesmo e exige que o mundo aceite essa presunção. Se acreditasse em sua própria *essência*, buscaria ele encobri-la sob a *aparência* de uma essência estranha e procuraria sua salvação na hipocrisia e no sofisma? O moderno *ancien régime* é, muito antes, apenas o *comediante* de uma ordem mundial cujos *heróis efetivamente reais* morreram. A história tem firme fundamento e atravessa muitas fases quando sepulta uma velha configuração. A última fase de uma configuração histórico-universal é sua *comédia*. Os deuses da Grécia, que outrora já haviam sido tragicamente feridos de morte no *Prometeu Acorrentado* de Ésquilo, tiveram de morrer mais uma vez, comicamente, nos *Diálogos* de Luciano. Por que esse curso da história? Para que a humanidade se separe *alegremente* de seu passado. É essa determinação histórica *mais alegre* que vindicamos para os poderes políticos da Alemanha.

No entanto, tão logo a própria realidade efetiva político-social *moderna* é submetida à crítica, portanto, tão logo a crítica se eleva aos problemas verdadeiramente humanos, ela se encontra fora do *status quo* alemão, senão conceberia seu objeto *sob* seu objeto. Um exemplo: a relação da indústria, do mundo da riqueza em geral, com o mundo político é um problema precípuo da época moderna. Sob que forma este problema começa a absorver os alemães? Sob a forma das *tarifas protecionistas*, do *sistema de proibições*, da *economia nacional*.[1] A germanofilia passou do homem para a matéria, e então, um belo dia, nossos cavaleiros do algodão e heróis do ferro viram-se transformados em patriotas. Desse modo, a soberania do monopólio interno começa a ser reconhecida na Alemanha à medida que lhe é conferida a soberania externa. Assim, agora se começa a dar início na Alemanha àquilo que na França e na Inglaterra se começa a dar um fim. A velha condição podre contra a qual esses países se revoltam teoricamente, e que apenas suportam como se suporta o grilhão, é saudada na Alemanha como a aurora despontante de um belo futuro, que dificilmente ainda há de passar da teoria *astuta*** à mais implacável práxis. Enquanto o problema na França e na Inglaterra soa "economia política ou domínio da sociedade sobre a riqueza", na Alemanha ele soa *"economia nacional ou domínio da propriedade privada sobre a nacionalidade"*. Assim, na França e na Inglaterra, importa suprassumir o monopólio que progrediu até as suas últimas consequências; na Alemanha, importa progredir até as últimas consequências do monopólio. Lá, trata-se de uma solução e aqui, em primeiro lugar, de uma colisão. Eis um exemplo suficiente da forma *alemã* do problema moderno, um exemplo de como nossa história, qual um recruta sem jeito, até agora só teve a tarefa de fazer exercícios que imitam histórias desgastadas e banais.

Se, então, o desenvolvimento alemão *em seu conjunto* não fosse além do desenvolvimento *político* alemão, um alemão poderia, no máximo, participar dos problemas do presente como um *russo* pode deles participar. Todavia, quando o indivíduo isolado não é cerceado através das limitações da nação, então a nação em seu conjunto torna-se ainda menos liberta através da libertação de um indivíduo. Os citas não deram nenhum passo à frente em direção à cultura grega pelo fato de que a Grécia conta com um cita entre seus filósofos. **

Por sorte somos alemães e não citas.

Tal como os povos antigos vivenciaram a sua pré-história na imaginação, na *mitologia*, nós, alemães, vivenciamos nossa pós-história no pensamento, na *filosofia*. Somos contemporâneos *filosóficos* do presente sem ser seus contemporâneos *históricos*. A filosofia alemã é um *prolongamento ideal* da história alemã. Assim, se criticamos, em vez das *œuvres incomplètes* de nossa história real, as *œuvres posthumes* de nossa história ideal, a *filosofia*, então nossa crítica encontra-se em meio a

---

*No original, "... aus der *listigen* Theorie". A edição alemã registra que se trata de um jogo de palavras (*listig* = astuto) que remete ironicamente a Friedrich List (1789-1846), economista defensor do protecionismo e cuja obra principal, *O sistema nacional da economia política*, data de 1840. (*N. do O.*)

**Diógenes Laércio (c. 200-250), no Livro I de *Vida e opiniões dos mais ilustres filósofos*, inclui um cita de nascimento — Anacarsis (século IV a.C.) — entre "os sete sábios da Grécia". (*N. do O.*)

questionamentos acerca dos quais o presente diz: *that's the question*. Aquilo que entre os povos avançados é a ruína *prática* sob as condições do Estado moderno, é na Alemanha, onde essas mesmas condições ainda não vieram a existir uma única vez, primeiramente a ruína *crítica* sob o reflexo filosófico dessas condições.

A *filosofia alemã do direito e do Estado* é a única *história alemã* que está *al pari* com o presente moderno *oficial*. O povo alemão, portanto, tem de ajuntar essa sua história onírica às suas condições subsistentes e submeter à crítica não só essas condições subsistentes, mas, ao mesmo tempo, a continuação abstrata delas. Seu futuro não pode *limitar*-se nem à negação imediata de suas condições de Estado e de direito reais, nem à implementação imediata de suas condições de Estado e de direito ideais, pois o povo alemão possui a negação imediata de suas condições reais em suas condições ideais, e quase *sobreviveu* mais uma vez à implementação imediata de suas condições ideais na contemplação dos povos vizinhos. É com razão, portanto, que o partido político *prático* na Alemanha exige a *negação da filosofia*. Sua desrazão não consiste nesta exigência, mas em parar na exigência, que ele nem executa, nem pode executar seriamente. Ele crê consumar aquela negação ao voltar as costas à filosofia e, com a cabeça desviada, murmurar frases coléricas e banais sobre ela. A estreiteza de seu horizonte também faz com que ele não inclua a filosofia no âmbito da realidade efetiva *alemã*, ou até mesmo com que a fantasie *abaixo* da práxis alemã e das teorias a seu serviço. Vós alegais que se deve dar continuidade aos *germes de vida efetivamente reais*, mas esqueceis que o germe efetivamente real do povo alemão até agora cresceu apenas no seu *crânio*. Em uma palavra: *não podeis suprassumir a filosofia sem realizá-la efetivamente*.

A mesma desrazão, apenas com fatores *invertidos*, é cometida pelo partido *teórico*, cujo nascimento remonta à filosofia. Ele entrevê na luta atual *somente* a *luta crítica da filosofia com o mundo alemão*; ele não ponderou que a própria *filosofia desde o início* pertence a este mundo e é sua *complementação*, ainda que ideal. Crítico contra seu adversário, comportou-se acriticamente para consigo mesmo, na medida em que partiu dos *pressupostos* da filosofia e parou nos resultados dados por ela, ou considerou exigências e resultados tomados de outro lugar como exigências e resultados imediatos da filosofia — embora estes mesmos, pressupondo que sejam justificados, devam ser obtidos, em contrapartida, somente através da *negação da filosofia desde seu início*, da filosofia como filosofia. Reservamo-nos uma descrição mais pormenorizada desse partido.* Sua deficiência fundamental pode ser reduzida ao seguinte: *ele acreditou poder realizar efetivamente a filosofia sem suprassumi-la.*

A crítica à *filosofia alemã do Estado e do direito*, filosofia que obteve através de Hegel sua versão mais consequente, mais rica e derradeira, é ademais tanto a análise crítica do Estado moderno e da realidade efetiva a ele conexa como também a decidida negação de todo o *modo* até agora existente de *consciência política e jurídica alemã*, cuja expressão mais nobre, mais universal e elevada à ciência é justamente a própria *filosofia do direito especulativa*. Se apenas na Alemanha a filosofia do direito especulativa foi possível — este *pensamento* exaltado e abstrato do Estado moderno, cuja realidade efetiva permanece um além, ainda que este além esteja simplesmente além do Reno —, então a imagem em pensamento *alemã* do Estado moderno, que abstrai do homem *efetivamente real*, só foi possível porque e na medida em que o próprio Estado moderno abstrai do homem efetivamente real ou satisfaz *todo* o homem de uma maneira apenas imaginária. Em política, os alemães *pensaram* o que os outros povos *fizeram*. A Alemanha foi sua *conscienciosidade teórica*. A abstração e a altivez de seu pensamento mantiveram-se sempre em compasso com a unilateralidade e a baixeza de sua realidade efetiva. Se, portanto, o *status quo* do sistema de Estado *alemão* expressa a *consumação do ancien régime*, a consumação de seu espinho na carne, então a *não consumação do Estado moderno* expressa o *status quo* do *saber de Estado alemão*, a deterioração de sua própria carne.

Já como decidida adversária do modo até agora existente da consciência política alemã, a crítica à filosofia do direito especulativa não se extravia em si mesma, mas [se orienta] para *tarefas* para cuja solução só há um único meio: *a práxis*.

Pergunta-se: pode a Alemanha atingir uma práxis *à la hauteur des principes*, ou seja, *uma revolução* que a eleve, não só ao nível oficial dos povos modernos, mas à *altura humana* que há de ser o futuro próximo desses povos?

A arma da crítica não pode, entretanto, substituir a crítica das armas, a violência material tem de ser derrubada pela violência material — só que a teoria também se

---

*Tema do primeiro trabalho conjunto de Marx e Engels, *A sagrada família ou A crítica da Crítica crítica*, publicado em 1845. (*N. do O.*)

torna violência material tão logo arrebata as massas. A teoria é capaz de arrebatar as massas tão logo demonstra *ad hominem*, e ela demonstra *ad hominem* tão logo se torna radical. Ser radical é captar a coisa pela raiz. A raiz para o homem, porém, é o próprio homem. A prova evidente do radicalismo da teoria alemã, e também de sua energia prática, é seu ponto de partida na decidida suprassunção *positiva* da religião. A crítica da religião termina com a doutrina de que *o homem é o ser supremo para o homem*, portanto, com o *imperativo categórico de derrubar todas as relações* nas quais o homem é um ser humilhado, escravizado, abandonado, desprezível, relações que não se pode descrever melhor que através da exclamação de um francês em face de um projeto de imposto sobre cães: "Pobres cães! Querem tratar-vos como homens!"

Mesmo historiograficamente, a emancipação teórica tem um significado especificamente prático para a Alemanha. Pois o passado *revolucionário* da Alemanha é teórico, é a *Reforma*. Tal como outrora na cabeça do *monge*, agora a revolução começa na cabeça do *filósofo*.

Lutero, todavia, venceu a servidão por *devoção* ao substituí-la pela escravidão por *convicção*. Quebrou a fé na autoridade ao restaurar a autoridade da fé. Transformou os vigários em leigos ao transformar os leigos em vigários. Livrou os homens da religiosidade exterior ao fazer da religiosidade o homem interior. Emancipou o corpo de seus grilhões ao agrilhoar o coração.

Mas, se o protestantismo não foi a verdadeira solução da tarefa, pelo menos foi a verdadeira colocação dela. Não importava mais a luta do leigo com o vigário fora dele, importava a luta com seu *próprio vigário interno*, com sua *natureza de vigário*. E se a transformação protestante dos leigos alemães em vigários emancipou os papas leigos, os *príncipes*, junto com seu clericato, os privilegiados e filisteus, então a transformação filosófica do alemão vigário em homem irá emancipar o *povo*. Porém, quão pouco a emancipação há de parar nos príncipes, tão pouco a *secularização* dos bens há de parar no *roubo da Igreja* que foi perpetrado sobretudo pela hipócrita Prússia. Outrora, a Guerra dos Camponeses, o fato mais radical da história alemã, fracassou por causa da teologia.* Hoje, quando a própria teologia fracassou, nosso *status quo*, o fato menos livre da história alemã, malogrará por causa da filosofia. No dia anterior à Reforma, a Alemanha oficial era o mais incondicional servo de Roma. No dia

---

*A guerra camponesa alemã (1524-1525) teve a firme oposição de Lutero, que caracterizou os camponeses insurretos como "assassinos e bandidos". (*N. do O.*)

anterior à sua revolução, ela é o servo incondicional de algo menor que Roma, da Prússia e da Áustria, de nobres provincianos e de filisteus.

A uma revolução alemã *radical*, no entanto, parece contrapor-se uma dificuldade capital.

As revoluções demandam, com efeito, um elemento *passivo*, uma base *material*. A teoria apenas é efetivamente realizada em um povo à medida que é a realização efetiva de suas demandas. Ora, acaso à monstruosa cisão entre as exigências do pensamento alemão e as respostas da realidade efetiva alemã corresponderá a mesma cisão da sociedade burguesa com o Estado e consigo mesma? Serão as demandas teóricas imediatamente demandas práticas? Não basta que o pensamento urja à realização efetiva, a realidade efetiva tem de urgir a si mesma ao pensamento.

Mas a Alemanha não galgou os degraus intermediários da emancipação política ao mesmo tempo que os povos modernos. Não alcançou na prática nem mesmo os degraus que superou na teoria. Como ela haveria de pular, com um *salto mortale*, não só por sobre suas próprias limitações, mas, a uma só vez, também por sobre as limitações dos povos modernos, limitações que ela tem de sentir e aspirar na realidade efetiva como libertação de suas limitações efetivamente reais? Uma revolução radical só pode ser a revolução de demandas radicais, demandas cujos pressupostos e lugares de nascimento parecem justamente faltar.

Todavia, se a Alemanha acompanhou o desenvolvimento dos povos modernos apenas com a atividade abstrata do pensamento, sem tomar parte operante nas lutas efetivamente reais desse desenvolvimento, por outro lado, ela compartilhou dos *sofrimentos* desse desenvolvimento sem compartilhar de suas fruições, sem sua satisfação parcial. À atividade abstrata, de um lado corresponde o sofrimento abstrato, de outro. Um belo dia, portanto, a Alemanha irá se encontrar ao nível da decadência europeia antes de ter atingido uma única vez o nível da emancipação europeia. Poder-se-á compará-la a um *devoto fetichista*, que sofre da decrepitude causada por doenças do cristianismo.

Considerando primeiro os *governos alemães*, é possível divisá-los através das circunstâncias da época, através da situação da Alemanha, através do ponto de vista da formação cultural alemã e, finalmente, através do próprio instinto afortunado de combinar as *deficiências civilizadas* do *mundo estatal moderno*, cujas vantagens não possuímos, com as *deficiências bárbaras* do *ancien régime*, do qual desfrutamos em plena medida, de modo que a Alemanha tem de participar sempre mais, se não da racionalidade, ao menos da *irracionalidade* das formações estatais que residem além de seu *status quo*. Há, por exemplo, um país no mundo que, como a chamada Alemanha constitucional, compartilhe tão ingenuamente de todas as ilusões do sistema de Estado constitucional sem compartilhar de suas realidades? Ou não foi necessária a ideia que ocorreu ao governo alemão de combinar os suplícios da censura com os suplícios das leis do Setembro Francês,* que pressupõem a liberdade de imprensa?! Tal como se encontravam no panteão romano os *deuses* de todas as nações, encontrar-se-ão no Sacro Império Romano-Germânico os *pecados* de todas as formas de Estado. Que este ecletismo há de alcançar um grau até então inimaginável, isso é afiançado sobretudo pela *gulodice político-estética* de um rei alemão** que pretende desempenhar todos os papéis da realeza, da feudal bem como da burocrática, da absolutista bem como da constitucional, da autocrática bem como da democrática, se não na pessoa do povo, ao menos na sua *própria* pessoa, se não para o povo, ao menos para *si mesmo*. A Alemanha, como a deficiência do presente político constituída em um mundo próprio, não poderá derrubar as limitações especificamente alemãs sem derrubar a limitação universal do presente político.

O sonho utópico da Alemanha não é a revolução *radical*, a emancipação *humana universal*, mas muito antes a revolução parcial, *apenas* política, a revolução que deixa de pé os pilares da casa. Sobre o que repousa uma revolução parcial, apenas política? Sobre o fato de que uma *parte da sociedade burguesa* se emancipa e alcança o domínio *universal*, de que uma determinada classe, a partir de sua *situação particular*, empreende a emancipação universal da sociedade. Esta classe liberta toda a sociedade, mas apenas sob o pressuposto de que toda a sociedade se encontre em sua situação, de modo a, por exemplo, possuir ou poder adquirir arbitrariamente dinheiro e formação cultural.

---

*Na sequência de um atentado contra Luís Felipe (julho de 1835), Thiers, seu ministro, levou ao legislativo um pacote de leis reacionárias (aprovadas em setembro) que, entre outras medidas repressivas, atingia severamente a imprensa. (*N. do O.*)
**Frederico Guilherme IV. (*N. da E. A.*)

Nenhuma classe da sociedade burguesa pode desempenhar esse papel sem evocar um momento de entusiasmo em si e na massa, um momento em que confraterniza e conflui com a sociedade em geral, confunde-se com ela e é sentida e reconhecida como o *representante universal* dela, um momento em que suas reivindicações e direitos são, em verdade, os próprios direitos e reivindicações da sociedade, em que é real e efetivamente a cabeça social e o coração social. É apenas em nome dos direitos universais da sociedade que uma classe particular pode reivindicar para si o domínio universal. Para a tomada de assalto dessa posição emancipatória e, por conseguinte, para a exploração política de todas as esferas da sociedade em interesse da própria esfera não bastam somente a energia revolucionária e o sentimento de si espiritual. Para que coincidam a *revolução de um povo* e a *emancipação de uma classe particular* da sociedade burguesa, para que um estamento valha como o estamento de toda a sociedade, todas as deficiências da sociedade têm de estar concentradas inversamente em uma outra classe, um determinado estamento tem de ser o estamento do escândalo universal, a incorporação da limitação universal, uma esfera social particular tem de valer como o *crime notório* de toda a sociedade, de modo que a libertação desta esfera apareça como a autolibertação universal. Para que *um* estamento seja *par excellence* o estamento da libertação, um outro estamento tem de ser, inversamente, o manifesto estamento da subjugação. O significado negativo-universal da nobreza francesa e do clericado francês condicionou o significado positivo-universal da classe imediatamente adjacente e opositora, a *bourgeoisie*.

Falta, porém, a toda classe particular na Alemanha não apenas a coerência, a agudeza, a coragem, a atitude desrespeitosa que poderia imprimir-lhe o selo de representante negativo da sociedade. Falta igualmente a todo estamento aquela amplidão da alma que se identifica com a alma do povo, ainda que apenas momentaneamente, aquela genialidade que inspira no poder material a violência política, aquela audácia revolucionária que arremessa contra o adversário as rebeldes palavras: *eu não sou nada e teria de ser tudo.** A coluna mestra da moral e da honradez alemãs, não apenas dos indivíduos, mas também das classes, é

---

*Marx recupera aqui a formulação do abade Sieyès (1748-1836) durante a Revolução Francesa: "O que é o Terceiro Estado? Nada. E o que deveria ser? Tudo." (*N. do O.*)

formada muito antes por aquele *egoísmo modesto* que faz valer sua própria estreiteza, e a faz valer contra si mesmo. A relação entre as diferentes esferas da sociedade alemã, portanto, não é dramática, mas sim épica. Cada uma delas começa a perceber-se e a estabelecer-se ao lado das outras com suas reivindicações particulares, não tão logo seja oprimida, mas tão logo, sem sua atuação, as circunstâncias da época criem uma base de convívio social sobre a qual ela possa exercer a opressão de sua parte. Até mesmo o sentimento de si *moral da classe média alemã* repousa apenas sobre a consciência de ser a representante universal da mediocridade filisteia de todas as classes restantes. Não são, portanto, apenas os reis alemães que chegam ao trono *mal-à-propos*, é cada esfera da sociedade burguesa que sofre sua derrota antes de celebrar sua vitória, que desenvolve sua própria limitação antes de ter superado a limitação que se lhe opõe, que faz valer sua essência mesquinha antes que possa fazer valer sua essência magnânima, de modo que mesmo a oportunidade de um grande papel sempre já lhe é passada antes de fazer-se presente, de modo que toda classe, tão logo ela comece a luta contra a classe que lhe está acima, está implicada na luta contra a classe que lhe está abaixo. Assim, o principado se encontra em luta contra a realeza, o burocrata em luta contra a nobreza, o burguês em luta contra todos eles, enquanto o proletário já começa a encontrar-se em luta contra o burguês. A classe média mal se atreve a conceber o pensamento da emancipação a partir de seu ponto de vista, e logo o desenvolvimento das condições sociais, bem como o progresso da teoria política, declara esse mesmo ponto de vista como antiquado ou, ao menos, problemático.

Na França, basta que alguém seja algo para que queira ser tudo. Na Alemanha, ninguém tem permissão de ser nada, se não houver de renunciar a tudo. Na França, a emancipação parcial é o fundamento da universal. Na Alemanha, a emancipação universal é a *conditio sine qua non* de cada uma das emancipações parciais. Na França, é a realidade efetiva, na Alemanha, é a impossibilidade da libertação gradual que tem de dar à luz toda a liberdade. Na França, cada classe do povo é um *idealista político* e percebe a si mesma de imediato, não como classe particular, mas como representante das demandas sociais em geral. O papel de *emancipador*, desse modo, passa sucessivamente, em um movimento dramático, pelas diferentes classes do povo francês, até que afinal chega à classe que realiza efetivamente a liberdade social, não mais pressupondo certas condições que residem além do homem e que, entretanto, são criadas pela sociedade humana, mas, muito antes, organizando todas as condições da existência humana sob o pressuposto da liberdade social. Na Alemanha, ao contrário, onde a vida prática é tanto sem espírito quanto a vida espiritual é sem prática, nenhuma classe da sociedade burguesa terá a demanda e a capacidade da emancipação universal até que seja forçada a isso por sua situação *imediata*, pela necessidade *material*, por seus *próprios grilhões*.

Onde está, então, a possibilidade *positiva* da emancipação alemã?

Resposta: na formação de uma classe com *grilhões radicais*, de uma classe da sociedade burguesa que não é nenhuma classe da sociedade burguesa, de um estamento que é a dissolução de todos os estamentos, de uma esfera que possui um caráter universal através de seu sofrimento universal e não reivindica nenhum *direito particular*, porque não é perpetrada nela nenhuma *injustiça particular*, mas a *injustiça pura e simples*, esfera que não pode mais invocar um título historiográfico, mas tão só *humano*, que não está em nenhuma oposição unilateral frente as consequências do sistema de Estado alemão, mas em uma oposição multilateral frente aos seus pressupostos, esfera, enfim, que não pode emancipar-se sem emancipar-se de todas as esferas restantes da sociedade e sem, desse modo, emancipar todas as esferas restantes da sociedade, que, em uma palavra, é a *perda completa* do homem, ou seja, que apenas através da *completa reconquista do homem* pode conquistar a si mesma. Essa dissolução da sociedade, como classe particular, é o *proletariado*.

O proletariado começa a aparecer na Alemanha apenas agora, através do movimento *industrial* que irrompe, pois não é a pobreza *surgida naturalmente*, mas a *produzida artificialmente*, não é a massa humana oprimida mecanicamente através do peso da sociedade, mas a proveniente de sua *dissolução aguda*, respectivamente, da dissolução do estamento médio, que forma o proletariado — embora, como é óbvio, paulatinamente também entrem em suas fileiras a pobreza que cresce naturalmente e a servidão da gleba cristão-germânica.

Se o proletariado anuncia a *dissolução da ordem do mundo até agora* existente, então ele expressa o *segredo de sua própria existência*, pois ele *é* a dissolução *fática* dessa ordem. Se o proletariado exige a *negação da propriedade privada*, então ele apenas eleva a *princípio da sociedade* aquilo que a sociedade elevou a princípio *dele*, que já está incorporado *nele*, sem a sua atuação, como resultado negativo da sociedade. O proletariado encontra-se, pois, com relação ao mundo que vem a ser, no mesmo direito em que se encontra o *rei alemão* com relação ao mundo que já foi, quando chama o povo de *seu* povo, tal como o cavalo de *seu* cavalo. O rei, ao declarar o povo como sua propriedade privada, simplesmente expressa que quem possui propriedade privada é rei.

Assim como a filosofia encontra no proletariado a sua arma *material*, o proletariado encontra na filosofia a sua arma *espiritual*; e tão logo o raio do pensamento irrompa nesse solo popular ingênuo, a emancipação dos *alemães* em *homens* irá se consumar.

Resumamos o resultado:

A única libertação da Alemanha possível *na prática* é a libertação do ponto de vista *da* teoria que declare o homem como a suma essência do homem. Na Alemanha, a emancipação da *Idade Média* apenas é possível como emancipação, ao mesmo tempo, das superações *parciais* da Idade Média. Na Alemanha, *nenhuma* espécie de servidão pode ser rompida sem que se rompa *toda* espécie de servidão. A tão *profunda* Alemanha não pode revolucionar sem revolucionar *desde o fundamento*. A emancipação *do alemão* é a *emancipação do homem*. A *cabeça* dessa emancipação é a *filosofia*, seu *coração*, o *proletariado*. A filosofia não pode se realizar efetivamente sem a suprassunção do proletariado, o proletariado não pode suprassumir-se sem a realização efetiva da filosofia.

Quando todas as condições internas estiverem cumpridas, o *dia da ressurreição alemã* será anunciado pelo *cantar do galo gaulês*.

3. Trabalho alienado, propriedade privada e comunismo*

*Apresentam-se aqui, sob título de responsabilidade do organizador deste volume, excertos dos manuscritos marxianos elaborados em Paris, provavelmente entre abril e junho de 1844 e só publicados em 1932 — manuscritos que assinalam os primeiros enfrentamentos de Marx com a Economia Política. Extraído de K. Marx, *Manuscritos econômico-filosóficos de 1844* (Lisboa: Editorial Avante!, 1994, pp. 60-74 e 89-104. Tradução de Maria Antónia Pacheco). As notas assinaladas (*N. do E.*) são dos editores portugueses, José Barata-Moura e Francisco Melo. (*N. do O.*)

[...] Partimos dos pressupostos da economia nacional.* Aceitamos a sua linguagem e as suas leis. Supusemos a propriedade privada, a separação de trabalho, capital e terra, igualmente de salário, lucro do capital e renda fundiária, bem como a divisão do trabalho, a concorrência, o conceito de valor de troca etc. A partir da própria economia nacional, com as suas próprias palavras, mostramos que o operário decai em mercadoria e na mais miserável mercadoria, que a miséria do operário está na relação inversa do poder e da magnitude da sua produção, que o resultado necessário da concorrência é a acumulação do capital em poucas mãos, portanto, o mais terrível restabelecimento do monopólio, que, finalmente, a diferença de capitalista e arrendador fundiário [*Grundrentner*], tal como a de agricultor e operário manufatureiro desaparece, e toda a sociedade tem de dividir-se nas duas classes dos *proprietários* e dos *operários* desprovidos de propriedade.

A economia nacional parte do fato da propriedade privada. Ela não no-lo esclarece. Capta o processo *material* da propriedade privada, pelo qual ela passa na realidade, em fórmulas universais, abstratas, que valem então para ela como *leis*. Ela não *concebe* [*Begreift*]** estas leis, i. e., depois não mostra como elas provêm da essência da propriedade privada. A economia nacional não nos dá nenhum esclarecimento sobre o fundamento da divisão de trabalho e capital, de capital e terra. Quando, p. ex., ela determina a relação do salário com lucro do capital, vale para ela como fundamento último o interesse do capitalista; quer dizer, ela supõe

---

*Assim como o "jovem" Engels, Marx emprega aqui a expressão "economia nacional" (*Nationalökonomie*) e não "economia política" (*politische Oekonomie*) — só mais tarde passou a utilizar esta última. (N. do O.)

**Lembremos que a categoria hegeliana de "conceito" (*Begriff*) supõe uma ultrapassagem da imediatez em direção a um saber da sua essência, isto é, a uma compreensão concreta do seu desenvolvimento. (N. do E.)

o que deve desenvolver. De igual modo, por toda a parte intervém a concorrência. Ela é explicada por circunstâncias exteriores. Em que medida essas circunstâncias exteriores, aparentemente acidentais, são apenas a expressão de um desenvolvimento necessário — sobre isso a economia nacional nada nos ensina. Vimos como a própria troca lhe aparece como um fato acidental. As únicas rodas que o economista nacional põe em movimento são a *cupidez* e a *guerra entre os cúpidos, a concorrência*.

Precisamente porque a economia nacional não concebe a conexão do movimento, pôde-se, p. ex., tornar a contrapor a doutrina da concorrência à doutrina do monopólio, a doutrina da liberdade industrial à doutrina da corporação, a doutrina da divisão da posse fundiária à doutrina da grande propriedade fundiária, pois concorrência, liberdade industrial, divisão da posse fundiária eram apenas desenvolvidas e concebidas como consequências acidentais, propositadas, violentas, e não como consequências necessárias, inevitáveis, naturais do monopólio, da corporação e da propriedade feudal.

Portanto, temos agora que conceber a conexão essencial entre a propriedade privada, a cupidez, a separação de trabalho, capital e propriedade fundiária, de troca e concorrência, de valor e desvalorização do homem, de monopólio e concorrência etc., [a conexão] de toda esta alienação [*Entfremdung*] com o sistema do *dinheiro*.

Não nos transportemos — como o economista nacional quando quer explicar — para uma situação originária fictícia. Uma tal situação originária nada explica.* Empurra meramente a questão para uma lonjura cinzenta, nublada. Ele supõe na forma do fato, do acontecimento, aquilo que deve deduzir, a saber, a relação necessária entre duas coisas, p. ex., entre divisão do trabalho e troca. É assim que o teólogo explica a origem do mal pelo pecado original, i. e., ele supõe como um fato, na forma de história, o que deve explicar.

Nós partimos de um fato nacional-econômico, de um fato *presente*.

O operário torna-se tanto mais pobre quanto mais riqueza produz, quanto mais a sua produção cresce em poder e volume. O operário torna-se uma mercadoria tanto mais barata quanto mais mercadoria cria. Com a *valorização* do mundo das coisas cresce a *desvalorização* do mundo dos homens em proporção

---

*Ver as anotações de Marx a um passo de A. Smith em *EAS*; MEGA,[2] IV/2, p. 336. (*N. do E.*)

direta. O trabalho não produz apenas mercadorias; produz-se a si próprio e o operário como uma *mercadoria*, e com efeito na mesma proporção em que produz mercadorias em geral.

Este fato não exprime senão: o objeto que o trabalho produz, o seu produto, enfrenta-o como um *ser estranho* [*ein fremdes Wesen*], como um *poder independente* do produtor. O produto do trabalho é o trabalho que se fixou num objeto, se coisificou, ele é a *objetivação* do trabalho. A realização do trabalho é a sua objetivação. Esta realização do trabalho aparece na situação nacional-econômica como *desrealização* do operário, a objetivação como *perda do objeto e servidão ao objeto*, a apropriação como *alienação* [*Entfremdung*], como *desapossamento* [*Entäusserung*].*

A realização do trabalho aparece a tal ponto como desrealização que o operário é desrealizado até à morte pela fome. A objetivação aparece a tal ponto como perda do objeto que o operário é privado dos objetos mais necessários não só da vida como também dos objetos de trabalho. Sim, o próprio trabalho torna-se um objeto, do qual o operário só pode apoderar-se com o máximo esforço e com as mais irregulares interrupções. A apropriação do objeto aparece a tal ponto como alienação que quanto mais objetos o operário produz tanto menos pode possuir e tanto mais cai sob a dominação do seu produto, do capital.

Todas estas consequências repousam na determinação de que o operário se relaciona com o *produto do seu trabalho* como com um objeto *estranho*. Pois segundo este pressuposto é claro: quanto mais o operário se esmera tanto mais poderoso se torna o mundo objetivo, estranho, que ele cria perante si próprio, tanto mais pobre ele próprio, o seu mundo interior, se tornam, tanto menos lhe pertence de seu. Na religião é igualmente assim. Quanto mais o homem põe em deus com tanto menos fica em si próprio.** O operário põe a sua vida no objeto; porém, então, ela já não lhe pertence, mas ao objeto. Portanto, quanto maior é esta atividade, tanto mais privado de objeto fica o operário. O que o produto do seu trabalho é, ele não é. Quanto maior, portanto, é esse produto tanto menos

---

*Neste contexto de oposição a "apropriação" (*Aneignung*), *Entäusserung* adquire o significado de "desapossamento". Noutros passos, ainda que remetendo para um sentido geral de alienação, *Entäusserung*, algo mais literalmente, poderá também querer dizer "exteriorização". (*N. do E.*)
**Cf. L. Feuerbach, *Das Wesen*..., Introdução, II, e K. Marx, "Zur Kritik... Einleitung", MEGA³, 1/2, 170-171. *(N. do E.)*

ele próprio é. O *desapossamento* do operário no seu produto tem o significado não só de que o seu trabalho se torna um objeto, uma existência *exterior*, mas também de que ele existe *fora dele*, independente e estranho a ele e se torna um poder autônomo frente a ele, de que a vida, que ele emprestou ao objeto, o enfrenta de modo estranho e hostil.

Consideremos agora mais pormenorizadamente a objetivação, a produção do operário e, nela, a *alienação*, a perda do objeto, do seu produto.

O operário não pode criar nada sem a *Natureza*, sem o *mundo exterior sensível*. Ela é a matéria [*Stoff*] na qual o seu trabalho se realiza, na qual este é ativo, a partir da qual e por meio da qual produz.

Porém, tal como a Natureza fornece o *meio de vida* do trabalho, no sentido de que o trabalho não pode *viver* sem objetos nos quais se exerce, assim a Natureza fornece por outro lado também o *meio de vida* no sentido estrito, a saber, o meio da subsistência física do próprio *operário*.

Portanto, quanto mais o operário se *apropria* do mundo exterior, da Natureza sensível, pelo seu trabalho tanto mais se priva de *meios de vida*, pelo duplo aspecto de que, primeiro, cada vez mais o mundo exterior sensível deixa de ser um objeto pertencente ao seu trabalho, um *meio de vida* do seu trabalho; segundo, cada vez mais ele deixa de ser *meio de vida* no sentido imediato, meio para a subsistência física do operário.

Segundo este duplo aspecto, o operário torna-se, portanto, um servo do seu objeto, primeiro, para receber um *objeto do trabalho*, i. e., para receber *trabalho*, e, segundo, para receber *meios de subsistência*. Portanto, para poder existir, primeiro, como *operário*, e, segundo, como *sujeito físico*. O extremo desta servidão é que ele só já como *operário* se pode manter como *sujeito físico* e só já como *sujeito físico* é operário.

(A alienação do operário no seu objeto exprime-se, segundo as leis nacional--econômicas, em modo tal que quanto mais o operário produz tanto menos tem para consumir, em que quanto mais valores ele cria tanto mais desvalorizado e indigno se torna, em que quanto mais formado o seu produto mais deformado o operário, em que quanto mais civilizado o seu objeto tanto mais bárbaro o operário, em que quanto mais poderoso o trabalho tanto mais impotente o operário, em que quanto mais pleno de espírito o trabalho tanto mais sem espírito e servo da Natureza se torna o operário.)

A economia nacional esconde a alienação na essência do trabalho pelo fato de que não considera a relação imediata *entre o* operário (o trabalho) *e a produção.* Com certeza. O trabalho produz obras maravilhosas para os ricos, mas produz despojamento para o operário. Produz palácios, mas cavernas para o operário. Produz beleza, mas estropiamento para o operário. Substitui o trabalho por máquinas, mas remete uma parte dos operários para um trabalho bárbaro e faz da outra parte máquinas. Produz espírito, mas produz idiotice, cretinismo para o operário.

A relação imediata do trabalho com os seus produtos é a relação do operário com os objetos da sua produção. A relação do abastado com os objetos da produção e com ela própria é apenas uma *consequência* desta primeira relação. E confirma-a. Mais tarde consideraremos este outro aspecto. Portanto, quando perguntamos qual é a relação essencial do trabalho, perguntamos pela relação do *operário* com a produção.

Até aqui apenas consideramos a alienação, o desapossamento do operário sob um aspecto, a saber, o da sua *relação com os produtos do seu trabalho*. Mas a alienação mostra-se não só no resultado mas também no ato da produção, no interior da própria *atividade produtiva*. Como poderia o produto da sua atividade enfrentar como algo de estranho o operário se no próprio ato da produção ele próprio não se alienasse? O produto é apenas o resumo da atividade, da produção. Se, portanto, o produto do trabalho é o desapossamento, então a própria produção tem de ser o desapossamento ativo, o desapossamento da atividade, a atividade do desapossamento. Na alienação do objeto do trabalho resume-se apenas a alienação, o desapossamento na atividade do próprio trabalho.

Ora, em que consiste o desapossamento do trabalho?

Primeiro, em que o trabalho é *exterior* ao operário, i. e., não pertence à sua essência, em que por isso ele não se afirma, antes se nega, no seu trabalho, não se sente bem, mas infeliz, não desenvolve qualquer energia livre física ou espiritual, antes mortifica o seu físico e arruína o seu espírito. Por isso, o operário só se sente em si fora do trabalho e fora de si no trabalho. Ele sente-se como em sua casa quando não trabalha e quando trabalha não se sente como em sua casa. O seu trabalho não é portanto voluntário mas forçado, trabalho *forçado*. Ele não é portanto a satisfação de uma necessidade, mas é apenas um *meio* para satisfazer necessidades exteriores a ele. A sua estranheza evidencia-se nitidamente em que logo que não exista qualquer coação, física ou outra, se foge do trabalho como da peste. O trabalho exterior, o trabalho no qual o homem se desapossa, é um trabalho de autossacrifício, de mortificação. Finalmente, a exterioridade do trabalho para o operário aparece no fato de que ele não é [trabalho] seu mas de um outro, em que ele não lhe pertence, em que nele não pertence a si próprio mas a um outro. Assim como na religião a autoatividade da fantasia humana, do cérebro humano e do coração humano opera independentemente do indivíduo, i. e., como uma atividade estranha, divina ou demoníaca, também a atividade do operário não é a sua autoatividade. Ela pertence a um outro, ela é a perda dele próprio.

Chega-se assim ao resultado de que o homem (o operário) já só se sente livremente ativo nas suas funções animais — comer, beber e procriar, quanto muito ainda habitação, adorno etc. — e já só como animal nas suas funções humanas. O animal torna-se o humano e o humano o animal.

Comer, beber e procriar etc. são decerto também funções genuinamente humanas. Mas na abstração que as separa da restante esfera da atividade humana e delas faz objetivos finais exclusivos, elas são animais.

Até aqui consideramos o ato da alienação da atividade humana prática, o trabalho, segundo dois aspectos. 1) A relação do operário com o *produto do trabalho* como objeto estranho e com poder sobre ele. Esta relação é simultaneamente a relação com o mundo exterior sensível, com os objetos naturais como um mundo estranho que o enfrenta hostilmente. 2) A relação de trabalho com o *ato da produção*, no interior do *trabalho*. Esta relação é a relação do operário com a sua atividade própria como estranha, não lhe pertencendo, a atividade como sofrer, a força como impotência, a procriação como castração. A energia física e espiritual *própria* do operário, a sua vida pessoal — pois o que é a vida senão atividade — como uma atividade virada contra ele próprio, independente dele, não lhe pertencendo. A *autoalienação* tal como acima a alienação da *coisa*.

Temos agora de tirar uma terceira determinação do *trabalho alienado* a partir das duas até aqui [consideradas].

O homem é um ser genérico* não apenas na medida em que prática e teoricamente torna objeto seu o gênero, tanto o seu próprio como o das restantes coisas, mas também — e isto é apenas uma outra expressão para a mesma coisa —, mas também na medida em que ele se comporta para consigo próprio como gênero vivo, presente, na medida em que ele se comporta para consigo próprio como um ser *universal*, por isso livre.

A vida genérica, tanto entre os homens como entre os animais, fisicamente consiste primeiro em que o homem (tal como o animal) vive da Natureza inorgânica, e quanto mais universal do que o animal o homem é tanto mais universal é o domínio da Natureza inorgânica de que ele vive. Assim como plantas, animais, pedras, ar, luz etc. formam teoricamente uma parte da consciência humana, em parte como objetos da ciência da Natureza, em parte como objetos da arte — a sua natureza inorgânica espiritual, meios de vida espirituais, que ele tem primeiro que preparar para a fruição e para a digestão — também praticamente formam uma parte da vida humana e da atividade humana. Fisicamente, o homem só vive destes produtos da Natureza, possam eles aparecer agora na forma de alimento, aquecimento, vestuário, habitação etc. Precisamente a universalidade do homem aparece praticamente na universalidade que faz de toda a Natureza o seu corpo *inorgânico*, tanto na medida em que ela é 1) um meio de vida imediato, como na medida em que ela é [2)] o objeto/matéria e o instrumento da sua atividade vital. A Natureza é o *corpo inorgânico* do homem, quer dizer a Natureza na medida em que não é ela própria corpo humano. O homem *vive* da Natureza significa: a Natureza é o seu *corpo*, com o qual ele tem de permanecer em constante processo para não morrer. Que a vida física e espiritual do homem esteja em conexão com a Natureza, não tem outro sentido senão que a Natureza está em conexão com ela própria, pois o homem é uma parte da Natureza.

---

*Para Hegel, o gênero (*Gattung*) é um universal concreto; cf. F. Hegel, *Enzyklopädie der philosophischen Wissenschaften im Grundrisse* [*Enciclopédia das ciências filosóficas em compêndio*], § 177; *Theorie Werkausgabe*, ed. Eva Moldenhauer e Karl M. Michel (doravante: TW), Frankfurt am Main, Suhrkamp, 1970, vol. 8, p. 328. Veja-se também L. Feuerbach, por exemplo, *Grundsätze*...,§§ 54 e 61; *Gesammelte Werke*, ed. Werner Schuffenhauer (doravante: GW), Berlim, Akademie-Verlag, 1982, vol. 9, pp. 335-336 e 338-339. E também *Das Wesen*..., Introdução, I; GW, vol.5, pp. 28-29, 38-39, etc. (*N. do E.*)

Na medida em que o trabalho alienado aliena ao homem 1) a Natureza, 2) ele próprio, a sua própria função ativa, a sua atividade vital, assim ele aliena ao homem o *gênero*; torna-lhe a *vida genérica* meio da vida individual. Primeiro, aliena a vida genérica e a vida individual e, segundo, torna a última na sua abstração objetivo da primeira, igualmente na sua forma abstrata e alienada.

Pois, em primeiro lugar, o trabalho, a *atividade vital*, a própria *vida produtiva* aparecem ao homem apenas como um *meio* para a satisfação de uma necessidade, da necessidade da manutenção da existência física. Mas a vida produtiva é a vida genérica. É a vida que gera vida. No modo de atividade vital reside todo o caráter de uma *species*,* o seu caráter genérico, e a atividade consciente livre é o caráter genérico do homem. A própria vida aparece apenas como *meio de vida*.

O animal faz imediatamente um com a sua atividade vital. Não se diferencia dela. É *ela*. O homem torna a sua própria atividade vital objeto do seu querer e da sua consciência. Tem atividade vital consciente. Não é uma determinidade com a qual ele se confunda imediatamente. A atividade vital consciente diferencia imediatamente o homem da atividade vital animal. Precisamente apenas por isto ele é um ser genérico. Ou ele só é um ser consciente, i. e., a sua própria vida é para ele objeto, precisamente porque ele é um ser genérico. Só por isso a sua atividade é atividade livre. O trabalho alienado inverte esta relação no sentido de que o homem, precisamente porque é um ser consciente, faz da sua atividade vital, da sua *essência*, apenas um meio para sua *existência*.

O gerar prático de um *mundo objetivo*, a *elaboração* da Natureza inorgânica, é a prova do homem como um ser genérico consciente, i. e., um ser que se comporta para com o gênero como sua própria essência ou para consigo como ser genérico. Decerto, o animal também produz. Constrói para si um ninho, habitações, como as abelhas, castores, formigas etc. Contudo, produz apenas o que necessita imediatamente para si ou para a sua cria; produz unilateralmente, enquanto o homem produz universalmente; produz apenas sob a dominação da necessidade física imediata, enquanto o homem produz mesmo livre da necessidade física e só produz verdadeiramente na liberdade da mesma; produz-se apenas a si próprio, enquanto o homem reproduz a Natureza toda; o seu produto pertence imediata-

---

*Em latim no texto: literalmente, espécie. (*N. do E.*)

mente ao seu corpo físico, enquanto o homem enfrenta livremente o seu produto. O animal dá forma apenas segundo a medida e a necessidade da *species* a que pertence, enquanto o homem sabe produzir segundo a medida de cada *species* e sabe aplicar em toda a parte a medida inerente ao objeto: por isso, o homem dá forma também segundo as leis da beleza.

Precisamente por isso, só na elaboração do mundo objetivo o homem se prova realmente como *ser genérico*. Esta produção é a sua vida genérica operativa. Por ela, a Natureza aparece como obra *sua* e realidade sua. O objeto do trabalho é, portanto, a *objetivação da vida genérica do homem*, na medida em que ele se duplica não só intelectualmente, como na consciência, mas também operativamente, realmente, e intui-se por isso num mundo criado por ele. Por isso, na medida em que arranca ao homem o objeto da sua produção, o trabalho alienado arranca-lhe a sua *vida genérica*, a sua real objetividade genérica, e transforma a sua vantagem sobre o animal na desvantagem de lhe ser retirado o seu corpo inorgânico, a Natureza.

Do mesmo modo, na medida em que reduz a autoatividade, a atividade livre, a um meio, o trabalho alienado faz da vida genérica do homem um meio para a sua existência física.

A consciência que o homem tem do seu gênero transforma-se, portanto, pela alienação, de modo que a vida genérica se torna um meio para ele.

Assim, o trabalho alienado torna:

3) o *ser genérico do homem* — tanto a Natureza como a sua faculdade espiritual genérica — num ser *estranho* a ele, num *meio* da sua *existência individual*. Ele aliena do homem o seu corpo próprio, bem como a Natureza fora dele, bem como a sua essência espiritual, a sua essência humana.*

4) Uma consequência imediata de que o homem está alienado do produto do seu trabalho, da sua atividade vital, do seu ser genérico, é a *alienação do homem do homem*. Quando o homem se enfrenta a si próprio, enfrenta-o o *outro* homem. O que vale para a relação do homem com o seu trabalho, com o produto do seu trabalho e consigo próprio, vale para a relação do homem com o outro homem, tal como para o trabalho e o objeto de trabalho do outro homem.

---

*No manuscrito figura ainda, riscado: "Nós partimos do trabalho alienado de si próprio, e analisamos apenas este conceito." (*N. do E.*)

Em geral, a proposição de que ao homem está alienado o seu ser genérico significa que um homem está alienado do outro, tal como cada um está alienado da sua essência humana.

A alienação do homem — em geral, toda a relação em que o homem está para consigo mesmo — só se realiza, se exprime, na relação em que o homem está para com o outro homem.

Portanto, na relação do trabalho alienado, cada homem considera o outro segundo a medida e a relação na qual ele próprio se encontra como operário.

Partimos de um factum nacional-econômico, a alienação do operário e da sua produção. Expressamos o conceito desse factum, o trabalho *alienado, desapossado*. Analisamos esse conceito, portanto analisamos um mero factum nacional-econômico.*

Vejamos agora, além disso, como o conceito de trabalho alienado, desapossado, tem de expressar-se e apresentar-se na realidade.

Se o produto do trabalho me é estranho, me enfrenta como poder estranho, a quem pertence ele então?

Se a minha própria atividade não me pertence, é uma atividade estranha, forçada, a quem pertence ela então?

A um *outro* ser que não eu.

Quem é este ser?

Os *deuses*? Certamente, nos primeiros tempos a principal produção, como p. ex. a construção de templos etc., no Egito, Índia, México, aparece tanto ao serviço dos deuses como o produto pertence aos deuses. Só que os deuses apenas nunca foram os senhores do trabalho. Tampouco a *Natureza*. E que contradição não seria também que, quanto mais o homem submete a Natureza pelo seu trabalho, quanto mais os milagres dos deuses são tornados supérfluos pelos milagres da indústria, tanto mais o homem devesse renunciar à alegria na produção e à fruição do produto por amor a esses poderes.

O ser *estranho*, a quem o trabalho e o produto do trabalho pertencem, ao serviço do qual está o trabalho e para fruição do qual o produto do trabalho é, só pode ser o próprio *homem*.

---

*No manuscrito figura ainda, riscado: "Nós não pressupusemos o conceito da propriedade privada." (*N. do E.*)

Se o produto do trabalho não pertence ao operário, é um poder estranho perante ele, então isso só é possível porque ele pertence a um *outro homem que não o operário*. Se a sua atividade é para ele tormento, então deve ser *fruição* para um outro e alegria de viver de um outro. Não a Natureza, não os deuses, só o próprio homem pode ser este poder estranho sobre o homem.

Reflita-se ainda sobre a proposição anteriormente apresentada de que a relação do homem consigo próprio só é para ele *objetiva, real*, pela sua relação com o outro homem. Portanto, se ele se comporta para com o produto do seu trabalho, para com o seu trabalho objetivado, como um objeto *estranho*, hostil, poderoso, independente dele, então comporta-se para com ele de tal modo que um outro homem estranho a ele, hostil, poderoso e independente dele é o senhor desse objeto. Se ele se comporta para com a sua atividade própria como uma atividade não livre, então comporta-se para com ela como atividade ao serviço, sob a dominação, a coação e o jugo de um outro homem.

Toda a autoalienação do homem, de si e da Natureza, aparece na relação que ele se põe e à Natureza para com outros homens diferenciados dele. Por isso, a autoalienação religiosa aparece necessariamente na relação do leigo com o padre, ou também, porque aqui se trata do mundo intelectual, com um mediador etc. No mundo real prático, a autoalienação só pode aparecer através da relação real prática com outros homens. O meio pelo qual a alienação procede é ele próprio um meio *prático*. Pelo trabalho alienado o homem gera, portanto, não só a sua relação com o objeto e o ato da produção como homens estranhos e hostis a ele; gera também a relação na qual outros homens estão com a sua produção e o seu produto e a relação em que ele está com estes outros homens. Tal como faz da sua própria produção a sua desrealização, o seu castigo, tal como faz do seu próprio produto a perda, um produto que não lhe pertence, assim ele gera a dominação daquele que não produz sobre a produção e sobre o produto. Tal como aliena de si a sua própria atividade, assim também atribui ao estranho como própria a atividade que não lhe é própria.

Consideramos até aqui a relação apenas pelo lado do operário, mais tarde considerá-la-emos pelo lado do não operário.

Portanto, através do *trabalho alienado, desapossado*, o operário gera a relação de um homem estranho ao trabalho, e estando fora dele, com esse trabalho. A relação do operário com o trabalho gera a relação do capitalista — ou como se queira chamar ao senhor de trabalho — com este.

A *propriedade privada* é, portanto, o produto, o resultado, a consequência necessária do *trabalho desapossado*, da relação exterior do operário com a Natureza e consigo próprio.

A *propriedade privada* resulta, portanto, por análise a partir do conceito de *trabalho desapossado*, i. e., do *homem desapossado* do trabalho alienado, da vida alienada, do homem *alienado*.

É certo que obtivemos o conceito de *trabalho desapossado* (da vida *desapossada*), a partir da economia nacional como resultado do *movimento da propriedade privada*. Mas a análise deste conceito mostra que, se a propriedade privada aparece como fundamento, como causa do trabalho desapossado, ela é antes uma consequência do mesmo, assim como também *originariamente* os deuses não são a causa, mas o efeito do descaminho humano do entendimento. Mais tarde esta relação converte-se em ação recíproca.

Unicamente no ponto culminante do desenvolvimento da propriedade privada se evidencia de novo o seu segredo, a saber: por um lado, que ela é o *produto* do trabalho desapossado e, em segundo lugar, que ela é o *meio* através do qual o trabalho se desapossa, a *realização deste desapossamento*.

Este desenvolvimento lança luz sobre diversas colisões até aqui não resolvidas.

1) A economia nacional parte do trabalho como a alma propriamente dita da produção e todavia dá ao trabalho nada e à propriedade privada tudo. Proudhon, a partir desta contradição, concluiu a favor do trabalho contra a propriedade privada.* Mas nós vemos que esta aparente contradição é a contradição do *trabalho alienado* consigo próprio e que a economia nacional apenas exprimiu as leis do trabalho alienado.

Vemos por isso também que *salário* e *propriedade privada* são idênticos: porque o salário — onde o produto, o objeto do trabalho, paga o próprio trabalho — é

---

*Cf. P.-J. Proudhon, *Qu'est-ce que la propriété?...*, III, §§ 4 a 8. (*N. do E.*)

apenas uma consequência necessária da alienação do trabalho, bem como porque no salário o trabalho também não aparece como autofinalidade, mas como servidor do salário. Adiante desenvolveremos isto e agora apenas tiramos ainda algumas consequências.

Uma *elevação* violenta *do salário* (abstraindo de todas as outras dificuldades, abstraindo de que ela, como uma anomalia, só violentamente se haveria de manter) nada seria, portanto, senão um melhor *assalariamento do escravo* e não teria conquistado para o operário nem para o trabalho a sua determinação e dignidade humanas.

A própria *igualdade dos salários*, como Proudhon exige, apenas transforma a relação do operário de hoje com o seu trabalho na relação de todos os homens com o trabalho. A sociedade é então apreendida como um capitalista abstrato.

Salário é uma consequência imediata do trabalho alienado e o trabalho alienado é a causa imediata da propriedade privada. Por isso, com um outro lado tem também de cair.

2) Da relação do trabalho alienado com a propriedade privada segue-se ainda que a emancipação da sociedade da propriedade privada etc., da servidão, se exprime na forma *política* da *emancipação dos operários*, não como se se tratasse apenas da emancipação deles, mas antes porque na sua emancipação está contida a emancipação universalmente humana, mas esta está aí contida porque toda a servidão humana está envolvida na relação do operário com a produção e todas as relações de servidão são apenas modificações e consequências dessa relação.

Tal como encontramos por *análise* o conceito de *propriedade privada* a partir do conceito do *trabalho alienado*, *desapossado*, assim todas as *categorias* nacional-econômicas podem ser desenvolvidas com a ajuda destes dois fatores e reencontraremos em cada categoria, p. ex., o tráfico, a concorrência, o capital, o dinheiro, apenas uma *expressão determinada* e *desenvolvida* destas primeiras bases.

Contudo, antes de considerar esta configuração, procuremos ainda resolver dois problemas.

1) Determinar a *essência* universal da *propriedade privada* tal como decorreu enquanto resultado do trabalho alienado na sua relação com a *propriedade verdadeiramente humana e social*;

2) Aceitamos a *alienação do trabalho*, o seu *desapossamento* como um factum e analisamos esse factum. Como, perguntamos agora, chega o *homem* a alienar, a *desapossar-se* do seu *trabalho*? Como está esta alienação fundada na essência do desenvolvimento humano? Já ganhamos muito para a solução do problema na medida em que *transformamos* a pergunta pela *origem* da *propriedade privada* na pergunta pela relação do *trabalho desapossado* com o curso de desenvolvimento da humanidade. Pois quando se fala de *propriedade privada* crê-se ter de lidar com uma coisa fora do homem. Quando se fala do trabalho tem imediatamente de lidar-se com o próprio homem. Esta nova posição da pergunta é inclusive já a sua solução.

ad. 1. Essência universal da propriedade privada e sua relação com a propriedade verdadeiramente humana.

O trabalho desapossado resolveu-se para nós em duas partes componentes, que se condicionam reciprocamente ou que são apenas expressões diversas de uma e a mesma relação, a *apropriação* aparece como *alienação*, como *desapossamento* e o *desapossamento como apropriação*, a *alienação* como a verdadeira *aquisição do direito de cidade* [*Einbürgerung*].

Consideramos um lado, o trabalho *desapossado* no que se refere ao próprio *operário*, i. e., a *relação do trabalho desapossado consigo próprio*. Como produto, como resultado necessário desta relação encontramos a *relação de propriedade do não operário* com o *operário e o trabalho*. A *propriedade privada* enquanto a expressão material, resumida, do trabalho desapossado abrange ambas as relações: a *relação do operário com o trabalho e com o produto do seu trabalho* e com o *não operário*, e a relação do *não operário com o operário e o produto do seu trabalho*.

Ora, vimos que, com respeito ao operário, o qual se *apropria* da Natureza pelo trabalho, a apropriação aparece como alienação, a autoatividade como atividade para um outro e como atividade de um outro, a vitalidade como sacrifício da vida, a produção do objeto como perda do objeto para um poder estranho, para um homem *estranho*, então consideremos agora a relação deste homem *estranho* ao trabalho e ao operário com o operário, com o trabalho e o seu objeto.

TRABALHO ALIENADO, PROPRIEDADE PRIVADA E COMUNISMO

Em primeiro lugar, é de observar que tudo o que aparece no operário como *atividade de desapossamento, de alienação*, aparece no não operário como *estado de desapossamento, de alienação*.

Segundo, que o *comportamento real*, prático, do operário na produção e para com o produto (como estado de espírito) aparece no não operário que o enfrenta como *comportamento teórico*.

Terceiro. O não operário faz contra o operário tudo o que o operário faz contra si próprio, mas não faz contra si próprio o que faz contra o operário. [...]

[...]

[...] Mas a oposição de *falta de propriedade* e *propriedade* é uma oposição ainda indiferente, não apreendida na sua *ligação ativa*, na sua relação *interna*, *ainda não apreendida como contradição*, enquanto não for concebida como a oposição do *trabalho* e do *capital*. Mesmo sem o movimento progressivo da propriedade privada, na Roma antiga, na Turquia etc., esta oposição pode exprimir-se na *primeira* figura. Assim ela ainda não *aparece* como posta pela própria propriedade privada. Mas o trabalho, a essência subjetiva da propriedade privada como exclusão da propriedade, e o capital, o trabalho objetivo como exclusão do trabalho, é a *propriedade privada* como sua relação desenvolvida da contradição, por isso uma relação enérgica que impele à resolução.

Ad ibidem.* A supressão da autoalienação faz o mesmo caminho que a autoalienação. Considera-se primeiro a propriedade privada apenas no seu lado objetivo — mas contudo o trabalho como sua essência. A sua forma de existência é por isso o *capital*, que é de suprimir "como tal". (Proudhon**) Ou o *modo particular* do trabalho — enquanto trabalho nivelado, parcelado e por isso não livre — é apreendido como a fonte da *nocividade* da propriedade privada e da sua existência alienada do homem — *Fourier*, que, analogamente aos fisiocratas, apreende de novo também *o trabalho de cultivo da terra* pelo menos como o *por*

---
*Em latim no texto: [complemento] à mesma [página]. (*N. do E.*)
**Cf. P.-J. Proudhon, *Qu'est-ce que la propriété?*..., III §5. (*N. do E.*)

excelência, enquanto *St. Simon*, em oposição, declara o *trabalho de indústria* enquanto tal como a essência e pretende também a exclusiva dominação dos industriais e a melhoria da situação dos operários. O *comunismo* é, por fim, a expressão positiva da propriedade privada suprimida, antes de mais a propriedade privada *universal*. Ao apreender esta relação na sua *universalidade*, ele é 1) na sua primeira figura apenas uma *universalização e completamento* da mesma; enquanto tal, mostra-se numa dupla figura: uma vez a dominação da propriedade *coisal* é tão grande perante ele que ele quer aniquilar *tudo* o que não é capaz de ser possuído por todos como *propriedade privada*; ele quer abstrair de um modo *violento* do talento etc.; a posse imediata, física, vale para ele como o único objetivo da vida e da existência; a determinação do operário não é suprimida, mas estendida a todos os homens; a relação da propriedade privada permanece a relação da comunidade com o mundo das coisas; finalmente, este movimento de contrapor à propriedade privada a propriedade privada universal exprime-se na forma animal em que o *casamento* (o qual decerto é uma *forma* da *propriedade privada exclusiva*) é contraposto à *comunidade de mulheres*, portanto onde a mulher se torna uma propriedade *comunitária* e *comum*. Pode dizer-se que esta ideia da *comunidade de mulheres* é o *segredo* expresso deste comunismo ainda totalmente rude e desprovido de pensamento. Tal como a mulher sai do casamento para a prostituição universal, assim todo o mundo da riqueza, i. e., da essência objetiva do homem, sai da relação do casamento exclusivo com o proprietário privado para a relação da prostituição universal com a comunidade. Este comunismo, ao negar por toda a parte a *personalidade* do homem — é precisamente apenas a expressão consequente da propriedade privada, a qual é esta negação. A *inveja* universal e constituindo-se como poder é a forma oculta na qual a *cupidez* se estabelece e apenas se satisfaz de um *outro* modo. A ideia de toda a propriedade privada como uma propriedade tal está pelo menos virada contra a propriedade privada mais rica como inveja e desejo de nivelamento, de tal modo que estes constituem mesmo a essência da concorrência. O comunismo rude é apenas o completamento desta inveja e deste nivelamento a partir do mínimo *representado*. Ele tem uma *medida determinada limitada*. Quão pouco esta supressão da propriedade privada é uma apropriação real demonstra-o precisamente a negação abstrata de todo o mundo da cultura e da civilização; o regresso à simplicidade *antinatural* do homem *pobre* e desprovido de necessidades, que não ultrapassou a propriedade privada, nem sequer até ela chegou.

A comunidade é apenas uma comunidade do *trabalho* e da igualdade do *salário*, que o capital comunitário, a *comunidade* como capitalista universal, paga. Ambos os lados da relação estão elevados a uma universalidade *representada*: o *trabalho*, como determinação em que todos são postos; o *capital*, como universalidade e poder reconhecido da comunidade.

Na relação com a *mulher*, como *presa* e serva da volúpia comunitária, está expressa a infinita degradação na qual o homem existe para si próprio, pois o segredo desta relação tem a sua expressão descoberta, *revelada*, decisiva, *inequívoca* na relação do *homem* com a *mulher* e no modo como é apreendida a relação genérica *natural, imediata*. A relação necessária, natural, imediata do homem com o homem é a *relação* do *homem* com a *mulher*.* Nesta relação genérica *natural*, a relação do homem com a Natureza é imediatamente a sua relação com o homem, assim como a relação com o homem é imediatamente a sua relação com a Natureza, a sua própria determinação *natural*. Nesta relação *aparece* portanto *sensivelmente*, reduzido a um factum intuível, até que ponto a essência humana se tornou para o homem Natureza ou a Natureza em essência humana do homem. A partir desta relação pode-se, portanto, ajuizar de todo o estádio cultural do homem. Do caráter desta relação segue-se até que ponto o *homem* se tornou e apreendeu como *ser genérico*, como *homem*; a relação do homem com a mulher é a relação *mais natural* do homem com o homem. Nela se mostra portanto até que ponto o comportamento natural do homem se tornou *humano*, ou até que ponto a essência *humana* se tornou essência natural, até que ponto a sua *Natureza humana* se tornou para ele *Natureza*. Nesta relação mostra-se também até que ponto a *necessidade* do homem se tornou necessidade *humana*, portanto até que ponto para ele o *outro* homem como homem se tornou necessidade, até que ponto ele na sua existência mais individual é simultaneamente comunidade [*Gemeinwesen*].

---

*Cf. L. Feuerbach, *Das Wesen*..., X; GW, vol. 5, p. 178. (*N. do E.*)

A primeira supressão positiva da propriedade privada, o comunismo *rude*, é portanto apenas uma forma fenomênica da *infâmia* da propriedade privada, que se quer pôr como a *comunidade positiva*.

2) O comunismo α) ainda de natureza política, democrático ou despótico; ß) com supressão do Estado, mas simultaneamente ainda incompleto, sempre ainda com a essência afetada pela propriedade privada, i. e., pela alienação do homem. Em ambas as formas, o comunismo sabe-se como reintegração ou regresso do homem a si, como supressão da autoalienação humana, mas, enquanto ele ainda não apreendeu a essência positiva da propriedade privada nem tampouco entendeu a natureza *humana* da necessidade, está também ainda preso e infectado pela mesma. Ele apreendeu decerto o seu conceito, mas não ainda a sua essência.

3) O *comunismo* como supressão *positiva* da *propriedade privada* (enquanto *autoalienação humana*) e por isso como *apropriação* real da essência *humana* pelo e para o homem; por isso como regresso completo, consciente e advindo dentro de toda a riqueza do desenvolvimento até agora, do homem a si próprio como um homem *social*, i. e., humano. Este comunismo é, como naturalismo consumado = humanismo, como humanismo consumado = naturalismo, ele é a verdadeira resolução do conflito do homem com a Natureza e com o homem, a *verdadeira* resolução da luta entre existência e essência, entre objetivação e autoconfirmação, entre liberdade e necessidade, entre indivíduo e gênero. Ele é o enigma da história resolvido e sabe-se como essa solução.

Por isso, todo o movimento da história, quer como seu [do comunismo] ato de geração *real* — o ato de nascimento da sua existência empírica — quer também para a sua consciência pensante é o movimento *sabido* e *concebido* do seu *devir*, enquanto aquele comunismo ainda incompleto procura para si uma prova histórica a partir de figuras da história isoladas que se opõem à propriedade privada, uma prova no existente, ao arrancar momentos isolados do movimento (Cabet, Villegardelle etc., fazendo disso em particular o seu cavalo de batalha) e ao fixá-los como prova da sua pureza histórica de sangue, com o que precisamente demonstra que a incomparavelmente maior parte deste movimento contradiz as suas afirmações e que, se alguma vez, ele existiu, precisamente o seu ser *passado* refuta a pretensão da *essência*.

Que no movimento da *propriedade privada*, precisamente [no] da economia, todo o movimento revolucionário encontra tanto a sua base empírica como teórica, disso é fácil de ver a necessidade.

A propriedade privada *material*, imediatamente *sensível*, é a expressão material sensível da vida *humana alienada*. O seu movimento — a produção e consumo — é a revelação *sensível* do movimento de toda a produção até aqui, i. e., realização ou realidade do homem. Religião, família, Estado, direito, moral, ciência, arte etc. são apenas modos *particulares* da produção e caem sob a sua lei universal. A supressão positiva da *propriedade privada* como apropriação da vida *humana* é, por isso, a supressão positiva de toda a alienação, portanto o regresso do homem, a partir da religião, família, do Estado etc., à sua existência *humana*, i. e., *social*. A alienação religiosa como tal processa-se apenas no domínio da *consciência*, do interior humano, mas a alienação econômica é a da *vida real* — por isso a sua supressão abrange ambos os lados. Compreende-se que o movimento entre os diversos povos tome o seu *primeiro* começo consoante a verdadeira vida *reconhecida* do povo se processa mais na consciência ou no mundo exterior, é mais a vida ideal ou a real. O comunismo começa logo (*Owen**) com o ateísmo, o *ateísmo* primeiro está ainda muito longe de ser *comunismo*, assim como aquele ateísmo é antes ainda uma abstração. A filantropia do ateísmo é, por isso, primeiro apenas uma filantropia abstrata, filosófica, a do comunismo é logo real e tendida imediatamente à *ação eficaz* [*Wirkung*].

Vimos como, no pressuposto da propriedade privada positivamente suprimida, o homem produz o homem, a si próprio e ao outro homem; como o objeto, o qual é a imediata atuação da sua individualidade e simultaneamente a sua própria existência para o outro homem, a existência deste e a existência deste para ele. Do mesmo modo, tanto o material do trabalho como o homem enquanto sujeito são, porém, tanto ponto de partida como resultado do movimento (e em que eles tenham de ser este *ponto de partida*, precisamente aí reside a *necessidade* histórica da propriedade privada). Portanto, o caráter *social* é o caráter universal de todo o movimento; tal como a própria sociedade produz o *homem* como *homem*, assim ela é *produzida* por ele. A atividade e a fruição, bem como o seu

---

*Cf. F. Engels, *Briefe aus London* [*Cartas de Londres*], III: MEGA,[2] 1/3, pp. 460-463. (*N. do E.*)

conteúdo, são também *modos de existência* segundo a atividade social e a fruição social. A essência *humana* da Natureza existe só para o homem *social*; pois só aqui ela existe para ele como *vínculo* com o *homem*, como sua existência para o outro e do outro para ele, só aqui ela existe [quer] como *base* da sua existência *humana* própria quer como elemento de vida da realidade humana. Só aqui a sua existência *natural* é para ele a sua existência *humana* e a Natureza se tornou homem para ele. Portanto, a *sociedade* é a unidade de essência completada do homem com a Natureza, a verdadeira ressurreição da Natureza, o naturalismo consumado do homem e o humanismo consumado da Natureza.

A atividade social e a fruição social de modo nenhum existem *unicamente* na forma de uma atividade *imediatamente* comunitária e de uma fruição imediatamente comunitária, ainda que a atividade *comunitária* e a fruição *comunitária*, i. e., atividade e a fruição que imediatamente se exteriorizam e confirmam em *sociedade real* com outros homens, em toda a parte terão lugar onde aquela expressão *imediata* da socialidade se fundamente na essência do seu conteúdo e seja conforme com a sua natureza.

Mas mesmo quando estou *cientificamente* ativo etc., uma atividade que eu raramente posso executar em comunidade imediata com outros, estou *socialmente* ativo, porque [ativo] como *homem*. Não só o material da minha atividade — como a própria língua na qual o pensador é ativo — me é dado como produto social; a minha *existência própria* é atividade social; por isso, o que eu faço de mim, faço de mim para a sociedade e com a consciência de mim como um ser social.

A minha consciência *universal* é apenas a figura *teórica* daquilo de que a comunidade [*Gemeinwesen*] *real*, o ser social, é a figura *viva*, enquanto hoje em dia a consciência *universal* é uma abstração da vida real e como tal enfrenta esta hostilmente. Por isso também a *atividade* da minha consciência universal — como uma tal — é a minha existência *teórica* como ser social.

É sobretudo de evitar fixar de novo a "sociedade" como abstração em face do indivíduo. O indivíduo *é o ser social*. A sua exteriorização de vida — mesmo que ela não apareça na forma imediata de uma exteriorização de vida comunitária, levada a cabo simultaneamente com outros — *é*, por isso, uma exteriorização e confirmação da *vida social*. A vida individual e a vida genérica do homem não são *diversas*, por muito que — e isso necessariamente — o modo de existência da vida individual seja um modo mais *particular* ou mais *universal* da vida genérica ou por mais que a vida genérica seja uma vida individual mais *particular* ou mais *universal*.

Como *consciência genérica*, o homem confirma a sua *vida social* real e apenas repete no pensamento a sua existência real, tal como, inversamente, o ser genérico se confirma na consciência genérica e é, na sua universalidade, como ser pensante, para si.

O homem — por muito que seja portanto um indivíduo particular e, precisamente, a sua particularidade faz dele um indivíduo e uma comunidade [*Gemeinwesen*] *individual* real — é tanto a totalidade, a totalidade ideal, a existência subjetiva para si da sociedade sentida e pensada como também existe na realidade, quer como intuição e fruição real da existência social quer como uma totalidade de exteriorização humana de vida.

Portanto, pensar e ser são decerto *diferentes*, mas simultaneamente estão em unidade um com o outro.

A *morte* aparece como uma dura vitória do gênero sobre o indivíduo determinado e parece contradizer a sua unidade; mas o indivíduo determinado é apenas um *ser genérico determinado*, como tal mortal.

4) Tal como a *propriedade privada* é apenas a expressão sensível de que o homem se torna simultaneamente objetivo para si e simultaneamente se torna antes um objeto estranho e inumano, de que a sua exteriorização de vida é o seu desapossamento de vida, a sua realização é a sua desrealização, uma realidade *estranha*, assim a supressão positiva da propriedade privada, i. e., a apropriação sensível da essência e vida humanas, do homem objetivo, da obra humana para e pelo homem, não é de apreender apenas no sentido da *fruição* unilateral, *imediata*, não apenas no sentido da *posse*, no sentido do *ter*. O homem apropria-se da sua essência omnilateral de uma maneira omnilateral, portanto como um homem total. Cada uma das suas relações *humanas* com o mundo, ver, ouvir, cheirar, saborear, tatear, pensar, intuir, sentir, querer, ser ativo, amar, em suma, todos os órgãos da sua individualidade, bem como os órgãos que são imediatamente na sua forma órgãos

comunitários, são no seu comportamento *objetivo* ou no seu *comportamento para com o objeto* a apropriação do mesmo, a apropriação da realidade *humana*; o seu comportamento para com o objeto é o *acionamento da realidade humana* (precisamente por isso ela é tão múltipla quanto múltiplas são as *determinações essenciais* e *atividades* humanas), *atividade eficiente* humana e *sofrimento* [*Leiden*] humano, pois o sofrimento humanamente apreendido é uma autofruição do homem.*

A propriedade privada fez-nos tão estúpidos e unilaterais que um objeto só é o *nosso* se o tivermos, portanto se existir para nós como capital, ou se for imediatamente possuído, comido, bebido, trazido no corpo, habitado por nós etc., em resumo, *usado*. Embora a propriedade privada apreenda todas estas realizações imediatas da própria posse de novo apenas como meios de vida, e a vida, a que servem de meio, é a *vida* da *propriedade privada*: trabalho e capitalização.

Para o lugar de *todos* os sentidos físicos e espirituais entrou portanto a simples alienação de *todos* esses sentidos, o sentido do *ter*. A essência humana tinha de ser reduzida a esta absoluta pobreza para com isso dar à luz a sua riqueza interior. (Sobre a categoria do *ter*, veja-se Heß nas 21 folhas de impressão.**)

A supressão da propriedade privada é por isso a completa *emancipação* de todos os sentidos e qualidades humanas; mas ela é esta emancipação precisamente pelo fato destes sentidos e qualidades se terem tornado *humanos*, tanto subjetiva como objetivamente. O olho tornou-se olho *humano*, tal como o seu *objeto* se tornou um *objeto* social, *humano*, proveniente do homem para o homem. Por isso, os *sentidos* tornaram-se *teóricos* imediatamente na sua prática.*** Comportam-se para com a coisa por causa da coisa,**** mas a própria coisa é um comportamento *humano objetivo* para consigo própria e para com o homem e inversamente. Eu só posso praticamente comportar-me para com a coisa humanamente quando a coisa se comporta para com o homem humanamente. A necessidade ou a fruição perderam assim a sua natureza *egoísta* e a Natureza

---

*L. Feuerbach, *Vorläufige...*, GW, vol. 9, pp. 253-254. (*N. do E.*)
**Cf. M. Heß, "Philosophie der That" em *Einundzwanzig Bogen...*, p. 329. Marx aborda igualmente o tema do ter em *Die heilige Familie...*, MEW, vol. 2. pp. 43-44. (*N. do E.*)
***Cf. L. Feuerbach, *Grundsätze...*, § 42: GW, vol. 9, pp. 323-324. (*N. do E.*)
****Cf. L. Feuerbach, *Das Wesen...*; GW, vol. 5, p. 333. (*N. do E.*)

perdeu a sua mera utilidade na medida em que a utilização se tornou uma utilização *humana*.

Do mesmo modo os sentidos e o espírito do outro homem tornaram-se minha apropriação *própria*. Por isso, além destes órgãos imediatos, formam-se órgãos *sociais*, na forma da sociedade; portanto, p. ex., a atividade em imediata sociedade com outros etc. tornou-se um órgão da minha *exteriorização* de vida e um modo da apropriação da vida *humana*.

Compreende-se que o olho *humano* frua de modo diferente do olho rude, inumano, o *ouvido* humano diferentemente do ouvido rude etc.

Vimo-lo, o homem só não se perde no seu objeto se este se tornar para ele objeto *humano* ou homem objetivo. Isto só é possível na medida em que se lhe torna objeto *social*, em que ele próprio se torna ser social, assim como a sociedade se torna para ele ser nesse objeto.

Por um lado, portanto, na medida em que, por toda a parte, na sociedade a realidade objetiva se torna para o homem realidade das forças essenciais do homem, a realidade humana e portanto realidade das suas forças essenciais *próprias*, todos os *objetos* se tornam para ele *objetivação* de si próprio, enquanto *objetos* que realizam e confirmam a sua individualidade, enquanto objetos *seus*; i. e., *ele próprio* se torna objeto. Como eles se tornam seus para ele, isso depende da *natureza* do *objeto* e da natureza da *força essencial* que *lhe* corresponde; pois precisamente a *determinidade* desta relação forma o modo *real*, particular, da afirmação. Para o *olho*, um objeto torna-se diferente do que para o *ouvido* e o objeto do olho é um objeto diferente do *ouvido*. A peculiaridade de cada força essencial é precisamente a sua *essência peculiar*, portanto também o modo peculiar da sua objetivação, do seu *ser* vivo *real, objetivo*. Não só no pensar, mas com *todos* os sentidos se afirma portanto homem no mundo objetivo.*

Por outro lado, apreendido subjetivamente: tal como só a música desperta o sentido musical do homem, tal como para o ouvido não musical a mais bela música não tem *nenhum* sentido,** não é nenhum objeto, porque o meu objeto só pode ser a confirmação de uma das minhas forças essenciais, portanto só pode

---

*Cf. L. Feuerbach, *Das Wesen...*; GW, vol. 5. p. 34. (*N. do E.*)
**Cf. *id., ibid.*; GW, vol. 5, p. 40. (*N. do E.*)

ser para mim assim como a minha força essencial é para si como capacidade subjetiva, porque o sentido de um objeto para mim (só tem sentido para um sentido correspondente a ele) vai precisamente tão longe quanto vai o *meu* sentido,* pelo que os *sentidos* do homem social são *outros* sentidos que não os do não social; somente pela riqueza objetivamente desdobrada da essência humana é em parte produzida, em parte desenvolvida a riqueza da sensibilidade *humana* subjetiva — um ouvido musical, um olho para a beleza da forma, somente em suma *sentidos* capazes de fruição humana, sentidos que se confirmam como forças essenciais *humanas*. Pois não só os 5 sentidos, mas também os chamados sentidos espirituais, os sentidos práticos (vontade, amor etc.), numa palavra o sentido *humano*, a humanidade dos sentidos, apenas advêm pela existência do *seu* objeto, pela Natureza *humanizada*.

A *formação* dos 5 sentidos é um trabalho de toda a história do mundo até hoje. O *sentido* preso na necessidade prática rude tem também somente um sentido *tacanho*. Para o homem esfomeado não existe a forma humana da comida, mas apenas a sua existência abstrata como comida; ela também podia estar aí na forma mais rude — e não se pode dizer em que é que esta atividade de nutrição se distingue da atividade de nutrição *animal*. O homem necessitado, cheio de preocupações, não tem nenhum *sentido* para o espetáculo mais belo; o comerciante de minerais vê apenas o valor mercantil, não a beleza nem a natureza peculiar do mineral; ele não tem qualquer sentido mineralógico; portanto, a objetivação da essência humana, tanto do ponto de vista teórico como do prático, é precisa tanto para fazer *humanos* os *sentidos* do homem, como para criar *sentido humano* correspondente a toda a riqueza do ser humano e natural.

Assim como pelo movimento da *propriedade privada* e da sua riqueza, bem como da sua miséria — ou da riqueza e miséria materiais e espirituais —, a sociedade que devém encontra todo o material para esta *formação*, assim a sociedade *devinda* produz o homem nesta total riqueza da sua essência, o homem *rico, profundo e dotado de todos os sentidos*, como sua realidade permanente.

Vê-se como subjetivismo e objetivismo, espiritualismo e materialismo, atividade e sofrimento apenas no estado social perdem a sua oposição e com isso a sua exis-

---

*Cf. *id., ibid.; GW*, vol. 5, p. 39. (*N. do E.*)

tência enquanto tais oposições; vê-se como a solução das próprias oposições *teóricas* só é possível de um modo *prático*, só através da energia prática do homem, e por isso a sua solução não é de modo nenhum apenas uma tarefa do conhecimento, mas é uma tarefa vital *real*, a qual a *filosofia* não pôde resolver, precisamente porque a apreendia *apenas* como tarefa teórica.*

Vê-se como a história da *indústria* e a existência *objetiva* devinda da indústria são o livro *aberto* das forças humanas essenciais, a *psicologia* humana sensivelmente dada, que até aqui não foi apreendida na sua conexão com a *essência* do homem, mas sempre apenas numa relação de exterior utilidade, porque — movendo-se [as pessoas] no interior da alienação — só sabiam apreender como realidade das forças essenciais humanas e como *atos genéricos humanos* a existência universal do homem, a religião ou a história na sua essência abstratamente universal, como política, arte, literatura etc. Na *indústria material, habitual* (— que precisamente se pode apreender, tanto como uma parte daquele movimento universal, como este mesmo se pode apreender como uma parte *particular* da indústria, uma vez que toda a atividade humana até agora era trabalho, portanto indústria, atividade alienada de si —), temos perante nós as *forças essenciais* do homem *objetivadas*, sob a forma de *objetos sensíveis, estranhos, úteis*, sob a forma da alienação. Uma *psicologia*, para a qual este livro, portanto precisamente a parte sensivelmente mais presente, mais acessível da história, esteja fechado não pode tornar-se ciência *real* e algo pleno de conteúdo real. O que se deve em geral pensar de uma ciência que abstrai *soberbamente* [*vornehm*] desta grande parte do trabalho humano e não sente em si própria a sua incompletude, enquanto uma tão expandida riqueza do operar humano nada lhe diz senão porventura o que se pode dizer numa palavra: "*necessidade*", "*comum necessidade*"?

As *ciências da Natureza* desenvolveram uma enorme atividade e apropriaram-se de um material sempre crescente. A filosofia permaneceu-lhes contudo tão estranha como elas permaneceram estranhas relativamente à filosofia.** A momentânea união foi apenas uma *ilusão fantástica*. A vontade existia, mas faltava o poder. A

---

*Cf. L. Feuerbach. *Grundsätze...*, § 28; GW, vol. 9, p. 308. Atente-se em como para Marx a prática já não corresponde apenas a uma confirmação da existência, mas alarga-se ao vetor da transformação. Veja-se K. Marx. *Thesen über Feuerbach* [*Teses sobre Feuerbach*], 8; MEW, vol. 3, p. 7. (*N. do E.*) Cf. adiante, p. 165 (*N. do O.*)

**Cf. F. Hegel, *Enzyklopädie...*, II. Introdução: TW, vol 9. pp. 9-11. (*N. do E.*)

própria historiografia apenas de passagem toma em consideração a ciência da Natureza como momento das Luzes, da utilidade, de grandes descobertas singulares. Mas a ciência da Natureza, quanto mais interveio *praticamente* na vida humana por intermédio da indústria, a reconfigurou e preparou a emancipação humana, tanto mais teve imediatamente de completar a desumanização. A *indústria* é a relação histórica *real* da Natureza, e portanto da ciência da Natureza, com o homem; por isso, se ela for apreendida como desocultação *exotérica* das *forças essenciais* do homem, também será assim entendida a essência *humana* da Natureza ou a essência *natural* do homem; por isso, a ciência da Natureza perderá a sua orientação abstratamente material ou antes idealista e tornar-se-á a base da ciência *humana*, como agora já se tornou — ainda que em figura alienada — a base da vida realmente humana; *uma* base para a vida e uma outra para a *ciência* — é de antemão uma mentira.* A Natureza que devém na história humana — no ato de surgimento da sociedade humana — é a Natureza *real* do homem, pelo que a Natureza, tal como devém através da indústria, ainda que em figura *alienada*, é a verdadeira Natureza *antropológica*.

A *sensibilidade* (veja-se Feuerbach**) tem de ser a base de toda a ciência. Unicamente se partir dela, na dupla figura tanto da consciência *sensível* como da necessidade *sensível* — portanto unicamente se a ciência partir da Natureza é ela ciência *real*. Para que o "homem" se torne objeto da consciência sensível e a necessidade do "homem como homem" se torne necessidade, toda a história é a história da preparação/história do desenvolvimento para isso. A própria história é uma parte *real* da *história da Natureza*, do devir da Natureza até ao homem. A ciência da Natureza subsumirá em si mais tarde a ciência do homem, tal como a ciência do homem subsumirá a da Natureza: haverá uma ciência. O *homem* é o objeto imediato da ciência da Natureza: pois a *Natureza sensível* imediata para o homem é imediatamente a sensibilidade humana (uma expressão idêntica), imediatamente como o homem *outro* existindo sensivelmente para ele; pois a sua sensibilidade própria somente através do outro homem é para ele próprio sensibilidade humana. Mas a *Natureza* é o objeto imediato da *ciência do homem*. O

---

*Cf. L. Feuerbach, *Vorläufige...*, GW, vol. 9. p. *262*, (*N. do E.*)
**Cf., por exemplo, *Grundsätze...* § 32: GW, vol. 9. p. 316. Para Feuerbach, "sensibilidade" (*Sinnlichkeit*) tem o duplo sentido, objetivo e subjetivo, de "mundo sensível" e "faculdade humana de apreensão sensível". (*N. do E.*)

primeiro objeto do homem — o homem — é Natureza, sensibilidade e as forças essenciais humanas sensíveis particulares assim como só encontram a sua realização objetiva em objetos *naturais* só podem encontrar o seu autoconhecimento na ciência do ser natural em geral. O próprio elemento do pensar, o elemento da exteriorização de vida do pensamento, a *linguagem*, é de natureza sensível. A realidade *social* da Natureza e a ciência *humana* da Natureza ou a *ciência natural do homem* são expressões idênticas.

Vê-se como entram para o lugar da *riqueza* e *miséria* nacional-econômicas o *homem rico* e a necessidade *humana* rica. O homem *rico* é simultaneamente o homem *necessitado* de uma totalidade da exteriorização de vida humana. O homem, no qual a sua realização própria existe como necessidade interior, como *carência*. Não só a *riqueza*, também a *pobreza* do homem alcançam na mesma medida — no pressuposto do socialismo — uma significação *humana* e por isso social. Ela [a carência] é o vínculo passivo, que faz sentir ao homem a maior riqueza, o *outro* homem, como necessidade. A dominação da essência objetiva em mim, a erupção sensível da minha atividade essencial é a *paixão*, a qual assim se torna aqui com isso a *atividade* da minha essência.*

5) Um *ser* só se tem por autônomo desde que se erga sobre os seus próprios pés e ele só se ergue nos seus próprios pés desde que a si mesmo deve a sua *existência*. Um homem que viva da graça de outro considera-se como um ser dependente. Mas eu vivo completamente da graça de um outro se não lhe dever apenas o sustento da minha vida, mas também se além disso ele ainda tiver *criado* a minha *vida*; se ele for a *fonte* da minha vida, e a minha vida tem necessariamente um tal fundamento fora de si se ela não for a minha criação própria. Por isso, a *criação* é uma representação muito difícil de desalojar da consciência do povo. O ser por si próprio da Natureza e do homem é-lhe inconcebível, porque contradiz todos os *fatos palpáveis* da vida prática.

A criação da *Terra* recebeu um golpe violento com a geognosia,** i. e., com a ciência que expôs a formação da Terra, o devir da Terra como um processo,

---

*Cf. L. Feuerbach, *Vorläufige...*; GW, vol. 9, p. 253. (*N. do E.*)
**Cf. F. Hegel, *Enzyklopädie...*, § 339; TW, vol. 9, pp. 343-351 (*N. do E.*)

como autogeração. A *generario aequivoca** é a única refutação prática da teoria da criação.**

Ora, é decerto fácil dizer ao indivíduo isolado o que já Aristóteles*** diz: foste gerado pelo teu pai e a tua mãe, portanto em ti a cópula de dois seres humanos, portanto um ato genérico do homem, produziu o homem. Portanto vês que, mesmo fisicamente, o homem deve a sua existência ao homem. Assim, tens de manter diante dos olhos não apenas *um* lado, o progresso *infinito*, segundo o qual continuas a perguntar: quem gerou o meu pai, o seu avô etc. Tens também de reter o *movimento circular* que é sensivelmente intuível naquele progresso, segundo o qual o homem se repete a si próprio na geração, portanto o *homem* permanece sempre sujeito.

Só que tu responderás: concedido a ti este movimento circular, concede-me tu a mim o progresso que me continua a mover até que eu pergunte: quem gerou o primeiro homem e a Natureza em geral?

Ora, eu só posso responder-te: a tua pergunta é ela própria um produto da abstração. Interroga-te sobre como chegaste a essa pergunta; pergunta a ti mesmo se a tua pergunta não ocorre a partir de um ponto de vista a que eu não posso responder, porque é um ponto de vista improcedente. Pergunta-te se aquele progresso existe como tal para um pensar racional. Se tu te interrogas sobre a criação da Natureza e do homem, abstrais do homem e da Natureza. Tu põe-los como *não sendo* e contudo queres que eu tos demonstre como *sendo*. Eu digo-te então: se desistires da tua abstração também desistes da tua pergunta, ou se te quiseres ater à tua abstração então sê consequente e quando pensando pensas o homem e a Natureza como não sendo, pensa-te a ti próprio como não sendo, pois todavia tu és também Natureza e homem. Não penses, não me perguntes, pois logo que pensas ou perguntas a tua *abstração* do ser da Natureza e do homem não tem qualquer sentido. Ou serás tu um egoísta tal que pões tudo como nada e queres tu próprio ser?

---

*Em latim no texto: geração espontânea. (*N. do E.*)
**Cf. F. Hegel. *Enzyklopädie....*, § 341; TW, vol. 9, pp. 360-307. (*N. do E.*)
***Cf., provavelmente, Aristóteles, *Metafísica*, H. 4. 1044 a 34-35. Ver também F. Hegel, *Enzyklopädie*.... §§ 369, 370; TW, vol 9, pp. 516-520. (*N. do E.*)

Tu podes replicar-me: eu não quero pôr o nada da Natureza etc.; pergunto-te pelo seu ato de surgimento, tal como pergunto ao anatomista pela formação dos ossos etc.

Mas, na medida em que, para o homem socialista, *toda a chamada história do mundo* não é senão a geração do homem pelo trabalho humano, senão o devir da Natureza para o homem, assim ele tem, portanto, a prova irrefutável, intuível, do seu *nascimento* através de si próprio, do seu *processo de surgimento*. Na medida em que a *essencialidade* do homem e da Natureza se tornou praticamente, sensivel-mente intuível, na medida em que o homem [se tornou praticamente, sensivelmente intuível] para o homem como existência da Natureza e a Natureza para o homem como existência do homem, a pergunta por um ser *estranho*, por um ser acima da Natureza e do homem — uma pergunta que encerra a declaração da inessencialidade da Natureza e do homem — tornou-se praticamente impossível. O *ateísmo*, como renegação desta inessencialidade, não tem mais qualquer sentido, pois o ateísmo é uma *negação do deus* e põe por esta negação a *existência do homem*; mas o socialismo como socialismo não necessita mais de uma tal mediação; ele começa pela *consciência teórica e praticamente sensível do homem* e da Natureza como [consciência] da *essência*. Ele é *autoconsciência positiva* do homem, já não mediada pela supressão da religião, tal como a *vida real* é realidade positiva do homem já não mediada pela supressão da propriedade privada, o *comunismo*. O comunismo é a posição como negação da negação, por isso o momento *real*, necessário para o próximo desenvolvimento histórico, da emancipação e recuperação humanas. O *comunismo* é a figura necessária e o princípio enérgico do futuro próximo, mas o comunismo não é, como tal, o objetivo do desenvolvimento humano — a figura da sociedade humana.

4. Proudhon, a Economia Política e a missão do proletariado*

---

*Neste texto, publicado originalmente em 1845, cujo título é da responsabilidade do organizador deste volume, ao mesmo tempo que revela o avanço de seus estudos em Economia Política e sua relação com o movimento operário, Marx faz uma defesa de P.-J. Proudhon (1809-1865) em face dos ideólogos alemães da "Crítica crítica"; posteriormente, assumiria uma posição muito diversa relativamente ao socialista francês (cf., adiante, Sobre a *Filosofia da miséria — uma carta a P. V. Annenkov*). Extraído de K. Marx e F. Engels, *Die heilige Familie oder Kritik der kritischen Kritik. Gegen Bruno Bauer und Konsorten* (*A sagrada família ou A crítica da Crítica crítica. Contra Bruno Bauer e consortes*), in *Marx-Engels Werke* (Berlim: Dietz Verlag, 2, 1959, pp. 32-38). Tradução de Vicente Azevedo de Arruda Sampaio.

Tal como a primeira crítica de toda ciência está necessariamente limitada por pressupostos da ciência que combate, assim também a obra de Proudhon *Qu'est-ce que la propriété?* [*O que é a propriedade?*] é a crítica da *economia política* [*Nationalökonomie**] do ponto de vista da economia política. — Aqui não precisamos entrar em detalhes na parte jurídica do livro, que critica o direito do ponto de vista do direito, uma vez que a crítica da economia política constitui o interesse principal. — Assim, a obra proudhoniana é perpassada cientificamente pela crítica da *economia política*, inclusive da economia política tal como ela aparece na versão proudhoniana. Este trabalho apenas se tornou possível por meio do próprio Proudhon, tal como a crítica de Proudhon tem como pressuposto a crítica do sistema mercantil feita pelos fisiocratas, a dos fisiocratas, a feita por Adam Smith, a de Adam Smith, a feita por Ricardo e também pelos trabalhos de Fourier e Saint-Simon.

Todos os desenvolvimentos da economia política têm a *propriedade privada* por pressuposto. Este pressuposto fundamental vale para ela como fato indiscutível, que ela não submete a nenhuma prova ulterior, aliás, como Say ingenuamente admite, da qual ela apenas vem a falar *accidentellement* [acidentalmente]. Mas Proudhon submete a base da economia política, a *propriedade privada*, a uma prova crítica, a saber, à primeira prova decisiva, impiedosa e ao mesmo tempo científica. Este é o grande progresso científico que ele fez, um progresso que revoluciona a economia política e pela primeira vez torna possível uma ciência da economia política efetivamente real. O escrito de Proudhon *Qu'est-ce que la*

---

*Nationalökonomie é, segundo a lição de J. A. Schumpeter (na sua *History of economic analysis*), o equivalente à *economia política*, ainda que o idioma alemão ofereça a expressão *politische Oekonomie*. (N. do O.)

propriété? tem o mesmo significado para a economia política moderna que o escrito *Qu'est-ce que le tiers état?* [*O que é o Terceiro Estado?*] tem para a política moderna.

Se o próprio Proudhon não concebe as demais configurações da propriedade privada, por exemplo, salário, comércio, valor, preço, dinheiro etc., como configurações da propriedade privada, como acontece, por exemplo, nos *Deutsch--Französischen Jahrbüchern* [*Anais franco-alemães*] (cf. *Umrisse zu einer Kritik der Nationalökonomie* [*Esboço de uma crítica da economia política*] de F. Engels), mas contesta os economistas políticos com esses pressupostos político-econômicos, tudo isso corresponde totalmente ao seu ponto de vista acima assinalado, historicamente justificado.

A economia política que aceita as relações da propriedade privada como relações humanas e racionais move-se em uma contínua contradição com seu pressuposto fundamental, a propriedade privada, em uma contradição análoga à do teólogo que interpreta as representações religiosas de maneira constantemente humana e que, justo ao fazê-lo, infringe constantemente seu pressuposto fundamental, o caráter sobre-humano da religião. Assim, na economia política, o salário aparece no começo como a parte proporcional devida ao trabalho no produto. Salário e lucro do capital estão na relação mais amigável entre si, mais reciprocamente promissora, aparentemente mais humana. Logo em seguida, mostra-se que eles estão na relação mais inimiga entre si, *inversa*. O valor está determinado no começo de maneira aparentemente racional, através dos custos de produção de uma coisa e de sua utilidade social. Logo em seguida, mostra-se que o valor é uma determinação puramente casual, que absolutamente não precisa estar em nenhuma relação nem com os custos de produção nem com a utilidade social. A grandeza do salário é determinada no começo pelo *livre* acordo entre o trabalhador livre e o capitalista livre. Logo em seguida, mostra-se que o trabalhador está constrangido a deixá-lo determinar-se, como o capitalista está constrangido a colocá-lo na mais baixa posição possível. No lugar da *liberdade* das partes contratantes entra o *constrangimento*. O mesmo acontece no comércio e em todas as relações político--econômicas restantes. Os próprios economistas políticos sentem por vezes essas contradições, e o desenvolvimento delas forma o conteúdo principal de suas lutas recíprocas. Onde elas, porém, lhes vêm à consciência, eles atacam *até mesmo a propriedade privada* em uma configuração *parcial* qualquer como falsificadora do salário racional em si (isto é, em sua representação), do valor racional em si, do comércio racional em si. Por vezes, assim polemiza Adam Smith contra os capitalistas, Destutt de Tracy contra os banqueiros, Simonde de Sismondi contra o sistema fabril, Ricardo contra a propriedade privada da terra e quase todos os economistas políticos modernos contra os capitalistas *não industriais*, para os quais a propriedade aparece como mera *consumidora*.

Os economistas políticos, desse modo, ora tornam válida, em caráter de exceção — a saber, quando atacam um mal específico qualquer —, a aparência do humano nas relações econômicas, ora, porém e de modo geral, concebem essas relações em seu sentido econômico estrito, justo em sua *diferença*, abertamente expressa, com relação ao humano. Nessa contradição, eles cambaleiam inconscientes lá e cá.

Mas *Proudhon* deu um fim definitivo a essa inconsciência. Ele levou a sério a *aparência humana* das relações político-econômicas e a antepôs bruscamente à *realidade efetiva inumana* delas. Ele constrangeu tais relações a serem na realidade efetiva aquilo que são nas suas representações de si, ou antes, a abandonar suas representações de si e a admitir sua inumanidade efetivamente real. Coerentemente, portanto, ele apresenta como o falsificador das relações político-econômicas não esta ou aquela espécie de propriedade privada, de maneira parcial, como os demais economistas políticos, mas sim, de maneira universal, a pura e simples propriedade privada. Ele conseguiu tudo que a crítica da política econômica pode conseguir do ponto de vista econômico-político.

Herr Edgar,* que pretende *caracterizar* o *ponto de vista* do escrito *Qu'est-ce que la propriété?*, não fala naturalmente nenhuma palavra nem sobre a economia política nem sobre o diferencial desse escrito, que consiste justamente em ter feito da pergunta pela *essência da propriedade privada* a questão vital da economia política e da jurisprudência. Para a Crítica crítica, tudo isso é autoevidente. Proudhon não fez nada de novo com sua negação da propriedade privada. Ele apenas divulgou um segredo calado pela Crítica crítica.

---

* Edgar Bauer, um dos "críticos críticos". (*N. do O.*)

"Proudhon", continua *Herr* Edgar imediatamente após sua tradução caracterizadora, "encontra, assim, algo absoluto, uma base eterna na história, um deus que dirige a humanidade, a justiça."

O escrito francês de Proudhon de 1840 não tem o ponto de vista do desenvolvimento alemão em 1844. O ponto de vista de Proudhon, um ponto de vista que é partilhado por um sem-número de escritores franceses a ele diametralmente contrapostos, portanto, concede à Crítica crítica a vantagem de ter caracterizado com uma só penada pontos de vista contrapostos. Só é preciso, aliás, cumprir de modo coerente a lei estabelecida pelo próprio Proudhon, a realização efetiva da justiça através de sua negação, para estar dispensado desse absoluto na história. Se Proudhon não avança até essa consequência, ele deve isso ao infortúnio de ter nascido francês e não alemão.

Para *Herr* Edgar, Proudhon tornou-se, através do absoluto na história, da fé na justiça, um objeto *teológico*, e a Crítica crítica, que é *ex professo* crítica da teologia, agora pode apoderar-se dele para manifestar-se sobre as "representações religiosas".

"O característico de toda representação religiosa é que ela estabelece o dogma de um estado de coisas no qual, por fim, um dos opostos se coloca como o vencedor e unicamente verdadeiro."

Veremos como a Crítica crítica religiosa estabelece o dogma de um estado de coisas no qual, por fim, um dos opostos, "*a crítica*", como única verdade, obtém a vitória sobre o outro, "a massa". Porém, ao entrever na justiça das massas um absoluto, um deus da história, Proudhon cometeu uma injustiça ainda maior, na medida em que a Crítica legítima reservou expressamente para si mesma o papel desse absoluto, desse deus na história.

"Através do fato da miséria, da pobreza, Proudhon chega às suas considerações de modo unilateral. Ele vê uma *contradição* com a igualdade e a justiça nesse fato, o que lhe confere suas armas. Assim, tal fato torna-se-lhe absoluto, justificado, e o fato da propriedade, injustificado."

A serenidade do conhecimento nos diz que Proudhon encontra no fato da miséria uma contradição com a justiça, ou seja, acha-o injustificado; ao mesmo tempo, ela nos assegura que esse fato se torna para ele justificado, absoluto.

A partir da *riqueza* que o movimento da propriedade privada pretensamente gerou para as *nações*, a economia política chegou às considerações que fazem a apologia da propriedade privada. A partir do lado inverso, sofisticamente encoberto na economia política, a partir da pobreza gerada pelo movimento da propriedade privada, Proudhon chega às considerações negadoras da propriedade privada. A primeira crítica da propriedade privada parte, naturalmente, do fato no qual sua essência contraditória aparece na configuração mais manifesta, mais gritante, que mais imediatamente indigna o sentimento humano — do fato da pobreza, da miséria.

"A crítica, em contrapartida, reúne em um só ambos os fatos da pobreza e da propriedade, ela reconhece a ligação íntima de ambos, faz deles um todo, que é como tal por ela interrogado a respeito dos pressupostos da própria existência."

A Crítica, que até agora não captou nada dos fatos da propriedade e da pobreza, "em contrapartida", torna válido seu feito consumado na imaginação contra o feito efetivamente real de Proudhon. Ela reúne *ambos* os fatos em um *único* e, após ter feito de *ambos* um *único*, reconhece doravante a ligação íntima de *ambos*. A Crítica não pode negar que também Proudhon reconhece uma ligação íntima entre os fatos da pobreza e da propriedade, uma vez que ele suprime a propriedade justamente por causa dessa ligação, para suprimir a miséria. Proudhon fez inclusive mais. Ele demonstrou em detalhe *como* o movimento do capital gera a miséria. A Crítica crítica, em contrapartida, não entra em tais minúcias. Ela reconhece que pobreza e propriedade privada são *opostos*: um conhecimento assaz propagado. Ela faz da pobreza e da riqueza *um todo*, "que é *como tal* por ela interrogado a respeito dos pressupostos da própria existência"; um interrogar ainda mais superficial, na medida em que já *fez* "o todo como tal", sendo assim o seu próprio *fazer* o pressuposto da existência do todo.

Ao interrogar "o todo como tal" a respeito dos pressupostos de sua existência, a Crítica crítica busca então, de maneira genuinamente teológica, fora do todo, os pressupostos de sua existência. A especulação crítica se move fora do objeto que se propõe a tratar. Enquanto *toda a oposição* não é nada mais que *o movimento de seus dois lados*, enquanto o pressuposto da existência do todo repousa justamente na natureza de seus dois lados, a especulação crítica se dispensa do estudo desse movimento efetivamente real que forma o todo para poder declarar que a Crítica crítica, como serenidade do conhecimento, eleva-se acima de ambos os extremos do objeto, que sua atividade, a qual fez "o todo como tal", agora também está em condições de suprimir o abstrato feito por ela.

Proletariado e riqueza são opostos. Eles formam como tais um todo. Eles são, ambos, configurações do mundo da propriedade privada. Trata-se de saber do lugar determinado que ambos ocupam na oposição. Não basta declará-los *como* dois lados de um todo.

A propriedade privada como propriedade privada, como riqueza, está constrangida a conservar em *permanente existência* a si *mesma* e, com isso, o seu oposto, o proletariado. Ela é o lado *positivo* da oposição, a propriedade privada satisfeita em si mesma.

Ao contrário, o proletariado como proletariado está constrangido a suprimir a si mesmo e, com isso, seu oposto condicionante, que faz dele proletariado, a propriedade privada. Ele é o lado *negativo* da oposição, sua intranquilidade em si, a propriedade privada dissolvida e autodissolvente.

A classe proprietária e a classe do proletariado apresentam a mesma autoalienação humana. Mas a primeira classe se sente bem nessa autoalienação e a confirma, sabe dessa alienação como *seu próprio poder* e possui nela a *aparência* de uma existência humana; a segunda se sente aniquilada na alienação, entrevê nela sua impotência e a realidade efetiva de uma existência inumana. Ela é, para empregar uma expressão de Hegel, na abjeção, a *indignação* contra tal abjeção, uma indignação à qual ela é necessariamente impelida através da contradição de sua *natureza* humana com sua situação de vida, que é a negação franca, decidida e abrangente dessa natureza.

Dentro da oposição, o proprietário privado é, portanto, a parte *conservadora*, o proletariado, a parte *destrutiva*. Daquele procede a ação de conservação da oposição, deste procede a ação de sua aniquilação.

A propriedade privada, contudo, em seu movimento econômico-político, impele a si mesma à sua própria dissolução, mas apenas através de um desenvolvimento independente dela, inconsciente, que acontece contra a sua vontade, condicionado pela natureza da coisa, apenas na medida em que gera o proletariado como proletariado, a miséria consciente de sua miséria espiritual e física, a desumanização consciente de desumanização e, por isso, supressora de si mesma. O proletariado executa a sentença que a propriedade privada decreta contra si mesma através da geração do proletariado, tal como executa a sentença que o trabalho assalariado decreta contra si mesmo, ao gerar a riqueza alheia e a própria miséria. Ao vencer, o proletariado absolutamente não se torna, por meio disso, o lado absoluto da sociedade, pois ele apenas vence à medida que suprime a si mesmo e seu oposto. Em seguida à sua vitória, tanto o proletariado quanto seu oposto condicionante, a propriedade privada, já desapareceram.

Quando os escritores socialistas atribuem ao proletariado esse papel histórico-universal, isso não acontece de modo algum, como dá a entender a Crítica crítica, porque eles tomam os proletários por *deuses*. Antes ao contrário. Porque a abstração de toda humanidade, mesmo da *aparência* da humanidade, está consumada de maneira prática no proletariado bem formado, porque nas condições de vida do proletariado todas as condições de vida da sociedade hodierna estão concentradas em seu mais inumano ápice, porque o homem se perdeu nele mesmo, mas ao mesmo tempo não apenas conquistou a consciência teórica dessa perda, como também está, através da *necessidade material* absolutamente imperativa, que não pode mais ser recusada nem adornada — a expressão prática da *necessidade teórica* —, impelido à indignação contra essa inumanidade, o proletariado pode e tem de libertar a si mesmo. Ele não pode, porém, libertar a si mesmo sem suprimir suas próprias condições de vida. Ele não pode suprimir suas próprias condições de vida sem suprimir *todas* as condições de vida inumanas da sociedade hodierna que se concentram em sua situação. Ele não atravessa em vão a dura, mas enrijecedora, escola *do trabalho*. Não se trata de saber o que este ou aquele proletário ou mesmo todo o proletariado se *representa* momentaneamente como meta. Trata-se de saber *o que* ele é e o que ele, em conformidade com esse *ser*, será constrangido historicamente a fazer. Sua meta e ação histórica estão visíveis, irrefutavelmente pré-

-delineadas em sua própria situação de vida, bem como na organização total da sociedade burguesa hodierna. Não é preciso aqui expor que uma grande parte do proletariado inglês e francês já está *consciente* de sua tarefa histórica e trabalha constantemente para desdobrar esta consciência até sua plena clareza.

5. Elementos fundantes de uma concepção materialista da história*

---

*Redigidas entre novembro de 1845 e abril de 1846 e só publicadas postumamente (1932), as reflexões marxianas aqui extratadas (sob título de responsabilidade do organizador deste volume) têm por objeto imediato a crítica da filosofia alemã pós-hegeliana — seja Feuerbach, seja a "Crítica crítica". No entanto, desenvolvidas em colaboração com F. Engels, importam mais por explicitarem, pela primeira vez, as bases da nova concepção de história que haveria de conduzir as pesquisas e as análises que seus autores realizariam nas quatro décadas seguintes. O texto foi extraído de K. Marx e F. Engels, *A ideologia alemã* (São Paulo: Boitempo Editorial, 2007, pp. 29-50. Tradução de Rubens Enderle, Nélio Schneider e Luciano Cavini Martorano). Atente-se para a origem/sentido das notas:
A. E. — anotação de Engels à margem do manuscrito
A. M. — anotação de Marx à margem do manuscrito
N. A. — nota de Marx e Engels
N. E. — nota do editor brasileiro (Boitempo Editorial)
N. T. — nota dos tradutores
S. M. — suprimido pelos autores no manuscrito
V. M. — variante dos autores no manuscrito
N. E. A./J. — nota da edição alemã (Amsterdam: Akademie Verlag, 2003)
N. E. A./W. — nota da edição alemã (Berlim: Dietz Verlag, 1969).

*Não nos daremos, naturalmente, ao trabalho de esclarecer a nossos sábios filósofos que eles não fizeram a "libertação" do "homem"** avançar um único passo ao terem reduzido a filosofia, a teologia, a substância e todo esse lixo à "autoconsciência", e ao terem libertado o "homem"*** da dominação dessas fraseologias, dominação que nunca o manteve escravizado. Nem lhes explicaremos que só é possível conquistar a libertação real [*wirkliche Befreiung*] no mundo real e pelo emprego de meios reais;[1] que a escravidão não pode ser superada[2] sem a máquina a vapor e a *Mule-Jenny*,[3] nem a servidão sem a melhora da agricultura, e que, em geral, não é possível libertar os homens enquanto estes forem incapazes de obter alimentação e bebida, habitação e vestimenta, em qualidade e quantidade adequadas. A "libertação" é um ato histórico e não um ato de pensamento, e é ocasionada por condições históricas, pelas con[dições] da indústria, do co[mércio], [da agricul]tura, do inter[câmbio] [...] e então, posteriormente, conforme suas diferentes fases de desenvolvimento, o absurdo da substância, do sujeito, da autoconsciência e da crítica pura, assim como o absurdo religioso e teológico, são novamente eliminados quando se encontram suficientemente desenvolvidos.****
É claro que na Alemanha, um país onde ocorre apenas um desenvolvimento histórico trivial, esses desenvolvimentos intelectuais, essas trivialidades glorificadas e ineficazes, servem naturalmente como um substituto para a falta de desen-

---

*Feuerbach. (A. M.)
**Libertação filosófica e libertação real. O homem. O Único. O Indivíduo. *(A. M.)*
***Condições geológicas, hidrográficas etc. O corpo humano. A necessidade e o trabalho. *(A. M.)*
****Fraseologia e movimento real. *(A. M.)*

volvimento histórico; enraízam-se e têm de ser combatidos.* Mas essa luta tem importância meramente local.**(4)

[...] na realidade, e para o materialista *prático*, isto é, para o *comunista*, trata-se de revolucionar o mundo, de enfrentar e de transformar praticamente o estado de coisas por ele encontrado.*** Se, em certos momentos, encontram-se em Feuerbach pontos de vista desse tipo, eles não vão além de intuições isoladas e têm sobre sua intuição geral muito pouca influência para que se possa considerá-los como algo mais do que embriões capazes de desenvolvimento. A "concepção"**** feuerbachiana do mundo sensível***** limita-se, por um lado, à mera contemplação deste último e, por outro lado, à mera sensação; ele diz "*o* homem" em vez de os "homens históricos reais". "*O* homem" é, na realidade, "o alemão". No primeiro caso, na *contemplação* do mundo sensível, ele se choca necessariamente com coisas que contradizem sua consciência e seu sentimento, que perturbam a harmonia, por ele pressuposta, de todas as partes do mundo sensível e sobretudo do homem com a natureza.****** Para remover essas coisas, ele tem, portanto, que buscar refúgio numa dupla contemplação: uma contemplação profana, que capta somente o que é "palpável", e uma contemplação mais elevada, filosófica, que capta a "verdadeira essência" das coisas. Ele não vê como o mundo sensível que o rodeia não é uma coisa dada imediatamente por toda a eternidade e sempre igual a si mesma, mas o produto da indústria e do estado de coisas da sociedade, e isso precisamente no sentido de que é um produto histórico, o resultado da atividade de toda uma série de gerações,******* que, cada uma delas sobre os ombros da precedente, desenvolveram sua indústria e seu comércio e modificaram sua ordem social de acordo com as necessidades alteradas. Mesmo os objetos da mais simples

---

*A importância da fraseologia para a Alemanha. (*A. M.*)
**é luta que não tem significado histórico geral, mas apenas local, uma luta que não traz resultados novos para a massa de homens mais do que a luta da civilização contra a barbárie. (*V. M.*)
A linguagem é a linguagem da re[alidade]. (*A. M.*)
***Feuerbach. (*A. M.*)
****"concepção" teórica. (*V. M.*)
*****O sensível. (*V. M.*)
******N. B. O erro de Feuerbach não está em subordinar o que é imediatamente palpável, a *aparência* sensível, à realidade sensível constatada por um exame mais rigoroso dos fatos sensíveis; está, ao contrário, em que ele, em última instância, não consegue lidar com o mundo sensível sem considerá-lo com os "olhos", isto é, através dos "óculos" do *filósofo*. (*A. M.*)
*******que ela é, em cada época histórica, o resultado da atividade de toda uma série de gerações. (*V. M.*)

"certeza sensível" são dados a Feuerbach apenas por meio do desenvolvimento social, da indústria e do intercâmbio comercial. Como se sabe, a cerejeira, como quase todas as árvores frutíferas, foi transplantada para nossa região pelo comércio, há apenas alguns séculos e, portanto, foi dada à "certeza sensível" de Feuerbach apenas *mediante* essa ação de uma sociedade determinada numa determinada época.* Aliás, nessa concepção das coisas tal como realmente são e tal como se deram, todo profundo problema filosófico é simplesmente dissolvido num fato empírico, como será mostrado mais claramente adiante. Por exemplo, a importante questão sobre a relação do homem com a natureza (ou então, como afirma Bruno na p. 110, as "oposições em natureza e história", como se as duas "coisas" fossem coisas separadas uma da outra, como se o homem não tivesse sempre diante de si uma natureza histórica e uma história natural), da qual surgiram todas as "obras de insondável grandeza"[5] sobre a "substância" e a "autoconsciência", desfaz-se em si mesma na concepção de que a célebre "unidade do homem com a natureza" sempre se deu na indústria e apresenta-se de modo diferente em cada época de acordo com o menor ou maior desenvolvimento da indústria; o mesmo vale no que diz respeito à "luta" do homem com a natureza, até o desenvolvimento de suas forças produtivas sobre uma base correspondente. A indústria e o comércio, a produção e o intercâmbio das necessidades vitais** condicionam, por seu lado, a distribuição, a estrutura das diferentes classes sociais e são, por sua vez, condicionadas por elas no modo de seu funcionamento — e é por isso que Feuerbach, em Manchester por exemplo, vê apenas fábricas e máquinas onde cem anos atrás se viam apenas roda de fiar e teares manuais, ou que ele descobre apenas pastagens e pântanos na *Campagna di Roma*,[6] onde na época de Augusto não teria encontrado nada menos do que as vinhas e as propriedades rurais dos capitalistas romanos. Feuerbach fala especialmente do ponto de vista da ciência natural; ele menciona segredos que só se mostram aos olhos do físico e do químico; mas onde estaria a ciência natural sem a indústria e o comércio? Mesmo essa ciência natural "pura" obtém tanto sua finalidade como seu material apenas por meio do comércio e da indústria, por meio da atividade sen-

---

*Feuerbach. (A. M.)
**Feuerbach. (A. M.)

sível dos homens. E de tal modo é essa atividade, esse contínuo trabalhar e criar sensíveis, essa produção, a base de todo o mundo sensível, tal como ele existe agora, que, se ela fosse interrompida mesmo por um ano apenas, Feuerbach não só encontraria uma enorme mudança no mundo natural, como também sentiria falta de todo o mundo dos homens e de seu próprio dom contemplativo, e até mesmo de sua própria existência. Nisso subsiste, sem dúvida, a prioridade da natureza exterior, e isso tudo não tem nenhuma aplicação aos homens primitivos, produzidos por *generatio aequivoca*[7]; mas essa diferenciação só tem sentido na medida em que se considerem os homens como distintos da natureza. De resto, essa natureza que precede a história humana não é a natureza na qual vive Feuerbach; é uma natureza que hoje em dia, salvo talvez em recentes formações de ilhas de corais australianas, não existe mais em lugar nenhum e, portanto, também não existe para Feuerbach.

É certo que Feuerbach tem em relação aos materialistas "puros" a grande vantagem de que ele compreende que o homem é também "objeto sensível"; mas, fora o fato de que ele apreende o homem apenas como "objeto sensível" e não como "atividade sensível" — pois se detém ainda no plano da teoria —, e não concebe os homens em sua conexão social dada, em suas condições de vida existentes, que fizeram deles o que eles são, ele não chega nunca até os homens ativos, realmente existentes, mas permanece na abstração "o homem" e não vai além de reconhecer no plano sentimental o "homem real, individual, corporal",* isto é, não conhece quaisquer outras "relações humanas" "do homem com o homem" que não sejam as do amor e da amizade, e ainda assim idealizadas. Não nos dá nenhuma crítica das condições de vida atuais. Não consegue nunca, portanto, conceber o mundo sensível como a *atividade* sensível, viva e conjunta dos indivíduos que o constituem, e por isso é obrigado, quando vê, por exemplo,** em vez de homens sadios um bando de coitados, escrofulosos, depauperados e tísicos, a buscar refúgio numa "concepção superior" e na ideal "igualização no gênero"; é obrigado, por conseguinte, a recair no idealismo justamente

---

*F[euerbach]. (*A. M.*)
**Feuerbach. (*A. M.*)

lá onde o materialista comunista vê a necessidade e simultaneamente a condição de uma transformação, tanto da indústria como da estrutura social.

Na medida em que Feuerbach é materialista, nele não se encontra a história, e na medida em que toma em consideração a história ele não é materialista. Nele, materialismo e história divergem completamente, o que aliás se explica pelo que dissemos até aqui.* Em relação aos alemães, que se consideram isentos de pressupostos [*Voraussetzungslosen*], devemos começar por constatar o primeiro pressuposto de toda a existência humana e também, portanto, de toda a história, a saber, o pressuposto de que os homens têm de estar em condições de viver para poder "fazer história".** Mas, para viver, precisa-se, antes de tudo, de comida, bebida, moradia, vestimenta e algumas coisas mais. O primeiro ato histórico é, pois, a produção dos meios para a satisfação dessas necessidades, a produção da própria vida material, e este é, sem dúvida, um ato histórico, uma condição fundamental de toda a história, que ainda hoje, assim como há milênios, tem de ser cumprida diariamente, a cada hora, simplesmente para manter os homens vivos. Mesmo que o mundo sensível, como em São Bruno, seja reduzido a um cajado, a um mínimo, ele pressupõe a atividade de produção desse cajado. A primeira coisa a fazer em qualquer concepção histórica é, portanto, observar esse fato fundamental em toda a sua significação e em todo o seu alcance e a ele fazer justiça. Isto, como é sabido, jamais foi feito pelos alemães, razão pela qual eles nunca tiveram uma base *terrena* para a história e, por conseguinte, nunca tiveram um historiador. Os franceses e os ingleses, ao tratarem da conexão desses fatos com a chamada história apenas de um modo extremamente unilateral, sobretudo enquanto permaneciam cativos da ideologia[(8)] política, realizaram, ainda assim, as primeiras tentativas de dar à historiografia uma base materialista, ao escreverem as primeiras histórias da sociedade civil [*bürgerliche Gesellschaft*], do comércio e da indústria.

O segundo ponto é que a satisfação dessa primeira necessidade, a ação de satisfazê-la e o instrumento de satisfação já adquirido conduzem a novas neces-

---

*Se, aqui, tratamos mais de perto a história, isto se deve ao fato de os alemães estarem acostumados a representar, com as palavras "história" e "histórico", não só o real, mas sim todo o possível; um célebre exemplo disto é a "eloquência de púlpito" de São Bruno. (*S. M.*)
História. (*A. M.*)
***Hegel.* Condições geológicas, hidrográficas etc. Os corpos humanos. Necessidade, trabalho. (*A. M.*)

sidades — e essa produção de novas necessidades constitui o primeiro ato histórico. Por aqui se mostra, desde já, de quem descende espiritualmente a grande sabedoria histórica dos alemães, que, quando lhes falta o material positivo e quando não se trata de discutir disparates políticos, teológicos ou literários, nada nos oferecem sobre a história, mas sim sobre os "tempos pré-históricos", contudo sem nos explicar como se passa desse absurdo da "pré-história" à história propriamente dita — ainda que, por outra parte, sua especulação histórica se detenha em especial sobre essa "pré-história", porque nesse terreno ela se crê a salvo da interferência dos "fatos crus" e, ao mesmo tempo, porque ali ela pode dar rédeas soltas aos seus impulsos especulativos e produzir e destruir milhares de hipóteses.

A terceira condição que já de início intervém no desenvolvimento histórico é que os homens, que renovam diariamente sua própria vida, começam a criar outros homens, a procriar — a relação entre homem e mulher, entre pais e filhos, a *família*. Essa família, que no início constitui a única relação social, torna-se mais tarde, quando as necessidades aumentadas criam novas relações sociais e o crescimento da população gera novas necessidades, uma relação secundária (salvo na Alemanha) e deve, portanto, ser tratada e desenvolvida segundo os dados empíricos existentes e não segundo o "conceito de família", como se costuma fazer na Alemanha. Ademais, esses três aspectos da atividade social não devem ser considerados como três estágios distintos, mas sim apenas como três aspectos ou, a fim de escrever de modo claro aos alemães, como três "momentos" que coexistiram desde os primórdios da história e desde os primeiros homens, e que ainda hoje se fazem valer na história.

A produção da vida, tanto da própria, no trabalho, quanto da alheia, na procriação, aparece desde já como uma relação dupla — de um lado, como relação natural, de outro como relação social —, social no sentido de que por ela se entende a cooperação de vários indivíduos, sejam quais forem as condições, o modo e a finalidade. Segue-se daí que um determinado modo de produção ou uma determinada fase industrial estão sempre ligados a um determinado modo de cooperação ou a uma determinada fase social — modo de cooperação que é, ele próprio, uma "força produtiva" —, que a soma das forças produtivas acessíveis ao homem condiciona o estado social e que, portanto, a "história da humanidade" deve ser estudada e elaborada sempre em conexão com a história da indústria e das trocas. Mas é claro, também, que na Alemanha é impossível escrever tal história, pois aos alemães faltam não apenas a capacidade de concepção e o material, como também a "certeza sensível", e do outro lado do Reno não se pode obter experiência alguma sobre essas coisas, pois ali já não ocorre mais nenhuma história. Mostra-se, portanto, desde o princípio, uma conexão materialista dos homens entre si, conexão que depende das necessidades e do modo de produção e que é tão antiga quanto os próprios homens — uma conexão que assume sempre novas formas e que apresenta, assim, uma "história", sem que precise existir qualquer absurdo político ou religioso que também mantenha os homens unidos.

Somente agora, depois de já termos examinado quatro momentos, quatro aspectos das relações históricas originárias, descobrimos que o homem tem também "consciência".* Mas esta também não é, desde o início, consciência "pura". O "espírito" sofre, desde o início, a maldição de estar "contaminado" pela matéria, que, aqui, se manifesta sob a forma de camadas de ar em movimento, de sons, em suma, sob a forma de linguagem. A linguagem é tão antiga quanto a consciência — a linguagem *é* a consciência real, prática, que existe para os outros homens e que, portanto, também existe para mim mesmo; e a linguagem nasce, tal como a consciência, do carecimento, da necessidade de intercâmbio com outros homens.** Desde o início, portanto, a consciência já é um produto social e continuará sendo enquanto existirem homens. A consciência é, naturalmente, antes de tudo a mera consciência do meio sensível *mais imediato* e consciência do vínculo limitado com outras pessoas e coisas exteriores ao indivíduo que se torna consciente; ela é, ao mesmo tempo, consciência da natureza que, inicialmente, se apresenta aos homens como um poder totalmente estranho, onipotente e inaba-

---

*o homem tem também, entre outras coisas, "espírito", e que esse "espírito" "se exterioriza" como "consciência". (*V. M.*)
Os homens têm história porque têm de *produzir* sua vida, e têm de fazê-lo de modo *determinado*: isto é dado por sua organização física, tanto quanto sua consciência. (*A. M.*)
**Minha relação com meu ambiente é a minha consciência. (*S. M.*)
Onde existe uma relação, ela existe para mim; o animal não se "*relaciona*" com nada e não se relaciona absolutamente. Para o animal, sua relação com outros não existe como relação. (*A. M.*)

lável, com o qual os homens se relacionam de um modo puramente animal e diante do qual se deixam impressionar como o gado; é, desse modo, uma consciência puramente animal da natureza (religião natural)* — e, por outro lado, a consciência da necessidade de firmar relações com os indivíduos que o cercam constitui o começo da consciência de que o homem definitivamente vive numa sociedade. Esse começo é algo tão animal quanto a própria vida social nessa fase; é uma mera consciência gregária, e o homem se diferencia do carneiro, aqui, somente pelo fato de que, no homem, sua consciência toma o lugar do instinto ou de que seu instinto é um instinto consciente.** Essa consciência de carneiro ou consciência tribal obtém seu desenvolvimento e seu aperfeiçoamento ulteriores por meio da produtividade aumentada, do incremento das necessidades e do aumento da população, que é a base dos dois primeiros. Com isso, desenvolve-se a divisão do trabalho, que originalmente nada mais era do que a divisão do trabalho no ato sexual e, em seguida, divisão do trabalho que, em consequência de disposições naturais (por exemplo, a força corporal), necessidades, casualidades etc. etc.,*** desenvolve-se por si própria ou "naturalmente". A divisão do trabalho só se torna realmente divisão a partir do momento em que surge uma divisão entre trabalho material e [trabalho] espiritual.**** A partir desse momento, a consciência *pode* realmente imaginar ser outra coisa diferente da consciência da práxis existente, representar algo realmente sem representar algo real — a partir de então, a consciência está em condições de emancipar-se do mundo e lançar-se à construção da teoria, da teologia, da filosofia, da moral etc. "puras". Mas mesmo que essa teoria, essa teologia, essa filosofia, essa moral etc. entrem em contradição com as relações existentes, isto só pode se dar porque as relações sociais existentes estão em contradição com as forças de produção existentes — o que, aliás, pode se dar também num determinado círculo nacional de relações,***** uma vez que a contradição se instala não nesse âmbito nacional, mas entre essa consciência

---

*Precisamente porque a natureza ainda se encontra pouco modificada historicamente. (A. M.)
**Vê-se logo, aqui: essa religião natural ou essa relação determinada com a natureza é condicionada pela forma da sociedade e vice-versa. Aqui, como em toda parte, a identidade entre natureza e homem aparece de modo que a relação limitada dos homens com a natureza condiciona sua relação limitada entre si, e a relação limitada dos homens entre si condiciona sua relação limitada com a natureza. (A. M.)
***Os homens desenvolvem a consciência no interior do desenvolvimento histórico real. (S. M.)
****Primeira forma dos ideólogos, *sacerdotes*, coincide. (A. M.)
*****Religiões. Os alemães com a *ideologia* enquanto tal. (A. M.)

nacional e a práxis de outras nações, quer dizer, entre a consciência nacional e a consciência universal de uma nação (tal como, agora, na Alemanha) — e é então que essa nação, porque tal contradição aparece apenas como uma contradição no interior da consciência nacional, parece se restringir à luta contra essa excrescência nacional precisamente pelo fato de que ela, a nação, é a excrescência em si e para si. Além do mais, é completamente indiferente o que a consciência sozinha empreenda, pois de toda essa imundície obtemos apenas um único resultado: que esses três momentos, a saber, a força de produção,* o estado social e a consciência, podem e devem entrar em contradição entre si, porque com a *divisão do trabalho* está dada a possibilidade, e até a realidade, de que as atividades** espiritual e material*** — de que a fruição e o trabalho, a produção e o consumo — caibam a indivíduos diferentes, e a possibilidade de que esses momentos não entrem em contradição reside somente em que a divisão do trabalho seja novamente suprassumida [*aufgehoben*].⁽⁹⁾ É evidente, além disso, que "espectros", "nexos", "ser superior", "conceito", "escrúpulo" são a mera expressão espiritual, idealista, a representação aparente do indivíduo isolado, a representação de cadeias e limites muito empíricos dentro dos quais se movem o modo de produção da vida e a forma de intercâmbio a ele ligada.****

Com a divisão do trabalho, na qual todas essas contradições estão dadas e que, por sua vez, se baseia na divisão natural do trabalho na família e na separação da sociedade em diversas famílias opostas umas às outras, estão dadas ao mesmo tempo a distribuição e, mais precisamente, a distribuição *desigual*, tanto quantitativa quanto qualitativamente, do trabalho e de seus produtos; portanto, está dada a propriedade, que já tem seu embrião, sua primeira forma, na família, onde a mulher e os filhos são escravos do homem. A escravidão na família, ainda latente e rústica, é a primeira propriedade, que aqui, diga-se de passagem, corresponde já à definição dos economistas modernos, segundo a qual a propriedade é o poder de dispor da força de trabalho alheia. Além do mais, divisão do trabalho

---

*11, 12, 13, 14, 15, 16. (*A. M.*)
**trabalho. (*V. M.*)
***atividade e pensamento, isto é, atividade sem pensamento e pensamento sem atividade. (*S. M.*)
****Essa expressão idealista dos limites econômicos existentes não é apenas puramente teórica, mas também existe na consciência prática, quer dizer, a consciência que se emancipa e está em contradição com o modo de produção existente não forma apenas religiões e filosofias, mas também Estados. (*S. M.*)

e propriedade privada são expressões idênticas — numa é dito com relação à própria atividade aquilo que, noutra, é dito com relação ao produto da atividade.

*Além disso, com a divisão do trabalho, dá-se ao mesmo tempo a contradição entre o interesse dos indivíduos ou das famílias singulares e o interesse coletivo de todos os indivíduos que se relacionam mutuamente; e, sem dúvida, esse interesse coletivo não existe meramente na representação, "interesse geral", mas, antes, na realidade, como dependência recíproca dos indivíduos entre os quais o trabalho está dividido. E, finalmente, a divisão do trabalho nos oferece de pronto o primeiro exemplo de que, enquanto os homens se encontram na sociedade natural e, portanto, enquanto há a separação entre interesse particular e interesse comum, enquanto a atividade, por consequência, está dividida não de forma voluntária, mas de forma natural, a própria ação do homem torna-se um poder que lhe é estranho e que a ele é contraposto, um poder que subjuga o homem em vez de por este ser dominado. Logo que o trabalho começa a ser distribuído, cada um passa a ter um campo de atividade exclusivo e determinado, que lhe é imposto e ao qual não pode escapar; o indivíduo é caçador, pescador, pastor ou crítico crítico, e assim deve permanecer se não quiser perder seu meio de vida — ao passo que, na sociedade comunista, onde cada um não tem um campo de ativi-

---

*é precisamente dessa contradição do interesse particular com o interesse coletivo que o interesse coletivo assume, como *Estado*, uma forma autônoma, separada dos reais interesses singulares e gerais e, ao mesmo tempo, como comunidade ilusória, mas sempre fundada sobre a base real [*realen*] dos laços existentes em cada conglomerado familiar e tribal, tais como os laços de sangue, a linguagem, a divisão do trabalho em escala ampliada e demais interesses — e em especial, como desenvolveremos mais adiante, fundada sobre as classes já condicionadas pela divisão do trabalho, que se isolam em cada um desses aglomerados humanos e em meio aos quais há uma classe que domina todas as outras. Daí se segue que todas as lutas no interior do Estado, a luta entre democracia, aristocracia e monarquia, a luta pelo direito de voto etc. etc., não são mais do que formas ilusórias — em geral, a forma ilusória da comunidade — nas quais são travadas as lutas reais entre as diferentes classes (algo de que os teóricos alemães sequer suspeitam, muito embora lhes tenha sido dada orientação suficiente nos *Deutsch-Französische Jahrbücher* e n'*A sagrada família*), e, além disso, segue-se que toda classe que almeje à dominação, ainda que sua dominação, como é o caso do proletariado, exija a superação de toda a antiga forma de sociedade e a superação da dominação em geral, deve primeiramente conquistar o poder político, para apresentar seu interesse como o interesse geral, o que ela no primeiro instante se vê obrigada a fazer. É justamente porque os indivíduos buscam *apenas* seu interesse particular, que para eles não guarda conexão com seu interesse coletivo, que este último é imposto a eles como um interesse que lhes é "estranho" e que deles "independe", por sua vez, como um interesse "geral" especial, peculiar; ou, então, os próprios indivíduos têm de mover-se em meio a essa discordância, como na democracia. Por outro lado, a luta prática desses interesses particulares, que se contrapõem constantemente e *de modo real* aos interesses coletivos ou ilusoriamente coletivos, também torna necessário a ingerência e a contenção *práticas* por meio do ilusório interesse "geral" como Estado. (*A. M.*)

dade exclusivo, mas pode aperfeiçoar-se em todos os ramos que lhe agradam, a sociedade regula a produção geral e me confere, assim, a possibilidade de hoje fazer isto, amanhã aquilo, de caçar pela manhã, pescar à tarde, à noite dedicar-me à criação de gado, criticar após o jantar, exatamente de acordo com a minha vontade, sem que eu jamais me torne caçador, pescador, pastor ou crítico.* Esse fixar-se da atividade social, essa consolidação de nosso próprio produto num poder objetivo situado acima de nós, que foge ao nosso controle, que contraria nossas expectativas e aniquila nossas conjeturas, é um dos principais momentos no desenvolvimento histórico até aqui realizado.** O poder social, isto é, a força de produção multiplicada que nasce da cooperação dos diversos indivíduos condicionada pela divisão do trabalho, aparece a esses indivíduos, porque a própria cooperação não é voluntária mas natural, não como seu próprio poder unificado, mas sim como uma potência estranha, situada fora deles, sobre a qual não sabem de onde veio nem para onde vai, uma potência, portanto, que não podem mais controlar e que, pelo contrário, percorre agora uma sequência particular de fases e etapas de desenvolvimento, independente do querer e do agir dos homens e que até mesmo dirige esse querer e esse agir.***

---

*O comunismo não é para nós um *estado de coisas* [*Zustand*] que deve ser instaurado, um *Ideal* para o qual a realidade deverá se direcionar. Chamamos de comunismo o movimento *real* que supera o estado de coisas atual. As condições desse movimento [devem ser julgadas segundo a própria realidade efetiva. (S. M.)] resultam dos pressupostos atualmente existentes. (A. M.)

**e na propriedade, que, sendo inicialmente uma instituição feita pelos próprios homens, não tarda a imprimir à sociedade um rumo próprio, de forma alguma pretendido por seus fundadores e visível a todo aquele que não se encontre enredado na "Autoconsciência" ou no "Único". (S. M.)

***Essa *"alienação"* [*Entfremdung*][10] para usarmos um termo compreensível aos filósofos, só pode ser superada, evidentemente, sob dois pressupostos *práticos*. Para que ela se torne um poder "insuportável", quer dizer, um poder contra o qual se faz uma revolução, é preciso que ela tenha produzido a massa da humanidade como absolutamente "sem propriedade" e, ao mesmo tempo, em contradição com um mundo de riqueza e de cultura existente, condições que pressupõem um grande aumento da força produtiva, um alto grau de seu desenvolvimento — e, por outro lado, esse desenvolvimento das forças produtivas (no qual já está contida, ao mesmo tempo, a existência empírica humana, dada não no plano local, mas no plano *histórico-mundial*) é um pressuposto prático, absolutamente necessário, pois sem ele apenas se generaliza a escassez e, portanto, com a *carestia*, as lutas pelos gêneros necessários recomeçariam e toda a velha imundice acabaria por se restabelecer; além disso, apenas com esse desenvolvimento universal das forças produtivas é posto um intercâmbio *universal* dos homens e, com isso, é produzido simultaneamente em todos os povos o fenômeno da massa "sem propriedade" (concorrência universal), tornando cada um deles dependente das revoluções do outro; e, finalmente, indivíduos empiricamente universais, *histórico-mundiais*, são postos no lugar dos indivíduos locais. Sem isso, 1) o comunismo poderia existir apenas como fenômeno local; 2) as próprias *forças* do intercâmbio não teriam podido se desenvolver como *forças universais* e, portanto, como forças insuportáveis; elas teriam permanecido como "circunstâncias" doméstico-supersticiosas; e 3) toda ampliação do intercâmbio superaria o comunismo local. O comunismo, empiricamente, é apenas possível como ação "repentina" e simultânea dos povos dominantes, o que pressupõe o desenvolvimento universal da força produtiva e o intercâmbio mundial associado a esse desenvolvimento. (A. M.)

Senão, como poderia, por exemplo, ter a propriedade uma história, assumir diferentes formas, e a propriedade da terra — de acordo com os diferentes pressupostos em questão — ser impelida, na França, do parcelamento à centralização em poucas mãos e, na Inglaterra, da centralização em poucas mãos ao parcelamento, como hoje é realmente o caso? Ou como se explica que o comércio, que não é mais do que a troca de produtos de indivíduos e países diferentes, domine o mundo inteiro por meio da relação de oferta e procura — uma relação que, como diz um economista inglês, paira sobre a terra igual ao destino dos antigos e distribui com mão invisível a felicidade e a desgraça entre os homens, funda e destrói impérios, faz povos nascerem e desaparecerem — enquanto com a superação da base, da propriedade privada, com a regulação comunista da produção e, ligada a ela, a supressão da relação alienada dos homens com seus próprios produtos, o poder da relação de oferta e procura reduz-se a nada e os homens retomam seu poder sobre a troca, a produção e o modo de seu relacionamento recíproco?*

A forma de intercâmbio, condicionada pelas forças de produção existentes em todos os estágios históricos precedentes e que, por seu turno, as condiciona, é a *sociedade civil*; esta, como se deduz do que foi dito acima, tem por pressuposto e fundamento a família simples e a família composta, a assim chamada tribo,[11] cujas determinações mais precisas foram expostas anteriormente. Aqui já se mostra que essa sociedade civil é o verdadeiro foco e cenário de toda a história, e quão absurda é a concepção histórica anterior que descuidava das relações reais, limitando-se às pomposas ações dos príncipes e dos Estados.

**Até o momento consideramos principalmente apenas um aspecto da atividade humana, o *trabalho* dos homens *sobre a natureza*, O outro aspecto, o *trabalho dos homens* sobre *os homens* [...][12]

---

*Além disso, a massa dos *simples* trabalhadores — força de trabalho massiva, excluída do capital ou de qualquer outra satisfação limitada — pressupõe o *mercado mundial* e também a perda, não mais temporária e devida à concorrência, desse próprio trabalho enquanto uma fonte segura de vida. O proletariado [pressupõe, portanto, a história universal como existência empírica *prática*. (S. M.)] só pode, portanto, existir *histórico--mundialmente*, assim como o comunismo; sua ação só pode se dar como existência "histórico-mundial"; existência histórico-mundial dos indivíduos, ou seja, existência dos indivíduos diretamente vinculada à história mundial. (A. M.)
**Intercâmbio e força produtiva. (A. M.)

ORIGEM DO ESTADO E RELAÇÃO DO ESTADO COM A SOCIEDADE CIVIL

A história nada mais é do que o suceder-se de gerações distintas, em que cada uma delas explora os materiais, os capitais e as forças de produção a ela transmitidas pelas gerações anteriores; portanto, por um lado ela continua a atividade anterior sob condições totalmente alteradas e, por outro, modifica com uma atividade completamente diferente as antigas condições, o que então pode ser especulativamente distorcido, ao converter-se a história posterior na finalidade da anterior, por exemplo, quando se atribui à descoberta da América a finalidade de facilitar a irrupção da Revolução Francesa,[13] com o que a história ganha finalidades à parte e torna-se uma "pessoa ao lado de outras pessoas" (tais como: "Autoconsciência, Crítica, Único" etc.), enquanto o que se designa com as palavras "destinação", "finalidade", "núcleo", "ideia" da história anterior não é nada além de uma abstração da história posterior, uma abstração da influência ativa que a história anterior exerce sobre a posterior.

Ora, quanto mais no curso desse desenvolvimento se expandem os círculos singulares que atuam uns sobre os outros, quanto mais o isolamento primitivo das nacionalidades singulares é destruído pelo modo de produção desenvolvido, pelo intercâmbio e pela divisão do trabalho surgida de forma natural entre as diferentes nações, tanto mais a história torna-se história mundial, de modo que, por exemplo, se na Inglaterra é inventada uma máquina que na Índia e na China tira o pão a inúmeros trabalhadores e subverte toda a forma de existência desses impérios, tal invenção torna-se um fato histórico-mundial; ou pode-se demonstrar o significado histórico-mundial do açúcar e do café no século XIX pelo fato de que a falta desse produto, resultado do bloqueio continental[14] napoleônico, provocou a sublevação dos alemães contra Napoleão e foi, portanto, a base real [*reale*] das gloriosas guerras de libertação de 1813. Segue-se daí que essa transformação da história em história mundial não é um mero ato abstrato da "autoconsciência", do espírito mundial ou de outro fantasma metafísico qualquer, mas sim uma ação plenamente material, empiricamente verificável, uma ação da qual cada indivíduo fornece a prova, na medida em que anda e para, come, bebe e se veste.

Na história que se deu até aqui é sem dúvida um fato empírico que os indivíduos singulares, com a expansão da atividade numa atividade histórico-mundial, tornaram-se cada vez mais submetidos a um poder que lhes é estranho (cuja opressão eles também representavam como um ardil do assim chamado espírito universal etc.), um poder que se torna cada vez maior e que se revela, em última instância, como *mercado mundial*. Mas é do mesmo modo empiricamente fundamentado que, com o desmoronamento do estado de coisas existente da sociedade* por obra da revolução comunista (de que trataremos mais à frente) e com a superação da propriedade privada, superação esta que é idêntica àquela revolução, esse poder, que para os teóricos alemães é tão misterioso, é dissolvido e então a libertação de cada indivíduo singular é atingida na mesma medida em que a história transforma-se plenamente em história mundial. De acordo com o já exposto, é claro que a efetiva riqueza espiritual do indivíduo depende inteiramente da riqueza de suas relações reais. Somente assim os indivíduos singulares são libertados das diversas limitações nacionais e locais, são postos em contato prático com a produção (incluindo a produção espiritual) do mundo inteiro e em condições de adquirir a capacidade de fruição dessa multifacetada produção de toda a terra (criações dos homens). A dependência *multifacetada*, essa forma natural da cooperação *histórico-mundial* dos indivíduos, é transformada, por obra dessa revolução comunista, no controle e domínio consciente desses poderes, que, criados pela atuação recíproca dos homens, a eles se impuseram como poderes completamente estranhos e os dominaram. Essa visão pode, agora, ser apreendida de modo especulativo-idealista, isto é, de modo fantástico, como "autocriação do gênero" (a "sociedade como sujeito") de maneira que a sequência sucessiva de indivíduos em conexão uns com os outros é representada como um único indivíduo que realiza o mistério de criar a si mesmo. Mostra-se aqui, certamente, que os indivíduos fazem-se *uns aos outros*, física e espiritualmente, mas não fazem a si mesmos, seja no sentido de São Bruno,** tampouco no sentido do "Único", do homem "feito".

**Sobre a produção da consciência.* (A. M.)

**e em razão de que "no conceito (1) de personalidade (2) ocorre (3) em geral (4) que ele mesmo se coloque como limitado" (o que ele consegue realizar consideravelmente), "e que ele novamente (5) venha a suprimir [*aufzuheben*] (6) essa limitação que ela instaura (7)" (não por si mesma, nem de maneira geral, também não por seu conceito, mas) "por sua *essência* (8) *universal* (9), pois *justamente essa essência* é apenas o resultado de sua autodiferenciação (10) *interna* (11), de sua atividade", p. 87-8 [do artigo "Caracterização de Ludwig Feuerbach"]. Ainda no sentido do "Único" do homem "feito".

(O senhor Bruno não chega à dúzia). (A. M.)

Finalmente, da concepção de história exposta acima obtemos, ainda, os seguintes resultados: 1) No desenvolvimento das forças produtivas advém uma fase em que surgem forças produtivas e meios de intercâmbio que, no marco das relações existentes, causam somente malefícios e não são mais forças de produção, mas forças de destruição (maquinaria e dinheiro) — e, ligada a isso, surge uma classe que tem de suportar todos os fardos da sociedade sem desfrutar de suas vantagens e que, expulsa da sociedade, é forçada à mais decidida oposição a todas as outras classes; uma classe que configura a maioria dos membros da sociedade e da qual emana a consciência da necessidade de uma revolução radical, a consciência comunista, que também pode se formar, naturalmente, entre as outras classes, graças à percepção da situação dessa classe; 2) que as condições sob as quais determinadas forças de produção podem ser utilizadas são as condições da dominação de uma determinada classe da sociedade,* cujo poder social, derivado de sua riqueza, tem sua expressão prático-idealista na forma de Estado existente em cada caso; é essa a razão pela qual** toda luta revolucionária dirige-se contra uma classe que até então dominou;*** 3) que em todas as revoluções anteriores a forma da atividade permaneceu intocada, e tratava-se apenas de instaurar uma outra forma de distribuição dessa atividade, uma nova distribuição do trabalho entre outras pessoas, enquanto a revolução comunista volta-se contra a *forma* da atividade existente até então, suprime o *trabalho***** e supera [*aufhebt*] a dominação de todas as classes ao superar as próprias classes, pois essa revolução é realizada pela classe que, na sociedade, não é mais considerada como uma classe, não é reconhecida como tal, sendo já a expressão da dissolução de todas as classes, nacionalidades etc., no interior da sociedade atual; e 4) que tanto para a criação em massa dessa consciência comunista quanto para o êxito da própria causa faz-se necessária uma transformação massiva dos homens, o que só se pode realizar

---

*2) cada fase de desenvolvimento das forças de produção serve de base à dominação de uma determinada classe da sociedade. (*V. M.*)

**No último estágio da sociedade burguesa. (*S. M.*)

***Que as pessoas estão interessadas em manter o atual estado de produção. (*A. M.*)

****a forma moder[na] da atividade sob a dominação da [...] (*S. M.*)

por um movimento prático, por uma *revolução*; que a revolução, portanto, é necessária não apenas porque a classe dominante não pode ser derrubada de nenhuma outra forma, mas também porque somente com uma revolução a classe *que derruba* detém o poder de desembaraçar-se de toda a antiga imundície e de se tornar capaz de uma nova fundação da sociedade.

Essa concepção da história consiste, portanto, em desenvolver o processo real de produção* a partir da produção material da vida imediata e em conceber a forma de intercâmbio conectada a esse modo de produção e por ele engendrada, quer dizer, a sociedade civil em seus diferentes estágios, como o fundamento de toda a história, tanto a apresentando em sua ação como Estado como explicando a partir dela o conjunto das diferentes criações teóricas e formas da consciência — religião, filosofia, moral etc. etc.** — e em seguir o seu processo de nascimento a partir dessas criações, o que então torna possível, naturalmente, que a coisa seja apresentada em sua totalidade (assim como a ação recíproca entre esses diferentes aspectos). Ela não tem necessidade, como na concepção idealista da história, de procurar uma categoria em cada período, mas sim de permanecer constantemente sobre o solo da história real; não de explicar a práxis partindo da ideia, mas de explicar as formações ideais a partir da práxis material e chegar, com isso, ao resultado de que todas as formas e [todos os] produtos da consciência não podem ser dissolvidos por obra da crítica espiritual, por sua dissolução na "autoconsciência" ou sua transformação em "fantasma", "espectro", "visões" etc., mas apenas pela demolição prática das relações sociais reais [*realen*] de onde provêm essas enganações idealistas; não é a crítica, mas a revolução a força motriz da história e também da religião, da filosofia e de toda forma de teoria. Essa concepção mostra que a história não termina por dissolver-se, como "espírito do espírito", na "autoconsciência", mas que em cada um dos seus estágios encontra-se um resultado material, uma soma de forças de produção, uma relação historicamente estabelecida com a natureza e que os indivíduos estabelecem uns com os outros; relação que cada geração recebe da geração passada, uma massa de forças produ-

---

*Feuerbach. (A. M.)
**explicando a sociedade civil em suas diferentes fases e em seu reflexo prático-idealista, o Estado, assim como o conjunto dos diversos produtos e formas teóricas da consciência, da religião, da filosofia, da moral etc. etc. (*V. M.*)

tivas, capitais e circunstâncias que, embora seja, por um lado, modificada pela nova geração, por outro lado prescreve a esta última suas próprias condições de vida e lhe confere um desenvolvimento determinado, um caráter especial — que, portanto, as circunstâncias fazem os homens, assim como os homens fazem as circunstâncias. Essa soma de forças de produção, capitais e formas sociais de intercâmbio, que cada indivíduo e cada geração encontram como algo dado, é o fundamento real [*reale*] daquilo que os filósofos representam como "substância" e "essência do homem", aquilo que eles apoteosaram e combateram; um fundamento real que, em seus efeitos e influências sobre o desenvolvimento dos homens, não é nem de longe atingido pelo fato de esses filósofos contra ele se rebelarem como "autoconsciência" e como o "Único". Essas condições de vida já encontradas pelas diferentes gerações decidem, também, se as agitações revolucionárias que periodicamente se repetem na história serão fortes o bastante para subverter as bases de todo o existente, e se os elementos materiais de uma subversão total, que são sobretudo, de um lado, as forças produtivas existentes e, de outro, a formação de uma massa revolucionária que revolucione não apenas as condições particulares da sociedade até então existente, como também a própria "produção da vida" que ainda vigora — a "atividade total" na qual a sociedade se baseia —, se tais elementos não existem, então é bastante indiferente, para o desenvolvimento prático, se a *ideia* dessa subversão já foi proclamada uma centena de vezes — como o demonstra a história do comunismo.

Toda concepção histórica existente até então ou tem deixado completamente desconsiderada essa base real da história, ou a tem considerado apenas como algo acessório, fora de toda e qualquer conexão com o fluxo histórico. A história deve, por isso, ser sempre escrita segundo um padrão situado fora dela; a produção real da vida aparece como algo pré-histórico, enquanto o elemento histórico aparece como algo separado da vida comum, como algo extra e supraterreno. Com isso, a relação dos homens com a natureza é excluída da história, o que engendra a oposição entre natureza e história. Daí que tal concepção veja na história apenas ações políticas dos príncipes e dos Estados, lutas religiosas e simplesmente teoréticas e, especialmente, que ela tenha de *compartilhar*, em cada época histórica, da *ilusão dessa época*. Por exemplo, se uma época se imagina determinada por motivos pu-

ramente "políticos" ou "religiosos", embora "religião" e "política" sejam tão somente formas de seus motivos reais, então o historiador dessa época aceita essa opinião. A "imaginação", a "representação" desses homens determinados sobre a sua práxis real é transformada na única força determinante e ativa que domina e determina a prática desses homens. Quando a forma rudimentar em que a divisão do trabalho se apresenta entre os hindus e entre os egípcios provoca nesses povos o surgimento de um sistema de castas próprio de seu Estado e de sua religião, então o historiador crê que o sistema de castas é a força que criou essa forma social rudimentar. Enquanto os franceses e os ingleses se limitam à ilusão política, que se encontra por certo mais próxima da realidade, os alemães se movem no âmbito do "espírito puro" e fazem da ilusão religiosa a força motriz da história. A filosofia hegeliana da história é a última consequência, levada à sua "mais pura expressão", de toda essa historiografia alemã, para a qual não se trata de interesses reais, nem mesmo políticos, mas apenas de pensamentos puros, os quais, por conseguinte, devem aparecer a São Bruno como uma série de "pensamentos" que devoram uns aos outros e, por fim, submergem na autoconsciência; e, de modo ainda mais consequente, a São Max Stirner, que não sabe nada da história real, o curso da história tem de aparecer como uma mera história de "cavaleiros", salteadores e fantasmas, de cujas visões ele naturalmente só consegue se salvar pela "profanação".*
Tal concepção é verdadeiramente religiosa, pressupõe o homem religioso como o homem primitivo do qual parte toda a história e, em sua imaginação, põe a produção religiosa de fantasias no lugar da produção real dos meios de vida e da própria vida. Toda essa concepção da história, bem como sua dissolução e os escrúpulos e dúvidas que dela derivam, é um assunto meramente *nacional* dos alemães e tem apenas interesse local para a Alemanha, como, por exemplo, a importante questão, muito debatida recentemente, de como se passa propriamente "do reino de Deus para o reino dos homens", como se esse "reino de Deus" alguma vez tivesse existido a não ser na imaginação e como se esses doutos senhores não tivessem vivido sempre, sem notá-lo, no "reino dos homens", para o qual eles procuram, agora, o caminho; e como se o divertimento científico — pois não vai além dis-

---

*A assim chamada historiografia *objetiva* consiste precisamente em conceber as condições históricas independentes da atividade. Caráter reacionário. (A. M.)

so — que consiste em explicar as curiosidades dessas formações teóricas nebulosas não residisse, ao contrário, justamente em demonstrar o seu nascimento a partir das relações terrenas reais.* Em geral, para esses alemães, trata-se de dissolver o absurdo já existente numa outra extravagância qualquer, isto é, de pressupor que todo esse absurdo possui um *sentido* à parte que tem de ser descoberto, enquanto se trata, tão somente, de esclarecer essas fraseologias teóricas a partir das relações reais existentes. A dissolução real, prática, dessas fraseologias, o afastamento dessas representações da consciência dos homens, só será realizada, como já dissemos, por circunstâncias modificadas e não por deduções teóricas. Para a massa dos homens, quer dizer, o proletariado, essas representações teóricas não existem; para eles, portanto, elas não necessitam, igualmente, ser dissolvidas, e se essa massa alguma vez teve alguma representação teórica, como, por exemplo, a religião, tais representações já se encontram há muito tempo dissolvidas pelas circunstâncias.

O caráter puramente nacional dessas questões e de suas soluções mostra-se ainda no fato de que esses teóricos creem seriamente que alucinações tais como "o homem-Deus", "o homem" etc. têm presidido as diferentes épocas da história — São Bruno chega ao ponto de afirmar que apenas "a crítica e os críticos têm feito a história" — e, quando eles próprios se entregam a fazer construções históricas, saltam com a maior pressa por sobre todos os períodos precedentes, passando de imediato da "civilização mongol" para a história propriamente "plena de conteúdo", sobretudo a história dos *Hallische* e dos *Deutsche Jahrbücher*[15] e para a dissolução da escola hegeliana numa discórdia geral. Todas as outras nações, todos os acontecimentos reais são esquecidos, o *teathrum mundi*[16] limita-se à feira de livros de Leipzig e às controvérsias recíprocas da "Crítica", do "Homem" e do "Único". E se a teoria se decide, nem que seja por uma única vez, por tratar dos temas verdadeiramente históricos — como, por exemplo, o século XVIII — ela nos fornece apenas a história das representações, destacada dos fatos e dos desenvolvimentos históricos que constituem a sua base; e fornece essa história, também, somente com a intenção de apresentar a época em questão como uma primeira etapa inacabada, como o prenúncio ainda limitado da verdadeira

---

*muito mais do que um divertimento científico seria explicar, inclusive no detalhe, o fenômeno curioso dessas formações teóricas nebulosas a partir das relações terrestres reais, e pô-las à prova. (*V. M.*)

época histórica, isto é, da época da luta entre filósofos alemães de 1840 a 1844. Ao seu objetivo de escrever uma história do passado para fazer resplandecer com a maior intensidade a glória de um personagem não histórico e de suas fantasias, corresponde, pois, que não seja citado nenhum dos verdadeiros acontecimentos históricos, nem mesmo as intervenções verdadeiramente históricas da política na história, e que, em seu lugar, nos seja oferecida uma narração que não se baseia em estudos mas sim em construções artificiais e em intrigas literárias — como foi o caso de São Bruno em sua já esquecida *História do século XVIII*.[17] Esses pretensiosos e arrogantes merceeiros do pensamento, que creem estar infinitamente acima de todos os preconceitos nacionais, são, na prática, muito mais nacionais do que os filisteus de cervejaria que sonham com a unidade alemã. Não reconhecem como históricos os atos de outros povos; vivem na Alemanha, com a Alemanha e para a Alemanha, transformam a canção do Reno[18] em hino religioso e conquistam a Alsácia-Lorena, pilhando a filosofia francesa em vez do Estado francês, germanizando os pensamentos franceses em vez das províncias francesas. O senhor Venedey é um cosmopolita se comparado com São Bruno e São Max, que, no império mundial da teoria, proclamam o império mundial da Alemanha.*

---

*Nessas discussões também fica claro o quanto se engana Feuerbach (na *Wigand's Vierteljahrsschrift*, 1845, tomo II) quando, qualificando-se como "homem comum", proclama a si mesmo comunista e transforma esse nome num predicado "*do*" homem, com o que ele acredita poder transformar numa mera categoria a palavra comunista, que, no mundo real, designa o membro de um determinado partido revolucionário. Toda a dedução de Feuerbach com respeito à relação dos homens entre si busca apenas provar que os homens têm necessidade uns dos outros e que *sempre a tiveram*. Ele quer estabelecer a consciência desse fato e, portanto, como os demais teóricos, quer apenas instaurar uma consciência correta sobre um fato *existente*, ao passo que, para o verdadeiro comunista, trata-se de derrubar o existente. Reconhecemos plenamente, aliás, que Feuerbach, na medida em que se esforça para produzir a consciência *desse* fato, chega tão longe quanto um teórico em geral pode chegar sem deixar de ser teórico e filósofo. É característico, no entanto, que São Bruno e São Max ponham a representação feuerbachiana do comunista no lugar do comunista real, o que acontece em parte porque, desse modo, eles podem, como adversários da mesma linhagem, combater o comunismo como "espírito do espírito", como categoria filosófica — e, no caso de São Bruno, além disso, movido por interesses pragmáticos. Como exemplo dos simultâneos reconhecimento e desconhecimento do existente, que Feuerbach continua a compartilhar com nossos adversários, lembremos a passagem da *Filosofia do futuro* onde ele afirma que o ser de uma coisa ou do homem é, ao mesmo tempo, sua essência, que as determinadas condições de existência, o modo de vida e a atividade de um indivíduo animal ou humano são aquilo em que sua "essência" se sente satisfeita. Toda exceção é, aqui, expressamente concebida como um infeliz acaso, como uma anormalidade que não se pode mudar. Quando, portanto, milhões de proletários não se sentem de forma alguma satisfeitos em suas condições de vida, quando seu "ser" não corresponde em nada à sua "essência", então, de [acordo] com a passagem citada, trata-se de um infortúnio inevitável que deve ser suportado tranquilamente. Entretanto, esses milhões de proletários e comunistas pensam de modo diferente e provarão isso a seu tempo, quando puserem sua "existência" em harmonia com sua "essência" de um modo prático, por meio de uma revolução. Por isso Feuerbach, em tais casos, nunca fala do mundo

[...]

As ideias da classe dominante são, em cada época, as ideias dominantes, isto é, a classe que é a força *material* dominante da sociedade é, ao mesmo tempo, sua força *espiritual* dominante. A classe que tem à sua disposição os meios da produção material dispõe também dos meios da produção espiritual, de modo que a ela estão submetidos aproximadamente ao mesmo tempo os pensamentos daqueles aos quais faltam os meios da produção espiritual. As ideias dominantes não são nada mais do que a expressão ideal* das relações materiais dominantes, são as relações materiais dominantes apreendidas como ideias; portanto, são a expressão das relações que fazem de uma classe a classe dominante, são as ideias de sua dominação. Os indivíduos que compõem a classe dominante possuem, entre outras coisas, também consciência e, por isso, pensam; na medida em que dominam como classe e determinam todo o âmbito de uma época histórica, é evidente que eles o fazem em toda a sua extensão, portanto, entre outras coisas, que eles dominam também como pensadores, como produtores de ideias, que regulam a produção e a distribuição das ideias de seu tempo; e, por conseguinte, que suas ideias são as ideias dominantes da época. Por exemplo, numa época e num país em que o poder monárquico, a aristocracia e a burguesia lutam entre si pela dominação, onde portanto a dominação está dividida, aparece como ideia dominante a doutrina da separação dos poderes, enunciada então como uma "lei eterna".

---

humano, mas sempre se refugia na natureza externa e, mais ainda, *na natureza* ainda não dominada pelos homens. Mas cada nova invenção, cada avanço feito pela indústria, arranca um novo pedaço desse terreno, de modo que o solo que produz os exemplos de tais proposições feuerbachianas restringe-se progressivamente. A "essência" do peixe é o seu "ser", a água — para tomar apenas uma de suas proposições. A "essência" do peixe de rio é a água de um rio. Mas esta última deixa de ser a "essência" do peixe quando deixa de ser um meio de existência adequado ao peixe, tão logo o rio seja usado para servir à indústria, tão logo seja poluído por corantes e outros detritos e seja navegado por navios a vapor, ou tão logo suas águas sejam desviadas para canais onde simples drenagens podem privar o peixe de seu meio de existência. Dizer que contradições como essas são anormalidades inevitáveis não difere, essencialmente, do lenitivo que São Max Stirner oferece aos descontentes, dizendo que essa contradição é sua própria contradição e que essa situação difícil é sua própria situação difícil, com o que eles poderiam, ou acalmar suas mentes, ou guardar sua indignação para si mesmos, ou revoltar-se contra isso de algum modo fantástico. Isso difere muito pouco da alegação de São Bruno de que essas circunstâncias desfavoráveis devem-se ao fato de que aqueles insatisfeitos estão presos ao lixo da "substância", não progrediram à "autoconsciência absoluta" e não percebem que essas condições adversas são espírito do seu espírito. (*A. M.*)
*ideológica. (*V. M.*)

A divisão do trabalho, que já encontramos acima [...] como uma das forças principais da história que se deu até aqui, se expressa também na classe dominante como divisão entre trabalho espiritual e trabalho material, de maneira que, no interior dessa classe, uma parte aparece como os pensadores dessa classe, como seus ideólogos ativos, criadores de conceitos, que fazem da atividade de formação da ilusão dessa classe sobre si mesma o seu meio principal de subsistência, enquanto os outros se comportam diante dessas ideias e ilusões de forma mais passiva e receptiva, pois são, na realidade, os membros ativos dessa classe e têm menos tempo para formar ilusões e ideias sobre si próprios. No interior dessa classe, essa cisão pode evoluir para uma certa oposição e hostilidade entre as duas partes, a qual, no entanto, desaparece por si mesma a cada colisão prática em que a própria classe se vê ameaçada, momento no qual se desfaz também a aparência de que as ideias dominantes não seriam as ideias da classe dominante e de que elas teriam uma força distinta da força dessa classe. A existência de ideias revolucionárias numa determinada época pressupõe desde já a existência de uma classe revolucionária, sobre cujos pressupostos já foi dito anteriormente o necessário [...].

Ora, se na concepção do curso da história separarmos as ideias da classe dominante da própria classe dominante e as tornarmos autônomas, se permanecermos no plano da afirmação de que numa época dominaram estas ou aquelas ideias, sem nos preocuparmos com as condições da produção nem com os produtores dessas ideias,* se, portanto, desconsiderarmos os indivíduos e as condições mundiais que constituem o fundamento dessas ideias, então poderemos dizer, por exemplo, que durante o tempo em que a aristocracia dominou dominaram os conceitos de honra, fidelidade etc., enquanto durante o domínio da burguesia dominaram os conceitos de liberdade, igualdade etc.** A própria classe dominante geralmente imagina isso. Essa concepção da história, comum a todos os histo-

---

*se na concepção do curso da história fizermos abstração e permanecermos no plano da afirmação de que numa época dominaram estas e aquelas ideias, sem nos preocuparmos com o modo (as formas, as condições) de produção dessas ideias. (*V. M.*)

**A própria classe dominante tem, em média, a representação de que seus conceitos dominaram e os diferencia das representações dominantes de épocas precedentes apenas porque os apresenta como verdades eternas. Esses "conceitos dominantes" terão uma forma tanto mais geral e abrangente quanto mais a classe dominante precisar apresentar seus interesses como os interesses de todos os membros da sociedade. (*S. M.*)

riadores principalmente desde o século XVIII, deparar-se-á necessariamente com o fenômeno de que as ideias que dominam são cada vez mais abstratas, isto é, ideias que assumem cada vez mais a forma da universalidade. Realmente, toda nova classe que toma o lugar de outra que dominava anteriormente é obrigada, para atingir seus fins, a apresentar seu interesse como o interesse comum de todos os membros da sociedade, quer dizer, expresso de forma ideal: é obrigada a dar às suas ideias a forma da universalidade, a apresentá-las como as únicas racionais, universalmente válidas. A classe revolucionária, por já se defrontar desde o início com uma *classe*, surge não como classe, mas sim como representante de toda a sociedade; ela aparece como a massa inteira da sociedade diante da única classe dominante.* Ela pode fazer isso porque no início seu interesse realmente ainda coincide com o interesse coletivo de todas as demais classes não dominantes e porque, sob a pressão das condições até então existentes, seu interesse ainda não pôde se desenvolver como interesse particular de uma classe particular. Por isso, sua vitória serve, também, a muitos indivíduos de outras classes que não alcançaram a dominação, mas somente na medida em que essa vitória coloque agora esses indivíduos na condição de se elevar à classe dominante. Quando a burguesia francesa derrubou a dominação da aristocracia, ela tornou possível a muitos proletários elevar-se acima do proletariado, mas isso apenas na medida em que se tornaram burgueses. Cada nova classe instaura sua dominação somente sobre uma base mais ampla do que a da classe que dominava até então, enquanto, posteriormente, a oposição das classes não dominantes contra a classe então dominante torna-se cada vez mais aguda e mais profunda. Por meio dessas duas coisas estabelece-se a condição de que a luta a ser travada contra essa nova classe dominante deva propor-se, em contrapartida, a uma negação mais resoluta e mais radical das condições até então existentes do que a que puderam fazer todas as classes anteriores que aspiravam à dominação.

Toda essa aparência, como se a dominação de uma classe determinada fosse apenas a dominação de certas ideias, desaparece por si só, naturalmente, tão logo a dominação de classe deixa de ser a forma do ordenamento social, tão logo não

---

*(A universalidade corresponde 1. à classe contra o estamento, 2. à concorrência, ao intercâmbio mundial etc., 3. à grande quantidade de membros da classe dominante, 4. à ilusão do interesse *comum*. No começo, essa ilusão é verdadeira. 5. Ao engano dos ideólogos e à divisão do trabalho.) (A. M.)

seja mais necessário apresentar um interesse particular como geral ou "o geral" como dominante.*

Uma vez que as ideias dominantes são separadas dos indivíduos dominantes e, sobretudo, das relações que nascem de um dado estágio do modo de produção, e que disso resulta o fato de que na história as ideias sempre dominam, é muito fácil abstrair dessas diferentes ideias "*a* ideia" etc. como o dominante na história, concebendo com isso todos esses conceitos e ideias singulares como "autodeterminações" *do* conceito que se desenvolve na história.** Assim o fez a filosofia especulativa. Ao final da *Filosofia da História*, o próprio Hegel assume que "considera somente o progresso *do conceito*" e que expôs na história a "verdadeira *teodiceia*" (p. 446).[19] Podemos, neste momento, retornar aos produtores*** "do conceito", aos teóricos, ideólogos e filósofos, e então chegamos ao resultado de que os filósofos, os pensadores como tais, sempre dominaram na história — um resultado que, como vemos, também já foi proclamado por Hegel.[20] Todo o truque que consiste em demonstrar a supremacia do espírito na história (hierarquia, em Stirner) reduz-se aos três seguintes esforços.

Nº 1. Deve-se separar as ideias dos dominantes — que dominam por razões empíricas, sob condições empíricas e como indivíduos materiais — desses próprios dominantes e reconhecer, com isso, a dominação das ideias ou das ilusões na história.

Nº 2. Deve-se colocar uma ordem nessa dominação das ideias, demonstrar uma conexão mística**** entre as ideias sucessivamente dominantes, o que pode ser levado a efeito concebendo-as como "autodeterminações do conceito" (o que é possível porque essas ideias, por meio de sua base empírica, estão realmente em conexão entre si e porque, concebidas como meras ideias, se tornam autodiferenciações, diferenças estabelecidas pelo pensamento).

Nº 3. A fim de eliminar a aparência mística desse "conceito que se autodetermina", desenvolve-se-o numa pessoa — "a autoconsciência" — ou, para parecer

---
*de apresentar um interesse particular, na prática, como interesse comum a todos e, na teoria, como interesse geral. (*V. M.*)
**É, desse modo, também natural que todas as relações dos homens possam ser deduzidas do conceito de homem, do homem representado, da essência do homem, *do* homem. (*A. M.*)
***representantes. (*V. M.*)
****lógica. (*V. M.*)

perfeitamente materialista, numa série de pessoas, que representam "o conceito" na história, nos "pensadores", nos "filósofos",* nos ideólogos, concebidos como os fabricantes da história, como "o conselho dos guardiões", como os dominantes.** Com isso, eliminam-se da história todos os elementos materialistas e se pode, então, soltar tranquilamente as rédeas de seu corcel especulativo.

Enquanto na vida comum qualquer *shopkeeper* [21] sabe muito bem a diferença entre o que alguém faz de conta que é e aquilo que ele realmente é, nossa historiografia ainda não atingiu esse conhecimento trivial. Toma cada época por sua palavra, acreditando naquilo que ela diz e imagina sobre si mesma.

---

*O homem: o "espírito humano pensante". (*A. M.*)
**Esse método histórico, que com razão reinou principalmente na Alemanha, tem de ser desenvolvido a partir da conexão com a ilusão dos ideólogos em geral, por exemplo, com as ilusões dos juristas, dos políticos (e também, entre eles, os homens de Estado práticos), a partir das quimeras dogmáticas e das distorções desses sujeitos, o que se explica de modo bem simples a partir de sua posição prática na vida, de seus negócios e da divisão do trabalho. (*A. M.*)

6. Teses sobre Feuerbach*

*Escritas em Bruxelas, muito provavelmente na primavera de 1845, nestas 11 teses (que, no manuscrito marxiano, estão tituladas *1. ad Feuerbach*) condensam-se algumas das ideias mais geniais de Marx. Permaneceram inéditas até 1888, quando Engels as publicou — com algumas modificações — como apêndice de seu livro *Ludwig Feuerbach e o fim da filosofia clássica alemã*. O texto aqui apresentado procede diretamente do original marxiano; extraído de K. Marx e F. Engels, *A ideologia alemã* (Rio de Janeiro: Civilização Brasileira, 2007, pp. 27-29. Tradução de Marcelo Backes).

1

O principal defeito de todo o materialismo até aqui (o de Feuerbach incluído) consiste no fato de que a coisa (*Gegenstand*)* — a realidade, a sensualidade — apenas é compreendida sob a forma do *objeto* (*Objekt*) ou da *contemplação* (*Anschauung*); mas não na condição de *atividade humana sensível*, de *práxis*, não subjetivamente. Daí por que, em oposição ao materialismo, o lado *ativo* foi desenvolvido de modo abstrato pelo idealismo, que, naturalmente, não conhece a atividade real e sensível como tal. Feuerbach quer objetos sensíveis, realmente distintos dos objetos do pensar; mas ele não compreende a atividade humana em si como atividade *objetal* (*gegenständliche Tätigkeit*). Por isso ele contempla, na *Essência do cristianismo*, apenas o comportamento teórico como sendo aquele que é genuinamente humano, ao passo que a práxis apenas é compreendida e fixada em sua forma fenomênica judaica e suja. Por isso ele não entende o significado da atividade "revolucionária", "prático-crítica".

2

A questão de saber se cabe ao pensar humano uma verdade objetiva — não é uma questão da teoria, mas sim uma questão *prática*. É na práxis que o ser humano tem de provar a verdade, isto é, a realidade e o poder, o caráter terreno de seu pensar. A controvérsia acerca da realidade ou não realidade do pensar — que está isolado da práxis — é uma questão puramente *escolástica*.

---

*Em alguns casos, o original alemão de alguma expressão ou conceito fundamental será colocado entre parênteses, no sentido de dar transparência à tradução, inclusive. O leitor, ademais, poderá se familiarizar aos poucos com os principais conceitos de Marx e Engels, bem como dos autores por eles analisados, em alemão. (*N. do T.*)

3

A doutrina materialista da transformação das circunstâncias e da educação esquece que as circunstâncias são transformadas pelos homens e que o próprio educador tem de ser educado. Por isso ela tem de separar a sociedade em duas partes, das quais uma lhe é superior.

A coincidência do ato de mudar as circunstâncias com a atividade humana ou autotransformação pode ser compreendida e entendida de maneira racional apenas na condição de *práxis revolucionária* (*revolutionäre Praxis*).

4

Feuerbach parte do fato da autoalienação (*Selbstentfremdung*) religiosa, da duplicação do mundo em religioso e mundano. Seu trabalho consiste em dissolver o mundo religioso em seu fundamento mundano. Mas que o fundamento mundano se destaque de si mesmo e fixe para si mesmo um reino autônomo nas nuvens pode ser esclarecido apenas a partir do autodilaceramento e da autocontradição desse fundamento mundano. Ele mesmo deve, pois, ser entendido tanto em sua contradição como revolucionado na prática. Portanto depois que, por exemplo, a família terrena foi descoberta como mistério da sagrada família, eis que a primeira deve ser, ela mesma, aniquilada na teoria e na prática.

5

Feuerbach, não satisfeito com o *pensar abstrato*, quer a *contemplação*; mas ele não compreende a sensualidade (*Sinnlichkeit*) como atividade *prática*, humano-sensível (*praktische menschlich-sinnliche Tätigkeit*).

6

Feuerbach dissolve a essência religiosa na essência *humana*. Mas a essência humana não é uma abstração inerente ao indivíduo singular. Em sua realidade, ela é o conjunto das relações sociais.

Feuerbach, que não chega à crítica dessa essência real, é obrigado, por isso:

1. A abstrair do processo histórico e fixar para si mesmo a índole religiosa, e pressupor um indivíduo humano abstrato, *isolado*.

2. A essência pode, por isso, ser compreendida apenas na condição de "gênero", de coletividade interna, muda, que une muitos indivíduos *de maneira natural*.

7

Feuerbach não vê, por isso, que a "índole religiosa" é, ela mesma, um produto social, e que o indivíduo abstrato, que ele analisa, pertence a uma determinada forma de sociedade.

8

Toda vida social é essencialmente *prática*. Todos os mistérios, que levam a teoria ao misticismo, encontram sua solução racional na práxis humana e no ato de compreender essa práxis.

9

O extremo ao qual chega o materialismo contemplativo, quer dizer, o materialismo que não compreende a sensibilidade na condição de atividade prática, é a contemplação dos indivíduos singulares e da sociedade civil (*bürgerliche Gesellschaft*).

10

O ponto de vista do velho materialismo é a sociedade civil, o ponto de vista do novo é a sociedade humana ou a humanidade social.

11

Os filósofos apenas interpretaram o mundo diferentemente, importa é *transformá-lo*.

7. Sobre a *Filosofia da miséria* — uma carta a P. V. Annenkov*

---

*Esta carta constitui uma antecipação da linha de crítica que Marx exploraria, no ano seguinte, no seu "anti-Proudhon": a *Miséria da filosofia*. Extraído de K. Marx, *Miséria da filosofia* (São Paulo: Expressão Popular, 2009, pp. 243-257. Tradução e notas de José Paulo Netto). A titulação deste texto é da responsabilidade do organizador do presente volume.

Bruxelas, 28 de dezembro de 1846[1]

Meu caro Sr. Annenkov:

Já há muito tempo o senhor teria recebido minha resposta à sua carta de 1º de novembro, se o meu livreiro me tivesse mandado antes da semana passada a obra do Sr. Proudhon, *Filosofia da miséria*. Li-a em dois dias, a fim de comunicar-lhe, sem perda de tempo, a minha opinião. Como a li muito rapidamente, não posso entrar em detalhes e me limito a falar-lhe da impressão geral que me produziu. Se o senhor quiser, poderei estender-me a respeito em uma segunda carta.

Confesso-lhe francamente que o livro me pareceu, de um modo geral, muito ruim mesmo. Em sua carta, o senhor ironiza, referindo-se à "parte insignificante de filosofia alemã"[2] de que o Sr. Proudhon faz alarde nesta obra amorfa e presunçosa, mas o senhor supõe que o veneno da filosofia não afetou a sua argumentação econômica. Também estou muito longe de imputar à filosofia do Sr. Proudhon os erros da sua argumentação econômica. O Sr. Proudhon não nos oferece uma crítica falsa da economia política porque a sua filosofia seja ridícula; oferece-nos uma filosofia ridícula porque não compreendeu o estado social contemporâneo em sua engrenagem, para usarmos desta palavra que, como muitas outras coisas, o Sr. Proudhon tomou de Fourier.

Por que o Sr. Proudhon fala de deus, da razão universal, da razão impessoal da humanidade, razão que nunca falha, que é sempre igual a si mesma e da qual basta ter clara consciência para ser dono da verdade? Por que o Sr. Proudhon recorre a um hegelianismo superficial para dar-se ares de pensador profundo?

Ele mesmo nos fornece a chave do enigma. Para o Sr. Proudhon, a história é uma determinada série de desenvolvimentos sociais; ele vê na história a realização do progresso; enfim, acredita que os homens, enquanto indivíduos, não sabiam o que faziam, que imaginavam erradamente o seu próprio movimento, isto é, que seu desenvolvimento social parece, à primeira vista, algo diferente, separado, independente do seu desenvolvimento individual. O Sr. Proudhon não sabe explicar estes fatos e, então, recorre à sua hipótese — verdadeiro achado — da razão universal que se manifesta. Nada mais fácil do que inventar causas místicas, isto é, frases, quando se carece de senso comum.[3]

Mas o Sr. Proudhon, reconhecendo que não compreende nada do desenvolvimento histórico da humanidade — e o confessa ao empregar as bombásticas palavras de razão universal, deus etc. —, não reconhece, também, implícita e necessariamente, que é incapaz de compreender *desenvolvimentos econômicos*?

O que é a sociedade, qualquer que seja a sua forma? O produto da ação recíproca dos homens. Os homens podem escolher, livremente, esta ou aquela forma social? Nada disto. A um determinado estágio de desenvolvimento das faculdades produtivas dos homens corresponde determinada forma de comércio e de consumo. A determinadas fases de desenvolvimento da produção, do comércio e do consumo correspondem determinadas formas de constituição social, determinada organização da família, das ordens ou das classes; numa palavra, uma determinada sociedade civil. A uma determinada sociedade civil corresponde um determinado estado político, que não é mais que a expressão oficial da sociedade civil. Isto é o que o Sr. Proudhon jamais compreenderá, pois acredita que fez uma grande coisa remetendo-se do Estado à sociedade civil, isto é, do resumo oficial da sociedade à sociedade oficial.

É supérfluo acrescentar que os homens não são livres para escolher as suas *forças produtivas* — base de toda a sua história —, pois toda força produtiva é uma força adquirida, produto de uma atividade anterior. Portanto, as forças produtivas são o resultado da energia prática dos homens, mas esta mesma energia é circunscrita pelas condições em que os homens se acham colocados, pelas forças produtivas já adquiridas, pela forma social anterior, que não foi criada por eles e é produto da geração precedente. O simples fato de cada geração posterior deparar-se com forças produtivas adquiridas pelas gerações precedentes, que lhes servem de matéria-prima para novas produções, cria na história dos homens uma conexão, cria uma história da humanidade, que é tanto mais a história da humanidade quanto mais as forças produtivas dos homens, e, por conseguinte, as suas relações sociais, adquiriram maior desenvolvimento. Consequência necessária: a história social dos homens é sempre a história do seu desenvolvimento individual, tenham ou não consciência deste fato. As suas relações materiais formam a base de todas as suas relações. Estas relações materiais nada mais são que as formas necessárias nas quais se realiza a sua atividade material e individual.

    O Sr. Proudhon confunde as ideias e as coisas. Os homens jamais renunciam àquilo que conquistaram, mas isto não quer dizer que não renunciem jamais à forma social sob a qual adquiriram determinadas forças produtivas. Muito ao contrário. Para não se verem privados do resultado obtido, para não perder os frutos da civilização, os homens são constrangidos, a partir do momento em que o modo do seu comércio não corresponde já às forças produtivas adquiridas, a modificar todas as suas formas sociais tradicionais. (Emprego aqui a palavra *comércio* em seu sentido mais amplo, do mesmo modo que empregamos em alemão o vocábulo *Verkehr*.) Por exemplo: o privilégio, a instituição de grêmios e corporações, o regime regulamentado da Idade Média, eram relações que só correspondiam às forças produtivas adquiridas e ao estado social anterior, do qual aquelas instituições emergiram. Sob a tutela do regime corporativo e regulamentado, acumularam-se capitais, desenvolveu-se o comércio marítimo, fundaram-se colônias; e os homens teriam perdido estes frutos da sua atividade se se tivessem empenhado em conservar as formas à sombra das quais aqueles frutos amadureceram. Daí o ruído de dois trovões: as revoluções de 1640 e 1688. Na Inglaterra, foram destruídas todas as antigas formas econômicas, as relações sociais que lhes eram correspondentes e o estado político que era a expressão oficial da velha sociedade civil. Portanto, as formas da economia sob as quais os homens produzem, consomem e fazem suas trocas são *transitórias e históricas*. Ao adquirir novas forças produtivas, os homens transformam o seu modo de produção e, com ele, modificam as relações econômicas, relações necessárias àquele modo de produção determinado.

Isto é o que o Sr. Proudhon não soube compreender e, menos ainda, demonstrar. Incapaz do seguir o movimento real da história, o Sr. Proudhon nos oferece uma fantasmagoria com pretensões a dialética. Não sente a necessidade do falar dos séculos XVII, XVIII e XIX porque a sua história decorre no reino nebuloso da imaginação e paira muito acima do tempo e do espaço. Numa palavra, isto não é história, mas velharia hegeliana: não é a história profana — a história dos homens —, é a história sagrada: a história das ideias. Em seu modo de ver, o homem não é mais que um instrumento do qual se vale a ideia ou a razão eterna para se desenvolver. As *evoluções* de que fala o Sr. Proudhon são concebidas como evoluções que se operam no seio místico da ideia absoluta. Se rasgarmos o véu que cobre esta linguagem mística, veremos que o Sr. Proudhon nos oferece a ordem em que as categorias econômicas se encontram alinhadas em sua cabeça. Não seria preciso esforçar-me muito para provar-lhe que essa é a ordem de uma cabeça muito desordenada.

O Sr. Proudhon inicia seu livro com uma dissertação acerca do *valor*, que é o seu tema predileto. Aqui, não entrarei na análise desta dissertação.

A série de evoluções econômicas da razão eterna começa com a *divisão do trabalho*. Para o Sr. Proudhon, a divisão do trabalho é uma coisa bem simples. Mas não foi o regime de castas uma determinada divisão do trabalho? Não foi o regime das corporações outra divisão do trabalho? E a divisão do trabalho do regime das manufaturas, que começou em meados do século XVII e terminou em fins do século XVIII, na Inglaterra, também não difere totalmente da divisão do trabalho da grande indústria, da indústria moderna?

O Sr. Proudhon se encontra tão longe da verdade que omite o que nem sequer os economistas profanos deixam de levar em conta. Tratando da divisão do trabalho, não se sente na necessidade de falar do *mercado* mundial. Por acaso a divisão do trabalho nos séculos XIV e XV, quando ainda não existiam colônias, quando a América ainda não existia para a Europa e à Ásia só se podia chegar através de Constantinopla, por acaso a divisão do trabalho não devia ser essencialmente diversa daquela do século XVII, quando as colônias já se achavam desenvolvidas?

Há mais, porém. Toda a organização interna dos países, todas as suas relações internacionais são outra coisa que a expressão de uma certa divisão do trabalho? Não se modificam com as transformações da divisão do trabalho?

O Sr. Proudhon compreendeu tão pouca coisa do problema da divisão do trabalho que nem mesmo menciona a separação entre cidade e campo, que, na Alemanha, se operou entre os séculos IX e XII. Assim, para o Sr. Proudhon, esta separação deve ser uma lei eterna, já que não conhece nem a sua origem nem o seu desenvolvimento. Em todo o seu livro, seu pensamento discorre como se esta criação de um modo determinado de produção devesse existir até a consumação dos séculos. Tudo o que o Sr. Proudhon diz, com referência à divisão do trabalho, é tão somente um resumo — ademais, muito superficial e incompleto — do que afirmaram, anteriormente, Adam Smith e outros mil autores.

A segunda evolução da razão eterna são as *máquinas*. Para o Sr. Proudhon, a conexão entre a divisão do trabalho e as máquinas é inteiramente mística. Cada um dos modos da divisão do trabalho tinha seus instrumentos de produção específicos. De meados do século XVII a meados do século XVIII, por exemplo, os homens não produziam tudo à mão. Possuíam instrumentos, e instrumentos muito complicados, como teares, alavancas etc. etc.

Assim, pois, nada mais ridículo do que considerar as máquinas como resultantes da divisão do trabalho em geral.

Assinalarei, também, de passagem, que, se o Sr. Proudhon não chegou a compreender a origem histórica das máquinas, compreendeu menos ainda o seu desenvolvimento. Pode-se dizer que até 1825 — época da primeira crise universal — as necessidades do consumo, em geral, cresceram mais rapidamente que a produção, e o desenvolvimento das máquinas foi uma consequência obrigatória das necessidades do mercado. A partir de 1825, a invenção e a utilização das máquinas não foram mais que um resultado da guerra entre patrões e empregados. Mas isto só é válido com referência à Inglaterra. Quanto às nações europeias, viram-se obrigadas a empregar as máquinas em função da concorrência que lhes faziam os ingleses, tanto em seus próprios mercados quanto no mercado mundial. Já na

América do Norte, a introdução da maquinaria deveu-se tanto à concorrência com outros países como à escassez de mão de obra, isto é, à desproporção entre a população do país e as suas necessidades industriais. Por tudo isto, o senhor pode ver quanta sagacidade exibe o Sr. Proudhon ao conjurar o fantasma da concorrência como terceira evolução, como antítese das máquinas!

Finalmente, é, em geral, um verdadeiro absurdo fazer das *máquinas* uma categoria econômica, ao lado da divisão do trabalho, da concorrência, do crédito etc.

A máquina tem tanto de categoria econômica quanto o boi que puxa o arado. A utilização atual das máquinas é uma das relações do nosso regime econômico contemporâneo, mas o modo de exploração das máquinas é algo totalmente diverso das próprias máquinas. A pólvora continua a ser pólvora, quer se empregue para produzir feridas, quer para estancá-las.

O Sr. Proudhon supera-se a si mesmo quando permite que a concorrência, o monopólio, os impostos ou as apólices, a balança comercial, o crédito e propriedade se desenvolvam no interior da sua cabeça, precisamente na ordem da minha enumeração. Quase todas as instituições de crédito já se haviam desenvolvido na Inglaterra nos começos do século XVIII, antes da invenção das máquinas. O crédito público era apenas uma nova maneira de elevar os impostos e satisfazer as novas necessidades, originadas pela chegada da burguesia ao poder. Enfim, a *propriedade* constitui a última categoria no sistema do Sr. Proudhon. No mundo real, ao contrário, a divisão do trabalho e todas as demais categorias do Sr. Proudhon são relações sociais que, em seu conjunto, formam aquilo que atualmente se denomina *propriedade*. Fora destas relações, a propriedade burguesa não passa de uma ilusão metafísica ou jurídica. A propriedade de outra época, a propriedade feudal, desenvolve-se em uma série de relações sociais completamente diversas. Quando estabelece a propriedade como uma relação independente, o Sr. Proudhon comete algo mais que um simples erro de método: demonstra, claramente, que não apreendeu o vínculo que liga todas as formas da produção *burguesa*, que não compreendeu o caráter *histórico* e *transitório* das formas da produção em uma determinada época. O Sr. Proudhon só pode fazer uma crítica dogmática, pois não concebe nossas instituições sociais como produtos históricos e não compreende nem a sua origem nem o seu desenvolvimento.

O Sr. Proudhon também se vê obrigado a recorrer a uma *ficção* para explicar o desenvolvimento. Ele imagina que a divisão do trabalho, o crédito, as máquinas etc. foram inventados para servir à sua ideia fixa, à ideia da igualdade. A sua explicação é de uma ingenuidade sublime. Essas coisas foram inventadas para a igualdade, mas, desgraçadamente, voltaram-se contra ela. Este é todo o seu argumento. Noutras palavras: faz uma suposição gratuita e, como o desenvolvimento real e a sua ficção se contradizem a cada passo, conclui que há uma contradição. Ele dissimula o fato de que a contradição existe unicamente entre as suas ideias fixas e o movimento real.

Assim, pois, o Sr. Proudhon, devido principalmente à sua falta de conhecimentos históricos, não viu que os homens, ao desenvolverem as suas faculdades produtivas, isto é: vivendo, desenvolvem certas relações entre si, e que o modo destas relações muda necessariamente com a modificação e o desenvolvimento destas faculdades produtivas. Não percebeu que as *categorias econômicas* não são mais que *abstrações* destas relações reais e que somente são verdades enquanto estas relações subsistem. Incorre, por conseguinte, no erro dos economistas burgueses, que veem nestas categorias econômicas leis eternas e não leis históricas, válidas exclusivamente para certo desenvolvimento histórico, desenvolvimento determinado pelas forças produtivas. Isto posto, ao invés de considerar as categorias econômico-políticas como abstrações de relações sociais reais, transitórias, históricas, o Sr. Proudhon, através de uma inversão mística, vê nas relações reais encarnações dessas abstrações. Estas, em si mesmas, são fórmulas que estiveram adormecidas no seio de deus padre desde o princípio do mundo.

Mas, chegando a este ponto, o bondoso Sr. Proudhon é acometido de grandes convulsões intelectuais. Se todas estas categorias são emanações do coração de deus, se constituem a existência oculta e eterna dos homens — como pode acontecer, primeiro, que se tenham desenvolvido e, segundo, que o Sr. Proudhon não seja conservador? O Sr. Proudhon explica todas estas contradições evidentes valendo-se de todo um sistema de antagonismos.

Para esclarecer este sistema de antagonismos, tomemos um exemplo.

O *monopólio* é bom porque é uma categoria econômica e, logo, uma emanação de deus. A concorrência é boa porque também é uma categoria econômica. Mas o que não é bom é a realidade do monopólio e a realidade da concorrência. E o que é pior ainda: monopólio e concorrência se entredevoram. O que se deve fazer? Como estes dois pensamentos eternos de deus se contradizem, parece evidente ao Sr. Proudhon que também no seio de deus há uma síntese de ambos, na qual os males do monopólio são equilibrados pela concorrência e vice-versa. Da luta entre estas duas ideias resultará que só o seu lado bom pode se exteriorizar. É preciso arrancar a deus esta ideia secreta, aplicá-la em seguida e tudo será um mar de rosas; é preciso revelar a fórmula sintética oculta na noite da razão impessoal da humanidade. Sem sequer titubear, o Sr. Proudhon oferece-se como revelador.

Contudo, por um segundo, observe a vida real. Na vida econômica dos nossos dias, o senhor verá não somente a concorrência e o monopólio, mas também a sua síntese, que não é uma *fórmula*, mas um *movimento*. O monopólio engendra a concorrência, a concorrência engendra o monopólio. Entretanto, esta equação, longe de eliminar as dificuldades da situação presente, como imaginam os economistas burgueses, tem como resultado uma situação ainda mais difícil e complicada. Assim, ao mudar a base sobre a qual se fundam as relações econômicas atuais, ao liquidar o *modo* atual de produção, liquida-se não somente a concorrência, o monopólio e o seu antagonismo, mas também a sua unidade, a sua síntese, o movimento que é o equilíbrio real da concorrência e do monopólio.

Dar-lhe-ei, agora, um exemplo da dialética do Sr. Proudhon.

Liberdade e *escravidão* constituem um antagonismo. Não há necessidade de referir os lados bons e maus da liberdade. Quanto à escravidão, é inútil falar de seus lados maus. A única coisa a explicar é o lado bom da escravidão. Não se trata da escravidão indireta, da escravidão do proletário; trata-se da escravidão direta, da escravidão dos negros no Suriname, no Brasil e nos estados meridionais da América do Norte.

A escravidão direta é um eixo do nosso industrialismo atual, tanto quanto as máquinas, o crédito etc. Sem a escravidão, não haveria algodão, e sem algodão não haveria indústria moderna. Foi a escravidão que valorizou as colônias, foram as colônias que criaram o comércio mundial — este comércio que é a condição necessária da grande indústria mecanizada. Assim, antes do tráfico dos negros, as colônias não davam ao mundo antigo mais que uns poucos produtos e não modificaram visivelmente a face da terra. A escravidão é, portanto, uma categoria econômica da mais alta importância. Sem a escravidão, a América do Norte, o país mais desenvolvido, transformar-se-ia num país patriarcal. Se tirarmos a América do Norte do mapa das nações, teremos a anarquia, a decadência absoluta do comércio e da civilização moderna. Mas abolir a escravidão equivaleria a riscar a América do Norte do mapa das nações. A escravidão é uma categoria econômica e, por isto, é verificável em todas as partes, desde que o mundo é mundo. Os povos modernos souberam dissimular a escravidão em seus próprios países e levá-la, sem nenhum disfarce, para o novo mundo. O que o bondoso Sr. Proudhon fará, depois destas considerações acerca da escravidão? Buscará a síntese da liberdade e da escravidão, o verdadeiro termo médio, o equilíbrio entre a escravidão e a liberdade?

 O Sr. Proudhon soube muito bem ver que os homens fazem o tecido, o pano, a seda — e é dele o grande mérito de ter visto estas coisas tão simples! O que o Sr. Proudhon não soube ver é que os homens produzem também, conforme as suas faculdades produtivas, as *relações sociais* nas quais produzem a seda e o tecido. E, ainda, não soube ver que os homens, que produzem as relações sociais segundo a sua produção material, criam também as *ideias*, as *categorias*, isto é, as expressões abstratas ideais destas mesmas relações sociais. Portanto, estas categorias são tão pouco eternas quanto as relações que expressam. São produtos históricos e transitórios. Para o Sr. Proudhon, entretanto, as abstrações, as categorias, são a causa primária: são elas, e não os homens, que fazem a história. A *abstração*, a *categoria considerada como tal* — ou seja, separada dos homens e da sua ação material — é, naturalmente, imortal, inalterável, impassível; não é mais que um ser da razão pura, o que significa dizer, simplesmente, que a abstração, considerada como tal, é abstrata — admirável tautologia!

 Também as relações econômicas, vistas sob a forma de categorias, são, para o Sr. Proudhon, fórmulas eternas, sem origem nem progresso.

 Noutros termos: o Sr. Proudhon não afirma, diretamente, que a *vida burguesa* seja para ele uma *verdade eterna*; di-lo indiretamente, ao divinizar as categorias que expressam as relações burguesas sob a forma de ideias. Toma os produtos da sociedade burguesa como seres espontâneos, dotados de vida própria, e eternos, desde que eles se lhe apresentem sob a forma de categorias, de ideias. Não vê, portanto, mais além do horizonte burguês. Como opera sobre ideias burguesas, acreditando-as eternamente verdadeiras, luta por encontrar a sua síntese, o seu equilíbrio, e não vê que o seu modo atual de equilíbrio é o único possível.

Realmente, faz o que fazem todos os bons burgueses. Todos eles dizem que a concorrência, o monopólio etc., em princípio — ou seja, considerados como ideias abstratas —, são os únicos fundamentos da vida, embora, na prática, deixem muito a desejar. Todos eles querem a concorrência, sem as suas consequências funestas. Todos querem o impossível, ou seja: as condições burguesas de vida, sem as suas consequências necessárias. Nenhum deles compreende que a forma burguesa de produção é uma forma histórica e transitória, como o era a forma feudal. Este erro deriva de que, para eles, o homem burguês é a única base possível de toda sociedade, deriva de que não podem imaginar um estado social em que o homem deixe de ser burguês.

O Sr. Proudhon é, pois, necessariamente, um *doutrinário*. O movimento histórico que revoluciona o mundo atual reduz-se, para ele, ao problema de encontrar o verdadeiro equilíbrio, a síntese de duas ideias burguesas. Assim, à força de sutileza, o moço sagaz descobre o recôndito pensamento de deus, a unidade de duas ideias isoladas, e que só são isoladas porque o Sr. Proudhon arrancou-as da vida prática, da produção atual — que é a combinação das realidades que elas exprimem. No lugar do grande movimento histórico, que nasce do conflito entre as forças produtivas desenvolvidas pelos homens e suas relações sociais, que já não correspondem a elas; no lugar das terríveis guerras que se preparam entre as diversas classes de uma nação e entre as diferentes nações; no lugar da ação prática e violenta das massas, a única que pode resolver tais conflitos; no lugar deste amplo, prolongado e complexo movimento, o Sr. Proudhon coloca o caprichoso[4] movimento da sua cabeça. Assim, são os sábios, os homens capazes de arrancar a deus seus íntimos pensamentos, os homens que fazem a história. À plebe só resta a tarefa de colocar em prática as suas revelações. Agora, o senhor compreenderá por que o Sr. Proudhon é inimigo declarado de todo movimento político. Para ele, a solução dos problemas atuais não consiste na ação pública, mas nas rotações dialéticas da sua cabeça. Como as categorias são, para ele, as forças motrizes, para modificá-las não é necessário modificar a vida prática. Muito ao contrário: é preciso mudar as categorias e, em consequência, a sociedade existente se modificará.

Em seu desejo de conciliar as contradições, o Sr. Proudhon não se questiona se não deverá ser subvertida a própria base destas contradições. Ele se parece em tudo ao doutrinário político, para quem o Rei, a Câmara dos Deputados e o Senado são como partes integrantes da vida social, como categorias eternas. Só que ele busca uma nova fórmula para equilibrar estes poderes, cujo equilíbrio consiste, precisamente, no movimento atual, em que um desses poderes é vencedor como tão logo escravo do outro. Assim, no século XVIII, uma multidão de cabeças medíocres dedicou-se a buscar a verdadeira fórmula para equilibrar as ordens sociais, a nobreza, o rei, os parlamentos etc., e num belo dia percebeu que já não havia nem rei, nem parlamento, nem nobreza. O verdadeiro equilíbrio deste antagonismo era a subversão de todas as relações sociais, que serviam de base a estas existências feudais e ao seu antagonismo.

Porque o Sr. Proudhon põe de um lado as ideias eternas, as categorias da razão pura e, de outro, os homens e a sua vida prática, que, segundo ele, é a aplicação destas categorias, o senhor encontra nele, desde o primeiro momento, um *dualismo* entre a vida e as ideias, entre a alma e o corpo — dualismo que se repete sob muitas formas.

O senhor pode ver, agora, que este antagonismo não é mais que a incapacidade do Sr. Proudhon para compreender a origem e a história profanas das categorias que ele diviniza.

Já me estendi demasiado para me deter nas ridículas acusações que o Sr. Proudhon lança contra o comunismo. Por ora, o senhor convirá comigo em que um homem que não compreendeu o estado atual da sociedade, compreenderá menos ainda o movimento que tende a subvertê-la, bem como as expressões literárias deste movimento revolucionário.

O *único ponto* em que estou totalmente de acordo com o Sr. Proudhon refere-se à sua recusa do pieguismo socialista. Antes dele, eu já conquistara muitos inimigos com minhas ironias ao socialismo repetitivo, sentimental e utopista.[5] Mas o Sr. Proudhon não abriga estranhas ilusões quando opõe seu sentimentalismo de pequeno-burguês (refiro-me às suas frases declamatórias sobre o lar, o amor conjugal e todas essas banalidades) ao sentimentalismo socialista que, em Fourier, por exemplo, é muito mais profundo que as suas presunçosas vulgaridades? Ele mesmo percebe tão bem a nulidade de seus raciocínios, sua completa incapacidade para falar destas coisas, que se perde em explosões de raiva, em vociferações e em *irae hominis probi*;[6] espuma, jura, denuncia, maldiz a infâmia e a peste e jacta-se, diante de deus e dos homens, de estar limpo dos pecados socialistas! Não faz uma crítica irônica do sentimentalismo socialista, ou do que considera como tal.[7] Como um santo, como o Papa, excomunga os pobres pecadores e canta as glórias da pequena burguesia e das miseráveis ilusões amorosas e patriarcais do lar. E isto não é um acaso. O Sr. Proudhon é, dos pés à cabeça, filósofo e economista da pequena burguesia. Em uma sociedade avançada, o *pequeno-burguês*, em virtude da posição que ocupa nela, faz-se meio socialista e meio economista, isto é, deslumbra-se com a magnificência da grande burguesia e, ao mesmo tempo, experimenta simpatia pelos sofrimentos do povo. É, simultaneamente, burguês e povo. Em seu foro íntimo, ufana-se com a sua imparcialidade, com o ter encontrado o justo meio-termo, que pretende distinguir do termo médio. Esse pequeno-burguês diviniza a *contradição*, porque ela constitui o fundo do seu ser. Ele é a contradição social em ação. Deve justificar, teoricamente, o que ele próprio é na prática, e o Sr. Proudhon tem o mérito de ser o intérprete científico da pequena burguesia francesa, o que é um mérito real, pois a pequena burguesia será parte integrante de todas as revoluções sociais que se preparam.

Gostaria de enviar-lhe, com esta carta, o meu livro sobre economia política, mas, até agora, não consegui imprimir esta obra, bem como a minha crítica aos filósofos e socialistas alemães, de que lhe falei em Bruxelas.[8] O senhor não pode imaginar as dificuldades que uma publicação deste tipo encontra na Alemanha, tanto por parte da polícia como dos editores, que são representantes interessados de todas as tendências que eu ataco. Quanto ao nosso próprio Partido, ele não é apenas pobre: uma grande parte dele irrita-se com a minha oposição às suas utopias e declamações.

Ao seu dispor,

Karl Marx

P. S.: O senhor talvez se pergunte por que lhe escrevo, não em bom alemão, mas num mau francês. A razão é esta: o meu tema é um autor francês.

Uma breve resposta de sua parte ser-me-ia gentil, pois eu logo saberia se o meu francês bárbaro foi compreendido.

8. Manifesto do Partido Comunista*

---

*Apresenta-se aqui o texto integral do histórico e fundamental documento que, por encargo da Liga dos Comunistas, Marx e Engels elaboraram entre dezembro/janeiro de 1847/1848 e foi publicado, em Londres, em fevereiro de 1848. Extraído de K. Marx e F. Engels, *Manifesto do Partido Comunista* (São Paulo, Cortez Editora, 1998, pp. 3-46. Tradução de Álvaro Pina). As notas da edição alemã referem-se à versão publicada pela Dietz Verlag, Berlim (1970).

Um espectro ronda a Europa — o espectro do comunismo. Todas as potências da velha Europa se aliaram numa Santa Aliança para conjurá-lo: o papa e o czar, Metternich e Guizot, os radicais franceses e os policiais alemães.

Qual partido de oposição não foi acusado de comunista pelos seus adversários no poder? Qual partido de oposição, por sua vez, não lançou contra os oposicionistas mais à esquerda ou contra seus adversários mais à direita a pecha infamante de comunista?

Desses fatos decorrem duas conclusões:

1ª) o comunismo já é reconhecido como uma força por todas as potências europeias;

2ª) já é tempo de os comunistas exporem, abertamente, ao mundo inteiro, o seu modo de ver, os seus objetivos e as suas tendências, contrapondo um manifesto do próprio partido à lenda do espectro do comunismo.

Com esta finalidade, reuniram-se em Londres comunistas das mais diversas nacionalidades e redigiram o presente *Manifesto*, que será publicado em inglês, francês, alemão, italiano, flamengo e dinamarquês.[1]

I. BURGUESES E PROLETÁRIOS[2]

A história de todas as sociedades até hoje[3] é a história das lutas de classes.

Homem livre e escravo, patrício e plebeu, senhor feudal e servo, mestre de corporação[4] e companheiro, em suma, opressores e oprimidos, estiveram em constante antagonismo entre si, travando uma luta ininterrupta, umas vezes oculta, outras aberta — uma guerra que sempre terminou ou com uma transformação revolucionária de toda a sociedade ou com a destruição das classes em luta.

Nas épocas anteriores da história encontramos, quase por toda parte, uma completa estruturação da sociedade em estados ou ordens sociais, uma múltipla gradação das posições sociais. Na Roma antiga, temos patrícios, cavaleiros, plebeus, escravos; na Idade Média, senhores feudais, vassalos, mestres das corporações, aprendizes, servos e, além disso, gradações particulares no interior dessas classes.

A sociedade burguesa moderna, que surgiu do declínio da sociedade feudal, não aboliu os antagonismos de classes. Limitou-se a estabelecer novas classes, novas condições de opressão, novas formas de luta em lugar das anteriores.

A nossa época, a época da burguesia, caracteriza-se, porém, por ter simplificado os antagonismos de classe. Toda a sociedade está se dividindo, cada vez mais, em dois grandes campos hostis, em duas grandes classes em confronto direto: a burguesia e o proletariado.

Dos servos da Idade Média saíram os habitantes dos primeiros burgos; a partir desta população municipal desenvolveram-se os primeiros elementos da burguesia.

O descobrimento da América, a circum-navegação da África criaram um novo campo de ação para a burguesia em ascensão. Os mercados das Índias Orientais e da China, a colonização da América, o comércio com as colônias, a multiplicação dos meios de troca e das mercadorias em geral deram ao comércio, à navegação e à indústria um impulso até então desconhecido e, com ele, um rápido desenvolvimento ao elemento revolucionário na sociedade feudal em desintegração.

A organização da indústria, até então feudal ou corporativa, já não era suficiente para atender à procura, que crescia com os novos mercados. Ela foi substituída pela manufatura. Os mestres das corporações foram suplantados pela pequena burguesia industrial; a divisão do trabalho entre as diferentes corporações desapareceu diante da divisão de trabalho no interior das próprias oficinas.

Os mercados, todavia, prosseguiam crescendo, a procura continuava a aumentar. A própria manufatura tornou-se insuficiente — o vapor e a maquinaria revolucionaram a produção industrial. A grande indústria moderna suplantou a manufatura; a média burguesia manufatureira foi suplantada pelos fabricantes milionários, chefes de verdadeiros exércitos industriais — os burgueses modernos.

A grande indústria criou o mercado mundial, que o descobrimento da América preparara. O mercado mundial propiciou ao comércio, à navegação e às comunicações terrestres um desenvolvimento incomensurável. Este, por seu turno, incidiu sobre a expansão da indústria; e, na mesma escala em que a indústria, o comércio, a navegação e as ferrovias se expandiam, desenvolvia-se também a burguesia, que multiplicava os seus capitais e compelia a um plano secundário todas as classes legadas pela Idade Média.

Vemos, portanto, que a própria burguesia moderna é o produto de um longo processo de desenvolvimento, de uma série de profundas transformações no modo de produção e de intercâmbio.

Cada uma das etapas de desenvolvimento da burguesia foi acompanhada de um progresso político correspondente. Estado (ou ordem social) oprimido sob o domínio dos senhores feudais, armada e autônoma na comuna,[5] aqui uma cidade-república independente, ali um terceiro estado tributário da monarquia; depois, no período manufatureiro, um contrapeso à nobreza na monarquia de Estados ou absoluta, base principal das grandes monarquias em geral, a burguesia acabou por conquistar, com o estabelecimento da grande indústria e do mercado mundial, o domínio político exclusivo no moderno Estado parlamentar. O executivo do Estado moderno não é mais do que um comitê para administrar os negócios coletivos de toda a classe burguesa.

A burguesia desempenhou na história um papel eminentemente revolucionário.

A burguesia, onde conquistou o poder, destruiu todas as relações feudais, patriarcais, idílicas. Rasgou sem compunção todos os diversos laços feudais que prendiam o homem aos seus "superiores naturais" e não deixou entre homem e homem outro vínculo que não o do frio interesse, o do insensível "pagamento em dinheiro". Afogou a sagrada reverência da exaltação religiosa, do entusiasmo cavalheiresco, da melancolia sentimental do burguês filisteu nas águas geladas do cálculo egoísta. Fez da dignidade pessoal um simples valor de troca e, no lugar de um sem-número de liberdades legítimas e duramente conquistadas, colocou a liberdade *única*, sem escrúpulos, do comércio. Numa palavra, no lugar da exploração velada por ilusões políticas e religiosas, colocou a exploração seca, direta, despudorada, aberta.

A burguesia despiu da sua auréola sagrada todas as atividades até então veneráveis e reputadas como dignas. Transformou o médico, o jurista, o padre, o poeta, o homem de ciência em trabalhadores assalariados pagos por ela.

A burguesia arrancou da relação familiar o seu comovente véu sentimental e reduziu-a a uma mera relação de dinheiro.

A burguesia demonstrou que a exibição brutal da força, que a reação tanto admira na Idade Média, tem o seu complemento adequado na mais indolente ociosidade. Foi ela quem primeiro provou o que a atividade dos homens pode realizar: criou maravilhas maiores que as pirâmides egípcias, os aquedutos romanos e as catedrais góticas; levou a cabo expedições de maior porte que as antigas migrações e as cruzadas.

A burguesia não pode existir sem revolucionar permanentemente os instrumentos de produção — por conseguinte, as relações de produção e, com isso, todas as relações sociais. A conservação inalterada do antigo modo de produção era, pelo contrário, a condição primeira de existência de todas as anteriores classes industriais. A contínua subversão da produção, o ininterrupto abalo de todas as condições sociais, a permanente incerteza e a constante agitação distinguem a época da burguesia de todas as épocas precedentes. Dissolvem-se todas as relações sociais antigas e cristalizadas, com o seu cortejo de representações e concepções secularmente veneradas; todas as relações que as substituem envelhecem antes de se consolidarem. Tudo o que era sólido e estável se dissolve no ar, tudo o que era sagrado é profanado e os homens são enfim obrigados a encarar, sem ilusões, a sua posição social e as suas relações recíprocas.

A necessidade de um mercado em constante expansão compele a burguesia a avançar por todo o globo terrestre. Ela precisa fixar-se em toda parte, estabelecer-se em toda parte, criar vínculos em toda parte.

A burguesia, pela exploração do mercado mundial, conferiu uma forma cosmopolita à produção e ao consumo de todos os países. Para desespero dos reacionários, retirou à indústria a base nacional em que esta assentava. As velhas indústrias nacionais foram aniquiladas e continuam a sê-lo dia a dia. São suplantadas por novas indústrias, cuja introdução se torna uma questão de vida ou de morte para todas as nações civilizadas — indústrias que já não utilizam matérias-primas nacionais, mas sim oriundas das regiões mais afastadas, e cujos produtos se consomem simultaneamente tanto no próprio país como em todos os continentes. Em lugar das velhas necessidades, atendidas pelos produtos do próprio país, surgem necessidades novas, que exigem, para a sua satisfação, produtos dos países mais longínquos e de climas os mais diversos. Em lugar da velha autossuficiência e do velho isolamento local e nacional, surgem um intercâmbio generalizado e uma generalizada dependência entre as nações. E isto se refere tanto à produção material quanto à produção espiritual. Os produtos espirituais de cada nação tornam-se patrimônio comum. A unilateralidade e a estreiteza nacionais mostram-se cada vez mais impossíveis; das inúmeras literaturas nacionais e locais nasce uma literatura mundial.

Com o rápido aperfeiçoamento de todos os instrumentos de produção, com as comunicações infinitamente facilitadas, a burguesia arrasta todas as nações, mesmo as mais bárbaras, para a civilização. Os baixos preços das suas mercadorias são a artilharia pesada com que derruba todas as muralhas chinesas e com que obriga à capitulação os bárbaros mais obstinadamente hostis aos estrangeiros. Compele todas as nações, sob pena de ruína total, a adotarem o modo de produção burguês; compele-as a se apropriarem da chamada civilização — isto é, a se tornarem burguesas. Numa palavra, a burguesia cria para si um mundo à sua imagem e semelhança.

A burguesia submeteu o campo ao domínio da cidade. Criou cidades enormes, aumentou extraordinariamente a população urbana em relação à dos campos e, deste modo, arrancou uma parte significativa da população da idiotia da vida rural. E do mesmo modo que subordinou o campo à cidade, tornou dependentes os povos bárbaros e semibárbaros dos civilizados, os povos camponeses dos povos burgueses, o Oriente do Ocidente.

Cada vez mais a burguesia suprime a dispersão dos meios de produção, da propriedade e da população. Aglomerou a população, centralizou os meios de produção e concentrou em poucas mãos a propriedade. A consequência necessária desses processos foi a centralização política. Províncias independentes, quase apenas aliadas, com interesses, leis, governos e direitos alfandegários diversos, foram reunidas *numa* nação, *num* governo, *numa* lei, *num* interesse nacional de classe, *numa* fronteira alfandegária.

A burguesia, com seu domínio de classe de apenas um século, criou forças produtivas mais massivas e mais colossais do que todas as gerações passadas juntas. A subjugação das forças naturais, a maquinaria, a aplicação da química à indústria e à agricultura, a navegação a vapor, as ferrovias, o telégrafo elétrico, o arroteamento de continentes inteiros, a canalização de rios, populações inteiras brotando do solo como por encanto — que século anterior teve ao menos um pressentimento de que estas forças produtivas estavam adormecidas no seio do trabalho social?

Vimos, porém, que os meios de produção e de intercâmbio sobre cuja base se constitui a burguesia foram gerados na sociedade feudal. Numa certa etapa do desenvolvimento desses meios de produção e de intercâmbio, as relações mediante as quais a sociedade feudal produzia e trocava, a organização feudal da agricultura e da manufatura — numa palavra, as relações de propriedade feudais —, deixaram de corresponder às forças produtivas já desenvolvidas. Tolhiam a produção, ao invés de a fomentarem. Transformaram-se em outros tantos grilhões. Tinham de ser — e foram — despedaçados.

Em seu lugar surgiu a livre concorrência, com a organização social e política a ela adequada, com o domínio econômico e político da classe burguesa.

Um movimento semelhante desenrola-se hoje diante dos nossos olhos. As relações burguesas de produção e de intercâmbio, as relações de propriedade burguesas, a sociedade burguesa moderna, que desencantou meios tão poderosos de produção e de intercâmbio, assemelha-se ao feiticeiro que já não consegue dominar as forças infernais que invocou. Há algumas décadas, a história da indústria e do comércio não é mais que a história da revolta das modernas forças produtivas contra as modernas relações de produção, contra as relações de propriedade que são as condições de vida da burguesia e do seu domínio. Basta mencionar as crises comerciais que, na sua repetição periódica, ameaçam a existência de toda a sociedade burguesa. Nas crises comerciais é regularmente destruída uma grande massa não só de produtos fabricados, mas também das forças produtivas já criadas. Nas crises evidencia-se uma epidemia social que teria parecido um contrassenso a todas as épocas anteriores — a epidemia da superprodução. A sociedade vê-se de repente reconduzida a um estado de momentânea barbárie; dir-se-ia que uma fome ou uma guerra de destruição generalizada lhe cortaram todos os meios de subsistência; a indústria e o comércio parecem aniquilados. E por quê? Porque a sociedade possui civilização em excesso, meios de subsistência em excesso, indústria em excesso, comércio em excesso. As forças produtivas de que dispõe deixam de promover as relações burguesas de propriedade — ao contrário: tornaram-se poderosas demais para estas relações e são tolhidas por elas e assim que delas se liberam lançam na desordem toda a sociedade burguesa, ameaçando a existência da propriedade burguesa. As relações burguesas tornaram-se demasiado estreitas para conterem as riquezas criadas no seu interior. E como a burguesia supera as crises? De um lado, mediante a destruição violenta de grande quantidade de forças produtivas; de outro, pela conquista de novos mercados e pela exploração mais intensa de mercados antigos. E o que isto representa? Representa a preparação de crises mais generalizadas e mais graves e a redução dos meios para evitá-las.

As armas que a burguesia empregou para abater o feudalismo voltam-se hoje contra a própria burguesia.

Mas a burguesia não se limitou a forjar apenas as armas que lhe trarão a morte; produziu também os homens que empunharão essas armas — os operários modernos, os *proletários*.

Na mesma medida em que a burguesia — isto é, o capital — se desenvolve, desenvolve-se também o proletariado, a classe dos operários modernos, que só vivem enquanto têm trabalho e só têm trabalho enquanto o seu trabalho aumenta o capital. Estes operários, que têm de vender-se no varejo, são uma mercadoria como qualquer outro artigo de comércio e estão, por isto mesmo, igualmente expostos a todas as vicissitudes da concorrência, a todas as flutuações do mercado.

O trabalho dos proletários perdeu, com a expansão da maquinaria e da divisão do trabalho, todo o caráter autônomo e, portanto, todos os atrativos. O proletário torna-se um mero acessório da máquina, e dele se exige apenas o manejo mais simples, mais monótono e mais fácil de aprender. Assim, os custos do operário se reduzem quase aos meios de subsistência de que necessita para o seu sustento e para a reprodução da sua espécie. O preço de uma mercadoria e, portanto, o do trabalho também,[6] é, todavia, igual ao seu custo de produção. Logo, quanto mais cresce o caráter enfadonho do trabalho, mais se reduz o salário. Mais ainda: na medida em que crescem a maquinaria e a divisão do trabalho, cresce também a quantidade de trabalho, seja pelo aumento das horas de trabalho, seja pelo aumento do trabalho exigido num determinado lapso de tempo, seja pela aceleração do movimento das máquinas etc.

A indústria moderna transformou a pequena oficina do mestre da corporação patriarcal na grande fábrica do industrial capitalista. Massas de operários, reunidos na fábrica, são organizadas como exércitos. São colocados, como soldados rasos da indústria, sob a vigilância de uma hierarquia completa de sargentos e oficiais. Não são apenas servos da classe burguesa, do Estado burguês: dia a dia, hora a hora, são servos da máquina, do contramestre e, sobretudo, de cada um dos burgueses industriais. E esse despotismo é tanto mais mesquinho, mais odioso e mais exasperador quanto mais abertamente proclama o lucro como sua finalidade exclusiva.

Quanto menos habilidade e dispêndio de força o trabalho manual exige, isto é: quanto mais se desenvolve a indústria moderna, tanto mais o trabalho dos homens é suplantado pelo das mulheres e crianças. Diferenças de sexo e idade já não têm qualquer importância social para a classe operária. Há apenas instrumentos de trabalho que, conforme a idade e o sexo, têm custos diferentes.

Terminada temporariamente a exploração do operário pelo industrial, na medida em que recebe o seu salário em dinheiro, logo o proletário torna-se presa de outros setores da burguesia — o senhorio, o merceeiro, o penhorista etc.

As pequenas classes intermédias anteriores, os pequenos industriais e comerciantes e os rentistas, os artesãos e os camponeses, todas essas classes engrossam as fileiras do proletariado, seja porque o seu pequeno capital não chega para o grande empreendimento industrial e sucumbe na concorrência com os capitalistas maiores, seja porque a sua habilidade profissional é desvalorizada por novos métodos de produção. Assim, o proletariado se recruta em todas as classes da população.

O proletariado passa por diferentes etapas de desenvolvimento. A sua luta contra a burguesia começa com a sua própria existência.

Inicialmente, os operários lutam individualmente; depois, os operários de uma fábrica, em seguida os operários de um ramo industrial numa localidade lutam contra cada um dos burgueses que os exploram diretamente. Não dirigem os seus ataques somente contra as relações burguesas de produção: dirigem-nos contra os próprios instrumentos de produção, destroem as mercadorias estrangeiras concorrentes, incendeiam as fábricas, procuram recuperar a posição perdida do trabalhador medieval.

Nesta etapa, os operários constituem uma massa dispersa por todo o país e dividida pela concorrência. A coesão das massas operárias não é ainda a consequência da sua própria união, mas o resultado da união da burguesia que, para alcançar os fins políticos que lhe são próprios, é compelida a pôr em movimento todo o proletariado — e, por enquanto, ainda o consegue. Nesta etapa, os proletários combatem não os seus inimigos, mas os inimigos dos seus inimigos: os restos do absolutismo, os proprietários fundiários, os burgueses não industriais, os pequeno-burgueses. Todo o movimento histórico está, assim, concentrado nas mãos da burguesia e todas as vitórias assim alcançadas são vitórias da burguesia.

Mas, com o desenvolvimento da indústria, o proletariado não apenas se multiplica: reúne-se em massas cada vez maiores, sua força cresce e ele adquire maior consciência dela. Os interesses, as condições de vida no interior do proletariado tornam-se cada vez mais semelhantes na medida em que a maquinaria vai diminuindo cada vez mais as diferenças do trabalho e quase por toda a parte reduz o salário a um mesmo nível baixo. A crescente concorrência entre os burgueses e as crises comerciais delas resultantes tornam o salário dos operários progressivamente mais flutuante; o contínuo aperfeiçoamento da maquinaria, que se desenvolve cada vez mais depressa, acentua a precariedade da condição de vida dos operários; os confrontos entre o operário e o burguês singulares assumem cada vez mais o caráter de confrontos entre duas classes. Os operários começam a formar coalizões contra os burgueses; juntam-se em defesa do seu salário; fundam associações permanentes para se prevenirem para as insurreições ocasionais; aqui e ali, a luta expressa-se em motins.

De tempos em tempos, os operários vencem, porém só transitoriamente. O verdadeiro resultado das suas lutas não é o êxito imediato, mas a união cada vez mais ampla dos trabalhadores. Esta união é facilitada pelo crescimento dos meios de comunicação, criados pela grande indústria, que põem os operários de diferentes localidades em relação uns com os outros. E esta relação basta para centralizar numa luta nacional, numa luta de classe, as muitas lutas locais, que têm o mesmo caráter em toda a parte. Mas todas as lutas de classes são lutas políticas. E a união que os burgueses da Idade Média levaram séculos para realizar, com os seus caminhos vicinais, os proletários modernos a conseguem, com as ferrovias, em poucos anos.

Esta organização dos proletários em classe e, portanto, em partido político, é constantemente rompida pela concorrência entre os próprios operários. Mas sempre renasce, mais forte, mais sólida, mais poderosa. Na medida em que se aproveita das divisões internas da burguesia, consegue obter o reconhecimento legal de interesses particulares dos operários — assim ocorreu na Inglaterra, com a jornada de trabalho de dez horas.

Em geral, os confrontos da velha sociedade favorecem, de muitos modos, o processo do desenvolvimento do proletariado. A burguesia vive em permanente luta: primeiro, contra a aristocracia; depois, contra setores da própria burguesia cujos interesses entram em contradição com os progressos da indústria; e sempre contra a burguesia de todos os países estrangeiros. Em todas essas lutas, vê-se obrigada a apelar ao proletariado, a recorrer à sua ajuda e, desta forma, a arrastá-lo para o movimento político. A burguesia mesma fornece, pois, ao proletariado os seus próprios elementos de educação política, ou seja, armas contra si mesma.

Além disso, como vimos, com o desenvolvimento da indústria, inteiros setores da classe dominante são lançados no proletariado ou, pelo menos, veem ameaçadas as suas condições de vida. Estes setores também levam ao proletariado numerosos elementos de formação política.

Enfim, nos momentos em que a luta de classes se aproxima da hora decisiva, o processo de dissolução no interior da classe dominante, no interior de toda a velha sociedade, assume um caráter tão aberto, tão violento, que uma pequena fração da classe dominante dela se desvincula e se junta à classe revolucionária, à classe que traz nas mãos o futuro. Assim, tal como, outrora, uma parte da nobreza passou-se para a burguesia, também atualmente uma parte da burguesia passa-

-se para o proletariado, notadamente uma parte dos ideólogos burgueses que conseguiram elevar-se à compreensão teórica do movimento histórico em seu conjunto.

Dentre todas as classes que hoje se opõem à burguesia, somente o proletariado é uma classe realmente revolucionária. As outras classes se vão arruinando e perecem com o desenvolvimento da grande indústria; o proletariado, ao contrário, é o seu produto mais autêntico.

As camadas médias — o pequeno industrial, o pequeno comerciante, o artesão, o camponês — combatem a burguesia para assegurar a sua existência como camadas médias. Não são, portanto, revolucionárias, mas conservadoras. Mais ainda: são reacionárias, pois procuram fazer girar para trás a roda da história. Quando se tornam revolucionárias, isto é consequência de sua iminente passagem para o proletariado e, assim, não defendem os seus interesses atuais, mas os futuros e deste modo abandonam a sua própria posição de classe para assumirem a do proletariado.

O lumpemproletariado, esta putrefação passiva das camadas inferiores da velha sociedade, pode, eventualmente, ser atraído ao movimento por uma revolução proletária; contudo, pelas suas condições de existência, está mais predisposto a vender-se a maquinações reacionárias.

As condições de existência da velha sociedade já estão destruídas nas condições de existência do proletariado. O proletário não é proprietário. A sua relação com a mulher e os filhos já nada tem em comum com a relação familiar burguesa. O trabalho industrial moderno, a subjugação moderna ao capital, que é a mesma na Inglaterra e na França, na América e na Alemanha, despojou-o de todo caráter nacional. As leis, a moral, a religião são, para ele, meros preconceitos burgueses, atrás dos quais se ocultam outros tantos interesses burgueses.

Todas as classes que, no passado, conquistaram o poder procuraram conservar a situação alcançada, submetendo toda a sociedade às suas condições de apropriação. Os proletários só podem apoderar-se das forças produtivas sociais abolindo o modo de apropriação a elas correspondente e, com ele, todo modo de apropriação até hoje existente. Os proletários nada têm de seu a proteger;

têm a missão de destruir todas as garantias e seguranças da propriedade privada até aqui existentes.

Todos os movimentos históricos anteriores foram movimentos de minorias ou no interesse de minorias. O movimento proletário é o movimento autônomo da imensa maioria no interesse da imensa maioria. O proletariado, a camada inferior da sociedade atual, não pode levantar-se, não pode erguer-se sem fazer saltar toda a superestrutura de camadas que formam a sociedade oficial.

Pela forma, embora não pelo conteúdo, a luta do proletariado contra a burguesia começa por ser uma luta nacional. O proletariado de cada país tem, naturalmente, que começar por resolver os problemas com a sua própria burguesia.

Traçando as fases mais gerais do desenvolvimento do proletariado, descrevemos a guerra civil mais ou menos oculta no seio da sociedade vigente até o momento em que explode uma revolução e o proletariado, pela derrubada violenta da burguesia, lança as bases do seu próprio domínio.

Todas as sociedades até hoje existentes assentaram, como vimos, no antagonismo entre classes opressoras e classes oprimidas. Mas, para oprimir uma classe, é necessário assegurar-lhe ao menos as condições mínimas em que possa ir arrastando a sua existência servil. O servo da gleba, sem deixar de ser servo, chegou a membro da comuna, da mesma forma que o pequeno-burguês, sob o absolutismo feudal, chegou a grande burguês. O operário moderno, ao contrário, longe de elevar-se com o desenvolvimento da indústria, afunda-se cada vez mais, indo abaixo das condições de sua própria classe. O operário passa a indigente e a indigência cresce mais rapidamente que a população e a riqueza. Torna-se evidente que a burguesia é incapaz de continuar a ser por muito mais tempo a classe dominante e impor à sociedade, como lei suprema, as condições de existência da sua classe. Ela é incapaz de continuar exercendo o seu domínio porque é incapaz de assegurar ao seu escravo a própria existência no quadro da escravidão, porque é obrigada a deixá-lo afundar-se numa situação em que tem de ser ela a alimentá-lo, em vez de ser alimentada por ele. A sociedade já não pode viver sob a sua dominação, isto é, a existência da burguesia já não é mais compatível com a sociedade.

A condição essencial para a existência e o domínio da classe burguesa é a acumulação da riqueza nas mãos de particulares, a formação e a multiplicação do capital; a condição do capital é o trabalho assalariado. O trabalho assalariado baseia-se exclusivamente na concorrência entre os operários. O progresso da indústria, de que a burguesia é portadora indiferente e involuntária, substitui o isolamento dos operários, resultante da concorrência, pela sua união revolucionária, resultante da associação. O desenvolvimento da grande indústria, assim, retira da burguesia a própria base sobre a qual assentou o seu regime de produção e apropriação. A burguesia produz, sobretudo, os seus próprios coveiros. A sua queda e a vitória do proletariado são igualmente inevitáveis.

II. PROLETÁRIOS E COMUNISTAS

Qual a relação dos comunistas com os proletários em geral?

Os comunistas, em face dos outros partidos operários, não formam um partido à parte.

Os comunistas não têm interesses diferentes dos interesses de todo o proletariado.

Não estabelecem princípios particulares, com os quais pretendam moldar o movimento operário.

Os comunistas se distinguem dos demais partidos proletários apenas porque: 1) nas diferentes lutas nacionais dos proletários, acentuam e fazem prevalecer os interesses comuns do proletariado no seu conjunto, independentemente da nacionalidade e 2) nas várias etapas de desenvolvimento por que passa a luta entre o proletariado e a burguesia, representam sempre o interesse do movimento na sua totalidade.

Os comunistas são, pois, na prática, a fração mais decidida, aquela que impulsiona todas as outras, dos partidos operários de todos os países; teoricamente, excedem a massa restante do proletariado pela compreensão das condições, do curso e dos objetivos gerais do movimento proletário.

O objetivo imediato dos comunistas é o mesmo de todos os demais partidos proletários: constituição do proletariado em classe, derrubada do domínio da burguesia, conquista do poder político pelo proletariado.

As proposições teóricas dos comunistas não se baseiam, de modo nenhum, em ideias ou em princípios inventados ou descobertos por este ou aquele reformador do mundo. São apenas expressões gerais de relações efetivas de uma luta de classes que existe, de um movimento histórico que se processa diante de nossos olhos.

A abolição das relações de propriedade vigentes não é uma característica exclusiva do comunismo.

Todas as relações de propriedade estiveram submetidas a constantes mudanças, resultado de contínuas transformações históricas.

A Revolução Francesa, por exemplo, aboliu a propriedade feudal em proveito da propriedade burguesa.

O que caracteriza o comunismo não é a abolição da propriedade em geral, mas a abolição da propriedade burguesa.

Mas a moderna propriedade privada burguesa é a expressão última e mais acabada da produção e da apropriação baseada em antagonismos de classes, na exploração de umas pelas outras.

Neste sentido, os comunistas podem condensar a sua teoria numa expressão única: supressão da propriedade privada.

Censuram-nos a nós, comunistas, por pretender abolir a propriedade adquirida pessoalmente, fruto do trabalho próprio — propriedade que, dizem, constitui a base de toda a liberdade, de toda atividade e toda autonomia individuais.

Propriedade pessoal, fruto do trabalho e do mérito! Falais da propriedade pequeno-burguesa, pequeno-camponesa, que precedeu a propriedade burguesa? Não precisamos aboli-la, porque o desenvolvimento da indústria já o fez e o faz diariamente. Ou falais da moderna propriedade privada burguesa?

Mas o trabalho assalariado, o trabalho do proletário, cria a propriedade para o trabalhador? De modo nenhum. Cria o capital, isto é, a propriedade que explora o trabalho assalariado e que só pode aumentar sob a condição de criar novo trabalho assalariado, para de novo o explorar. A propriedade, na sua forma atual, move-se no antagonismo de capital e trabalho assalariado. Consideremos os termos deste antagonismo.

Ser capitalista significa ocupar na produção uma posição não apenas pessoal, mas também social. O capital é um produto coletivo e somente pode ser posto em movimento pela atividade comum de muitos membros da sociedade, em última instância apenas pela atividade comum de todos os membros da sociedade.

O capital, pois, não é um poder pessoal: é um poder social. Assim, se o capital é transformado em propriedade coletiva, pertencente a todos os membros da sociedade, não é uma propriedade pessoal que se converte em propriedade social — apenas se transforma o caráter social da propriedade, que perde a sua natureza de classe.

Vejamos agora o trabalho assalariado.

O preço médio do trabalho assalariado é o mínimo de salário, ou seja, a soma dos meios de subsistência que são necessários para manter vivo o operário como operário. Portanto, aquilo que o operário recebe pela sua atividade é o estritamente necessário apenas para reproduzir a sua mera existência. Não pretendemos, em absoluto, abolir esta apropriação pessoal dos produtos do trabalho para a reprodução da vida imediata, apropriação que não deixa nenhum provento líquido capaz de conferir poder sobre trabalho alheio. Queremos apenas suprimir o caráter miserável desta apropriação, pelo qual o operário só vive para aumentar o capital, só vive na medida em que o exige o interesse da classe dominante.

Na sociedade burguesa, o trabalho vivo é somente um meio para aumentar o trabalho acumulado. Na sociedade comunista, o trabalho acumulado é apenas um meio para ampliar, enriquecer e promover o processo da vida dos operários.

Na sociedade burguesa, portanto, o passado domina o presente; na sociedade comunista, é o presente que domina o passado. Na sociedade burguesa, o capital é autônomo e pessoal, ao passo que o indivíduo que trabalha é dependente e impessoal.

E a burguesia chama a supressão desta relação de supressão da personalidade e da liberdade! E com razão: trata-se certamente da supressão da personalidade burguesa, da autonomia burguesa, da liberdade burguesa.

Entende-se por liberdade, no quadro das relações de produção atuais, a liberdade de comércio, a liberdade de comprar e vender.

Mas se o tráfico desaparece, desaparece também a liberdade de traficar. A fraseologia sobre o livre comércio, como todas as bravatas da nossa burguesia sobre a liberdade, só tem algum sentido em face do comércio sujeito a restrições e do burguês oprimido da Idade Média, mas nenhum sentido em face da supressão comunista do comércio, das relações de produção burguesas e da própria burguesia.

Horrorizai-vos porque queremos suprimir a propriedade privada. Mas na sociedade atual, a vossa, a propriedade privada está suprimida para nove décimos de seus membros; ela existe precisamente pelo fato de não existir para nove décimos. Censurai-nos, portanto, porque queremos suprimir uma propriedade que pressupõe, como sua condição necessária, que a imensa maioria da sociedade não possua propriedade.

Numa palavra, censurai-nos porque queremos suprimir a vossa propriedade. Pois é isso mesmo que queremos.

A partir do momento em que o trabalho já não possa ser transformado em capital, em dinheiro, em renda da terra — em suma, num poder social monopolizável —, isto é, a partir do momento em que a propriedade pessoal já não possa transformar-se em propriedade burguesa, a partir desse momento declarais que a pessoa está suprimida.

Confessais, por conseguinte, que por pessoa entendeis exclusivamente o burguês, o proprietário burguês. E esta pessoa certamente tem de ser suprimida.

O comunismo não retira a ninguém o poder de se apropriar dos produtos sociais; mas retira o poder de, por esta apropriação, subjugar a si o trabalho alheio.

Tem-se alegado que a supressão da propriedade privada ocasionaria a cessação de toda atividade, generalizando-se a inércia.

Se isto fosse verdade, a sociedade burguesa há muito deveria ter perecido de inércia, pois os que nela trabalham não lucram e os que nela lucram não trabalham. Toda a objeção se reduz a uma tautologia: não haverá mais trabalho assalariado quando não mais houver capital.

Todos os argumentos dirigidos contra o modo comunista de produção e de apropriação dos produtos materiais foram igualmente estendidos à produção e à apropriação dos produtos espirituais. Tal como o fim da propriedade de classe é, para o burguês, o fim da própria produção, assim também o fim da cultura de classe é, para ele, idêntico ao fim da cultura em geral.

A cultura, cuja perda o burguês lamenta, é, para a imensa maioria, um adestramento que transforma os homens em máquinas.

Mas não discutais conosco avaliando a abolição da propriedade burguesa com as vossas representações burguesas de liberdade, de cultura, de direito etc. As vossas próprias ideias são produtos das relações de produção e propriedade burguesas e tal como o vosso direito é apenas a vontade da vossa classe elevada a lei, uma vontade cujo conteúdo está determinado pelas condições materiais de existência da vossa classe.

Essa representação interesseira, que vos leva a transformar em leis eternas da natureza e da razão as vossas relações de produção e de propriedade (relações transitórias que surgem historicamente no processo da produção), essa relação vós a partilhais com todas as classes dominantes já desaparecidas. O que compreendeis no caso da propriedade da antiguidade, o que compreendeis no caso da propriedade feudal, já não podeis compreender no caso da propriedade burguesa.

Supressão da família! Até os mais radicais se indignam com este propósito infame dos comunistas.

Sobre que fundamento repousa a família atual, a família burguesa? Sobre o capital, sobre o ganho privado. A família, completamente desenvolvida, existe apenas para a burguesia; mas encontra o seu complemento na ausência forçada da família entre os proletários e na prostituição pública.

A família dos burgueses deixa naturalmente de existir quando desaparecer o seu complemento, e ambos desaparecem com o desaparecimento do capital.

Censurais-nos porque queremos suprimir a exploração das crianças pelos pais? Confessamos este crime.

Mas, dizeis, suprimimos as relações mais íntimas ao substituirmos a educação doméstica pela educação social.

E a vossa educação também não está determinada pela sociedade, pelas condições sociais em que educais, pela intromissão mais direta ou mais indireta da sociedade, por meio da vossa escola etc.? Os comunistas não inventam a ação da sociedade sobre a educação; apenas transformam o seu caráter, arrancando a educação da influência da classe dominante.

A fraseologia burguesa sobre a família e a educação, sobre a relação íntima de pais e filhos, torna-se tanto mais repugnante quanto mais, em consequência da grande indústria, todos os laços familiares dos proletários são destruídos e seus filhos transformados em simples artigos de comércio, em simples instrumentos de trabalho.

Mas vós — grita-nos toda a burguesia em coro — quereis introduzir a comunidade de mulheres!

O burguês vê na mulher um mero instrumento de produção. Ouve dizer que os instrumentos de produção devem ser explorados coletivamente e, naturalmente, não pode pensar senão que o destino de propriedade coletiva caberá igualmente às mulheres. Não pode conceber que se trata precisamente de suprimir a posição das mulheres como meros instrumentos de produção.

De resto, nada é mais ridículo que a virtuosa indignação dos nossos burgueses sobre a pretensa comunidade oficial das mulheres dos comunistas. Os comunistas não precisam introduzir a comunidade de mulheres — ela existiu quase sempre.

Nossos burgueses, não contentes em ter à sua disposição as mulheres e as filhas dos seus proletários, para não falar sequer da prostituição oficial, encontram um singular prazer em seduzir as esposas uns dos outros.

O casamento burguês é, na realidade, a comunidade das mulheres casadas. Quando muito, poder-se-ia censurar aos comunistas o quererem introduzir franca e oficialmente a comunidade de mulheres onde há uma hipocritamente ocultada. De resto, é evidente que, com a supressão das atuais relações de produção, desaparece também a comunidade de mulheres que dela decorre, ou seja, a prostituição oficial e não oficial.

Além disso, tem sido censurado aos comunistas o quererem abolir a pátria, a nacionalidade.

Os operários não têm pátria. Não se lhes pode tirar o que não possuem. Tendo o proletariado, primeiro, de conquistar o domínio político, de elevar-se a classe dirigente da nação, de constituir-se ele mesmo como nação, ele próprio é ainda nacional, se bem que de nenhum modo no sentido burguês da palavra.

Os isolamentos e as oposições nacionais dos povos vão desaparecendo cada vez mais com o desenvolvimento da burguesia, com a liberdade de comércio, com o mercado mundial, com a uniformidade da produção industrial e com as relações de vida que lhes correspondem.

O domínio do proletariado fá-los-á desaparecer ainda mais depressa. A unidade de ação do proletariado, pelo menos dos países civilizados, é uma das primeiras condições da sua libertação.

À medida que é suprimida a exploração de um indivíduo por outro, é suprimida a exploração de uma nação por outra.

Com o desaparecimento do antagonismo das classes no interior das nações, desaparece a hostilidade entre as nações.

As acusações contra o comunismo levantadas a partir de pontos de vista religiosos, filosóficos e ideológicos em geral não merecem uma discussão detalhada.

Será necessária uma inteligência excepcional para compreender que, ao mudarem as condições de vida dos homens, as suas relações sociais, a sua existência social, mudam também as suas representações, as suas concepções, os seus conceitos — numa palavra, a sua consciência?

O que prova a história das ideias, senão que a produção espiritual se transforma com a transformação da produção material? As ideias dominantes de uma época sempre foram as ideias da classe dominante.

Fala-se de ideias que revolucionam uma sociedade inteira; com isto, exprime-se apenas o fato de que no seio da sociedade velha formaram-se os elementos de uma sociedade nova, de que a dissolução das velhas ideias acompanha a dissolução das velhas condições de vida.

Quando o mundo antigo estava em declínio, as religiões antigas foram vencidas pela religião cristã. Quando as ideias cristãs cederam lugar, no século XVIII, às ideias das *Luzes*, a sociedade feudal travava a sua luta de morte com a burguesia então revolucionária. As ideias de liberdade de consciência e liberdade religiosa exprimiam apenas, no domínio do conhecimento, o império da livre concorrência.

"Com certeza — dirão — as ideias religiosas, morais, filosóficas, políticas, jurídicas etc. se modificaram no curso do desenvolvimento histórico. Mas a religião, a moral, a filosofia, a política, o direito mantiveram-se sempre nesta mudança. Além disso, existem verdades eternas, como Liberdade, Justiça etc., que são comuns a todos os estágios sociais. Mas o comunismo abole as verdades eternas, abole a religião, a moral, em vez de lhes dar novas formas; contradiz, assim, todos os desenvolvimentos históricos anteriores."

A que se reduz esta acusação? A história de toda a sociedade até hoje moveu-se entre antagonismos de classes, que em diferentes épocas tiveram formas diferentes.

Mas, fosse qual fosse a forma assumida, a exploração de uma parte da sociedade pela outra é um fato comum a todos os séculos passados. Não é de admirar, portanto, que a consciência social de todos os séculos, a despeito de toda a multiplicidade e diversidade, se mova em certas formas comuns, em formas de consciência que só se dissolvem completamente com o desaparecimento total do antagonismo de classes.

A revolução comunista é a ruptura mais radical com as relações de propriedade tradicionais; não admira, portanto, que no curso do seu desenvolvimento se rompa, da maneira mais radical, com as ideias tradicionais.

Mas deixemos de lado os argumentos da burguesia contra o comunismo.

Já vimos que o primeiro passo na revolução operária é a passagem do proletariado a classe dominante, a conquista da democracia pela luta.

O proletariado utilizará o seu domínio político para ir arrancando todo o capital das mãos da burguesia, para centralizar todos os instrumentos de produção nas mãos do Estado, isto é, do proletariado organizado como classe dominante, e para aumentar o mais rapidamente possível a massa das forças produtivas.

Naturalmente que isto, a princípio, só pode ser realizado mediante intervenções despóticas no direito de propriedade e nas relações de produção burguesas, através de medidas que economicamente parecem insuficientes e insustentáveis, mas que, no decurso do movimento, ultrapassarão a si mesmas e são indispensáveis como meios para revolucionar todo o modo de produção.

Essas medidas, é claro, serão diferentes conforme os diferentes países. Para os países mais avançados, porém, poderão ser aplicadas as seguintes na sua quase totalidade:

1. expropriação da propriedade fundiária e emprego das suas rendas para despesas públicas;
2. imposto fortemente progressivo;

3. abolição do direito de herança;
4. confisco da propriedade de todos os emigrados e rebeldes;
5. centralização do crédito nas mãos do Estado, por meio de um banco nacional com capital estatal e monopólio exclusivo;
6. centralização de todo o sistema de transportes nas mãos do Estado;
7. multiplicação das fábricas nacionais e dos instrumentos de produção, arroteamento e melhoramento das terras de acordo com um plano geral;
8. obrigatoriedade do trabalho para todos, constituição de exércitos industriais, em especial para a agricultura;
9. unificação da exploração da agricultura e da indústria, atuação com vistas à eliminação gradual da diferença entre cidade e campo;
10. educação pública gratuita para todas as crianças. Abolição do trabalho infantil nas fábricas na sua forma atual. Combinação da educação com a produção material etc.

Desaparecidas no curso do desenvolvimento as diferenças de classes e concentrada toda a produção nas mãos dos indivíduos associados, o poder público perde o seu caráter político. Em sentido próprio, o poder político é o poder organizado de uma classe para a opressão de outra. Se o proletariado, na luta contra a burguesia, necessariamente se unifica em classe, por uma revolução se faz classe dominante e como classe dominante suprime pela força as velhas relações de produção, então suprime, juntamente com estas relações de produção, as condições de existência do antagonismo de classes, as classes em geral e, com isto, o seu próprio domínio de classe.

Em lugar da velha sociedade burguesa, com as suas classes e antagonismos de classes, surge uma associação em que o livre desenvolvimento de cada um é a condição para o livre desenvolvimento de todos.

III. LITERATURA SOCIALISTA E COMUNISTA

1. O socialismo reacionário

a) O socialismo feudal

Pela sua situação histórica, as aristocracias francesa e inglesa viram-se chamadas a lançar libelos contra a sociedade burguesa moderna. Na revolução francesa de julho de 1830 e no movimento reformador inglês,[7] elas sucumbiram novamente diante do odiado novo rico. A partir daí, não podia tratar-se de luta política séria; restava-lhe apenas a luta literária. Mas, também no campo da literatura, inviabilizara-se a velha fraseologia do tempo da restauração.[8]

Para despertar simpatias, a aristocracia fingiu perder de vista os seus próprios interesses, formulando suas acusações à burguesia aparentemente em defesa do interesse da classe operária explorada. Deu-se ao prazer, assim e ao mesmo tempo, de entoar cantigas de escárnio sobre o seu novo dominador e de sussurrar-lhe ao ouvido profecias mais ou menos prenhes de desgraças.

Deste modo surgiu o socialismo feudal, metade canto lamentoso e metade folhetim mordaz, metade eco do passado e metade ameaça do futuro — por vezes acertando no alvo com um juízo amargo, espirituosamente demolidor, sobre a burguesia, mas sempre ridículo nos seus efeitos pela completa incapacidade de compreender o curso da história moderna.

Para juntar atrás de si o povo, a aristocracia desfraldou como estandarte a sacola proletária. Mas todas as vezes em que o povo a seguiu, descobriu-lhe no traseiro os velhos brasões feudais e dispersou-se com gargalhadas sonoras e irreverentes.

Uma parte dos legitimistas franceses[9] e a *Jovem Inglaterra*[10] foram os melhores neste espetáculo.

Se os feudais demonstram que o seu modo de exploração tinha uma forma diferente do modo burguês de exploração, esquecem-se apenas que exploravam em circunstâncias e condições completamente diversas e já ultrapassadas. Se apontam que o proletariado moderno não existia sob o seu domínio, esquecem-se apenas que justamente a burguesia moderna foi um rebento necessário da sua ordem social.

De resto, dissimulam tão mal o caráter reacionário da sua crítica que a sua acusação principal contra a burguesia reside precisamente no fato de que, no regime desta, se desenvolveu uma classe que fará ir pelos ares toda a velha ordem social.

Censuram mais à burguesia ter dado origem a um proletariado revolucionário do que ter criado um proletariado em geral.

Por isto, na prática política, participam de todas as medidas repressivas contra a classe operária e, na vida cotidiana, a despeito de toda a sua bombástica fraseologia, conformam-se perfeitamente em colher as maçãs de ouro da árvore da indústria e trocar honra, amor e fidelidade pelo comércio de lã, açúcar de beterraba e aguardente.[11]

Assim como os padres andaram sempre de braço dado com os senhores feudais, assim também o socialismo clerical marcha lado a lado com o socialismo feudal.

Nada é mais fácil que dar ao ascetismo cristão um verniz de socialismo. Não bradou também o cristianismo contra a propriedade privada, o casamento, o Estado? Não pregou, em seu lugar, a caridade e a pobreza, o celibato e a mortificação da carne, a vida monástica e a Igreja? O socialismo cristão é apenas a água benta com que o padre abençoa a irritação do aristocrata.

b) O socialismo pequeno-burguês

A aristocracia feudal não é a única classe arruinada pela burguesia, não é a única classe cujas condições de vida se atrofiaram e extinguiram na moderna sociedade burguesa. Os pequenos burgueses da Idade Média e o pequeno campesinato foram os precursores da burguesia moderna. Nos países menos desenvolvidos industrial e comercialmente, essas classes ainda continuam a vegetar ao lado da burguesia em ascensão.

Nos países em que a civilização moderna se desenvolveu, formou-se uma nova pequena burguesia, que oscila entre o proletariado e a burguesia e que continuamente se reproduz, como parte complementar da sociedade burguesa; mas seus membros, constantemente lançados pela concorrência no proletariado, sentem, com o desenvolvimento da grande indústria, aproximar-se o momento em que desaparecerão por completo como fração autônoma da sociedade moderna, substituídos no comércio, na manufatura e na agricultura por capatazes e empregados.

Em países como a França, onde a classe camponesa constitui bem mais que a metade da população, era natural que escritores que se apresentaram a favor do proletariado e contra a burguesia criticassem o regime burguês com os critérios da pequena burguesia e do pequeno campesinato, tomando o partido do proletariado à base da posição da pequena burguesia. Assim surgiu o socialismo pequeno-burguês. Sismondi é o cérebro desta literatura não só na França, mas também na Inglaterra.

Esse socialismo dissecou com a maior acuidade as contradições nas modernas relações de produção. Pôs a nu as hipócritas apologias dos economistas. Demonstrou irrefutavelmente os efeitos destrutivos da maquinaria e da divisão do trabalho, a concentração dos capitais e da propriedade fundiária, a superprodução, as crises, o declínio necessário dos pequenos burgueses e camponeses, a miséria do proletariado, a anarquia na produção, as desproporções gritantes na repartição da riqueza, a guerra industrial de destruição entre as nações, a dissolução dos velhos costumes, das velhas relações familiares e das velhas nacionalidades.

No seu conteúdo positivo, porém, esse socialismo quer restabelecer os antigos meios de produção e de troca e, com eles, as velhas relações de propriedade e toda a antiga sociedade ou quer, de novo, encarcerar à força os modernos meios de produção e de troca no quadro das velhas relações de propriedade, que foram necessariamente destruídas por eles. Em ambos os casos é, ao mesmo tempo, reacionário e utópico.

Sistema corporativo na manufatura e economia patriarcal no campo — eis as suas últimas palavras.

Por fim, quando os teimosos fatos históricos dissiparam os efeitos embriagadores do autoengano, essa escola socialista abandonou-se a uma covarde ressaca.

c) O socialismo alemão ou o "verdadeiro" socialismo

A literatura socialista e comunista da França, nascida sob o peso de uma burguesia dominante e expressão literária contra esta dominação, foi introduzida na

Alemanha numa altura em que a burguesia iniciava a sua luta contra o absolutismo feudal.

Filósofos, meio-filósofos e beletristas alemães apossaram-se avidamente desta literatura, esquecendo apenas que, com a importação dos escritos franceses, não se importavam para a Alemanha as condições de vida da França. Confrontada com as condições alemãs, a literatura francesa perdeu todo significado prático imediato e assumiu uma feição puramente literária. Havia de aparecer como especulação ociosa sobre a realização da essência humana. Assim, para os filósofos alemães do século XVIII, as reivindicações da primeira revolução francesa só tinham o sentido de reivindicações da *razão prática* em geral e as expressões da vontade da burguesia revolucionária francesa significavam, aos seus olhos, as leis da vontade pura, da vontade como esta deve ser, da vontade verdadeiramente humana.

O trabalho dos literatos alemães consistiu exclusivamente em pôr as novas ideias francesas de acordo com a sua velha consciência filosófica, ou melhor, em apropriar-se das ideias francesas a partir da sua própria posição filosófica.

E esta apropriação processou-se do mesmo modo como uma pessoa se apropria de uma língua estrangeira — pela tradução.

Sabe-se que os monges escreveram hagiografias católicas insípidas sobre os manuscritos em que estavam registradas as obras clássicas da antiguidade pagã. Os literatos alemães procederam inversamente com a literatura profana francesa: escreveram os seus disparates filosóficos por baixo do original francês. Por exemplo: por baixo da crítica francesa às relações pecuniárias, escreveram "alienação da essência humana"; por baixo da crítica francesa ao Estado burguês, escreveram "superação do domínio da universalidade abstrata" e assim por diante.

A esta interpolação da fraseologia filosófica nas teorias francesas, denominaram eles "filosofia da ação", "socialismo verdadeiro", "ciência alemã do socialismo", "fundamentação filosófica do socialismo" etc.

A literatura socialista e comunista francesa foi, assim, absolutamente emasculada. E como, nas mãos dos alemães, tal literatura deixou de exprimir a luta de uma classe contra a outra, eles se felicitaram por vencer a "unilateralidade francesa" e defender não necessidades verdadeiras, mas a "necessidade da verdade", não os interesses dos proletários, mas os interesses da essência humana, do homem em geral, do homem que não pertence a nenhuma classe, que nem sequer pertence à realidade — o homem que só existe no céu nebuloso da fantasia filosófica.

Esse socialismo alemão, que tomou tão a sério, e tão solenemente, os seus canhestros exercícios escolares e que, qual um vendedor de feira, os trombeteou tão alto, foi perdendo aos poucos, no entanto, a sua inocência pedante.

A luta da burguesia alemã, principalmente a prussiana, contra os feudais e a monarquia absoluta — numa palavra, o movimento liberal —, tornou-se mais séria.

Ofereceu-se, assim, ao socialismo "verdadeiro" a tão desejada oportunidade de contrapor ao movimento político as reivindicações socialistas, de lançar os anátemas tradicionais contra o liberalismo, contra o Estado parlamentar, contra a concorrência burguesa, a liberdade burguesa de imprensa, o direito burguês, a liberdade e a igualdade burguesas e de pregar às massas populares que nada tinham a ganhar, antes tudo a perder, com este movimento burguês. O socialismo alemão esqueceu, oportunamente, que a crítica francesa, da qual não passava de um eco monótono, pressupunha a sociedade burguesa moderna, com as correspondentes condições materiais de vida e a adequada constituição política — aqueles mesmos pressupostos por cuja conquista se tratava então de lutar na Alemanha.

Esse socialismo serviu aos governos absolutos da Alemanha, com o seu cortejo de padres, mestres-escolas, fidalgotes e burocratas como espantalho contra a burguesia ameaçadoramente em ascensão.

Ele constituiu o complemento adocicado da terapêutica amarga de chibatadas e balas com que aqueles mesmos governos responderam às insurreições dos operários alemães.

Se o socialismo "verdadeiro", deste modo, tornou-se uma arma na mão dos governos contra a burguesia alemã, a verdade é que também expressou, imediatamente, um interesse reacionário: o interesse da pequena burguesia alemã. Na Alemanha, a pequena burguesia — legado do século XVI e que, desde então, vem se reproduzindo de formas diversas — é a verdadeira base social da situação vigente.

Mantê-la é manter a situação existente na Alemanha. Ela teme, com razão, arruinar-se com a dominação industrial e política da burguesia moderna — por um lado, em consequência da concentração do capital; por outro, pelo aparecimento de um proletariado revolucionário. O socialismo "verdadeiro" pareceu aos pequenos-burgueses capaz para matar os dois coelhos com uma só cajadada. Propagou-se como uma epidemia.

A roupagem tecida com os fios da especulação, bordada com flores de retórica beletrística e embebida no orvalho sufocantemente sentimental da alma, essa roupagem com que os socialistas alemães envolveram a sua meia dúzia de esqueléticas "verdades eternas" não fez mais que ativar a venda da sua mercadoria entre aquele público.

Por seu turno, o socialismo alemão reconheceu cada vez mais a sua vocação para ser o representante grandiloquente dessa pequena burguesia.

Proclamou a nação alemã como nação-modelo e o pequeno-burguês alemão como homem-modelo. Conferiu a todas as infâmias deste filisteu um sentido oculto, superior, socialista, que as tornava exatamente o contrário do que eram. Foi até às suas últimas consequências quando, enfrentando-se contra a orientação "brutalmente destrutiva" do comunismo, anunciou a sua imparcial sublimidade acima de todas as lutas de classes. Com raras exceções, o que na Alemanha circula de escritos pretensamente socialistas e comunistas pertence a esta literatura suja e degradante.[12]

2. O socialismo conservador ou burguês

Uma parte da burguesia deseja remediar os males sociais para assegurar a existência da sociedade burguesa.

A esta parte pertencem economistas, filantropos, humanitários, melhoradores da situação das classes trabalhadoras, organizadores da caridade, protetores dos animais, fundadores de ligas antialcoólicas, reformadores ocasionais dos mais variados. Esse socialismo burguês chegou a ser elaborado em sistemas completos — como exemplo, mencionamos a *Filosofia da miséria*, de Proudhon.

Os socialistas burgueses querem as condições de vida da sociedade moderna sem as lutas e perigos dela necessariamente decorrentes. Querem a sociedade existente, mas sem os elementos que a revolucionam e dissolvem. Querem a burguesia sem o proletariado. A burguesia, naturalmente, concebe o mundo em que domina como o melhor dos mundos. O socialismo burguês elabora em um sistema, mais ou menos completo, essa representação consoladora. Quando exorta o proletariado a realizar esses sistemas e a entrar na nova Jerusalém, no fundo só lhe pede que se mantenha na sociedade atual, mas desembaraçando-se do ódio que lhe devota.

Uma segunda forma desse socialismo, menos sistemática, porém mais prática, procura retirar à classe operária o gosto por todos os movimentos revolucionários, mostrando-lhe que só lhe pode ser útil não esta ou aquela mudança política — mas uma mudança nas condições materiais de vida e nas relações econômicas. Por "mudança nas condições materiais de vida", esse socialismo não compreende, de modo nenhum, a liquidação das relações de produção burguesas, só possível por via revolucionária; compreende melhorias administrativas que se processem sobre a base dessas relações burguesas, ou seja, que em nada alteram a relação entre capital e trabalho assalariado, servindo, no melhor dos casos, para reduzir os gastos da burguesia com seu domínio e para simplificar o trabalho administrativo do seu Estado.

O socialismo burguês só alcança uma expressão adequada quando passa a ser mera figura de retórica.

Livre comércio — no interesse da classe operária! Proteção alfandegária — no interesse da classe operária! Prisões celulares — no interesse da classe operária! Esta é a última palavra do socialismo burguês, e a única dita a sério.

O socialismo da burguesia consiste justamente na afirmação de que os burgueses são burgueses — no interesse da classe operária.

3. *O socialismo e o comunismo crítico-utópicos*

Não se trata, aqui, da literatura que, em todas as grandes revoluções modernas, exprime as reivindicações do proletariado (escritos de Babeuf etc.).

As primeiras tentativas do proletariado para impor diretamente o seu próprio interesse de classe, num tempo de agitação geral, no período da revolução que derrubou a sociedade feudal, fracassaram necessariamente por não estar ainda constituída a figura do próprio proletariado e também por faltarem as condições materiais da sua libertação, que são precisamente o produto da época burguesa. A literatura revolucionária que acompanhou estes primeiros movimentos do proletariado é, pelo conteúdo, forçosamente reacionária. Prega um ascetismo geral e um grosseiro igualitarismo.

Os sistemas propriamente socialistas e comunistas, os de Saint-Simon, Fourier, Owen etc., surgem no primeiro período, ainda não desenvolvido, da luta entre o proletariado e a burguesia, que descrevemos acima (ver "Burgueses e proletários").

Os inventores destes sistemas veem, na verdade, o antagonismo das classes, bem como a ação dos elementos de dissolução na própria sociedade existente. Mas não vislumbram, no proletariado, nenhuma atividade histórica, nenhum movimento político próprio.

Como o desenvolvimento do antagonismo entre as classes acompanha o desenvolvimento da indústria, eles tampouco identificam as condições materiais para a libertação do proletariado e procuram, para criar tais condições, uma ciência social e leis sociais.

A sua atividade inventiva pessoal tem de substituir a atividade social; condições fantásticas de emancipação têm de substituir as condições históricas; uma organização social imaginada por eles tem de substituir a organização progressiva do proletariado como classe. Para eles, a história mundial futura dissolveu-se na propaganda e na execução prática dos seus planos de organização social.

Têm, na verdade, a consciência de defender, antes de tudo, nos seus planos, o interesse da classe operária — mas o proletariado só existe como classe, para eles, enquanto a classe mais sofredora.

A forma pouco desenvolvida da luta de classes e a sua própria posição social os conduzem, porém, a se considerarem muito acima daquele antagonismo de classes. Querem melhorar as condições materiais de existência de todos os membros da sociedade, mesmo dos mais privilegiados. Por isto, apelam constantemente a toda a sociedade, sem distinções, e de preferência à classe dominante. Bastaria compreender seu sistema para nele reconhecer o melhor projeto possível para a melhor sociedade possível.

Donde o seu repúdio a toda ação política, especialmente a ação revolucionária. Pretendem atingir seus objetivos por via pacífica e procuram, com pequenas experiências naturalmente condenadas ao fracasso, abrir pela força do exemplo o caminho ao novo evangelho social.

A descrição fantástica da sociedade futura, numa altura em que o proletariado ainda se encontra muito pouco desenvolvido e por isto tem da sua própria posição uma concepção também fantástica, corresponde às primeiras aspirações proletárias, ainda vagas, a uma transformação completa da sociedade.

Mas os textos socialistas e comunistas também enfeixam elementos críticos. Atacam todos os fundamentos da sociedade existente — por isso, forneceram material altamente valioso para o esclarecimento dos operários. As suas proposições positivas sobre a sociedade futura — por exemplo: supressão do contraste entre cidade e campo, da família, do lucro privado, do trabalho assalariado; proclamação da harmonia social; transformação do Estado em mera administração da produção —, estas proposições apenas exprimem o desaparecimento do antagonismo entre as classes, antagonismo que então mal se esboçara e que esses autores só conhecem em suas formas imprecisas. Assim, estas proposições têm ainda um sentido puramente utópico.

A importância do socialismo e do comunismo crítico-utópicos é inversamente proporcional ao desenvolvimento histórico. Na medida em que a luta de classes se desenvolve e ganha formas mais definidas, o empenho em elevar-se acima dela e a oposição fantástica a ela perdem todo valor prático e toda justificação teórica. Por isto, se os autores desses sistemas foram, em muitos aspectos, revolucionários, a verdade é que os seus discípulos constituíram sempre seitas reacionárias. Em face do contínuo desenvolvimento histórico do proletariado, aferram-se às velhas concepções dos mestres. Procuram, portanto, e nisto são consequentes, atenuar a luta de classes e conciliar os antagonismos. Continuam ainda a sonhar com a realização, a título de experiências, das suas utopias sociais: fundação de falanstérios isolados, estabelecimento de colônias no interior do país, criação de uma pequena Icária[13] (edição em formato reduzido da nova Jerusalém) — e para a construção de todos esses castelos no ar têm de apelar à filantropia dos corações e das bolsas dos burgueses. Pouco a pouco, vão caindo na categoria dos socialistas reacionários ou conservadores acima retratados, deles só se distinguindo por um pedantismo mais sistemático e pela crença fanática nos efeitos milagreiros de sua ciência social.

Por isso, eles se opõem exasperadamente a todo movimento político dos operários, movimento que — em sua opinião — só pode decorrer de uma descrença cega no novo evangelho.

Assim, os owenistas, na Inglaterra, e os fourieristas, na França, reagem, respectivamente, contra os cartistas e os reformistas.[14]

IV. POSIÇÃO DOS COMUNISTAS DIANTE DOS DIFERENTES PARTIDOS DE OPOSIÇÃO

A partir do que expressamos no Capítulo II compreende-se imediatamente a relação dos comunistas com os partidos operários já constituídos e, por conseguinte, a sua relação com os cartistas, na Inglaterra, e com os reformadores agrários, na América do Norte.

Os comunistas lutam para realizar os fins e interesses imediatos da classe operária, mas representam, no movimento presente, o futuro do movimento. Na França, os comunistas aliam-se ao partido socialista democrático[15] contra a burguesia conservadora e radical, sem por isso abdicarem do direito de assumir uma atitude crítica diante da fraseologia e das ilusões oriundas da tradição revolucionária.

Na Suíça, os comunistas apoiam os radicais, sem esquecer que este partido é constituído por elementos contraditórios, em parte socialistas democráticos (no sentido francês), em parte burgueses radicais.

Entre os poloneses, os comunistas apoiam o partido que faz de uma revolução agrária a condição da libertação nacional, aquele mesmo partido que desencadeou a insurreição de Cracóvia, em 1846.[16]

Na Alemanha, o Partido Comunista luta ao lado da burguesia todas as vezes em que ela atua revolucionariamente — contra a monarquia absoluta, a propriedade feudal da terra e a pequena burguesia.

Mas em nenhum momento o Partido deixa de formar nos operários uma consciência o mais clara possível sobre o violento antagonismo entre burguesia e proletariado para que, na hora oportuna, os operários alemães saibam converter as condições sociais e políticas que o domínio burguês cria em outras tantas armas contra a burguesia, para que, depois da derrota das classes reacionárias na Alemanha, comece imediatamente a luta contra a própria burguesia.

É sobretudo para a Alemanha que os comunistas dirigem a sua atenção, porque a Alemanha está às vésperas de uma revolução burguesa e porque realizará esta revolução nas condições mais avançadas da civilização europeia e com um proletariado muito mais desenvolvido do que a Inglaterra no século XVII e a França no século XVIII — e porque a revolução burguesa alemã só poderá ser, portanto, o prelúdio imediato de uma revolução proletária.

Numa palavra, em toda a parte os comunistas apoiam todos os movimentos revolucionários contra as condições sociais e políticas existentes.

Em todos estes movimentos colocam em destaque, como a questão fundamental, a questão da propriedade, seja qual for a forma — mais ou menos desenvolvida — que ela possa ter assumido.

Por fim, em toda a parte, os comunistas trabalham pela união e pelo entendimento dos partidos democráticos de todos os países.

Os comunistas se recusam a dissimular as suas opiniões e os seus propósitos. Declaram abertamente que os seus objetivos só podem ser alcançados pela transformação violenta de toda a ordem social existente. Podem as classes dominantes tremer ante uma revolução comunista! Nela, os proletários nada têm a perder — exceto os seus grilhões. Têm um mundo a ganhar.

PROLETÁRIOS DE TODOS OS PAÍSES, UNI-VOS!

9. O fenômeno bonapartista*

---

*O texto que aqui se apresenta, sob titulação de responsabilidade do organizador deste volume, é um extrato da breve "história do golpe de Estado" de Luís Napoleão (o "pequeno Bonaparte" ou o "pequeno Napoleão") que Marx escreveu entre dezembro de 1851 e fevereiro de 1852 para um fracassado projeto jornalístico de seu amigo J. Weydemeyer nos Estados Unidos e que acabou sendo publicado na primavera de 1852 numa publicação mensal (*Die Revolution*). Extraído de K. Marx, *O 18 brumário e Cartas a Kugelmann* (Rio de Janeiro: Paz e Terra, 1969, pp. 110-126. Tradução de Leandro Konder). A edição de que foram retiradas as notas da redação (*N. da R.*) é a das *Werke* (Berlim: Dietz Verlag, vol. 8, 1960).

No umbral da Revolução de Fevereiro, a *república social* apareceu como uma frase, como uma profecia. Nas jornadas de junho de 1848 foi afogada no sangue do *proletariado de Paris*, mas ronda os subsequentes atos da peça como um fantasma. A *república democrática* anuncia o seu advento. A 13 de junho de 1849 é dispersada juntamente com sua *pequena burguesia*, que se pôs em fuga, mas que na corrida se vangloria com redobrada arrogância. A *república parlamentar*, juntamente com a burguesia, apossa-se de todo o cenário; goza a vida em toda a sua plenitude, mas o 2 de dezembro de 1851 a enterra sob o acompanhamento do grito de agonia dos monarquistas coligados: "Viva a República!"[1]

A burguesia francesa rebelou-se contra o domínio do proletariado trabalhador; levou ao poder o *lumpen-proletariado*, tendo à frente o chefe da Sociedade de 10 de Dezembro.[2] A burguesia conservava a França resfolegando de pavor ante os futuros terrores da anarquia vermelha; Bonaparte descontou para ela esse futuro quando, a 4 de dezembro, fez com que o exército da ordem, inspirado pela aguardente, fuzilasse em suas janelas os eminentes burgueses do Bulevar Montmartre e do Bulevar des Italiens. A burguesia fez a apoteose da espada; a espada a domina. Destruiu a imprensa revolucionária; sua própria imprensa foi destruída. Colocou as reuniões populares sob a vigilância da polícia; seus salões estão sob a vigilância da polícia. Dissolveu a Guarda Nacional democrática; sua própria Guarda Nacional foi dissolvida. Impôs o estado de sítio; o estado de sítio foi-lhe imposto. Substituiu os júris por comissões militares; seus júris são substituídos por comissões militares. Submeteu a educação pública ao domínio dos padres; os padres submetem-na à educação deles. Desterrou pessoas sem julgamento; está sendo desterrada sem julgamento. Reprimiu todos os movimentos da sociedade através do poder do Estado; todos os movimentos de sua sociedade são reprimidos pelo poder do Estado. Levada pelo amor à própria bolsa, rebelou-se contra seus políticos e homens de letras; seus políticos e homens de letras foram postos de lado, mas sua bolsa está sendo assaltada agora que sua boca foi amordaçada e sua pena quebrada. A burguesia não se cansava de gritar à revolução o que Santo Arsênio gritou aos cristãos: "*Fuge, tace, quiesce!*" (Foge, cala, sossega!) Agora é Bonaparte que grita à burguesia: "*Fuge, tace, quiesce!*"

A burguesia francesa há muito encontrara a solução para o dilema de Napoleão: *Dans cinquante ans l'Europe sera républicaine ou cosaque!*⁽³⁾ Encontrara a solução na "*république cosaque*". Nenhuma Circe,* por meio de encantamentos, transformara a obra de arte que era a república burguesa em um monstro. A república não perdeu senão a aparência de respeitabilidade. A França de hoje** já estava contida, em sua forma completa, na república parlamentar. Faltava apenas um golpe de baioneta para que a bolha arrebentasse e o monstro saltasse diante dos nossos olhos.

Por que o proletariado de Paris não se revoltou depois de 2 de dezembro?

A queda da burguesia mal fora decretada; o decreto ainda não tinha sido executado. Qualquer insurreição séria do proletariado teria imediatamente instilado vida nova à burguesia, a teria reconciliado com o exército e assegurado aos operários uma segunda derrota de junho.

A 4 de dezembro, o proletariado foi incitado à luta por burgueses e vendeiros. Naquela noite, várias legiões da Guarda Nacional prometeram aparecer, armadas e uniformizadas na cena da luta. Burgueses e vendeiros tinham tido notícia de que, em um de seus decretos de 2 de dezembro, Bonaparte abolira o voto secreto e ordenava que marcassem "sim" ou "não", adiante de seus nomes, nos registros oficiais. A resistência de 4 de dezembro intimidou Bonaparte. Durante a noite mandou que fossem colocados cartazes em todas as esquinas de Paris, anunciando a restauração do voto secreto. O burguês e o vendeiro imaginaram que haviam alcançado seu objetivo. Os que deixaram de comparecer na manhã seguinte foram o burguês e o vendeiro.

---

* Figura da mitologia grega que transformava homens em animais. (*N. do O.*)
** A França após o golpe de dezembro de 1851. (*N. do O.*)

Por meio de um *coup de main* durante a noite de 1º para 2 de dezembro Bonaparte despojara o proletariado de Paris de seus dirigentes, os comandantes das barricadas. Um exército sem oficiais, avesso a lutar sob a bandeira dos *montagnards* devido às recordações de junho de 1848 e 1849 e maio de 1850, deixou à sua vanguarda, as sociedades secretas, a tarefa de salvar a honra insurrecional de Paris. Esta Paris, a burguesia a abandonara tão passivamente à soldadesca, que Bonaparte pôde mais tarde apresentar zombeteiramente como pretexto para desarmar a Guarda Nacional o medo de que suas armas fossem voltadas contra ela própria pelos anarquistas!

"*C'est le triomphe complet et définitif du Socialisme!*"[4] Assim caracterizou Guizot o 2 de dezembro. Mas se a derrocada da república parlamentar encerra em si o germe da vitória da revolução proletária, seu resultado imediato e palpável foi *a vitória de Bonaparte sobre o parlamento, do poder executivo sobre o poder legislativo, da força sem frases sobre a força das frases*. No parlamento a nação tornou a lei a sua vontade geral, isto é, tornou sua vontade geral a lei da classe dominante. Renuncia, agora, ante o poder executivo, a toda vontade própria e submete-se aos ditames superiores de uma vontade estranha, curva-se diante da autoridade. O poder executivo, em contraste com o poder legislativo, expressa a heteronomia de uma nação, em contraste com sua autonomia. A França, portanto, parece ter escapado ao despotismo de uma classe apenas para cair sob o despotismo de um indivíduo e, o que é ainda pior, sob a autoridade de um indivíduo sem autoridade. A luta parece resolver-se da tal maneira que todas as classes, igualmente impotentes e igualmente mudas, caem de joelhos diante da culatra do fuzil.

Mas a revolução é profunda. Ainda está passando pelo purgatório. Executa metodicamente a sua tarefa. A 2 de dezembro concluíra a metade de seu trabalho preparatório; conclui agora a outra metade. Primeiro aperfeiçoou o poder do parlamento, a fim de poder derrubá-lo. Uma vez conseguido isso, aperfeiçoa o *poder executivo*, o reduz a sua expressão mais pura, isola-o, lança-o contra si próprio como o único alvo, a fim de concentrar todas as suas forças de destruição contra ele. E quando tiver concluído essa segunda metade de seu trabalho preliminar, a Europa se levantará de um salto e exclamará exultante: Belo trabalho, minha boa toupeira!*

Esse poder executivo, com sua imensa organização burocrática e militar, com sua engenhosa máquina do Estado, abrangendo amplas camadas com um exército de funcionários totalizando meio milhão, além de mais meio milhão de tropas regulares, esse tremendo corpo de parasitas, que envolve como uma teia o corpo da sociedade francesa e sufoca todos os seus poros, surgiu ao tempo da monarquia absoluta, com o declínio do sistema feudal, que contribuiu para apressar. Os privilégios senhoriais dos senhores de terras e das cidades transformaram-se em outros tantos atributos do poder do Estado, os dignitários feudais em funcionários pagos e o variegado mapa dos poderes absolutos medievais em conflito entre si no plano regular de um poder estatal cuja tarefa está dividida e centralizada como em uma fábrica. A primeira Revolução Francesa, em sua tarefa de quebrar todos os poderes independentes — locais, territoriais, urbanos e provinciais — a fim de estabelecer a unificação civil da nação, tinha forçosamente que desenvolver o que a monarquia absoluta começara: a centralização, mas ao mesmo tempo o âmbito, os atributos e os agentes do poder governamental. Napoleão aperfeiçoara essa máquina estatal. A monarquia legitimista e a monarquia de julho nada mais fizeram do que acrescentar maior divisão do trabalho, que crescia na mesma proporção em que a divisão do trabalho dentro da sociedade burguesa criava novos grupos de interesses e, por conseguinte, novo material para a administração do Estado. Todo interesse *comum* (*gemeinsame*) era imediatamente cortado da sociedade, contraposto a ela como um interesse superior, geral (*allgemeins*), retirado da atividade dos próprios membros da sociedade e transformado em objeto da atividade do governo, desde a ponte, o edifício da escola e a propriedade comunal de uma aldeia, até as estradas de ferro, a riqueza nacional e as universidades da França. Finalmente, em sua luta contra a revolução, a república parlamentar viu-se forçada a consolidar, juntamente com as medidas repressivas, os recursos e a centralização do poder governamental. Todas as revoluções aperfeiçoaram essa máquina, ao invés de

---

* Shakespeare, *Hamlet*, ato I, cena 5. (*N. do O.*)

destroçá-la. Os partidos que disputavam o poder encaravam a posse dessa imensa estrutura do Estado como o principal espólio do vencedor.

Mas sob a monarquia absoluta, durante a primeira Revolução, sob Napoleão, a burocracia era apenas o meio de preparar o domínio de classe da burguesia. Sob a Restauração, sob Luís Filipe, sob a república parlamentar, era o instrumento da classe dominante, por muito que lutasse por estabelecer seu próprio domínio.

Unicamente sob o segundo Bonaparte o Estado parece tornar-se completamente autônomo. A máquina do Estado consolidou a tal ponto a sua posição em face da sociedade civil que lhe basta ter à frente o chefe da Sociedade de 10 de Dezembro, um aventureiro surgido de fora, glorificado por uma soldadesca embriagada, comprada com aguardente e salsichas e que deve ser constantemente recheada de salsichas. Daí o pusilânime desalento, o sentimento de terrível humilhação e degradação que oprime a França e lhe corta a respiração. A França se sente desonrada.

E, não obstante, o poder estatal não está suspenso no ar. Bonaparte representa uma classe, e justamente a classe mais numerosa da sociedade francesa, os *pequenos* (*Parzellen*) *camponeses*.

Assim como os Bourbons representavam a grande propriedade territorial e os Orléans a dinastia do dinheiro, os Bonapartes são a dinastia dos camponeses, ou seja, da massa do povo francês. O eleito do campesinato não é o Bonaparte que se curvou ao parlamento burguês, mas o Bonaparte que o dissolveu. Durante três anos as cidades haviam conseguido falsificar o significado da eleição de 10 de dezembro e roubar aos camponeses a restauração do império. A eleição de 10 de dezembro de 1848 só se consumou com o golpe de Estado de 2 de dezembro de 1851.

Os pequenos camponeses constituem uma imensa massa, cujos membros vivem em condições semelhantes mas sem estabelecerem relações multiformes entre si. Seu modo de produção os isola uns dos outros, em vez de criar entre eles um intercâmbio mútuo. Esse isolamento é agravado pelo mau sistema de comunicações existente na França e pela pobreza dos camponeses. Seu campo de produção, a pequena propriedade, não permite qualquer divisão do trabalho para o cultivo, nenhuma aplicação de métodos científicos e, portanto, nenhuma diversidade de desenvolvimento, nenhuma variedade de talento, nenhuma riqueza de relações sociais. Cada família camponesa é quase autossuficiente; ela própria produz inteiramente a maior parte do que consome, adquirindo assim os meios de subsistência mais através de trocas com a natureza do que do intercâmbio com a sociedade. Uma pequena propriedade, um camponês e sua família; ao lado deles outra pequena propriedade, outro camponês e outra família. Algumas dezenas delas constituem uma aldeia, e algumas dezenas de aldeias constituem um departamento. A grande massa da nação francesa é, assim, formada pela simples adição de grandezas homólogas, da mesma maneira por que batatas em um saco constituem um saco de batatas. Na medida em que milhões de famílias camponesas vivem em condições econômicas que as separam umas das outras, e opõem o seu modo de vida, os seus interesses e sua cultura aos das outras classes da sociedade, estes milhões constituem uma classe. Mas na medida em que existe entre os pequenos camponeses apenas uma ligação local e em que a similitude de seus interesses não cria entre eles comunidade alguma, ligação nacional alguma, nem organização política, nessa exata medida não constituem uma classe. São, consequentemente, incapazes de fazer valer seu interesse de classe em seu próprio nome, quer através de um parlamento, quer através de uma convenção. Não podem representar-se, têm que ser representados. Seu representante tem, ao mesmo tempo, que aparecer como seu senhor, como autoridade sobre eles, como um poder governamental ilimitado que os protege das demais classes e que do alto lhes manda o sol ou a chuva. A influência política dos pequenos camponeses, portanto, encontra sua expressão final no fato de que o poder executivo submete ao seu domínio a sociedade.

A tradição histórica originou nos camponeses franceses a crença no milagre de que um homem chamado Napoleão restituiria a eles toda a glória passada. E surgiu um indivíduo que se faz passar por esse homem porque carrega o nome de Napoleão, em virtude do *Code Napoléon*,[5] que estabelece: "*La recherche de la paternité est interdite*"[6] Depois de vinte anos de vagabundagem e depois de uma série de aventuras grotescas, a lenda se consuma e o homem se torna Imperador dos franceses. A ideia fixa do sobrinho realizou-se porque coincidia com a ideia fixa da classe mais numerosa do povo francês.

Mas, pode-se objetar: e os levantes camponeses na metade da França, as investidas do exército contra os camponeses, as prisões e deportações em massa de camponeses?

A França não experimentara, desde Luís XIV, uma semelhante perseguição de camponeses "por motivos demagógicos".

É preciso que fique bem claro. A dinastia de Bonaparte representa não o camponês revolucionário, mas o conservador; não o camponês que luta para escapar às condições de sua existência social, a pequena propriedade, mas antes o camponês que quer consolidar sua propriedade; não a população rural que, ligada à das cidades, quer derrubar a velha ordem de coisas por meio de seus próprios esforços, mas, pelo contrário, aqueles que, presos por essa velha ordem em um isolamento embrutecedor, querem ver-se a si próprios e suas propriedades salvos e beneficiados pelo fantasma do Império. Bonaparte representa não o esclarecimento, mas a superstição do camponês; não o seu bom senso, mas o seu preconceito; não o seu futuro, mas o seu passado; não a sua moderna Cevènnes,[7] mas a sua moderna Vendée.[8]

Os três anos de rigoroso domínio da república parlamentar haviam libertado uma parte dos camponeses franceses da ilusão napoleônica, revolucionando-os ainda que apenas superficialmente; mas os burgueses reprimiam-nos violentamente, cada vez que se punham em movimento. Sob a república parlamentar, a consciência moderna e a consciência tradicional do camponês francês disputaram a supremacia. Esse progresso tomou a forma de uma luta incessante entre os mestres-escola e os padres. A burguesia derrotou os mestres-escola. Pela primeira vez, os camponeses fizeram esforços para se comportarem independentemente em face da atuação do governo. Isto se manifestava no conflito contínuo entre os *maires* e os prefeitos. A burguesia depôs os *maires*. Finalmente, durante o período da república parlamentar, os camponeses de diversas localidades levantaram-se contra sua própria obra, o exército. A burguesia castigou-os com estados de sítio e expedições punitivas. E essa mesma burguesia clama agora contra a estupidez das massas, contra a *"vile multitude"*,[9] que a traiu em favor de Bonaparte. Ela própria forçou a consolidação das simpatias do campesinato pelo Império e manteve as condições que originam essa religião camponesa. A burguesia, é bem verdade, deve forçosamente temer a estupidez das massas enquanto essas se mantêm conservadoras, assim como a sua clarividência, tão logo se tornam revolucionárias.

Nos levantes ocorridos depois do golpe de Estado, uma parte dos camponeses franceses protestou de armas na mão contra o resultado de seu próprio voto a 10 de dezembro de 1848. A experiência adquirida desde aquela data abrira-lhes os olhos. Mas tinham entregado a alma às forças infernais da história; a história obrigou-os a manter a palavra empenhada, e a maioria estava ainda tão cheia de preconceitos que justamente nos departamentos mais vermelhos a população camponesa votou abertamente em favor de Bonaparte. Em sua opinião, a Assembleia Nacional impedira a marcha de Bonaparte. Este limitara-se agora a romper as cadeias que as cidades haviam imposto à vontade do campo. Em algumas localidades, os camponeses chegaram a abrigar a ideia ridícula de uma Convenção lado a lado com Napoleão.

Depois que a primeira revolução transformara os camponeses de seu estado de semisservidão em proprietários livres, Napoleão confirmou e regulamentou as condições sob as quais podiam dedicar-se à exploração do solo francês que acabava de lhes ser distribuído e saciar sua ânsia juvenil de propriedade. Mas o que, agora, provoca a ruína do camponês francês é precisamente a própria pequena propriedade, a divisão da terra, a forma de propriedade que Napoleão consolidou na França; justamente as condições materiais que transformaram o camponês feudal em camponês proprietário e Napoleão em imperador. Duas gerações bastaram para produzir o resultado inevitável: o arruinamento progressivo da agricultura, o endividamento progressivo do agricultor. A forma "napoleônica" de propriedade, que no princípio do século dezenove constituía a condição para a libertação e enriquecimento do camponês francês, desenvolveu-se no decorrer desse século na lei de sua escravização e pauperização. E esta, precisamente, é a primeira das "*idées napoléoniennes*" que o segundo Bonaparte tem que defender. Se ele ainda compartilha com os camponeses a ilusão de que a causa da ruína deve ser procurada, não na pequena propriedade em si, mas fora dela, na influência de circunstâncias secundárias, suas experiências arrebentarão como bolhas de sabão quando entrarem em contato com as relações de produção.

O desenvolvimento econômico da pequena propriedade modificou radicalmente a relação dos camponeses para com as demais classes da sociedade. Sob Napoleão, a fragmentação da terra no interior suplementava a livre concorrência e o começo da grande indústria nas cidades. O campesinato era o protesto ubíquo contra a aristocracia dos senhores de terra que acabara de ser derrubada. As raízes que a pequena propriedade estabeleceu no solo francês privaram o feudalismo de qualquer meio de subsistência. Seus marcos formavam as fortificações naturais da burguesia contra qualquer ataque de surpresa por parte de seus antigos senhores. Mas, no decorrer do século dezenove, os senhores feudais foram substituídos pelos usurários urbanos, o imposto feudal referente à terra foi substituído pela hipoteca; a aristocrática propriedade territorial foi substituída pelo capital burguês. A pequena propriedade do camponês é agora o único pretexto que permite ao capitalista retirar lucros, juros e renda do solo, ao mesmo tempo que deixa ao próprio lavrador o cuidado de obter o próprio salário como puder. A dívida hipotecária que pesa sobre o solo francês impõe ao campesinato o pagamento de uma soma de juros equivalentes aos juros anuais do total da dívida nacional britânica. A pequena propriedade, nesse escravizamento ao capital a que seu desenvolvimento inevitavelmente conduz, transformou a massa da nação francesa em trogloditas. Dezesseis milhões de camponeses (inclusive mulheres e crianças) vivem em antros, a maioria dos quais só dispõe de uma abertura, outros apenas duas e os mais favorecidos apenas três. E as janelas são para uma casa o que os cinco sentidos são para a cabeça. A ordem burguesa, que no princípio do século pôs o Estado para montar guarda sobre a recém-criada pequena propriedade e premiou-a com lauréis, tornou-se um vampiro que suga seu sangue e sua medula, atirando-o no caldeirão alquimista do capital. O *Code Napoléon* já não é mais do que um código de arrestos, vendas forçadas e leilões obrigatórios. Aos quatro milhões (inclusive crianças etc.), oficialmente reconhecidos, de mendigos, vagabundos, criminosos e prostitutas da França devem ser somados cinco milhões que pairam à margem da vida e que ou têm seu pouso no próprio campo ou, com seus molambos e seus filhos, constantemente abandonam o campo pelas cidades e as cidades pelo campo. Os interesses dos camponeses, portanto, já não estão mais, como ao tempo de Napoleão, em consonância, mas sim em oposição com os interesses da burguesia, do capital. Por isso os camponeses encontram seu aliado e dirigente natural no *proletariado urbano*, cuja tarefa é derrubar o regime burguês. Mas o *governo forte e absoluto* — e esta é a segunda "*idée napoléonienne*" que o segundo Napoleão tem que executar — é chamado a defender pela força essa ordem "material". Essa "*ordre matériel*" serve também de mote em todas as proclamações de Bonaparte contra os camponeses rebeldes.

    Além da hipoteca que lhe é imposta pelo capital, a pequena propriedade está ainda sobrecarregada de *impostos*. Os impostos são a fonte de vida da burocracia, do exército, dos padres e da corte, em suma, de toda a máquina do poder executivo. Governo forte e impostos fortes são coisas idênticas. Por sua própria natureza, a pequena propriedade forma uma base adequada a uma burguesia todo-poderosa e inumerável. Cria um nível uniforme de relações e de pessoas sobre toda a superfície do país. Daí permitir também a influência de uma pressão uniforme, exercida de um centro supremo, sobre todos os pontos dessa massa uniforme. Aniquila as gradações intermediárias da aristocracia entre a massa do povo e o poder do Estado. Provoca, portanto, de todos os lados, a ingerência direta desse poder do Estado e a interposição de seus órgãos imediatos. Finalmente, produz um excesso de desempregados para os quais não há lugar nem no campo nem nas cidades, e que tentam portanto obter postos governamentais como uma espécie de esmola respeitável, provocando a criação de postos do governo. Com os novos mercados que abriu a ponta de baioneta, com a pilhagem do continente, Napoleão devolveu com juros os impostos compulsórios. Esses impostos serviam de incentivo à laboriosidade dos camponeses, ao passo que agora despojam seu trabalho de seus últimos recursos e completam sua incapacidade de resistir ao pauperismo. E uma vasta burguesia, bem engalanada e bem alimentada, é a "*idée napoléonienne*" mais do agrado do segundo Bonaparte. Como poderia ser de outra maneira, visto que ao lado das classes existentes na sociedade ele é forçado a criar uma casta artificial, para a qual a manutenção do seu regime se transforma em uma questão de subsistência? Uma das suas primeiras operações financeiras, portanto, foi elevar os salários dos funcionários ao nível anterior e criar novas sinecuras.

    Outra "*idée napoléonienne*" é o domínio dos *padres* como instrumento de governo. Mas em sua harmonia com a sociedade, em sua dependência das forças naturais e em sua submissão à autoridade que a protegia de cima, a pequena propriedade recém-criada era naturalmente religiosa; a pequena propriedade arruinada pelas dívidas em franca divergência com a sociedade e com a autoridade e impelida para além de suas limitações torna-se naturalmente irreligiosa.

O céu era um acréscimo bastante agradável à estreita faixa de terra recém-adquirida, tanto mais quanto dele dependiam as condições meteorológicas; mas se converte em insulto assim que se tenta impingi-lo como substituto da pequena propriedade. O padre aparece então como mero mastim ungido da polícia terrena — outra *"idée napoléonienne"*. Da próxima vez, a expedição contra Roma terá lugar na própria França, mas em sentido oposto ao do Sr. de Montalembert.

Finalmente, o ponto culminante das *"idées napoléoniennes"* é a preponderância do *exército*. O exército era o *point d'honneur*[10] dos pequenos camponeses, eram eles próprios transformados em heróis, defendendo suas novas propriedades contra o mundo exterior, glorificando sua nacionalidade recém-adquirida, pilhando e revolucionando o mundo. A farda era seu manto de poder; a guerra, a sua poesia; a pequena propriedade, ampliada e alargada na imaginação, a sua pátria, e o patriotismo a forma ideal do sentimento da propriedade. Mas os inimigos contra os quais o camponês francês tem agora que defender sua propriedade não são os cossacos; são os *huissiers*[11] e os agentes do fisco. A pequena propriedade não mais está abrangida no que se chama pátria, e sim no registro das hipotecas. O próprio exército já não é a flor da juventude camponesa; é a flor do pântano do *lumpenproletariado* camponês. Consiste em grande parte em *remplaçants*,[12] em substitutos, do mesmo modo por que o próprio Bonaparte é apenas um *remplaçant*, um substituto de Napoleão. Seus feitos heroicos consistem agora em caçar camponeses em massa, como antílopes, em servir de gendarme, e se as contradições internas de seu sistema expulsarem o chefe da Sociedade de 10 de Dezembro para fora das fronteiras da França, seu exército, depois de alguns atos de banditismo, colherá não louros, mas açoites.

Como vemos: todas as *"idées napoléoniennes"* são *ideias da pequena propriedade, incipiente, no frescor da juventude*; para a pequena propriedade na fase da velhice constituem um absurdo. Não passam de alucinações de sua agonia, palavras que são transformadas em frases, espíritos transformados em fantasmas. Mas a paródia do império era necessária para libertar a massa da nação francesa do peso da tradição e para desenvolver em forma pura a oposição entre o poder do Estado e a sociedade. Com a ruína progressiva da pequena propriedade, desmorona-se a estrutura do Estado erigida sobre ela. A centralização do Estado, de que necessita a sociedade moderna, só surge das ruínas da máquina governamental burocrático-militar forjada em oposição ao feudalismo.[13]

A situação dos camponeses franceses nos fornece a resposta ao enigma das *eleições de 20 e 21 de dezembro*, que levaram o segundo Bonaparte ao topo do Monte Sinai, não para receber leis, mas para ditá-las.

Evidentemente, a burguesia não tinha agora outro jeito senão eleger Bonaparte. Quando os puritanos, no Concílio de Constança,* queixavam-se da vida dissoluta a que se entregavam os papas e se afligiam sobre a necessidade de uma reforma moral, o cardeal Pierre d'Ailly bradou-lhes com veemência: "Quando só o próprio demônio pode ainda salvar a Igreja Católica, vós apelais para os anjos." De maneira semelhante, depois do golpe de Estado, a burguesia francesa gritava: Só o chefe da Sociedade de 10 de Dezembro pode salvar a sociedade burguesa! Só o roubo pode salvar a propriedade; o perjúrio, a religião: a bastardia, a família; a desordem, a ordem!

Como autoridade executiva que se tornou um poder independente, Bonaparte considera sua missão salvaguardar "a ordem burguesa". Mas a força dessa ordem burguesa está na classe média. Ele se afirma, portanto, como representante da classe média e promulga decretos nesse sentido. Não obstante, ele só é alguém devido ao fato de ter quebrado o poder político dessa classe média e de quebrá-lo novamente todos os dias. Consequentemente, afirma-se como o adversário do poder político e literário da classe média. Mas ao proteger seu poder material, gera novamente o seu poder político. A causa deve, portanto, ser mantida viva; o efeito, porém, onde se manifesta, tem que ser liquidado. Mas isso não pode se dar sem ligeiras confusões de causa e efeito, pois em sua mútua influência ambos perdem seus característicos distintivos. Daí novos decretos que apagam a linha divisória. Diante da burguesia, Bonaparte se considera ao mesmo tempo representante dos camponeses e do povo em geral, que deseja tornar as classes mais baixas do povo felizes dentro da estrutura da sociedade burguesa. Daí novos decretos que roubam de antemão aos "verdadeiros socialistas" sua arte de governar. Mas, acima de tudo, Bonaparte considera-se o chefe da Sociedade de 10 de Dezembro, representante do *lumpen-proletariado* a que pertencem ele próprio, seu *entourage*,[14] seu

---

* No Concílio de Constança (1414-1418) a hierarquia católica procurou reforçar a unidade da Igreja, ameaçada pelo emergente reformismo. (*N. do O.*)

governo e seu exército, e cujo interesse primordial é colher benefícios e retirar prêmios da loteria da Califórnia do tesouro do Estado. E sustenta sua posição de chefe da Sociedade de 10 de Dezembro com decretos, sem decretos e apesar dos decretos.

Essa tarefa contraditória do homem explica as contradições do seu governo, esse confuso tatear que ora procura conquistar, ora humilhar primeiro uma classe depois outra e alinha todas elas uniformemente contra ele; essa insegurança prática constitui um contraste altamente cômico com o estilo imperioso e categórico de seus decretos governamentais, estilo copiado fielmente do tio.

A indústria e o comércio e, portanto, os negócios da classe média, deverão prosperar em estilo de estufa sob o governo forte. São feitas inúmeras concessões ferroviárias. Mas o *lumpen-proletariado* bonapartista tem que enriquecer. Os iniciados fazem *tripotage*[15] na Bolsa com as concessões ferroviárias. Obriga-se ao Banco a conceder adiantamentos contra ações ferroviárias. Mas o Banco tem ao mesmo tempo que ser explorado para fins pessoais, e tem portanto que ser bajulado. Dispensa-se o Banco da obrigação de publicar relatórios semanais. Acordo leonino do Banco com o governo. É preciso dar trabalho ao povo. Obras públicas são iniciadas. Mas as obras públicas aumentam os encargos do povo no que diz respeito a impostos. Reduzem-se portanto as taxas mediante um massacre sobre os *rentiers*,[16] mediante a conversão de títulos de cinco por cento em títulos de quatro e meio por cento. Mas a classe média tem mais uma vez que receber um *douceur*.[17] Duplica-se, portanto, o imposto do vinho para o povo, que o adquire em *détail*,[18] e reduz-se à metade o imposto do vinho para a classe média, que o bebe *en gros*.[19] As uniões operárias existentes são dissolvidas, mas prometem-se milagres de união para o futuro. Os camponeses têm que ser auxiliados. Bancos hipotecários facilitam o seu endividamento e aceleram a concentração da propriedade. Mas esses bancos devem ser utilizados para tirar dinheiro das propriedades confiscadas à Casa de Orléans. Nenhum capitalista quer concordar com essa condição, que não consta do decreto, e o banco hipotecário fica reduzido a um mero decreto etc. etc.

Bonaparte gostaria de aparecer como o benfeitor patriarcal de todas as classes. Mas não pode dar a uma classe sem tirar de outra. Assim como no tempo da Fronda dizia-se do duque de Guise que ele era o homem mais *obligeant*[20] da França porque convertera todas as suas propriedades em compromissos de seus partidários para com ele, Bonaparte queria passar como o homem mais *obligeant* da França e transformar toda a propriedade, todo o trabalho da França em obrigação pessoal para com ele. Gostaria de roubar a França inteira a fim de poder entregá-la de presente à França, ou melhor, a fim de poder comprar novamente a França com dinheiro francês, pois como chefe da Sociedade de 10 de Dezembro tem que comprar o que devia pertencer-lhe. E todas as instituições do Estado, o Senado, o Conselho de Estado, o legislativo, a Legião de Honra, as medalhas dos soldados, os banheiros públicos, os serviços de utilidade pública, as estradas de ferro, o *état major*[21] da Guarda Nacional com a exceção das praças e as propriedades confiscadas à Casa de Orléans — tudo se torna parte da instituição do suborno. Todo posto do exército ou na máquina do Estado converte-se em meio de suborno. Mas a característica mais importante desse processo, pelo qual a França é tomada para que lhe possa ser entregue novamente, são as porcentagens que vão ter aos bolsos do chefe e dos membros da Sociedade de 10 de Dezembro durante a transação. O epigrama com o qual a condessa L., amante do Sr. de Morny, caracterizou o confisco das propriedades da Casa de Orléans: *"C'est le premier vol*[22] *de l'aigle"*[23] pode ser aplicado a todos os voos desta *águia*, que mais se assemelha a um *abutre*. Tanto ele como seus adeptos gritam diariamente uns para os outros, como aquele cartuxo italiano que admoestava o avarento que, com ostentação, contava os bens que ainda poderiam sustentá-lo por muitos anos: *"Tu fai conto sopra i beni, bisogna prima far il conto sopra gli anni"*.[24] Temendo se enganarem no cômputo dos anos, contam os minutos. Um bando de patifes abre caminho para si na corte, nos ministérios, nos altos postos do governo e do exército, uma malta cujos melhores elementos, é preciso que se diga, ninguém sabe de onde vieram, uma *bohême* barulhenta, desmoralizada e rapace, que se enfia nas túnicas guarnecidas de alamares com a mesma dignidade grotesca dos altos dignitários de Soulouque. Pode-se fazer uma ideia perfeita dessa alta camada da Sociedade de 10 de Dezembro quando se reflete que *Véron-Crevel*[25] é o seu moralista e *Granier de Cassagnac* o seu pensador. Quando Guizot, durante o seu ministério, utilizou-se desse Granier em um jornaleco dirigido contra a oposição dinástica, costumava exaltá-lo com esta tirada: *"C'est le roi des drôles"*, "é o rei dos palhaços". Seria injusto recordar a Regência ou Luís XV com referência à corte de Luís Bonaparte ou a sua camarilha. Pois "a França já tem passado com frequência por um governo de favoritos; mas nunca antes por um governo de *hommes entretenus*".[26]

Impelido pelas exigências contraditórias de sua situação e estando ao mesmo tempo, como um prestidigitador, ante a necessidade de manter os olhares do público fixados sobre ele, como substituto de Napoleão, por meio de surpresas constantes, isto é, ante a necessidade de executar diariamente um golpe de Estado em miniatura, Bonaparte lança a confusão em toda a economia burguesa, viola tudo que parecia inviolável à Revolução de 1848, torna alguns tolerantes em face da revolução, outros desejosos de revolução, e produz uma verdadeira anarquia em nome da ordem, ao mesmo tempo que despoja de seu halo toda a máquina do Estado, profana-a e torna-a ao mesmo tempo desprezível e ridícula. O culto do Manto Sagrado de Treves,[27] ele o repete em Paris sob a forma do culto do manto imperial de Napoleão. Mas quando o manto imperial cair finalmente sobre os ombros de Luís Bonaparte, a estátua de bronze de Napoleão ruirá do topo da Coluna Vendôme.

10. Introdução [a *Crítica da economia política*]*⁽¹⁾

---

*Este texto, redigido entre agosto e setembro de 1857 e publicado em 1903 — cf. a nota 1 à p. 472 deste volume —, constitui a abertura dos célebres manuscritos marxianos de 1857/1858, só divulgados integralmente pela primeira vez, ainda que em edição imperfeita, em 1939/1941. Sua decisiva importância é reconhecida por todos os estudiosos da obra de Marx. Extraído de K. Marx, *Para a crítica da economia política. Salário, preço e lucro. O rendimento e suas fontes* (São Paulo: Abril Cultural, 1982, pp. 3-21. Tradução de Edgard Malagodi, com a colaboração de José Arthur Giannotti). A edição alemã mencionada em algumas notas é a da Dietz Verlag, de Berlim, 1972, vol. XIII das *Marx-Engels Werke*.

I — PRODUÇÃO, CONSUMO, DISTRIBUIÇÃO, TROCA (CIRCULAÇÃO)

1. Produção

a) O objeto deste estudo é, em primeiro lugar, a *produção material*.

Indivíduos produzindo em sociedade, portanto a produção dos indivíduos determinada socialmente, é por certo o ponto de partida. O caçador e o pescador, individuais e isolados, de que partem Smith e Ricardo, pertencem às pobres ficções das robinsonadas do século XVIII. Estas não expressam, de modo algum — como se afigura aos historiadores da Civilização —, uma simples reação contra os excessos de requinte e um retorno mal compreendido a uma vida natural. Do mesmo modo, o *contrat social* de Rousseau, que relaciona e liga sujeitos independentes por natureza, por meio de um contrato, tampouco repousa sobre tal naturalismo. Essa é a aparência, aparência puramente estética, das pequenas e grandes robinsonadas. Trata-se, ao contrário, de uma antecipação da "sociedade" (*bürgerlichen Gesellschaft*), que se preparava desde o século XVI, e no século XVIII deu larguíssimos passos em direção à sua maturidade. Nessa sociedade da livre concorrência, o indivíduo aparece desprendido dos laços naturais que, em épocas históricas remotas, fizeram dele um acessório de um conglomerado humano limitado e determinado. Os profetas do século XVIII, sobre cujos ombros se apoiam inteiramente Smith e Ricardo, imaginam esse indivíduo do século XVIII — produto, por um lado, da decomposição das formas feudais de sociedade e, por outro, das novas forças de produção que se desenvolvem a partir do século XVI — como um ideal, que teria existido no passado. Veem-no não como um resultado histórico, mas como ponto de partida da História, porque o consideravam como um indivíduo conforme à natureza — dentro da representação que tinham de natureza humana —, que não se originou historicamente, mas foi posto como tal pela natureza. Essa ilusão tem sido partilhada por todas as novas épocas, até o presente. Steuart, que em muitos aspectos se opõe ao século XVIII e que na sua condição de aristocrata se situa mais sobre o terreno histórico, escapou dessa ingenuidade.

Quanto mais se recua na História, mais dependente aparece o indivíduo, e portanto, também o indivíduo produtor, e mais amplo é o conjunto a que pertence. De início, este aparece de um modo ainda muito natural, numa família e numa tribo, que é família ampliada; mais tarde, nas diversas formas de comunidade resultantes do antagonismo e da fusão das tribos. Só no século XVIII, na "sociedade burguesa", as diversas formas do conjunto social passaram a apresentar-se ao indivíduo como simples meio de realizar seus fins privados, como necessidade exterior. Todavia, a época que produz esse ponto de vista, o do indivíduo isolado, é precisamente aquela na qual as relações sociais (e, desse ponto de vista, gerais) alcançaram o mais alto grau de desenvolvimento. O homem é, no sentido mais literal, um *zoon politikon*,[2] não só animal social, mas animal que só pode isolar-se em sociedade. A produção do indivíduo isolado fora da sociedade — uma raridade, que pode muito bem acontecer a um homem civilizado transportado por acaso para um lugar selvagem, mas levando consigo já, dinamicamente, as forças da sociedade — é uma coisa tão absurda como o desenvolvimento da linguagem sem indivíduos que vivam *juntos* e falem entre si. É inútil deter-se mais tempo sobre isso. Nem sequer seria necessário tocar nesse ponto se essa banalidade que teve sentido e razão entre os homens do século XVIII não fosse seriamente reintroduzida na mais moderna Economia por Bastiat, Carey, Proudhon etc. Para Proudhon e alguns outros, parece, por certo, agradável deduzir a origem de uma relação econômica, cuja gênese histórica ignoram, de uma maneira histórico-filosófica, que lhes permite o recurso à mitologia, e dizer que as ideias surgiram de modo acabado na mente de Adão ou Prometeu, e postas em uso. Nada é mais aborrecedor e árido do que o *locus communis* (lugar-comum) disfarçado.

Quando se trata, pois, de produção, trata-se da produção em um grau determinado do desenvolvimento social, da produção dos indivíduos sociais. Por isso, poderia parecer que ao falar da produção em geral seria preciso quer seguir o processo de desenvolvimento e suas diferentes fases, quer declarar desde o primeiro momento que se trata de *uma* determinada época histórica, da produção burguesa moderna, por exemplo, que propriamente constitui o nosso tema. Mas todas as épocas da produção têm certas características comuns, certas determinações comuns. A *produção em geral* é uma abstração, mas uma abstração razoável na medida em que, efetivamente sublinhando e precisando os traços comuns, poupa-nos a repetição. Esse caráter geral, contudo, ou esse elemento comum, que se destaca através da comparação, é ele próprio um conjunto complexo, um conjunto de determinações diferentes e divergentes. Alguns desses elementos comuns pertencem a todas as épocas, outros apenas são comuns a poucas. Certas determinações serão comuns à época mais moderna e à mais antiga. Sem elas não se poderia conceber nenhuma produção, pois se as linguagens mais desenvolvidas têm leis e determinações comuns às menos desenvolvidas, o que constitui seu desenvolvimento é o que as diferencia desses elementos gerais e comuns. As determinações que valem para a produção em geral devem ser precisamente separadas, a fim de que não se esqueça a diferença essencial por causa da unidade, a qual decorre já do fato de que o sujeito — a humanidade — e o objeto — a natureza — são os mesmos. Esse esquecimento é responsável por toda a sabedoria dos economistas modernos que pretendem provar a eternidade e a harmonia das relações sociais existentes no seu tempo. Por exemplo, não há produção possível sem um instrumento de produção; seja esse instrumento apenas a mão. Não há produção possível sem trabalho passado, acumulado; seja esse trabalho a habilidade que o exercício repetido desenvolveu e fixou na mão do selvagem. Entre outras coisas, o capital é também um instrumento de produção, é também trabalho passado e objetivado. Logo, o capital é uma relação natural, universal e eterna. Mas o é com a condição de deixar de lado precisamente o que é específico, o que transforma o "instrumento de produção" "trabalho acumulado" em capital. Assim toda a história das relações de produção aparece em Carey, por exemplo, como uma falsificação instigada maldosamente pelos governos.

Se não existe uma produção em geral, também não pode haver produção geral. A produção é sempre um ramo *particular* da produção — por exemplo, a agricultura, a pecuária, a manufatura etc. —, ou ela é *totalidade*. Mas a Economia Política não é tecnologia. Será preciso desenvolver em outro lugar (mais tarde) a relação entre as determinações gerais da produção, num dado grau social, e as formas particulares da produção.

Finalmente a produção também não é apenas uma produção particular, mas é sempre, ao contrário, certo corpo social, sujeito social, que exerce sua atividade numa totalidade maior ou menor de ramos da produção. Também não é este ainda o lugar adequado para tratar da relação que existe entre a apresentação científica e o movimento real. [Temos que distinguir] entre a produção em geral, os ramos de produção particulares e a totalidade da produção.

Está na moda entre os economistas começar por uma parte geral, precisamente a que figura sob o título de "Produção" (veja-se, por exemplo, J. Stuart Mill), em que são tratadas as *condições gerais* de toda produção. Esta parte consiste, ou pretende-se que consista, em:

1 — nas condições sem as quais a produção não é possível, o que de fato se reduz somente à indicação dos momentos essenciais de toda produção. Limita-se, com efeito, como veremos, a certo número de determinações muito simples, repetidas em vulgares tautologias;

2 — nas condições que dão maior ou menor intensidade à produção, como, por exemplo, em Adam Smith, o estado progressivo ou estagnado da sociedade. Para dar um caráter científico àquilo que, na sua obra, vale como esboço, seria necessário estudar os períodos dos diversos *graus de produtividade* no decurso do desenvolvimento dos diferentes povos — estudo que ultrapassa os limites propriamente ditos do nosso tema, mas que, na medida em que nele se enquadra, será exposto na parte referente à concorrência, à acumulação etc. Formulada de uma maneira geral, a resposta conduz à generalidade de que um povo atinge o apogeu de sua produção no momento em que alcança em geral seu apogeu histórico. Efetivamente, um povo se encontra em seu apogeu industrial enquanto o principal para ele não seja o ganho, mas o processo de ganhar. Nesse sentido, os ianques superam os ingleses. Ou também isto: certas raças, certas disposições, certos climas e certas condições naturais, tais como estar ao lado do mar, a fertilidade do solo etc., são mais favoráveis do que outras para a produção. O que conduz, de novo, à tautologia de que a riqueza se produz com tanta maior facilidade conforme seus elementos, subjetiva e objetivamente, existam em maior proporção.

Mas isso ainda não é tudo o que, efetivamente, preocupa os economistas nesta parte geral. Trata-se, antes, de representar a produção — veja, por exemplo, Mill — diferentemente da distribuição, como regida por leis naturais, eternas, independentes da História: e nessa oportunidade insinuam-se dissimuladamente relações *burguesas* como leis naturais, imutáveis, da sociedade *in abstracto*. Essa é a finalidade mais ou menos consciente de todo o procedimento. Na distribuição, ao contrário, os homens permitir-se-iam, de fato, toda classe de arbitrariedade. Abstraindo a brutal disjunção da produção e da distribuição, e de sua relação efetiva, é de todo evidente, à primeira vista, que por diversificada que possa ser a distribuição nos diferentes graus da sociedade, deve ser possível tanto nesta como na produção buscar determinações comuns, do mesmo modo que é possível confundir e extinguir todas as diferenças históricas em leis *geralmente humanas*. O escravo, o servo, o operário assalariado, por exemplo, recebem todos uma quantia de alimentos que lhes permite existirem como escravo, servo, operário assalariado. Enquanto vivam, o conquistador de tributo, o funcionário de impostos, o proprietário fundiário da renda, o frade de esmolas, e o levita dos dízimos, todos recebem uma cota da produção social, cota que é determinada por leis distintas da dos escravos etc. Os dois pontos principais, que todos os economistas colocam sob essa rubrica, são: 1 — a propriedade; 2 — a proteção desta pela Justiça, pela polícia etc. A isto deve-se responder brevissimamente:

Ad 1 — Toda produção é apropriação da natureza pelo indivíduo, no interior e por meio de uma determinada forma de sociedade. Nesse sentido, é tautologia dizer que a propriedade [apropriação] é uma condição da produção. Mas é ridículo saltar daí a uma forma determinada da propriedade, a propriedade privada, por exemplo (o que, além disso, pressupõe uma forma antitética, a *não propriedade*, como condição). A história nos mostra, ao contrário, a propriedade comum (entre os hindus, os eslavos, os antigos celtas etc., por exemplo) como a forma primitiva, forma que, todavia, desempenhou durante muito tempo importante papel sob a figura de propriedade comunal. Nem se trata ainda de colocar a questão se a riqueza se desenvolve melhor sob esta ou sob outra forma de propriedade. Dizer, porém, que não se pode falar de produção, nem portanto de sociedade onde não exista propriedade, é uma tautologia. Uma apropriação que não se apropria de nada é uma *contradictio in subjecto* (contradição nos termos);

Ad 2 — Salvaguarda dos bens adquiridos etc. Quando se reduzem estas trivialidades a seu conteúdo efetivo, expressam mais do que seus pregadores sabem, isto é, cada forma de produção cria suas próprias relações de direito, formas de governo etc. A grosseria e a incompreensão consistem em não relacionar, senão fortuitamente, uns aos outros, em não enlaçar, senão como mera reflexão, elementos que se acham unidos organicamente. A noção que flutua no espírito dos economistas burgueses é que a polícia é mais favorável à produção que o direito da força, por exemplo. Esquecem apenas que o direito da força é também um direito, e que o direito do mais forte sobrevive ainda sob outra forma em seu "Estado de Direito".

Quando as condições sociais, que correspondem a um grau determinado da produção, se encontram em vias de formação ou quando já estão em vias de desaparecer, sobrevêm naturalmente perturbações na produção, embora em graus distintos e com efeitos diferentes.

Em resumo: existem determinações comuns a todos os graus de produção, apreendidas pelo pensamento como gerais; mas as chamadas *condições gerais* de toda a produção não são outra coisa senão esses fatores abstratos, os quais não explicam nenhum grau histórico efetivo da produção.

2. *A relação geral da produção com a distribuição, troca e consumo*

Antes de aprofundar a análise da produção, é necessário considerar as diferentes rubricas que os economistas põem a seu lado.

A ideia que se apresenta por si mesma é esta: na produção, os membros da sociedade apropriam-se [produzem, moldam] dos produtos da natureza para as necessidades humanas; a distribuição determina a proporção dos produtos de que o indivíduo participa; a troca fornece-lhe os produtos particulares em que queira converter a quantia que lhe coube pela distribuição; finalmente no consumo,[3] os produtos convertem-se em objetos de desfrute, de apropriação individual. A produção cria os objetos que correspondem às necessidades (*Bedürfnissen*);

a distribuição os reparte de acordo com as leis sociais; a troca reparte de novo o que já está distribuído segundo a necessidade individual, e finalmente, no consumo, o produto desaparece do movimento social, convertendo-se diretamente em objeto e servidor da necessidade individual, satisfazendo-a no desfrute. A produção aparece assim como o ponto inicial; o consumo, como ponto final; a distribuição e a troca aparecem como o meio-termo, que é assim dúplice, já que a distribuição é determinada como momento determinado pela sociedade, e a troca como momento determinado pelos indivíduos. Na produção a pessoa se objetiva; no [consumo],[4] a coisa se subjetiva; na distribuição, a sociedade, sob a forma de determinações gerais dominantes, encarrega-se da mediação entre a produção e o consumo; na troca, essa mediação realiza-se pelo indivíduo determinado fortuitamente.

A distribuição determina a proporção [a quantia] de produtos que correspondem ao indivíduo; a troca determina os produtos nos quais o indivíduo reclama a parte que a distribuição lhe atribui.

Produção, distribuição, troca, consumo formam assim [segundo a doutrina dos economistas] um silogismo correto: produção é a generalidade; distribuição e troca, a particularidade; consumo, a individualidade expressa pela conclusão. Há, sem dúvida, nele, um encadeamento, mas é superficial. A produção [segundo os economistas] é determinada por leis naturais gerais; a distribuição, pela contingência social, podendo, pois, influir mais ou menos favoravelmente sobre a produção; a troca acha-se situada entre ambas como movimento social formal; e o ato final do consumo, concebido não somente como o ponto final, mas também como a própria finalidade, se encontra propriamente fora da Economia, salvo quando retroage sobre o ponto inicial, fazendo com que todo o processo recomece.

Os adversários dos economistas — estejam eles dentro ou fora desse domínio e que reprovam a bárbara separação do que se encontra unido — situam-se no mesmo terreno que aqueles ou mais abaixo ainda. Não há nada mais banal que a censura, feita aos economistas, de que consideram a produção de modo demasiado exclusivista, como um fim em si, [alegando] que a distribuição tem a mesma importância. Essa reprovação se baseia precisamente na representação econômica de que a distribuição é uma esfera independente, autônoma, que existe ao lado da produção. Também [se lhes censura] não conceberem os [diferentes] momentos em sua unidade. Como se essa cisão não tivesse passado da realidade aos livros, caído dos livros para a realidade, e como se aqui se tratasse de uma compensação dialética dos conceitos, e não da resolução[5] de relações reais.

a) [Produção e Consumo]

A produção é também imediatamente consumo. Consumo duplo, subjetivo e objetivo. [Primeiro]: o indivíduo, que ao produzir desenvolve suas faculdades, também as gasta, as consome no ato da produção, exatamente como a reprodução natural é um consumo de forças vitais. Segundo: produzir é consumir os meios de produção utilizados, e gastos, parte dos quais (como na combustão, por exemplo) dissolve-se de novo nos elementos universais. Também se consome a matéria-prima, a qual não conserva sua figura e constituição naturais, esta ao contrário é consumida. O próprio ato de produção é, pois, em todos os seus momentos, também ato de consumo. Mas isso os economistas reconhecem. A produção, enquanto é imediatamente idêntica ao consumo, o consumo, enquanto coincide imediatamente com a produção, chamam de *consumo produtivo*. Essa identidade de produção e consumo nos leva à proposição de Espinosa: *determinatio est negatio*.

No entanto, essa determinação do consumo produtivo só é estabelecida para separar o consumo, idêntico à produção, do consumo propriamente dito, concebido, ao contrário, como antítese destrutora da produção. Consideremos, pois, o consumo propriamente dito.

O consumo é também imediatamente produção, do mesmo modo que na natureza o consumo dos elementos e das substâncias químicas é produção da planta. É claro que, por exemplo, na alimentação, uma forma de consumo, o homem produz seu próprio corpo, mas isso é igualmente válido para qualquer outro tipo de consumo, que, de um modo ou de outro, produza o homem. [Esta é] a produção consumidora. Apenas — diz a Economia — essa produção idêntica ao consumo é uma segunda [produção] nascida do aniquilamento do produto da primeira. Na primeira o produtor se coisifica, na segunda, é a coisa criada por ele que se personifica. Assim, pois, essa produção consumidora — mesmo sendo uma unidade imediata da produção e do consumo — difere essencialmente da produção propriamente dita. A unidade imediata em que coincide a produção com o consumo e o consumo com a produção deixa subsistir sua dualidade imediata.

A produção é, pois, imediatamente consumo; o consumo é, imediatamente, produção. Cada qual é imediatamente seu contrário. Mas, ao mesmo tempo, opera-se um movimento mediador entre ambos. A produção é mediadora do consumo, cujos materiais cria e sem os quais não teria objeto. Mas o consumo é também mediador da produção ao criar para os produtos o sujeito, para o qual são produtos. O produto recebe seu acabamento final no consumo. Uma estrada de ferro em que não se viaja e que, por conseguinte, não se gasta, não se consome, não é mais que uma estrada de ferro *dynamei*, e não é efetiva. Sem produção não há consumo, mas sem consumo tampouco há produção. O consumo produz de uma dupla maneira a produção:

1 — porque o produto não se torna produto efetivo senão no consumo; por exemplo, um vestido converte-se efetivamente em vestido quando é usado; uma casa desabitada não é, de fato, uma casa efetiva; por isso mesmo o produto, diversamente do simples objeto natural, não se confirma como produto, não se *torna* produto, senão no consumo. Ao dissolver o produto, o consumo lhe dá seu retoque final (*finishing stroke*), pois o produto não é apenas a produção enquanto atividade coisificada, mas [também] enquanto objeto para o sujeito em atividade.

E,

2 — porque o consumo cria a necessidade de uma *nova* produção, ou seja, o fundamento ideal, que move internamente a produção, e que é sua pressuposição. O consumo cria o impulso da produção; cria também o objeto que atua na produção como determinante da finalidade. Se é claro que a produção oferece o objeto do consumo em sua forma exterior, não é menos claro que o consumo *põe idealmente* o objeto da produção, como imagem interior, como necessidade, como impulso e como fim. O consumo cria os objetos da produção de uma forma ainda mais subjetiva. Sem necessidade não há produção. Mas o consumo reproduz a necessidade.

Do lado da produção, pode-se dizer:

1 — que ela fornece os materiais, o objeto. Um consumo sem objeto não é consumo. Assim, pois, a produção cria o consumo nesse sentido;

2 — mas não é somente o objeto que a produção cria para o consumo. Determina também seu caráter, dá-lhe seu acabamento (*finish*). Do mesmo modo que o consumo dava ao produto seu acabamento, agora é a produção que dá o acabamento do consumo. *Em primeiro lugar*, o objeto não é um objeto em geral, mas um objeto determinado, que deve ser consumido de uma certa maneira, esta por sua vez mediada pela própria produção. A fome é fome, mas a fome que se satisfaz com carne cozida, que se come com faca ou garfo, é uma fome muito distinta da que devora carne crua, com unhas e dentes. A produção não produz, pois, unicamente o objeto do consumo, mas também o modo de consumo, ou seja, não só objetiva, como subjetivamente. Logo, a produção cria o consumidor;

3 — a produção não se limita a fornecer um objeto material à necessidade, fornece ainda uma necessidade ao objeto material. Quando o consumo se liberta da sua rudeza primitiva e perde seu caráter imediato — e não o fazer seria ainda o resultado de uma produção que se mantivesse num estádio de primitiva rudeza —, o próprio consumo, enquanto impulso, é mediado pelo objeto. A necessidade que sente desse objeto é criada pela percepção do mesmo. O objeto de arte, tal como qualquer outro produto, cria um público capaz de compreender a arte e de apreciar a beleza. Portanto, a produção não cria somente um objeto para o sujeito, mas também um sujeito para o objeto.

A produção engendra, portanto, o consumo: 1 — fornecendo-lhe o material; 2 — determinando o modo de consumo; 3 — gerando no consumidor a necessidade dos produtos, que, de início, foram postos por ela como objeto. Produz, pois, o objeto do consumo, o impulso do consumo. De igual modo, o consumo engendra a *disposição* do produtor, solicitando-lhe a finalidade da produção sob a forma de uma necessidade determinante.

As identidades entre o consumo e a produção aparecem, pois, de um modo triplo:

1 — *identidade imediata*: a produção é consumo, o consumo é produção. Produção consumidora. Consumo produtivo. Os economistas chamam a ambos

de consumo produtivo, mas estabelecem ainda uma diferença: a primeira, figura como reprodução; o segundo, como consumo produtivo. Todas as investigações sobre a primeira se referem ao trabalho produtivo e improdutivo; sobre o segundo, ao consumo produtivo e não produtivo;

2 — ambos aparecem como meio e existem por mediação do outro, o que se exprime como sua dependência recíproca; é um movimento pelo qual se relacionam entre si e se apresentam como reciprocamente indispensáveis; mas permanecem, entretanto, exteriores entre si. A produção cria o material para o consumo como objeto exterior; o consumo cria a necessidade como objeto interno, como finalidade da produção. Sem produção não há consumo; sem consumo não existe produção; essa proposição figura na Economia sob numerosas formas;

3 — a produção não é apenas imediatamente consumo, nem o consumo imediatamente produção; igualmente, a produção não é apenas um meio para o consumo, nem o consumo um fim para a produção, no sentido em que cada um dá ao outro seu objeto, a produção — o objeto exterior do consumo, o consumo — o objeto idealizado da produção. De fato, cada um não é apenas imediatamente o outro, nem apenas intermediário do outro: cada um, ao realizar-se, cria o outro. É o consumo que realiza plenamente o ato da produção ao dar ao produto seu caráter acabado de produto; ao dissolvê-lo consumindo a forma de coisa independente que ele reveste, ao elevar à destreza, pela necessidade de repetição, a disposição desenvolvida no primeiro ato da produção, ele não é somente o ato último pelo qual o produto se torna produto, mas também o ato pelo qual o produto se torna produtor. Por outro lado, a produção produz o consumo ao criar o modo determinado do consumo, e o estímulo para o consumo, a própria capacidade de consumo sob a forma de necessidade. Esta última identidade mencionada no parágrafo 3 é muito discutida pela Economia a propósito da relação da oferta e da procura, dos objetos e das necessidades, das necessidades criadas pela sociedade e das necessidades naturais.

Depois disso, nada mais simples para um hegeliano que colocar como idênticos a produção e o consumo. E é isso o que têm feito, não somente os literatos socialistas,[6] mas também os economistas prosaicos, como Say, por exemplo, da seguinte forma: se se considerar um povo e até a humanidade *in abstracto*, sua produção é seu consumo. Storch demonstrara o erro de Say notando que um povo não consome seu produto líquido, mas também cria meios de produção, capital fixo etc. Além disso, considerar a sociedade como um único sujeito é considerá-la falsamente — *especulativamente*. Em um sujeito, produzir e consumir aparecem como momentos de um ato. O importante nessa questão é salientar que, se se consideram a produção e o consumo como atividades de um só sujeito, ou de indivíduos isolados, surgem em todo caso como momentos de um processo no qual a produção é o ponto de partida efetivo, e, por conseguinte, também o momento que predomina. O consumo como carência e necessidade é, ele mesmo, um momento interno da atividade *produtiva*, mas esta última é o ponto de partida da realização e, portanto, seu momento preponderante, o ato em que se desenrola de novo todo o processo. O indivíduo produz um objeto e, ao consumi-lo, retorna a si mesmo, mas como indivíduo produtor e que se reproduz a si mesmo. Desse modo, o consumo aparece como um momento da produção.

Mas, na sociedade, o relacionamento do produtor com o produto, assim que este se encontre acabado, é puramente exterior e o retorno do produto ao sujeito depende das relações deste com os outros indivíduos. Não se apodera dele imediatamente. Também a apropriação imediata do produto não é sua finalidade quando produz dentro da sociedade. Entre o produtor e os produtos se coloca a *distribuição*, a qual, por meio de leis sociais, determina sua parte no mundo dos produtos e interpõe-se, portanto, entre a produção e o consumo.

Mas constituirá a distribuição uma esfera autônoma, marginal e exterior à produção?

b) [Produção e Distribuição]

O que nos deve surpreender, em primeiro lugar, quando são considerados os tratados correntes de Economia, é que tudo neles é colocado duplamente: na distribuição, por exemplo, figuram a renda da terra, o salário, o juro e o lucro, enquanto na produção, a terra, o trabalho, o capital figuram como agentes da produção. No que concerne ao capital, é evidente que desde o primeiro momento ele é estabelecido de uma dupla maneira: primeiro, como agente de produção; segundo, como fonte de receitas: como forma de distribuição determinada e determinante. Por conseguinte, juro e lucro figuram também, como tais, na produção, na medida em que são formas nas quais o capital aumenta, cresce na medida em que são fatores de sua própria produção. Juros e lucros, enquanto formas de distribuição, supõem o capital considerado como agente da produção. São modos de distribuição que têm por postulado o capital como agente da produção. São igualmente modos de reprodução do capital.

De igual modo, o salário é o trabalho assalariado [que os economistas consideram] sob uma outra rubrica; o caráter determinado do agente de produção, que o trabalho possui nesse caso, aparece como determinação da distribuição. Se o trabalho não fosse definido como trabalho assalariado, o modo segundo o qual participa na repartição dos produtos não assumiria a forma de salário: é o que acontece, por exemplo, com a escravidão. Finalmente, a renda da terra, para considerar agora a forma mais desenvolvida da distribuição pela qual a propriedade fundiária participa na repartição dos produtos, supõe a grande propriedade fundiária (a bem dizer, a grande agricultura) como agente de produção, e não pura e simplesmente a terra, tal como o salário não supõe o trabalho puro e simples. Por isso, as relações e os modos de distribuição aparecem apenas como o inverso dos agentes de produção. Um indivíduo que participe na produção por meio do trabalho assalariado, participa na repartição dos produtos, resultado da produção, na forma do salário. A articulação da distribuição é inteiramente determinada pela articulação da produção. A própria distribuição é um produto da produção, não só no que diz respeito ao objeto, podendo apenas ser distribuído o resultado da produção, mas também no que diz respeito à forma, pois o modo preciso de participação na produção determina as formas particulares da distribuição, isto é, determina de que forma o produtor participará na distribuição. Não passa de ilusão incluir a terra na produção, a renda da terra na distribuição etc.

Economistas como Ricardo, a quem muitas vezes se acusou de só terem em vista a produção, definiram no entanto a distribuição como o objeto exclusivo da Economia, porque instintivamente viam nas formas de distribuição a expressão mais definida em que se estabelecem agentes de produção numa dada sociedade.

Em relação ao indivíduo isolado, a distribuição aparece naturalmente como uma lei social, que condiciona sua posição no interior da produção, no quadro da qual ele produz e que precede portanto à produção. Originariamente, o indivíduo não tem capital nem propriedade de terra. Logo ao nascer é constrangido ao trabalho assalariado pela distribuição social. Mas o próprio fato de ser constrangido ao trabalho assalariado é um resultado da existência do capital e da propriedade fundiária como os agentes de produção autônomos.

Considerando as sociedades na sua totalidade, a distribuição, de um outro ponto de vista, parece preceder à produção e determiná-la — a bem dizer como um fato pré-econômico. Um povo conquistador partilha a terra entre os conquistadores, impondo assim uma certa repartição e uma certa forma de propriedade de terra. Determina, portanto, a produção. Ou então escraviza os povos conquistados, fazendo assim do trabalho escravo a base da produção. Ou ainda, por meio de uma revolução, um povo destrói a grande propriedade fundiária e divide-a em parcelas; dá assim, com essa nova distribuição, um novo caráter [à produção]. Ou a legislação perpetua a propriedade fundiária em certas famílias; ou faz do trabalho um privilégio hereditário, imprimindo-lhe desse modo um caráter de casta. Em todos esses casos — e todos são históricos —, a distribuição não parece ser articulada e determinada pela produção, mas, pelo contrário, é a produção que parece sê-lo pela distribuição.

Na sua concepção mais banal, a distribuição aparece como distribuição dos produtos e assim como que afastada da produção, e, por assim dizer, independente dela. Contudo, antes de ser distribuição de produtos, ela é: primeiro, distribuição dos instrumentos de produção, e, segundo, distribuição dos membros da sociedade pelos diferentes tipos de produção, o que é uma determinação ampliada da relação anterior. (Subordinação dos indivíduos a relações de produção determinadas.) A distribuição dos produtos é manifestamente o resultado dessa distribuição que é incluída no próprio processo de produção, cuja articulação determina. Considerar a produção sem ter em conta essa distribuição, nela incluída, é manifestamente uma abstração vazia, visto que a distribuição dos produtos é implicada por essa distribuição que constitui, na origem, um fator da produção. Ricardo, a quem interessava conceber a produção moderna na sua articulação social determinada, e que é o economista da produção por excelência, afirma mesmo assim que *não* é a produção, mas sim a distribuição que constitui o tema propriamente dito da Economia moderna. Aqui ressurge novamente o absurdo dos economistas que consideram a produção como uma verdade eterna, enquanto proscrevem a História ao domínio da distribuição.

A questão de saber qual é a relação dessa distribuição com a produção que determina é evidentemente do domínio da própria produção. Se se dissesse, então, pelo menos — uma vez que a produção depende de certa distribuição dos instrumentos de produção — que a distribuição nesse sentido precede à produção, é pressuposta por ela, deve-se replicar que, de fato, a produção tem condições e pressupostos que constituem os seus momentos. Pode parecer, a princípio, que estas têm uma origem espontânea. Pelo próprio processo de produção convertem-se de fatores espontâneos em fatores históricos e se, em relação a um período, aparecem como pressuposição natural à produção, em relação a outro constituem seu resultado histórico. No interior da produção são constantemente transformados. O emprego da máquina, por exemplo, modifica a distribuição dos instrumentos de produção tanto como dos produtos, e até a grande propriedade fundiária moderna é resultado tanto do moderno comércio como da indústria moderna, como também da aplicação desta à agricultura.

Todas as questões tratadas acima se reduzem, pois, em última instância, a saber de que maneira as condições históricas gerais afetam a produção e qual é a relação desta com o movimento histórico em geral. A questão evidentemente pertence à discussão e à análise da própria produção.

Contudo, na forma trivial em que acabam de ser expostas, podem ser acomodadas facilmente. Todas as conquistas comportam três possibilidades. O povo conquistador submete o povo conquistado a seu próprio modo de produção (os ingleses, por exemplo, na Irlanda, neste século, e em parte na Índia); ou então deixa subsistir o antigo modo e contenta-se com um tributo (os turcos e os romanos, por exemplo); ou então estabelece-se uma ação recíproca que produz algo novo, uma síntese (isso ocorreu em parte nas conquistas germânicas). Em todos os casos, o modo de produção, seja o do povo conquistador, seja o do povo conquistado, seja o que procede da fusão de ambos, é decisivo para a nova distribuição que se estabelece. Embora esta surja como uma condição prévia para o novo período de produção, ela própria é um produto da produção, não somente da produção histórica em geral, mas da produção histórica determinada.

Os mongóis, em suas devastações na Rússia, por exemplo, agiam de conformidade com a sua produção, que não exigia senão o pasto, para o qual as grandes extensões dos países despovoados constituem uma condição capital. Os bárbaros germânicos, para os quais a agricultura praticada pelos servos era a produção tradicional e que estavam acostumados à vida solitária no campo, puderam com muito maior facilidade submeter as províncias romanas a essas condições, quando a concentração da propriedade da terra, que nelas havia se operado, transformara já por completo os antigos sistemas de agricultura.

É uma noção tradicional esta que imagina que se tem vivido em certos períodos unicamente de pilhagens. Mas, para poder saquear, é necessário que exista algo que saquear, isto é, produção. E o próprio gênero de pilhagem é determinado pelo gênero da produção. Não se pode saquear uma *stock jobbing nation* (nação de especuladores da bolsa) da mesma maneira que uma nação de vaqueiros.

Quando se rouba o escravo, rouba-se diretamente o instrumento da produção. Mas também é preciso que a produção do país, para o qual tenha sido roubado, se encontre articulada de maneira que permita o trabalho escravo, ou (como na América do Sul etc.) é necessário que se crie um modo de produção que corresponda ao escravo.

As leis podem perpetuar um instrumento de produção, a terra, por exemplo, em certas famílias. Essas leis adquirem uma importância econômica unicamente onde a grande propriedade territorial se encontra em harmonia com a produção social, como na Inglaterra. Na França, praticava-se a pequena agricultura a despeito da grande propriedade; por isso esta última foi destroçada pela Revolução. Mas se as leis perpetuam o parcelamento? Apesar dessas leis, a propriedade volta a concentrar-se. A influência das leis para fixar as relações de distribuição e, portanto, sua ação sobre a produção, devem ser determinadas separadamente.

c) Finalmente Troca e Circulação

A própria circulação é somente um momento determinado da troca, ou ainda, é a troca considerada em sua totalidade.

INTRODUÇÃO [À CRÍTICA DA ECONOMIA POLÍTICA]

Na medida em que a *troca* é momento mediador entre a produção e a distribuição determinada por ela e o consumo, na medida em que, entretanto, este último aparece como momento da produção, a troca é também manifestamente incluída como um momento na produção.

Em primeiro lugar, parece claro que a troca de atividades e capacidades, que se efetua na própria produção, pertence diretamente a esta e a constitui essencialmente. Em segundo lugar, isso é certo em relação à troca de produtos, na medida em que é o meio que serve para criar o produto acabado, destinado ao consumo imediato. Dentro desses limites, a própria troca é um ato compreendido na produção. Em terceiro lugar, a assim chamada troca (*exchange*) entre negociantes (*dealers*) é, segundo sua organização, tão completamente determinada pela produção que é uma atividade produtiva. A troca aparece como independente junto à produção e indiferente em relação a ela, na última etapa, quando o produto é trocado, de imediato, para o consumo. Mas, primeiro, não existe troca sem divisão de trabalho, quer natural, quer como resultado histórico; segundo, a troca privada supõe a produção privada; terceiro, a intensidade da troca, do mesmo modo que sua extensão e tipo, são determinadas pelo desenvolvimento e articulação da produção; por exemplo: a troca entre a cidade e o campo, a troca no campo, na cidade etc. A troca aparece, assim, em todos os seus momentos diretamente compreendida na produção ou por ela determinada.

O resultado a que chegamos não é que a produção, a distribuição, o intercâmbio, o consumo sejam idênticos, mas que todos eles são elementos de uma totalidade, diferenças dentro de uma unidade. A produção se expande tanto a si mesma, na determinação antitética da produção, como se alastra aos demais momentos. O processo começa sempre de novo a partir dela. Que a troca e o consumo não possam ser o elemento predominante, compreende-se por si mesmo. O mesmo acontece com a distribuição como distribuição dos produtos. Porém, como distribuição dos agentes de produção, constitui um momento da produção. Uma [forma] determinada da produção determina, pois, [formas] determinadas do consumo, da distribuição, da troca, assim como *relações determinadas desses diferentes fatores entre si*. A produção, sem dúvida, *em sua forma unilateral*, é também determinada por outros momentos; por exemplo, quando o mercado, isto é, a esfera da troca, se estende, a produção ganha em extensão e divide-se mais profundamente.

Se a distribuição sofre uma modificação, modifica-se também a produção com a concentração do capital, ocorre uma distribuição diferente da população na cidade e no campo etc. Enfim, as necessidades do consumo determinam a produção. Uma reciprocidade de ação ocorre entre os diferentes momentos. Este é o caso para qualquer todo orgânico.

3. *O método da Economia Política*

Quando estudamos um dado país do ponto de vista da Economia Política, começamos por sua população, sua divisão em classes, sua repartição entre cidades e campo, na orla marítima; os diferentes ramos da produção, a exportação e a importação, a produção e o consumo anuais, os preços das mercadorias etc. Parece que o correto é começar pelo real e pelo concreto, que são a pressuposição prévia e efetiva; assim, em Economia, por exemplo, começar-se-ia pela população, que é a base e o sujeito do ato social de produção como um todo. No entanto, graças a uma observação mais atenta, tomamos conhecimento de que isso é falso. A população é uma abstração, se desprezarmos, por exemplo, as classes que a compõem. Por seu lado, essas classes são uma palavra vazia de sentido se ignorarmos os elementos em que repousam, por exemplo: o trabalho assalariado, o capital etc. Estes supõem a troca, a divisão do trabalho, os preços etc. O capital, por exemplo, sem o trabalho assalariado, sem o valor, sem o dinheiro, sem o preço etc., não é nada. Assim, se começássemos pela população, teríamos uma representação caótica do todo, e através de uma determinação mais precisa, através de uma análise, chegaríamos a conceitos cada vez mais simples; do concreto idealizado passaríamos a abstrações cada vez mais tênues até atingirmos determinações as mais simples. Chegados a esse ponto, teríamos que voltar a fazer a viagem de modo inverso, até dar de novo com a população, mas desta vez não com uma representação caótica de um todo, porém com uma rica totalidade de determinações e relações diversas. O primeiro constitui o caminho que foi historicamente seguido pela nascente economia. Os economistas do século XVII, por exemplo, começam sempre pelo todo vivo: a população, a nação, o Estado, vários Estados etc.; mas terminam sempre por descobrir, por meio da análise, certo número de relações gerais abstratas que são determinantes, tais como a divisão do trabalho, o dinheiro, o valor etc. Esses elementos isolados, uma vez mais ou menos fixados e abstraídos, dão origem aos sistemas econômicos, que se elevam do simples, tal como trabalho, divisão do trabalho, necessidade, valor de troca, até o Estado, a troca entre as nações e o mercado mundial. O último método é manifestamente o método cientificamente exato. O concreto é concreto porque é a síntese de muitas determinações, isto é, unidade do diverso. Por isso o concreto aparece no pensamento como o processo da síntese, como resultado, não como ponto de partida, ainda que seja o ponto de partida efetivo e, portanto, o ponto de partida também da intuição e da representação. No primeiro método, a representação plena volatiliza-se em determinações abstratas, no segundo, as determinações abstratas conduzem à reprodução do concreto por meio do pensamento. Por isso é que Hegel caiu na ilusão de conceber o real como resultado do pensamento que se sintetiza em si, se aprofunda em si, e se move por si mesmo; enquanto o método que consiste em elevar-se do abstrato ao concreto *não é senão a maneira de proceder do pensamento* para se apropriar do concreto, para reproduzi-lo como concreto pensado. Mas este não *é de modo nenhum* o processo da gênese do próprio concreto. A mais simples categoria econômica, suponhamos, por exemplo, o valor de troca, pressupõe a população, uma população produzindo em determinadas condições e também certos tipos de famílias, de comunidades ou Estados. O valor de troca nunca poderia existir de outro modo senão como relação *unilateral*, abstrata de um todo vivo e concreto já dado.

Como categoria, ao contrário, o valor de troca leva consigo um modo de ser antediluviano. Para a consciência — e a consciência filosófica é determinada de tal modo que, para ela, o pensamento que concebe é o homem efetivo, e o mundo concebido é como tal o único efetivo. Para a consciência, pois, o movimento das categorias aparece como o ato de produção efetivo — que recebe infelizmente apenas um impulso do exterior —, cujo resultado é o mundo, e isso é certo (aqui temos de novo uma tautologia) na medida em que a totalidade concreta, como totalidade de pensamentos, como um concreto de pensamentos, é de fato um produto do pensar, do conceber; não é de modo nenhum o produto do conceito que pensa separado e acima da intuição e da representação, e que se engendra a si mesmo, mas da elaboração da intuição e da representação em conceitos. O todo, tal como aparece no cérebro, como um todo de pensamentos, é um produto do cérebro pensante que se apropria do mundo do único modo que lhe é possível, modo que difere do modo artístico, religioso e prático-mental de se apropriar dele. O sujeito real permanece subsistindo, agora como antes, em sua autonomia fora do cérebro, isto é, na medida em que o cérebro não se comporta senão especulativamente, teoricamente. Por isso também, no método teórico [da economia política], o sujeito — a sociedade — deve figurar sempre na representação como pressuposição.

No entanto, essas categorias simples não possuem também uma existência independente histórica ou natural anterior às categorias mais concretas? *Ça dépend* (Depende). Hegel, por exemplo, começa corretamente sua *Filosofia do Direito* com a *posse* como a mais simples relação jurídica do sujeito. Todavia, não existe posse anterior à família e às relações de senhor e servo, que são relações muito mais concretas ainda. Ao contrário, seria justo dizer que existem famílias, tribos, que se limitam a *possuir*, mas não têm *propriedade*. A categoria mais simples aparece, pois, como relação de comunidades mais simples de famílias ou tribos, em comparação com a propriedade. Na sociedade mais desenvolvida aparece como a relação mais simples de um organismo mais desenvolvido, mas é sempre pressuposto o substrato mais concreto, cuja relação é a posse. Pode-se imaginar um selvagem isolado possuindo coisas. Mas nesse caso a posse não é uma relação jurídica.

Não é correto que a posse evolui historicamente até a família. A posse sempre pressupõe essa "categoria jurídica mais concreta". Entretanto, restaria sempre o seguinte: as categorias simples são a expressão de relações nas quais o concreto pouco desenvolvido pode ter se realizado sem haver estabelecido ainda a relação ou o relacionamento mais complexo, que se acha expresso mentalmente na categoria mais concreta, enquanto o concreto mais desenvolvido conserva a mesma categoria como uma relação subordinada. O dinheiro pode existir, e existiu historicamente, antes que existisse o capital, antes que existissem os Bancos, antes que existisse o trabalho assalariado. Desse ponto de vista, pode-se dizer que a categoria mais simples pode exprimir relações dominantes de um todo menos desenvolvido, ou relações subordinadas de um todo mais desenvolvido, relações que já existiam antes que o todo tivesse se desenvolvido, no sentido que se expressa em uma categoria mais concreta. Nessa medida, o curso do pensamento abstrato que se eleva do mais simples ao complexo corresponde ao processo histórico efetivo.

De outro lado, pode-se dizer que há formas de sociedades muito desenvolvidas, embora historicamente não tenham atingido ainda sua maturidade, nas quais se encontram as formas mais elevadas da Economia, tais como a cooperação, uma divisão do trabalho desenvolvida, sem que exista nelas o dinheiro; o Peru é um exemplo. Também nas comunidades eslavas, o dinheiro e a troca, que o condiciona, desempenham um papel insignificante ou nulo, mas aparecem em suas fronteiras, nas suas relações com as outras comunidades. É, pois, um erro situar o intercâmbio no interior das comunidades como elemento que as constitui originariamente. A princípio surge antes nas relações recíprocas entre as distintas comunidades que nas relações entre os membros de uma mesma e única comunidade.

Além disso, embora o dinheiro tenha, muito cedo e por toda parte, desempenhado um papel, não assume papel de elemento dominante na Antiguidade, senão de modo unilateral e em determinadas nações — as nações comerciais. E mesmo na Antiguidade mais culta, entre os gregos e os romanos, não atinge seu completo desenvolvimento, que se pressupõe existir na moderna sociedade burguesa, a não ser no período de sua dissolução. Essa categoria, que é no entanto bem simples, só aparece portanto historicamente com todo o seu vigor nos estados mais desenvolvidos da sociedade. E o dinheiro não entrava de modo nenhum em todas as relações econômicas; assim, no Império Romano, na época de seu perfeito desenvolvimento, permaneceram como fundamentais o imposto e as entregas em produtos. O sistema do dinheiro, propriamente dito, encontrava-se completamente desenvolvido apenas no exército, e jamais atingiu a totalidade do trabalho. De modo que, embora a categoria mais simples possa ter existido historicamente antes da mais concreta, pode precisamente pertencer em seu pleno desenvolvimento, intensivo e extensivo, a formas complexas de sociedade, enquanto a categoria mais concreta já se achava plenamente desenvolvida em uma forma de sociedade menos avançada.

O trabalho parece ser uma categoria muito simples. E também a representação do trabalho nesse sentido geral — como trabalho em geral — é muito antiga. Entretanto, concebido economicamente nessa simplicidade, o "trabalho" é uma categoria tão moderna como o são as relações que engendram essa abstração. Por exemplo, o sistema monetário situa a riqueza de forma ainda mais objetiva, como coisa exterior a si, no dinheiro. Desse ponto de vista, houve um grande progresso quando o sistema manufatureiro ou comercial colocou a fonte da riqueza não nesse objeto, mas na atividade subjetiva — no trabalho comercial e manufatureiro. Contudo concebia apenas essa atividade, limitadamente, como produto de dinheiro. Em face desse sistema, o sistema dos fisiocratas admite uma forma determinada de trabalho — a agricultura — como criadora de riqueza, e admite o próprio objeto não sob a forma dissimulada do dinheiro, mas como produto em geral, como resultado geral do trabalho. Esse produto, em virtude do caráter limitado da atividade, continua a ser ainda um produto determinado pela natureza, produto da agricultura, o produto da terra *par excellence* (por excelência).

Um enorme progresso se deve a Adam Smith, que rejeitou toda determinação particular da atividade criadora de riqueza, considerando apenas o trabalho puro e simples, isto é, nem o trabalho industrial, nem o trabalho comercial, nem o trabalho agrícola, mas todas essas formas de trabalho. Com a generalidade abstrata da atividade criadora de riqueza, igualmente se manifesta então a generalidade do objeto determinador da riqueza, o produto em absoluto, ou ainda, o trabalho em geral, mas enquanto trabalho passado, trabalho objetivado. A dificuldade e importância dessa transição provam o fato de que o próprio Adam Smith torna a cair de quando em quando no sistema fisiocrático. Poderia parecer agora que, desse modo, se teria encontrado unicamente a relação abstrata mais simples e mais antiga em que entram os homens em qualquer forma de sociedade — enquanto são produtores. Isso é certo em um sentido. Mas não em outro.

A indiferença em relação ao gênero de trabalho determinado pressupõe uma totalidade muito desenvolvida de gêneros de trabalho efetivos, nenhum dos quais domina os demais. Tampouco se produzem as abstrações mais gerais senão onde existe o desenvolvimento concreto mais rico, onde um aparece como

INTRODUÇÃO [À CRÍTICA DA ECONOMIA POLÍTICA]

comum a muitos, comum a todos. Então já não pode ser pensado somente sob uma forma particular. Por outro lado, essa abstração do trabalho em geral não é apenas o resultado intelectual de uma totalidade concreta de trabalhos. A indiferença em relação ao trabalho determinado corresponde a uma forma de sociedade na qual os indivíduos podem passar com facilidade de um trabalho a outro e na qual o gênero determinado de trabalho é fortuito, e, portanto, é-lhes indiferente. Nesse caso o trabalho se converteu não só como categoria, mas na efetividade, em um meio de produzir riqueza em geral, deixando, como determinação, de se confundir com o indivíduo em sua particularidade. Esse estado de coisas se encontra mais desenvolvido na forma de existência mais moderna da sociedade burguesa — nos Estados Unidos. Aí, pois, a abstração da categoria "trabalho", "trabalho em geral", trabalho *sans phrase* (sem rodeios), ponto de partida da Economia moderna, torna-se pela primeira vez praticamente verdadeira. Assim, a abstração mais simples, que a Economia moderna situa em primeiro lugar e que exprime uma relação muito antiga e válida para todas as formas de sociedade, só aparece no entanto nessa abstração praticamente verdadeira como categoria da sociedade mais moderna. Poder-se-ia dizer que essa indiferença em relação a uma forma determinada de trabalho, que se apresenta nos Estados Unidos como produto histórico, se manifesta na Rússia, por exemplo, como uma disposição natural. Mas, por um lado, que diferença danada entre bárbaros que têm uma tendência natural para se deixar empregar em todos os trabalhos, e os civilizados que se empregam a si próprios. E, por outro lado, a essa indiferença para um trabalho determinado corresponde, na prática, entre os russos, a sua sujeição tradicional a um trabalho bem determinado, do qual só influências exteriores podem arrancá-los.

Esse exemplo mostra de maneira muito clara como até as categorias mais abstratas — precisamente por causa de sua natureza abstrata —, apesar de sua validade para todas as épocas, são, contudo, na determinidade dessa abstração, igualmente produto de condições históricas, e não possuem plena validez senão para essas condições e dentro dos limites destas.

A sociedade burguesa é a organização histórica mais desenvolvida, mais diferenciada da produção. As categorias que exprimem suas relações, a compreensão de sua própria articulação, permitem penetrar na articulação e nas relações de produção de todas as formas de sociedade desaparecidas, sobre cujas ruínas e elementos se acha edificada, e cujos vestígios, não ultrapassados ainda, leva de arrastão desenvolvendo tudo que fora antes apenas indicado que toma assim toda a sua significação etc. A anatomia do homem é a chave da anatomia do macaco. O que nas espécies animais inferiores indica uma forma superior não pode, ao contrário, ser compreendido senão quando se conhece a forma superior. A Economia burguesa fornece a chave da Economia da Antiguidade etc. Porém, não conforme o método dos economistas que fazem desaparecer todas as diferenças históricas e veem a forma burguesa em todas as formas de sociedade. Pode-se compreender o tributo, o dízimo, quando se compreende a renda da terra. Mas não se deve identificá-los.

Como, além disso, a própria sociedade burguesa é apenas uma forma opositiva do desenvolvimento, certas relações pertencentes a formas anteriores nela só poderão ser novamente encontradas quando completamente atrofiadas, ou mesmo disfarçadas; por exemplo, a propriedade comunal. Se é certo, portanto, que as categorias da Economia burguesa possuem [o caráter de] verdade para todas as demais formas de sociedade, não se deve tomar isso senão *cum grano salis*.[7] Podem ser desenvolvidas, atrofiadas, caricaturadas, mas sempre essencialmente distintas. O chamado desenvolvimento histórico repousa em geral sobre o fato de a última forma considerar as formas passadas como etapas que levam a seu próprio grau de desenvolvimento, e dado que ela raramente é capaz de fazer a sua própria crítica, e isso em condições bem determinadas* — concebe-as sempre sob um aspecto unilateral. A religião cristã só pôde ajudar a compreender objetivamente as mitologias anteriores depois de ter feito, até certo grau, por assim dizer *dynamei*, a sua própria crítica. Igualmente, a Economia burguesa só conseguiu compreender as sociedades feudal, antiga, oriental, quando começou a autocrítica da sociedade burguesa. Na medida em que a Economia burguesa, criando uma nova mitologia, não se identificou pura e simplesmente com o passado, a crítica que fez às sociedades anteriores, em particular, à sociedade feudal, contra a qual tinha

---

*Esta versão omitiu aqui a seguinte frase de Marx (cf. *Marx-Engels Werke*. Berlim, Dietz Verlag, Band 13, 1961, pp. 636-637): "Não pensamos aqui, naturalmente, nos períodos históricos que se consideram a si próprios como uma época de decadência." (*N. do O.*)

ainda que lutar diretamente, assemelhou-se à crítica do paganismo feita pelo cristianismo, ou à do catolicismo feita pela religião protestante.

Do mesmo modo que em toda ciência histórica e social em geral é preciso ter sempre em conta, a propósito do curso das categorias econômicas, que o sujeito, nesse caso, a sociedade burguesa moderna, está dado tanto na realidade efetiva como no cérebro; que as categorias exprimem portanto formas de modo de ser, determinações de existência, frequentemente aspectos isolados dessa sociedade determinada, desse sujeito, e que, por conseguinte, essa sociedade de maneira nenhuma se inicia, *inclusive do ponto de vista científico*, somente a partir do momento em que se trata dela *como tal*. Isso deve ser fixado porque dá imediatamente uma direção decisiva às seções que precisam ser estabelecidas. Nada parece mais natural, por exemplo, do que começar pela renda da terra, pela propriedade fundiária, dado que está ligada à terra, fonte de toda a produção e de todo modo de ser, e por ela ligada à primeira forma de produção de qualquer sociedade que atingiu um certo grau de estabilidade — à agricultura. Ora, nada seria mais errado. Em todas as formas de sociedade se encontra uma produção determinada, superior a todas as demais, e cuja situação aponta sua posição e influência sobre as outras. É uma luz universal de que se embebem todas as cores, e que as modifica em sua particularidade. É um éter especial, que determina o peso específico de todas as coisas, emprestando relevo a seu modo de ser.

Consideremos, por exemplo, os povos pastores (os simples povos caçadores ou pescadores não chegaram ao ponto em que começa o verdadeiro desenvolvimento). Neles existe certa forma esporádica de lavoura. A propriedade da terra encontra-se determinada por ela. Essa propriedade é comum e conserva mais ou menos essa forma, conforme aqueles povos se aferrem mais ou menos a suas tradições; por exemplo, a propriedade comunal dos eslavos. Onde predomina a agricultura, praticada por povos estabelecidos — e isso já constituiu um grande progresso —, como na sociedade antiga e feudal, mesmo a indústria, com sua organização e formas da propriedade que lhe correspondem, tem em maior ou menor medida um caráter específico de propriedade rural. A [sociedade] ou bem está marcada inteiramente por esse caráter, como entre os antigos romanos, ou a organização da cidade imita, como na Idade Média, a organização do campo. O próprio capital — enquanto não seja simples capital-dinheiro — possui na Idade Média, como instrumento tradicional, por exemplo, esse caráter de propriedade fundiária.

Na sociedade burguesa acontece o contrário. A agricultura transforma-se mais e mais em simples ramo da indústria e é dominada completamente pelo capital. A mesma coisa ocorre com a renda da terra. Em todas as formas em que domina a propriedade fundiária, a relação com a natureza é ainda preponderante. Naquelas em que domina o capital, o que prevalece é o elemento produzido social e historicamente. Não se compreende a renda da terra sem o capital, entretanto compreende-se o capital sem a renda da terra. O capital é a potência econômica da sociedade burguesa, que domina tudo. Deve constituir o ponto inicial e o ponto final e ser desenvolvido antes da propriedade da terra. Depois de considerar particularmente um e outro, deve-se estudar sua relação recíproca.

Seria, pois, impraticável e errôneo colocar as categorias econômicas na ordem segundo a qual tiveram historicamente uma ação determinante. A ordem em que se sucedem se acha determinada, ao contrário, pelo relacionamento que têm umas com as outras na sociedade burguesa moderna, e que é precisamente o inverso do que parece ser uma relação natural, ou do que corresponde à série do desenvolvimento histórico. Não se trata da relação que as relações econômicas assumem historicamente na sucessão das diferentes formas da sociedade. Muito menos sua ordem de sucessão "na ideia" (Proudhon) (representação nebulosa do movimento histórico). Trata-se da sua hierarquia no interior da moderna sociedade burguesa.

A pureza (determinidade abstrata) com que aparecem no mundo antigo os povos comerciantes — fenícios, cartagineses — é dada pela própria predominância dos povos agricultores. O capital, enquanto capital comercial ou capital de dinheiro, aparece precisamente sob essa forma abstrata sempre que o capital não é ainda o elemento dominante das sociedades. Lombardos e judeus ocupam a mesma situação diante das sociedades medievais que praticam a agricultura.

Outro exemplo de situação diferente ocupada por essas mesmas categorias em diferentes estádios da sociedade: uma das últimas formas da sociedade burguesa são as *joint-stock-companies* (sociedades por ações). Mas aparecem também no princípio da sociedade burguesa nas grandes companhias privilegiadas de comércio, que gozavam de um monopólio.

O próprio conceito de riqueza nacional se insinua entre os economistas do século XVII — a representação subsiste ainda em parte nos do século XVIII — desta forma: a riqueza é criada unicamente para o Estado, e o poder deste mede-se por essa riqueza. Esta era a forma ainda inconscientemente hipócrita em que a riqueza anuncia sua própria produção como a finalidade dos Estados modernos, considerados a partir de então unicamente como meio para a produção da riqueza.

As seções a adotar devem evidentemente ser as seguintes: 1 — as determinações abstratas gerais, que convêm portanto mais ou menos a todas as formas de sociedade, mas consideradas no sentido acima discutido; 2 — as categorias que constituem a articulação interna da sociedade burguesa e sobre as quais assentam as classes fundamentais. Capital, trabalho assalariado, propriedade fundiária. Os seus relacionamentos recíprocos. Cidade e campo. As três grandes classes sociais. A troca entre estas. A circulação. O sistema de crédito (privado); 3 — síntese da sociedade burguesa na forma do Estado. Considerado no seu relacionamento consigo próprio. As classes "improdutivas". Os impostos. A dívida pública. O crédito público. A população. As colônias. A imigração; 4 — relações internacionais de produção. A divisão internacional do trabalho. A troca internacional. A exportação e a importação. A cotação do câmbio; 5 — o mercado mundial e as crises.

4. Produção. Meios de produção e relações de produção.
Relações de produção e relações comerciais.
Formas de Estado e de consciência em relação com as
relações de produção e de comércio.
Relações jurídicas. Relações familiares.

N.B.: em relação aos pontos que devem ser mencionados aqui e não devem ser esquecidos:

1 — a *guerra* é desenvolvida antes que a paz: [mostrar] como certas relações econômicas, tais como o trabalho assalariado, a máquina etc., se desenvolveram mais cedo, com a guerra e com os exércitos, do que no seio da sociedade burguesa. Igualmente a relação entre a força produtiva e as relações de comércio particularmente manifesta no exército;

2 — *relação entre a historiografia idealista tal como tem sido escrita até agora e a história real*. Nomeadamente as que se intitulam histórias da civilização — a antiga história da religião e dos Estados. (Oportunamente, podemos referir também aos diferentes gêneros de historiografia até o presente. A chamada [historiografia] objetiva. A subjetiva (moral etc.). A Filosófica.);

3 — *[fenômenos] secundários e terciários*. De uma forma geral, relações de produção *derivadas, transferidas,* não originais. Aqui entram em jogo relações internacionais;

4 — *críticas a propósito do materialismo dessa concepção. Relação com o materialismo naturalista*;

5 — *dialética dos conceitos: força produtiva (meios de produção) e relações de produção, dialética* cujos limites estão por determinar e não suprime as diferenças reais;

6 — *relação desigual do desenvolvimento da produção material em face da produção artística, por exemplo*. De maneira geral, não tomar o conceito de progresso na forma abstrata habitual. Arte moderna etc. Essa desproporção está longe de ser importante e tão difícil de apreender como a que se produz no interior das relações sociais práticas. Por exemplo, a cultura. Relação dos Estados Unidos com a Europa. O ponto propriamente difícil nesse caso é discutir o seguinte: de que modo as relações de produção, como relações jurídicas, seguem um desenvolvimento desigual. Assim, por exemplo, a relação entre o direito privado romano (que não é bem o caso do direito criminal e do direito público) e a produção moderna;

7 — *essa concepção aparece como um desenvolvimento necessário*. Mas, justificação do acaso. De que modo. (A liberdade, e também outras coisas.) (Influência dos meios de comunicação. A história universal não existiu sempre; a história considerada como história universal é um resultado.);

8 — *naturalmente o ponto de partida das determinidades naturais*; subjetiva e objetivamente. Tribos, raças etc.

(...)

Em relação à arte, sabe-se que certas épocas do florescimento artístico não estão de modo algum em conformidade com o desenvolvimento geral da sociedade, nem, por conseguinte, com o da base material que é, de certo modo, a ossatura da sua organização. Por exemplo, os gregos comparados com os modernos ou ainda Shakespeare. Em relação a certas formas de arte, a epopeia, por exemplo, até mesmo se admite que não poderiam ter sido produzidas na forma clássica em que fizeram época, quando a produção artística se manifesta como tal; que, portanto, no domínio da própria arte, certas de suas figuras importantes só são possíveis num estágio inferior do desenvolvimento artístico. Se esse é o caso em relação aos diferentes gêneros artísticos no interior do domínio da própria arte, é já menos surpreendente que seja igualmente o caso em relação a todo o domínio artístico no desenvolvimento geral da sociedade. A dificuldade reside apenas na maneira geral de apreender essas contradições. Uma vez especificadas, só por isso estão explicadas.

Tomemos, por exemplo, a relação com o nosso tempo, primeiro, da arte grega, depois, da arte de Shakespeare. Sabe-se que a mitologia grega não foi somente arsenal da arte grega, mas também a terra [em que se desenvolveu]. A intuição da natureza e as relações sociais que a imaginação grega inspira e constitui por isso mesmo o fundamento da [mitologia] grega serão compatíveis com as *selfactors* (máquinas automáticas de fiar), as estradas de ferro, as locomotivas e o telégrafo elétrico? Quem é Vulcano ao lado de Roberts & Cia., Júpiter em comparação com o para-raios e Hermes em face do *Crédit Mobilier*? Toda mitologia supera, governa e modela as forças da natureza na imaginação e pela imaginação, portanto, desaparece quando essas forças são dominadas efetivamente. O que seria da Fama ao lado de *Printing House Square*?[8] A arte grega supõe a mitologia grega, isto é, a elaboração artística mas inconsciente da natureza e das próprias formas sociais pela imaginação popular. É esse o seu material. O que não significa qualquer mitologia, ou seja, qualquer elaboração artística inconsciente da natureza (subentendendo essa palavra tudo o que é objetivo, incluindo, portanto, a sociedade). Jamais a mitologia egípcia teria podido proporcionar o terreno ou o seio materno para a arte grega. Mas de qualquer modo é necessário *uma* mitologia. Portanto, nunca uma sociedade num estágio de desenvolvimento que exclua qualquer relação mitológica com a natureza, qualquer relação geradora de mitos, exigindo assim do artista uma fantasia independente da mitologia.

De outro ponto de vista, Aquiles será compatível com a pólvora e o chumbo? Ou, em resumo, a *Ilíada* com a imprensa, ou melhor, com a máquina de imprimir. O canto, as lendas épicas, a musa não desaparecerão necessariamente com a barra do tipógrafo? Não terão deixado de existir as condições necessárias à poesia épica?

Mas a dificuldade não está em compreender que a arte grega e a epopeia estão ligadas a certas formas do desenvolvimento social. A dificuldade reside no fato de nos proporcionarem ainda um prazer estético e de terem ainda para nós, em certos aspectos, o valor de normas e de modelos inacessíveis.

Um homem não pode voltar a ser criança sem cair na puerilidade. Mas não acha prazer na inocência da criança e, tendo alcançado um nível superior, não deve aspirar ele próprio a reproduzir sua verdade? Em todas as épocas, o seu próprio caráter não revive na verdade natural da natureza infantil? Por que então a infância histórica da humanidade, precisamente naquilo em que atingiu seu mais belo florescimento, por que essa etapa para sempre perdida não há de exercer um eterno encanto? Há crianças mal educadas e crianças precoces. Muitos dos povos da Antiguidade pertencem a essa categoria. Crianças normais foram os gregos. O encanto que a sua arte exerce sobre nós não está em contradição com o caráter primitivo da sociedade em que ela se desenvolveu. Pelo contrário, está indissoluvelmente ligado ao fato de as condições sociais insuficientemente maduras em que essa arte nasceu, e somente sob as quais poderia nascer, não poderão retornar jamais.

11. Prefácio a *Para a crítica da economia política*[*][(1)]

---

[*]Este é o texto do prefácio à obra que Marx publica, em Londres, em 1859 — cf. a nota 1, à p. 473. Extraído de K. Marx, *Para a crítica da economia política. Salário, preço e lucro. O rendimento e suas fontes* (São Paulo: Abril Cultural, 1982, pp. 23-27. Tradução de Edgard Malagodi, com a colaboração de José Arthur Giannotti). As notas *N. do E.* são do editor brasileiro e as da edição alemã (*N. da E. A.*) provêm do vol. XIII de *Marx-Engels Werke* (Berlim: Dietz Verlag, 1972).

Considero o sistema da economia burguesa nesta ordem: *capital, propriedade fundiária, trabalho assalariado; Estado, comércio exterior, mercado mundial*. Nos três primeiros títulos examino as condições econômicas de vida das três grandes classes em que se divide a moderna sociedade burguesa: a conexão dos três seguintes é evidente. A primeira parte do Livro Primeiro, que trata do capital, compõe-se dos seguintes capítulos: 1 — a mercadoria: 2 — a moeda ou a circulação simples; 3 — o capital em geral. Os dois primeiros capítulos formam o conteúdo do presente volume. Tenho diante de mim o conjunto do material sob a forma de monografias que foram redigidas com longos intervalos, não para serem impressas mas para minha própria compreensão, e cuja elaboração sistemática, segundo o plano dado, dependerá de circunstâncias exteriores.

Suprimo uma introdução geral[2] que havia esboçado, pois, graças a uma reflexão mais atenta, parece-me que toda antecipação perturbaria os resultados ainda por provar, e o leitor que se dispuser a seguir-me terá que se decidir a ascender do particular para o geral. Por outro lado, poderão aparecer aqui algumas indicações sobre o curso dos meus próprios estudos político-econômicos.

Minha especialidade era a Jurisprudência, a qual exercia contudo como disciplina secundária ao lado de Filosofia e História. Nos anos de 1842/43, como redator da *Gazeta Renana (Rheinische Zeitung)*,[3] vi-me pela primeira vez em apuros por ter que tomar parte na discussão sobre os chamados interesses materiais. As deliberações do Parlamento renano sobre o roubo de madeira e parcelamento da propriedade fundiária, a polêmica oficial que o Sr. Von Schaper, então governador da província renana, abriu com a *Gazeta Renana* sobre a situação dos camponeses do vale do Mosela, e finalmente os debates sobre o livre-comércio e proteção aduaneira deram-me os primeiros motivos para ocupar-me de questões econômicas. Além do mais, naquele tempo em que a boa vontade de "ir à frente" ocupava muitas vezes o lugar do conhecimento do assunto, fez-se ouvir na *Gazeta Renana* um eco de fraco matiz filosófico do socialismo e comunismo francês. Eu me declarei contra essa remendagem, mas ao mesmo tempo em uma controvérsia com o *Jornal Geral* de Augsburgo (*Allgemeine Augsburger Zeitung*)[4] confessei francamente que os meus estudos feitos até então não me permitiam ousar qualquer julgamento sobre o conteúdo das correntes francesas. Agarrei-me às ilusões dos gerentes da *Gazeta Renana*, que acreditavam que através de uma atitude mais vacilante do jornal conseguiriam anular a condenação de morte que fora decretada contra ele, para me retirar do cenário público para o gabinete de estudos.

O primeiro trabalho que empreendi para resolver a dúvida que me assediava foi uma revisão crítica da filosofia do direito de Hegel, trabalho este cuja introdução apareceu nos *Anais Franco-Alemães* (*Deutsch-Französische Jahrbücher*),[5] editados em Paris em 1844. Minha investigação desembocou no seguinte resultado: relações jurídicas, tais como formas de Estado, não podem ser compreendidas nem a partir de si mesmas, nem a partir do assim chamado desenvolvimento geral do espírito humano, mas, pelo contrário, elas se enraízam nas relações materiais de vida, cuja totalidade foi resumida por Hegel sob o nome de "sociedade civil" (*bürgerliche Gesellschaft*), seguindo os ingleses e franceses do século XVIII; mas que a anatomia da sociedade burguesa (*bürgerliche Gesellschaft*)[6] deve ser procurada na Economia Política. Comecei o estudo dessa matéria em Paris, mas tive que continuá-lo em Bruxelas, para onde me transferi em consequência de uma ordem de expulsão do Sr. Guizot. O resultado geral a que cheguei e que, uma vez obtido, serviu-me de fio condutor aos meus estudos, pode ser formulado em poucas palavras: na produção social da própria vida, os homens contraem relações determinadas, necessárias e independentes de sua vontade, relações de produção estas que correspondem a uma etapa determinada de desenvolvimento das suas forças produtivas materiais. A totalidade dessas relações de produção forma a estrutura econômica da sociedade, a base real sobre a qual se levanta uma superestrutura jurídica e política, e à qual correspondem formas sociais determinadas de consciência. O modo de produção da vida material condiciona o processo em geral de vida social, político e espiritual.

PREFÁCIO A PARA A CRÍTICA DA ECONOMIA POLÍTICA

Não é a consciência dos homens que determina o seu ser, mas, ao contrário, é o seu ser social que determina sua consciência. Em uma certa etapa de seu desenvolvimento, as forças produtivas materiais da sociedade entram em contradição com as relações de produção existentes ou, o que nada mais é do que a sua expressão jurídica, com as relações de propriedade dentro das quais aquelas até então se tinham movido. De formas de desenvolvimento das forças produtivas essas relações se transformam em seus grilhões. Sobrevém então uma época de revolução social. Com a transformação da base econômica, toda a enorme superestrutura se transforma com maior ou menor rapidez. Na consideração de tais transformações é necessário distinguir sempre entre a transformação material das condições econômicas de produção, que pode ser objeto de rigorosa verificação da ciência natural, e as formas jurídicas, políticas, religiosas, artísticas ou filosóficas, em resumo, as formas ideológicas pelas quais os homens tomam consciência desse conflito e o conduzem até o fim. Assim como não se julga o que um indivíduo é a partir do julgamento que ele se faz de si mesmo, da mesma maneira não se pode julgar uma época de transformação a partir de sua própria consciência; ao contrário, é preciso explicar essa consciência a partir das contradições da vida material, a partir do conflito existente entre as forças produtivas sociais e as relações de produção. Uma formação social nunca perece antes que estejam desenvolvidas todas as forças produtivas para as quais ela é suficientemente desenvolvida, e novas relações de produção mais adiantadas jamais tomarão o lugar, antes que suas condições materiais de existência tenham sido geradas no seio mesmo da velha sociedade. É por isso que a humanidade só se propõe as tarefas que pode resolver, pois, se se considera mais atentamente, se chegará à conclusão de que a própria tarefa só aparece onde as condições materiais de sua solução já existem, ou, pelo menos, são captadas no processo de seu devir. Em grandes traços podem ser caracterizados, como épocas progressivas da formação econômica da sociedade, os modos de produção: asiático, antigo, feudal e burguês moderno. As relações burguesas de produção constituem a última forma antagônica do processo social de produção, antagônicas não em um sentido individual, mas de um antagonismo nascente das condições sociais de vida dos indivíduos; contudo, as forças produtivas que se encontram em desenvolvimento no seio da sociedade burguesa criam ao mesmo tempo as condições materiais para a solução desse antagonismo. Daí que com essa formação social se encerra a pré-história da sociedade humana.

Friedrich Engels, com quem mantive por escrito um intercâmbio permanente de ideias desde a publicação de seu genial esboço de uma crítica das categorias econômicas (nos *Anais Franco-Alemães*), chegou por outro caminho (compare o seu trabalho *A situação da classe trabalhadora na Inglaterra*) ao mesmo resultado que eu; e quando ele, na primavera de 1845, veio também instalar-se em Bruxelas, decidimos elaborar em comum nossa oposição contra o que há de ideológico na filosofia alemã; tratava-se, de fato, de acertar as contas com a nossa antiga consciência filosófica. O propósito tomou corpo na forma de uma crítica da filosofia pós-hegeliana. O manuscrito,[7] dois grossos volumes *in octavo*, já havia chegado há muito tempo à editora em Westfália quando fomos informados de que a impressão fora impedida por circunstâncias adversas. Abandonamos o manuscrito à crítica roedora dos ratos, tanto mais a gosto quanto já havíamos atingido o fim principal: a compreensão de nós mesmos. Entre os trabalhos dispersos de então, através dos quais submetemos ao público nossas opiniões sobre questões diversas, menciono apenas o *Manifesto do Partido Comunista*, que Engels e eu redigimos em conjunto, e uma publicação minha, o *Discurso sobre o livre-comércio* (*Discours sur le Libre Échange*). Os pontos decisivos de nossa opinião foram indicados cientificamente pela primeira vez, ainda que apenas de uma forma polêmica, em meu escrito *Miséria da filosofia* (*Misère de la Philosophie etc.*), publicado em 1847 e dirigido contra Proudhon. Depois, numa dissertação escrita em alemão sobre o trabalho assalariado,[8] onde sintetizei as minhas conferências sobre este tema feitas na União dos Trabalhadores Alemães de Bruxelas,[9] cuja impressão, todavia, foi interrompida pela Revolução de Fevereiro e por minha subsequente expulsão da Bélgica.

A publicação da *Nova Gazeta Renana* (*Neue Rheinische Zeitung*),[10] em 1848 e 1849, e os acontecimentos posteriores interromperam meus estudos econômicos, que só puderam ser retomados em 1850, em Londres. A enorme quantidade de material sobre a história da economia política que se encontra acumulada no Museu Britânico, a situação favorável de Londres como ponto de observação da sociedade burguesa e finalmente o novo estágio de desenvolvimento em que esta parecia entrar com a descoberta do ouro na Califórnia e Austrália determinaram-me a começar tudo de novo, e estudar criticamente até o fim todo o material. Esses estudos, em parte por causa de seu próprio caráter, chegaram a disciplinas aparentemente afastadas do plano original, nas quais tive que deter-me por mais ou menos tempo. Mas foi sobretudo a necessidade imperiosa de exercer uma profissão para ganhar a vida que me reduziu o tempo disponível. Minha colaboração, já de oito anos, com o primeiro jornal anglo-americano, o *New-York Tribune*,[11] tem exigido uma extraordinária dispersão dos estudos, uma vez que apenas excepcionalmente me ocupo com o jornalismo propriamente dito. Contudo, artigos sobre fatos econômicos de destaque, ocorridos na Inglaterra e no continente, constituem uma parte tão significativa da minha contribuição que me vi obrigado a familiarizar-me com pormenores que ficam fora do ramo da ciência da Economia Política propriamente dita.

Esse esboço sobre o itinerário dos meus estudos no campo da economia política tem apenas o objetivo de provar que minhas opiniões, sejam julgadas como forem e por menos que coincidam com os preconceitos ditados pelos interesses das classes dominantes, são o resultado de uma pesquisa conscienciosa e demorada. Mas na entrada para a Ciência — como na entrada do Inferno — é preciso impor a exigência:

Qui si convien lasciare ogni sospetto
Ogni viltà convien che sia morta.[12]

Londres, janeiro de 1859
Karl Marx

12. Valor, trabalho e mais-valia. O confronto entre trabalho e capital*

---

*Nas sessões de 20 a 27 de junho de 1865 do Conselho Geral da Associação Internacional dos Trabalhadores (de que foi um dos fundadores, em 1864), Marx, polemizando com o operário inglês John Weston — que considerava inócuas as lutas dos trabalhadores por aumentos salariais —, interveio com o informe de que se extrataram as páginas seguintes (cujo título geral é da responsabilidade do organizador deste volume). A primeira publicação integral da intervenção de Marx, em inglês, data de 1898 — e, posteriormente, foi largamente divulgada sob o título *Salário, preço e lucro*. Extraído de K. Marx, *Para a crítica da economia política. Salário, preço e lucro. O rendimento e suas fontes* (São Paulo: Abril Cultural, 1982, pp. 153-185. Tradução de Leandro Konder).

[...]
VI. VALOR E TRABALHO

Cidadãos! Cheguei ao ponto em que devo necessariamente entrar no verdadeiro desenvolvimento do tema. Não posso asseverar que o faça de maneira muito satisfatória, pois isso me obrigaria a percorrer todo o campo da economia política. Apenas posso, como diria o francês, *effleurer la question*,[1] tocar os aspectos fundamentais.

A primeira pergunta que temos de fazer é esta: Que é o *valor* de uma mercadoria? Como se determina esse valor?

À primeira vista, parecerá que o valor de uma mercadoria é algo completamente *relativo*, que não se pode determinar sem pôr uma mercadoria em relação com todas as outras. Com efeito, quando falamos do valor, do valor de troca de uma mercadoria, entendemos as quantidades proporcionais nas quais é trocada por todas as demais mercadorias. Isso, porém, conduz-nos a perguntar: como se regulam as proporções em que umas mercadorias se trocam por outras?

Sabemos por experiência que essas proporções variam ao infinito. Tomemos uma única mercadoria, por exemplo, o trigo, e veremos que um *quarter* de trigo se permuta, numa série quase infinita de graus de proporção, por diferentes mercadorias. E, sem embargo, *como o seu valor é sempre o mesmo*, quer se expresse em seda, em ouro, ou outra qualquer mercadoria, esse valor tem que ser alguma coisa de distinto e independente dessas *diversas proporções* em que se troca por outros artigos. Necessariamente há de ser possível exprimir, de uma forma muito diferente, essas diversas equações com várias mercadorias.

De resto, quando digo que um *quarter* de trigo se troca por ferro numa determinada proporção ou que o valor de um *quarter* de trigo se expressa numa determinada quantidade de ferro, digo que o valor do trigo ou seu equivalente em ferro são iguais a *uma terceira coisa*, que não é trigo nem ferro, pois suponho que ambos exprimem a mesma grandeza sob duas formas distintas. Portanto, cada um desses dois objetos, tanto o trigo como o ferro, deve poder reduzir-se, independentemente um do outro, àquela terceira coisa, que é a medida comum de ambos.

Para esclarecer esse ponto, recorrerei a um exemplo geométrico muito simples. Quando comparamos a área de vários triângulos das mais diversas formas e grandezas, ou quando comparamos triângulos com retângulos, ou com outra qualquer figura retilínea, qual é o processo que empregamos? Reduzimos a área de um triângulo qualquer a uma expressão completamente distinta de sua forma visível. E como, pela natureza do triângulo, sabemos que a área dessa figura geométrica é sempre igual à metade do produto de sua base pela sua altura, isso nos permite comparar entre si os diversos valores de toda classe de triângulos e de todas as figuras retilíneas, já que todas elas podem reduzir-se a um certo número de triângulos.

Temos que seguir o mesmo processo para os valores das mercadorias. Temos que poder reduzi-los todos a uma expressão comum, distinguindo-os unicamente pela proporção em que contêm essa mesma e idêntica medida. Como os *valores de troca* das mercadorias não passam de *funções sociais* delas, e nada têm a ver com suas propriedades *naturais*, devemos antes de mais nada perguntar: Qual é a *substância social* comum a todas as mercadorias? É o *trabalho*. Para produzir uma mercadoria tem-se que inverter nela, ou a ela incorporar, uma determinada quantidade de trabalho. E não simplesmente *trabalho*, mas *trabalho social*. Aquele que produz um objeto para seu uso pessoal e direto, para consumi-lo, cria um *produto*, mas não uma *mercadoria*. Como produtor que se mantém a si mesmo, nada tem com a sociedade. Mas, para produzir uma *mercadoria*, não só se tem de criar um artigo que satisfaça a uma necessidade *social* qualquer, como também o trabalho nele incorporado deverá representar uma parte integrante da soma global de trabalho invertido pela sociedade. Tem que estar subordinado à *divisão de trabalho dentro da sociedade*. Não é nada sem os demais setores do trabalho, e, por sua vez, é chamado a integrá-los. Quando consideramos as *mercadorias como valores*, vemo-las somente sob o aspecto de *trabalho social realizado*, plasmado ou, se assim quiserdes, *cristalizado*. Consideradas desse modo, só podem *distinguir-se* umas das outras enquanto representem quantidades maiores ou menores de trabalho; assim, por exemplo, num lenço de seda pode encerrar-se uma quantidade maior de trabalho do que em um tijolo. Mas como se medem as *quantidades de trabalho*? Pelo *tempo que dura o trabalho*, medindo este em horas, em dias etc. Naturalmente, para aplicar essa medida, todas as espécies de trabalho se reduzem a trabalho médio, ou simples, como a sua unidade.

Chegamos, portanto, a esta conclusão. Uma mercadoria tem *um valor* por ser uma *cristalização de um trabalho social*. A *grandeza* de seu valor, ou seu valor *relativo*, depende da maior ou menor quantidade dessa substância social que ela encerra, quer dizer, da quantidade relativa de trabalho necessário à sua produção. Portanto, os *valores relativos das mercadorias* se determinam pelas *correspondentes quantidades ou somas de trabalho invertidas, realizadas, plasmadas nelas*. As quantidades *correspondentes* de mercadorias que foram produzidas no *mesmo tempo de trabalho são iguais*. Ou, dito de outro modo, o valor de uma mercadoria está para o valor de outra assim como a quantidade de trabalho plasmada numa está para a quantidade de trabalho plasmada na outra.

Suspeito que muitos de vós perguntareis: existe então uma diferença tão grande, supondo que exista alguma, entre a determinação dos valores das mercadorias na base dos *salários* e sua determinação pelas *quantidades relativas de trabalho* necessárias à sua produção? Não deveis perder de vista que a *retribuição* do trabalho e a *quantidade* de trabalho são coisas perfeitamente distintas. Suponhamos, por exemplo, que num *quarter* de trigo e numa onça de ouro se plasmam *quantidades iguais de trabalho*. Valho-me desse exemplo porque já foi empregado por Benjamin Franklin[2] no seu primeiro ensaio, publicado em 1729, sob o título de *Uma Modesta Investigação Sobre a Natureza e a Necessidade do Papel-Moeda*, que é um dos primeiros livros em que se reconhece a verdadeira natureza do valor. Pois bem, suponhamos, como ficou dito, que um *quarter* de trigo e uma onça de ouro *são valores iguais* ou *equivalentes*, por serem *cristalizações de quantidades iguais de trabalho médio*, de tantos dias, ou tantas semanas de trabalho plasmado em cada uma delas. Acaso, ao determinar assim os valores relativos do ouro e do trigo, fazemos qualquer referência aos *salários* que percebem os operários agrícolas e os mineiros? Em absoluto, nem por sombra. Não dizemos, *sequer remotamente, como* se paga o *trabalho* diário ou semanal desses obreiros, nem ao menos dizemos se aqui se emprega, ou não, trabalho assalariado. Ainda supondo que se empregue trabalho assalariado, os salários podem ser muito desiguais. Pode acontecer que o operário cujo trabalho se plasma no *quarter* de trigo só perceba por ele dois *bushel*,[3] enquanto o operário na mina pode ter percebido pelo seu trabalho metade da onça de ouro. Ou, supondo que os seus salários sejam iguais, podem diferir nas mais diversas proporções dos valores das mercadorias por ele produzidas. Podem representar a metade, a terça, quarta ou quinta parte, ou outra fração qualquer daquele *quarter* de trigo, ou daquela onça de ouro. Naturalmente, os seus *salários* não podem exceder os valores das mercadorias por eles produzidas, não podem ser *maiores* que estas, mas podem, sim, *ser inferiores* em todos os graus imagináveis. Seus *salários* achar-se-ão *limitados* pelos *valores* dos produtos, mas os *valores de seus produtos* não se acharão limitados pelos salários. E sobretudo aqueles valores, os valores relativos do trigo e do ouro, por exemplo, se terão fixado sem atentar em nada no valor do trabalho invertido neles, isto é, sem atender em nada aos *salários*. A determinação dos valores das mercadorias pelas *quantidades relativas de trabalho nelas plasmado* difere, como se vê, radicalmente, do método tautológico da determinação dos valores das mercadorias pelo valor do trabalho, ou seja, pelos *salários*. Contudo, no decurso de nossa investigação, teremos oportunidade de esclarecer ainda mais esse ponto. Para calcular o valor de troca de uma mercadoria, temos de acrescentar à quantidade de trabalho invertida nela, em *último lugar*, a que antes se incorporou nas matérias-primas com que se elaborou a mercadoria e o trabalho aplicado aos meios de trabalho — ferramentas, maquinaria e edifícios — que serviram para esse trabalho.[4] Por exemplo, o valor de uma determinada quantidade de fio de algodão é a cristalização da quantidade de trabalho incorporada ao algodão durante o processo de fiação e, além disso, da quantidade de trabalho anteriormente plasmado nesse algodão, da quantidade de trabalho encerrada no carvão, no óleo e em outras matérias auxiliares empregadas, bem como da quantidade de trabalho materializado na máquina a vapor, nos fusos, no edifício da fábrica etc. Os meios de trabalho propriamente ditos, tais como ferramentas, maquinaria e edifícios, utilizam-se constantemente, durante um período de tempo mais ou menos longo, em processos repetidos de produção. Se se consumissem de uma vez, como acontece com as matérias-primas, transferir-se-ia imediatamente todo o seu valor à mercadoria que ajudam a produzir. Mas como um fuso, por exemplo, só se desgasta aos poucos, calcula-se um termo médio tomando por base a sua duração média, o seu aproveitamento médio ou a sua deterioração ou desgaste durante um determinado tempo, digamos, um dia. Desse modo calculamos qual a parte do valor dos fusos que passa ao fio fabricado durante um dia e que parte, portanto, dentro da soma global de trabalho realizado, por exemplo, numa libra de fio, corresponde à quantidade de trabalho anteriormente incorporado nos fusos. Para o objetivo a que visamos é necessário insistir mais nesse ponto.

Poderia parecer que, se o valor de uma mercadoria se determina pela *quantidade de trabalho que se inverte na sua produção*, quanto mais preguiçoso ou inábil seja um operário, mais valiosa será a mercadoria por ele produzida, pois que o tempo de trabalho necessário para produzi-la será proporcionalmente maior. Mas aquele que assim pensa incorre num lamentável erro. Lembrai-vos que eu empregava a expressão "trabalho *social*" e nessa denominação de "*social*" cabem muitas coisas. Ao dizer que o valor de uma mercadoria é determinado pela *quantidade de trabalho* incorporado ou cristalizado nela, queremos referir-nos à *quantidade de trabalho necessário* para produzir essa mercadoria num dado estado social e sob determinadas condições sociais médias de produção, com uma dada intensidade social média e com uma destreza média no trabalho que se emprega. Quando, na Inglaterra, o tear a vapor começou a competir com o tear manual, para converter uma determinada quantidade de fio numa jarda de tecido de algodão, ou pano, bastava a metade da duração de trabalho que anteriormente se invertia. Agora, o pobre tecelão manual tinha que trabalhar 17 ou 18 horas diárias, em vez das 9 ou 10 de antes. Não obstante, o produto de suas 20 horas de trabalho só representava 10 horas de trabalho social; isto é, as 10 horas de trabalho socialmente necessárias para converter uma determinada quantidade de fio em artigos têxteis. Portanto, seu produto de 20 horas não tinha mais valor do que aquele que antes elaborava em 10.

Se, então, a quantidade de trabalho socialmente necessário, materializado nas mercadorias, é o que determina o valor de troca destas, ao crescer a quantidade de trabalho exigível para produzir uma mercadoria aumenta necessariamente o seu valor e vice-versa, diminuindo aquela, baixa este.

Se as respectivas quantidades de trabalho necessário para produzir as respectivas mercadorias permanecessem constantes, seriam também constantes seus valores relativos. Porém, assim não sucede. A quantidade de trabalho necessário para produzir uma mercadoria varia constantemente, ao variarem as forças produtivas do trabalho aplicado. Quanto maiores são as forças produtivas do trabalho, mais produtos se elaboram num tempo de trabalho dado; e quanto menores são, menos se produzem na mesma unidade de tempo. Se, por exemplo, ao crescer a população, se fizesse necessário cultivar terras menos férteis, teríamos que inverter uma quantidade maior de trabalho para obter a mesma produção, e isso faria subir, por conseguinte, o valor dos produtos agrícolas. Por outro lado, se um só fiandeiro, com os modernos meios de produção, ao fim do dia converte em fio mil vezes mais algodão que antes fiava no mesmo espaço de tempo com auxílio da roca, é evidente que, agora, cada libra de algodão absorverá mil vezes menos trabalho de fiação que dantes e, por consequência, o valor que o processo de fiação incorpora em cada libra de algodão será mil vezes menor. E na mesma proporção baixará o valor do fio.

À parte as diferenças nas energias naturais e na destreza adquirida para o trabalho entre os diversos povos, as forças produtivas do trabalho dependerão, principalmente:

1 — Das condições *naturais* do trabalho: fertilidade do solo, riqueza das jazidas minerais etc.

2 — Do aperfeiçoamento progressivo das *forças sociais do trabalho* por efeito da produção em grande escala, da concentração do capital, da combinação do trabalho, da divisão do trabalho, maquinaria, melhoria dos métodos, aplicação dos meios químicos e de outras forças naturais, redução do tempo e do espaço graças aos meios de comunicação e de transporte, e todos os demais inventos pelos quais mais a ciência obriga as forças naturais a servir ao trabalho, e pelos quais desenvolve o caráter social ou cooperativo do trabalho. Quanto maior é a força produtiva do trabalho, menos trabalho se inverte numa dada quantidade de produtos e, portanto, menor é o valor desses produtos. Quanto menores são as forças produtivas do trabalho, mais trabalho se emprega na mesma quantidade de produtos e, por consequência, maior é o seu valor. Podemos, então, estabelecer como lei geral o seguinte:

Os valores das mercadorias estão na razão direta do tempo de trabalho invertido em sua produção e na razão inversa das forças produtivas do trabalho empregado.

Como até aqui só temos falado do *valor*, acrescentarei algumas palavras acerca do *preço*, que é uma forma particular tomada pelo valor.

Em si mesmo, o *preço* outra coisa não é senão a *expressão em dinheiro do valor*. Os valores de todas as mercadorias deste país se exprimem, por exemplo, em preços-ouro, enquanto no Continente se expressam quase sempre em preços-prata. O valor do ouro, ou da prata, se determina como o de qualquer mercadoria, pela quantidade de trabalho necessário à sua extração. Permutais uma certa soma de vossos produtos nacionais, na qual se cristaliza uma determinada quantidade de vosso trabalho nacional, pelos produtos dos países produtores de ouro e prata, nos quais se cristaliza uma determinada quantidade de seu trabalho. É por esse processo, na verdade pela simples troca, que aprendeis a exprimir em ouro e prata os valores de todas as mercadorias, isto é, as quantidades respectivas de trabalho empregadas na sua produção. Se vos aprofundardes mais na *expressão em dinheiro do valor*, ou, o que vem a ser o mesmo, na *conversão do valor em preço*, vereis que se trata de um processo por meio do qual dais aos *valores* de todas as mercadorias uma forma *independente e homogênea*, por meio da qual exprimis esses valores como quantidades de *igual trabalho social*. Na medida em que é apenas a expressão em dinheiro do valor, o preço foi denominado *preço natural*, por Adam Smith, e *prix nécessaire*,[5] pelos fisiocratas franceses.

Que relação guardam, pois, o *valor* e os *preços do mercado* ou os *preços naturais* e os *preços do mercado*? Todos sabeis que o *preço do mercado* é o *mesmo* para todas as mercadorias da mesma espécie, por muito que variem as condições de produção dos produtores individuais. Os preços do mercado não fazem mais que expressar a *quantidade social média de trabalho*, que, nas condições médias de produção, é necessária para abastecer o mercado com determinada quantidade de um certo artigo. Calcula-se tendo em vista a quantidade global de uma mercadoria de determinada espécie.

Até agora o *preço* de uma mercadoria no *mercado* coincide com o seu *valor*. Por outra parte, as oscilações dos preços do mercado que umas vezes excedem o valor, ou preço natural, e outras vezes ficam abaixo dele dependem das flutuações da oferta e da procura. Os preços do mercado se desviam constantemente dos valores, mas, como diz Adam Smith:

> "O preço natural é (...) o preço central em torno do qual gravitam constantemente os preços das mercadorias. Circunstâncias diversas os podem manter erguidos muito acima desse ponto e, por vezes, precipitá-los um pouco abaixo. Quaisquer, porém, que sejam os obstáculos que os impeçam de se deter nesse centro de repouso e estabilidade, eles tendem continuamente para lá."[6]

Não posso agora esmiuçar esse assunto. Basta dizer que, se a oferta e a procura se equilibram, os preços das mercadorias no mercado corresponderão a seus preços naturais, isto é, a seus valores, os quais se determinam pelas respectivas quantidades de trabalho necessário para a sua produção. Mas a oferta e a procura devem constantemente tender para o equilíbrio, embora só o alcancem compensando uma flutuação com a outra, uma alta com uma baixa e vice-versa. Se, em vez de considerar somente as flutuações diárias, analisardes o movimento dos preços do mercado durante um espaço de tempo bastante longo, como o fez, por exemplo, o Sr. Tooke, na sua *História dos Preços*, descobrireis que as flutuações dos preços no mercado, seus desvios dos valores, suas altas e baixas, se compensam umas com as outras e se neutralizam de tal maneira que, postas à margem a influência exercida pelos monopólios e algumas outras restrições que aqui temos de passar por alto, vemos que todas as espécies de mercadorias se vendem, em termo médio, pelos seus respectivos valores ou preços naturais. Os períodos médios de tempo, durante os quais se compensam entre si as flutuações dos preços no mercado, diferem segundo as distintas espécies de mercadorias, porque numas é mais fácil que em outras adaptar a oferta à procura.

Se, então, falando de um modo geral e abarcando períodos de tempo bastante longos, todas as espécies de mercadorias se vendem pelos seus respectivos valores, é absurdo supor que o lucro — não em casos isolados, mas o lucro constante e normal das diversas indústrias — brota de uma *majoração* dos preços das mercadorias, ou do fato de que se vendam por um preço que exceda consideravelmente o seu *valor*. O absurdo dessa ideia evidencia-se desde que a generalizamos. O que alguém ganhasse constantemente como vendedor, haveria de perder constantemente como comprador. De nada serve dizer que há pessoas que compram sem vender, consumidores que não são produtores. O que estes pagassem ao produtor, teriam antes de recebê-lo dele grátis. Se uma pessoa recebe o vosso dinheiro e logo vo-lo devolve comprando-vos as vossas mercadorias, por esse caminho nunca enriquecereis por mais caro que vendais. Essa espécie de negócios poderá reduzir uma perda, mas jamais contribuir para realizar um lucro. Portanto, para explicar o *caráter geral do lucro* não tereis outro remédio senão partir do teorema de que as mercadorias *se vendem*, em média, pelos *seus verdadeiros valores* e que os *lucros se obtêm vendendo as mercadorias pelo seu valor*, isto é, em proporção à quantidade de trabalho nelas materializado. Se não conseguirdes explicar o lucro sobre essa base, de nenhum outro modo conseguireis explicá-lo. Isso parece um paradoxo e contrário à observação de todos os dias. Parece também paradoxal que a Terra gire ao redor do Sol e que a água seja formada por dois gases altamente inflamáveis. As verdades científicas serão sempre paradoxais, se julgadas pela experiência de todos os dias, a qual somente capta a aparência enganadora das coisas.

VII. FORÇA DE TRABALHO

Depois de termos analisado, na medida em que podíamos fazê-lo, em um exame tão rápido, a natureza do *valor*, do *valor de uma mercadoria qualquer*, devemos volver nossa atenção para o *valor específico do trabalho*. E aqui tenho eu, novamente, que vos surpreender com outro aparente paradoxo. Todos vós estais completamente convencidos de que aquilo que vendeis todos os dias é vosso trabalho: de que, portanto, o trabalho tem um preço e que, embora o preço de uma mercadoria mais não seja que a expressão em dinheiro do seu valor, deve existir, sem dúvida alguma, qualquer coisa parecida com o *valor do trabalho*. E, não obstante, não existe tal coisa como o valor do trabalho, no sentido corrente da palavra. Vimos que a quantidade de trabalho necessário cristalizado numa mercadoria constitui o seu valor. Aplicando agora esse conceito do valor, como poderíamos determinar o valor de uma jornada de trabalho de 10 horas, por exemplo? Quanto trabalho está contido nessa jornada? Dez horas de trabalho.

Se disséssemos que o valor de uma jornada de trabalho de 10 horas equivale a 10 horas de trabalho, ou à quantidade de trabalho contido nela, faríamos uma afirmação tautológica e, além disso, sem sentido. Naturalmente, depois de haver desentranhado o sentido verdadeiro, porém oculto, da expressão *valor do trabalho*, estaremos em condições de interpretar essa aplicação irracional e aparentemente impossível do valor, do mesmo modo que estamos em condições de explicar os movimentos, aparentes ou somente perceptíveis em certas formas, dos corpos celestes, depois de termos descoberto os seus movimentos reais.

O que o operário vende não é diretamente o seu trabalho, mas a sua *força de trabalho*, cedendo temporariamente ao capitalista o direito de dispor dela. Tanto é assim que, não sei se as leis inglesas, mas, desde logo, algumas leis continentais fixam o *máximo de tempo* pelo qual uma pessoa pode vender a sua força de trabalho. Se lhe fosse permitido vendê-la sem limitação de tempo, teríamos imediatamente restabelecida a escravatura. Semelhante venda, se o operário se vendesse por toda a vida, por exemplo, convertê-lo-ia sem demora em escravo do patrão até o final de seus dias.

Thomas Hobbes,[7] um dos economistas mais antigos e dos mais originais filósofos da Inglaterra, já havia assinalado em seu *Leviatã*, instintivamente, esse ponto que escapou a todos os seus sucessores. Dizia ele:

> "O valor de um homem é, como para todas as outras coisas, o seu preço; quer dizer, o que se pagaria pelo uso de *sua força*."

Partindo dessa base podemos determinar o *valor do trabalho*, como o de todas as outras mercadorias.

Mas, antes de fazê-lo, poderíamos perguntar: de onde provém esse fenômeno singular de que no mercado nós encontremos um grupo de compradores, que possuem terras, maquinaria, matérias-primas e meios de vida, coisas essas que, exceto a terra, em seu estado bruto, são *produtos de trabalho*, e, por outro lado, um grupo de vendedores que nada têm a vender senão sua força de trabalho, os seus braços laboriosos e cérebros? Como se explica que um dos grupos compre constantemente para realizar lucro e enriquecer-se, enquanto o outro grupo vende constantemente para ganhar o pão de cada dia? A investigação desse problema seria uma investigação do que os economistas chamam *"acumulação prévia ou originária*",[8] mas que deveria chamar-se *expropriação originária*. E veremos que essa chamada acumulação originária não é senão uma série de processos históricos que resultaram na *decomposição da unidade originária* existente entre o homem trabalhador e seus instrumentos de trabalho. Essa observação cai, todavia, fora da órbita do nosso tema atual. Uma vez consumada a *separação* entre o trabalhador e os instrumentos de trabalho, esse estado de coisas se manterá e se reproduzirá em escala sempre crescente, até que uma nova e radical revolução do sistema de produção a deite por terra e restaure a primitiva unidade sob uma forma histórica nova.

Que é, pois, o *valor da força de trabalho*?

Como o de toda outra mercadoria, esse valor se determina pela quantidade de trabalho necessário para produzi-la. A força de trabalho de um homem consiste, pura e simplesmente, na sua individualidade viva. Para poder crescer e manter-se, um homem precisa consumir uma determinada quantidade de meios de subsistência; o homem, como a máquina, se gasta e tem que ser substituído por outro homem. Além da soma de artigos de primeira necessidade exigidos para o seu próprio sustento, ele precisa de outra quantidade dos mesmos artigos para criar determinado número de filhos, que hão de substituí-lo no mercado de trabalho e perpetuar a descendência dos trabalhadores. Ademais, tem que gastar outra soma de valores no desenvolvimento de sua força de trabalho e na aquisição de uma certa habilidade. Para o nosso objetivo bastar-nos-á considerar o trabalho *médio*, cujos gastos de educação e aperfeiçoamento são grandezas insignificantes. Devo, sem embargo, aproveitar a ocasião para constatar que, assim como diferem os custos de produção de força de trabalho de diferente qualidade, assim têm que diferir, também, os valores das forças de trabalho aplicadas nas diferentes indústrias. Por consequência, o grito pela *igualdade de salários* assenta num erro, é um desejo oco, que jamais se realizará. É um rebento desse falso e superficial radicalismo que admite as premissas e procura fugir às conclusões. Dentro do sistema do salariado, o valor da força de trabalho se fixa como o de outra mercadoria qualquer; e, como distintas espécies de força de trabalho possuem distintos valores ou exigem para a sua produção distintas quantidades de trabalho, necessariamente têm que ter preços distintos no mercado de trabalho. Pedir *uma retribuição igual ou simples-*

mente uma retribuição justa, na base do sistema do salariado, é o mesmo que pedir liberdade na base do sistema da escravatura. O que pudésseis considerar justo ou equitativo não vem ao caso. O problema está em saber o que vai acontecer necessária e inevitavelmente dentro de um dado sistema de produção.

Depois do que dissemos, o *valor da força de trabalho* é determinado pelo *valor dos artigos de primeira necessidade* exigidos para produzir, desenvolver, manter e perpetuar a força de trabalho.

VIII. A PRODUÇÃO DA MAIS-VALIA

Suponhamos agora que a quantidade média diária de artigos de primeira necessidade imprescindíveis à vida de um operário *exija 6 horas de trabalho médio* para a sua produção. Suponhamos, além disso, que essas 6 horas de trabalho médio se materializem numa quantidade de ouro equivalente a 3 xelins. Nestas condições, os 3 xelins seriam o *preço* ou a expressão em dinheiro do *valor diário da força de trabalho* desse homem. Se trabalhasse 6 horas diárias, ele produziria diariamente um valor que bastaria para comprar a quantidade média de seus artigos diários de primeira necessidade ou para se manter como operário.

Mas o nosso homem é um obreiro assalariado. Portanto, precisa vender a sua força de trabalho a um capitalista. Se a vende por 3 xelins diários, ou por 18 semanais, vende-a pelo seu valor. Vamos supor que se trata de um fiandeiro. Trabalhando 6 horas por dia, incorporará ao algodão, diariamente, um valor de 3 xelins. Esse valor diariamente incorporado por ele representaria um equivalente exato do salário, ou preço de sua força de trabalho, que recebe cada dia. Mas nesse caso não iria para o capitalista nenhuma *mais-valia* ou *sobreproduto* algum. É aqui, então, que tropeçamos com a verdadeira dificuldade.

Ao comprar a força de trabalho do operário e ao pagá-la pelo seu valor, o capitalista adquire, como qualquer outro comprador, o direito de consumir ou usar a mercadoria comprada. A força de trabalho de um homem é consumida, ou usada, fazendo-o trabalhar, assim como se consome ou se usa uma máquina fazendo-a funcionar. Portanto, o capitalista, ao comprar o valor diário, ou semanal, da força de trabalho do operário, adquire o direito de servir-se dela ou de fazê-la funcionar durante *todo o dia* ou *toda a semana*. A jornada de trabalho, ou a semana de trabalho, tem naturalmente certos limites, mas a isso volveremos, em detalhe, mais adiante.

No momento, quero chamar-vos a atenção para um ponto decisivo.

O *valor* da força de trabalho se determina pela quantidade de trabalho necessário para a sua conservação, ou reprodução, mas o *uso* dessa força só é limitado pela energia vital e a força física do operário. O *valor* diário ou semanal da força de trabalho difere completamente do funcionamento diário ou semanal dessa mesma força de trabalho; são duas coisas completamente distintas, como a ração consumida por um cavalo e o tempo em que este pode carregar o cavaleiro. A quantidade de trabalho que serve de limite ao *valor* da força de trabalho do operário não limita de modo algum a quantidade de trabalho que sua força de trabalho pode executar. Tomemos o exemplo do nosso fiandeiro. Vimos que, para recompor diariamente a sua força de trabalho, esse fiandeiro precisava reproduzir um valor diário de 3 xelins, o que realizava com um trabalho diário de 6 horas. Isso porém, não lhe tira a capacidade de trabalhar 10 ou 12 horas e mais, diariamente. Mas o capitalista, ao pagar o valor diário ou semanal da força de trabalho do fiandeiro, adquire o direito de usá-la durante *todo o dia ou toda a semana*. Fá-lo-á trabalhar, portanto, digamos, 12 horas diárias, quer dizer, *além* das 6 horas necessárias para recompor o seu salário, ou o valor de sua força de trabalho, terá de trabalhar *outras 6 horas*, a que chamarei de horas de *sobretrabalho*, e esse sobretrabalho irá traduzir-se em uma *mais-valia* e em um *sobreproduto*. Se, por exemplo, nosso fiandeiro, com o seu trabalho diário de 6 horas, acrescenta ao algodão um valor de 3 xelins, valor que constitui um equivalente exato de seu salário, em 12 horas acrescentará ao algodão um valor de 6 xelins e produzirá a *correspondente quantidade adicional de fio*. E, como vendeu sua força de trabalho ao capitalista, todo o valor, ou todo o produto, por ele criado pertence ao capitalista, que é dono de sua força de trabalho, *pro tempore*. Por conseguinte, desembolsando 3 xelins, o capitalista realizará o valor de 6, pois com o desembolso de um valor no qual se cristalizam 6 horas de trabalho receberá em troca um valor no qual estão cristalizadas 12 horas. Se repete, diariamente, essa operação, o capitalista desembolsará 3 xelins por dia e embolsará 6, cuja metade tornará a inverter no pagamento de novos salários, enquanto a outra metade formará a *mais-valia*, pela qual o capitalista não paga equivalente algum. *Esse tipo de intercâmbio entre o capital e o trabalho* é o que serve de base à produção capitalista, ou ao sistema do salariado, e tem que conduzir, sem cessar, à constante reprodução do operário como operário e do capitalista como capitalista.

A *taxa de mais-valia* dependerá, se todas as outras circunstâncias permanecerem invariáveis, da proporção existente entre a parte da jornada que o operário tem que trabalhar para reproduzir o valor da força de trabalho e o *sobretempo* ou *sobretrabalho* realizado para o capitalista. Dependerá, por isso, da proporção *em que a jornada de trabalho se prolongue além do tempo* durante o qual o operário, com o seu trabalho, se limita a reproduzir o valor de sua força de trabalho ou a repor o seu salário.

IX. O VALOR DO TRABALHO

Devemos voltar agora à expressão "*valor ou preço do trabalho*". Vimos que, na realidade, esse valor nada mais é que o da força de trabalho, medido pelos valores das mercadorias necessárias à sua manutenção. Mas, como o operário só recebe o seu salário *depois* de realizar o seu trabalho e como, ademais, sabe que o que entrega realmente ao capitalista é o seu trabalho, ele necessariamente imagina que o valor ou preço de sua força de trabalho é o *preço* ou *valor do seu próprio trabalho*. Se o preço de sua força de trabalho é 3 xelins, nos quais se materializam 6 horas de trabalho, e ele trabalha 12 horas, forçosamente o operário considerará esses 3 xelins como o valor ou preço de 12 horas de trabalho, se bem que estas 12 horas representem um valor de 6 xelins. Donde se chega a um duplo resultado:

Primeiro: *O valor ou preço da força de trabalho* toma a aparência do *preço ou valor do próprio trabalho*, ainda que a rigor as expressões de valor e preço do trabalho careçam de sentido.

Segundo: Ainda que só *se pague* uma parte do trabalho diário do operário, enquanto a outra parte fica *sem remuneração*, e ainda que esse trabalho não remunerado ou sobretrabalho seja precisamente o fundo de que se forma a *mais-valia ou lucro*, fica parecendo que todo o trabalho é trabalho pago.

Essa aparência enganadora distingue o *trabalho assalariado* das outras formas *históricas* do trabalho. Dentro do sistema do salariado, até o trabalho *não remunerado* parece trabalho *pago*. Ao contrário, no trabalho dos *escravos* parece ser trabalho não remunerado até a parte do trabalho que se paga. Claro está que, para poder trabalhar, o escravo tem que viver e uma parte de sua jornada de trabalho serve para repor o valor de seu próprio sustento. Mas, como entre ele e seu senhor não houve trato algum, nem se celebra entre eles nenhuma compra e venda, todo o seu trabalho parece dado de graça.

Tomemos, por outro lado, o camponês servo, tal como existia, quase diríamos ainda ontem mesmo, em todo o oriente da Europa. Este camponês, por exemplo, trabalhava três dias para si, na sua própria terra, ou na que lhe havia sido atribuída, e nos três dias seguintes realizava um trabalho compulsório e gratuito na propriedade de seu senhor. Como vemos, aqui as duas partes do trabalho, a paga e a não paga, aparecem visivelmente separadas, no tempo e no espaço, e os nossos liberais podem estourar de indignação moral ante a ideia disparatada de que se obrigue um homem a trabalhar de graça.

Mas, na realidade, tanto faz uma pessoa trabalhar três dias na semana para si, na sua própria terra, e outros três dias de graça na gleba do senhor como trabalhar diariamente na fábrica, ou na oficina, 6 horas para si e 6 horas para o seu patrão; ainda que nesse caso a parte do trabalho pago e a do não remunerado apareçam inseparavelmente confundidas e o caráter de toda a transação se disfarce por completo com a *interferência de um contrato e o pagamento* recebido no fim da semana. No primeiro caso, o trabalho não remunerado é visivelmente arrancado pela força; no segundo, parece entregue voluntariamente. Eis a única diferença.

Sempre que eu empregue, portanto, a expressão "*valor do trabalho*", empregá-la-ei como termo popular, sinônimo de "*valor de força de trabalho*".

X. O LUCRO OBTÉM-SE VENDENDO UMA MERCADORIA PELO SEU VALOR

Suponhamos que uma hora de trabalho médio materialize um valor de 6 pence[9] ou 12 horas de trabalho médio, um valor de 6 xelins. Suponhamos, ainda, que o valor do trabalho represente 3 xelins ou o produto de 6 horas de trabalho. Se nas matérias-primas, maquinaria etc., consumidas para produzir uma determinada mercadoria, se materializam 24 horas de trabalho médio, o seu valor elevar-se-á a 12 xelins. Se, além disso, o operário empregado pelo capitalista junta a esses meios de produção 12 horas de trabalho, teremos que essas 12 horas se materializam num valor adicional de 6 xelins. Portanto, o *valor do produto* se elevará a 36 horas de trabalho materializado, equivalente a 18 xelins. Porém, como o valor do trabalho ou o salário recebido pelo operário só representa 3 xelins, decorre daí que o capitalista não pagou equivalente algum pelas 6 horas de sobretrabalho realizado pelo operário e materializadas no valor da mercadoria. Vendendo essa mercadoria pelo valor, por 18 xelins, o capitalista obterá, portanto, um valor de 3 xelins, para o qual não pagou equivalente. Esses 3 xelins representarão a mais-valia ou lucro que o capitalista embolsa. O capitalista obterá, por consequência, um lucro de 3 xelins, não por vender a sua mercadoria a um preço que exceda o seu valor, mas por vendê-la pelo *seu valor real*.

O valor de uma mercadoria se determina pela *quantidade total de trabalho* que encerra. Mas uma parte dessa quantidade de trabalho representa um valor pelo qual se pagou um equivalente em forma de salários; outra parte se materializa num valor pelo qual *nenhum* equivalente foi pago. Uma parte do trabalho incluído na mercadoria é trabalho *remunerado*; a outra parte, trabalho *não remunerado*. Logo, quando o capitalista vende a mercadoria pelo *seu valor*, isto é, como cristalização da *quantidade total de trabalho* nela invertido, o capitalista deve forçosamente vendê-la com lucro. Vende não só o que lhe custou um equivalente, como também o que não lhe custou nada, embora haja custado o trabalho do seu operário. O custo da mercadoria para o capitalista e o custo real da mercadoria são coisas inteiramente distintas. Repito, pois, que lucros normais e médios se obtêm vendendo as mercadorias não *acima* do que valem e sim pelo *seu verdadeiro valor*.

XI. AS DIVERSAS PARTES EM QUE SE DIVIDE A MAIS-VALIA

À *mais-valia*, ou seja, àquela parte do valor total da mercadoria em que se incorpora o *sobretrabalho*, ou *trabalho não remunerado*, eu chamo lucro. Esse lucro não o embolsa na sua totalidade o empregador capitalista. O monopólio do solo permite ao proprietário da terra embolsar uma parte dessa *mais-valia*, sob a denominação de *renda territorial*, quer o solo seja utilizado na agricultura ou se destine a construir edifícios, ferrovias ou a outro qualquer fim produtivo. Por outro lado, o fato de ser a posse dos *meios de trabalho* o que possibilita ao empregador capitalista produzir *mais-valia*, ou, o que é o mesmo, *apropriar-se de uma determinada quantidade de trabalho não remunerado*, é precisamente o que permite ao proprietário dos meios de trabalho, que os empresta total ou parcialmente ao empregador capitalista, numa palavra, ao *capitalista que empresta o dinheiro*, reivindicar para si mesmo outra parte dessa mais-valia sob o nome de *juro*, de modo que ao capitalista empregador, *como tal*, só lhe sobra o chamado *lucro industrial* ou *comercial*. A questão de saber a que leis está submetida essa divisão da importância total da mais-valia entre as três categorias de pessoas aqui mencionadas é inteiramente estranha ao nosso tema. Mas, do que deixamos exposto depreende-se, pelo menos, o seguinte:

A renda territorial, o juro e o lucro industrial nada mais são que *nomes diferentes para exprimir as diferentes partes da mais-valia* de uma mercadoria ou do *trabalho não remunerado que nela se materializa*, e todos provêm por *igual dessa fonte e só dessa fonte*. Não provêm do solo, como tal, nem do *capital* em si; mas o solo e o capital permitem a seus possuidores obter a sua parte correspondente na mais-valia que o empregador capitalista extorque ao operário. Para o operário mesmo, é uma questão de importância secundária que essa mais-valia, fruto de seu sobretrabalho, ou trabalho não remunerado, seja exclusivamente embolsada pelo empregador capitalista ou que este se veja obrigado a ceder parte a terceiros, com o nome de renda do solo ou juro. Suponhamos que o empregador utiliza apenas capital próprio e seja ele mesmo o proprietário do solo; nesse caso, toda a mais-valia irá parar em seu bolso.

É o empregador capitalista quem extrai diretamente do operário essa mais-valia, seja qual for a parte que, em última análise, possa reservar para si. Por isso, dessa relação entre o empregador capitalista e o operário assalariado dependem todo o sistema do salariado e todo o regime atual de produção. Alguns dos cidadãos que intervieram em nosso debate, ao intentarem atenuar as proporções das coisas e apresentar essa relação fundamental entre o empregador capitalista e o operário como uma questão secundária, cometeram, portanto, um erro, embora, por outro lado, tivessem razão ao afirmar que, em dadas circunstâncias, um aumento dos preços pode afetar de um modo muito desigual o empregador capitalista, o dono da terra, o capitalista que empresta dinheiro e, se quereis, o arrecadador de impostos.

Do exposto resulta ainda outra consequência.

A parte do valor da mercadoria que representa unicamente o valor das matérias-primas e das máquinas, numa palavra, o valor dos meios de produção consumidos, não gera *nenhum rendimento*, mas se *limita* a repor *o capital*. Mas, afora isso, é falso que a outra parte do valor da mercadoria, que *forma o rendimento* ou pode ser gasta sob a forma de salário, lucro, renda territorial e juro, seja *constituída* pelo valor dos salários, pelo valor da renda territorial, pelo valor do lucro etc. Por ora deixaremos de lado os salários e só trataremos do lucro industrial, do juro e da renda territorial. Acabamos de ver que *a mais-valia contida* na mercadoria, ou a parte do valor desta na qual está incorporado o *trabalho não remunerado*, por sua vez se decompõe em várias partes, designadas por três nomes diferentes. Afirmar, porém, que seu valor se acha *integrado* ou *formado* pela *soma total dos valores independentes dessas três partes constituintes* seria afirmar o inverso da verdade.

Se 1 hora de trabalho se realiza num valor de 6 pence e se a jornada de trabalho do operário é de 12 horas e a metade desse tempo for trabalho não pago, esse *sobretrabalho* acrescentará à mercadoria uma *mais-valia* de 3 xelins, isto é, um valor pelo qual não se paga nenhum equivalente. Essa mais-valia de 3 xelins representa *todo o fundo* que o empregador capitalista pode repartir, na proporção que for com o dono da terra e com o emprestador de dinheiro. O valor desses 3 xelins forma o limite do valor que eles podem repartir entre si. Mas não é o empregador capitalista que acrescenta ao valor da mercadoria um valor arbitrário para seu lucro, acrescentando em seguida outro valor para o proprietário da terra e assim por diante, de tal maneira que a soma desses valores arbitrariamente fixados constituísse o valor total. Vedes, portanto, o erro da ideia correntemente exposta, que confunde a *divisão de um dado valor* em três partes, com a formação desse valor mediante a soma de três valores *independentes*, convertendo dessa maneira numa grandeza arbitrária o valor total, de onde saem a renda territorial, o lucro e o juro.

Se o lucro total obtido por um capitalista for de 100 libras esterlinas, chamamos a essa soma, considerada como grandeza *absoluta*, o montante do lucro. Mas, se calculamos a proporção entre essas 100 libras e o capital desembolsado, a essa grandeza *relativa* chamamos *taxa de lucro*. É evidente que se pode expressar essa taxa de lucro sob duas formas.

Vamos supor seja de 100 libras o capital *desembolsado em salários*. Se a mais-valia obtida for também de 100 libras — o que nos demonstraria que a metade da jornada do operário se compõe de trabalho *não remunerado* — e se medíssemos esse lucro pelo valor do capital desembolsado em salários, diríamos que a *taxa de lucro*[10] era de 100%. Já que o valor desembolsado seria 100 e o valor produzido 200.

Se, por outro lado, não só considerássemos o *capital desembolsado em salários* mas *todo o capital* desembolsado, digamos, por exemplo, 500 libras, das quais 400 representam o valor da maquinaria etc., diríamos que a *taxa de lucro* apenas se elevara a 20%, visto o lucro de 100 não ser mais que a quinta parte do capital *total* desembolsado.

O primeiro modo de expressar a taxa de lucro é o único que nos revela a proporção real entre o trabalho pago e o não remunerado, o grau real da *exploitation*[11] do *trabalho* (permiti-me o uso dessa palavra francesa). A outra forma é a usual, e para certos fins é, com efeito, a mais indicada. Em todo caso, prova ser muito útil, por ocultar o grau em que o capitalista arranca do operário trabalho gratuito.

Nas observações que ainda me restam por fazer, empregarei a palavra *lucro* para exprimir o montante total de mais-valia extorquida pelo capitalista, sem me preocupar com a divisão dessa mais-valia entre as diversas partes interessadas, e quando usar o termo *taxa de lucro* medirei sempre o lucro pelo valor do capital desembolsado em salário.

XII. A RELAÇÃO GERAL ENTRE LUCROS, SALÁRIOS E PREÇOS

Se do valor de uma mercadoria descontarmos a parte que se limita a repor o das matérias-primas e outros meios de produção empregados, isto é, se descontarmos o valor que representa o trabalho *pretérito* nela encerrado, o valor restante reduzir-se-á à quantidade de trabalho acrescentada pelo operário que por *último* se ocupa nela. Se esse operário trabalha 12 horas diárias, e 12 horas de trabalho médio cristalizam-se numa soma de ouro igual a 6 xelins, esse valor adicional de 6 xelins será o *único* valor criado por seu trabalho. Esse valor dado, determinado por seu tempo de trabalho, é o único fundo do qual tanto ele como o capitalista têm de retirar a respectiva participação ou dividendo, é o único valor a ser dividido entre salários e lucros. É evidente que esse valor não será em si mesmo alterado pelas proporções variáveis em que possa dividir-se entre ambas as partes. E tampouco haverá alteração se, em vez de um operário isolado, pomos toda a população trabalhadora, 12 milhões de jornadas de trabalho, por exemplo, em vez de uma.

Como o capitalista e o operário só podem dividir esse valor limitado, isto é, o valor medido pelo trabalho total do operário, quanto mais perceba um deles, menos obterá o outro, e reciprocamente. Partindo de uma dada quantidade, uma das partes aumentará sempre na mesma proporção em que a outra diminui. Se os salários se modificam, modificar-se-ão em sentido oposto aos lucros. Se os salários baixam, subirão os lucros; e, se os salários sobem, baixarão os lucros. Se o operário, na nossa suposição anterior, ganha 3 xelins, equivalentes à metade do valor criado por ele, ou se a metade da sua jornada de trabalho total é trabalho pago e a outra metade trabalho não remunerado, a taxa de lucro será de 100%, visto que o capitalista obterá também 3 xelins. Se o operário só recebe 2 xelins, ou só trabalha para ele a terça parte da jornada total, o capitalista obterá 4 xelins e a taxa de lucro será, nesse caso, de 200%. Se o operário percebe 4 xelins, o capitalista só poderá embolsar 2, e a taxa de lucro descerá, portanto, a 50%. Mas todas essas variações não influem no valor da mercadoria. Logo, um aumento geral de salários determinaria uma diminuição da taxa geral do lucro, mas não afetaria os valores.

No entanto, embora os valores das mercadorias, que, em última instância, hão de regular seus preços no mercado, estejam determinados exclusivamente pela quantidade total de trabalho plasmado nelas, e não pela divisão dessa quantidade em trabalho pago e trabalho não remunerado, daqui não se deduz, de modo algum, que os valores das diversas mercadorias ou lotes de mercadorias fabricadas em 12 horas, por exemplo, sejam sempre os mesmos. O *número*, ou a massa das mercadorias fabricadas num determinado tempo de trabalho, ou mediante uma determinada quantidade de trabalho, depende da *força produtiva* do trabalho empregado e não da sua *extensão* ou duração. Com um dado grau das forças produtivas do trabalho de fiação, por exemplo, poderão produzir-se numa jornada de trabalho de 12 horas, 12 libras-peso de fio; com um grau mais baixo de força produtiva produzir-se-ão tão somente 2. Portanto, no primeiro caso, se as 12 horas de trabalho médio se materializam num valor de 6 xelins, as 12 libras-peso de fio custarão 6 xelins, justamente o que custariam, no segundo caso, as 2 libras. Quer dizer que, no primeiro caso, a libra-peso de fio sairá por 6 pence e, no segundo, por 3 xelins. Essa diferença de preço seria uma consequência da diferença existente entre as forças produtivas do trabalho empregado. Com a maior força produtiva, 1 hora de trabalho materializar-se-ia em 1 libra-peso de fio, ao passo que, com a força produtiva menor, para obter 1 libra de fio haveria necessidade de 6 horas de trabalho. No primeiro caso, o preço da libra de fio não excederia 6 pence apesar de os salários serem relativamente altos e a taxa de lucro, baixa; no segundo caso, elevar-se-ia a 3 xelins, mesmo com salários baixos e com uma taxa de lucro elevada. Assim sucederia porque o preço da libra-peso de fio é determinado pelo *total de trabalho que encerra* e não pela *proporção em que esse total se divide em trabalho pago e não pago*. O fato, antes apontado por mim, de que um trabalho bem pago pode produzir mercadorias baratas, e um mal pago, mercadorias caras, perde, com isso, a sua aparência paradoxal. Não é mais que a expressão da lei geral de que o valor de uma mercadoria se determina pela quantidade de trabalho nela invertido e de que essa quantidade de trabalho invertido depende exclusivamente da força produtiva do trabalho empregado, variando, por conseguinte, ao variar a produtividade do trabalho.

XIII. CASOS PRINCIPAIS DE LUTA PELO AUMENTO DE SALÁRIOS OU CONTRA A SUA REDUÇÃO

Examinemos agora seriamente os casos principais em que se intenta obter um aumento dos salários, ou se opõe uma resistência à sua redução.

1 — Vimos que o *valor da força de trabalho*, ou, em termos mais populares, o *valor do trabalho*, é determinado pelo valor dos artigos de primeira necessidade ou pela quantidade de trabalho necessária à sua produção. Por conseguinte, se num determinado país o valor dos artigos de primeira necessidade, em média diária consumidos por um operário, representa 6 horas de trabalho, expressa em 3 xelins, esse trabalhador terá de trabalhar 6 horas por dia a fim de produzir um equivalente do seu sustento diário. Sendo de 12 horas a jornada de trabalho, o capitalista pagar-lhe-ia o valor de seu trabalho entregando-lhe 3 xelins. Metade da jornada de trabalho será trabalho não remunerado e, portanto, a taxa de lucro se elevará a 100%. Mas vamos supor agora que, em consequência de uma diminuição da produtividade, se necessite de mais trabalho para produzir, digamos, a mesma quantidade de produtos agrícolas que dantes, com o que o preço médio dos víveres diariamente necessários subirá de 3 para 4 xelins. Nesse caso, o *valor* do trabalho aumentaria de um terço, ou seja, de 33,3%. A fim de produzir o equivalente do sustento diário do trabalhador, dentro do padrão de vida anterior, seriam precisas 8 horas de jornada de trabalho. Logo, o sobretrabalho diminuiria de 6 para 4 horas e a taxa de lucro reduzir-se-ia de 100 para 50%. O trabalhador que nessas condições pedisse um aumento de salário limitar-se-ia a exigir que lhe pagassem o *valor incrementado de seu trabalho*, como qualquer outro vendedor de uma mercadoria que, quando aumenta o custo de produção desta, age de modo a conseguir que o comprador lhe pague esse incremento do valor. E, se os salários não sobem, ou não sobem em proporções suficientes para compensar o incremento do valor dos artigos de primeira necessidade, o *preço* do trabalho descerá *abaixo do valor do trabalho* e o padrão de vida do trabalhador piorará.

Mas também pode operar-se uma mudança em sentido contrário. Ao elevar-se a produtividade do trabalho pode acontecer que a mesma quantidade de artigos de primeira necessidade, consumidos em média, diariamente, baixe de 3 para 2 xelins, ou que, em vez de 6 horas de jornada de trabalho, bastem 4 para produzir o equivalente do valor dos artigos de primeira necessidade consumidos num dia. O operário poderia, então, comprar por 2 xelins exatamente os mesmos artigos de primeira necessidade que antes lhe custavam 3. Na realidade teria baixado o *valor do trabalho*; mas esse valor diminuído disporia da mesma quantidade de mercadorias que antes. O lucro subiria de 3 para 4 xelins e a taxa de lucro, de 100 para 200%. Ainda que o padrão de vida absoluto do trabalhador continuasse sendo o mesmo, seu salário *relativo* e, portanto a sua *posição social relativa*, comparada com a do capitalista, teria piorado. Opondo-se a essa redução de seu salário relativo, o trabalhador não faria mais que lutar para obter uma parte das forças produtivas incrementadas do seu próprio trabalho e manter a sua antiga situação relativa na escala social. Assim, após a abolição das Leis Cerealistas e violando, flagrantemente, as promessas soleníssimas que haviam feito, em sua campanha de propaganda contra aquelas leis, os donos das fábricas inglesas diminuíram, em geral, os salários de 10%. A princípio, a oposição dos trabalhadores foi frustrada; porém, mais tarde, logrou-se a recuperação dos 10% perdidos, em consequência de circunstâncias que não me posso deter a examinar agora.

2 — Os valores dos artigos de primeira necessidade e, por conseguinte, o *valor do trabalho* podem permanecer invariáveis, mas o *preço* deles em *dinheiro* pode sofrer alteração, desde que se opere uma prévia *modificação no valor do dinheiro*.

Com a descoberta de jazidas mais abundantes etc., 2 onças de ouro, por exemplo, não suporiam mais trabalho do que antes exigia a produção de 1 onça. Nesse caso, o *valor* do ouro baixaria à metade, a 50%. E como, em consequência disso, os *valores* das demais mercadorias expressar-se-iam no dobro do seu *preço em dinheiro* anterior, o mesmo aconteceria com o *valor do trabalho*. As 12 horas de trabalho, que antes se expressavam em 6 xelins, agora expressar-se-iam em 12. Logo, se o salário do operário continuasse a ser de 3 xelins, em vez de ir a 6, resultaria que o *preço em dinheiro do seu trabalho* só corresponderia *à metade do valor do seu trabalho*, e seu padrão de vida pioraria assustadoramente. O mesmo ocorreria, em grau maior ou menor, se seu salário subisse, mas não proporcionalmente à baixa do valor do ouro. Em tal caso, não se teria operado a menor mudança, nem nas forças produtivas do trabalho, nem na oferta e procura, nem tampouco nos valores. Só teria mudado o *nome* em dinheiro desses valores. Dizer, nesse caso, que o operário não deve lutar pelo aumento proporcional do seu salário equivale a pedir-lhe que se resigne a que se lhe pague o seu trabalho com nomes, não com coisas. Toda a história do passado prova que, sempre que se produz uma depreciação do dinheiro, os capitalistas se aprestam para tirar proveito da conjuntura e enganar os operários. Uma grande escola de economistas assevera que, em consequência das novas descobertas de terras auríferas, da melhor exploração das minas de prata e do barateamento do fornecimento do mercúrio, voltou a se depreciar o valor dos metais preciosos. Isso explicaria as tentativas generalizadas e simultâneas, que se fazem no Continente,[12] para conseguir um aumento de salários.

3 — Até aqui partimos da suposição de que a *jornada de trabalho* tem limites dados. Mas, na realidade, essa jornada, em si mesma, não tem limites constantes. O capital tende constantemente a dilatá-la ao máximo de sua possibilidade física, já que na mesma proporção aumenta o sobretrabalho e, portanto, o lucro que dele deriva. Quanto mais êxito tiverem as pretensões do capital para alongar a jornada de trabalho, maior será a quantidade de trabalho alheio de que se apropriará. Durante o século XVII, e até mesmo durante os primeiros dois terços do século XVIII, a jornada normal de trabalho, em toda a Inglaterra, era de 10 horas. Durante a guerra contra os jacobitas,[13] que foi, na realidade, uma guerra dos barões ingleses contra as massas trabalhadoras inglesas, o capital viveu dias de orgia e prolongou a jornada de 10 para 12, 14 e 18 horas. Malthus,[14] que não pode precisamente infundir suspeitas de terno sentimentalismo, declarou num folheto, publicado por volta de 1815, que a vida da nação estava ameaçada em suas raízes, caso as coisas continuassem assim. Alguns anos antes da generalização dos novos inventos mecânicos, cerca de 1765, veio à luz na Inglaterra um folheto intitulado *An Essay on Trade* (*Um Ensaio Sobre o Comércio*). O anônimo autor desse folheto, inimigo jurado da classe operária, clama pela necessidade de estender os limites da jornada de trabalho. Entre outras coisas, propõe criar, com esse objetivo, *casas de trabalho* para pobres, que, diz ele, deveriam ser *"casas de terror"*. E qual é a duração da jornada de trabalho proposta para estas "casas de terror"? *Doze horas*, quer dizer, precisamente a jornada que, em 1832, os capitalistas, os

economistas e os ministros declaravam não só vigente de fato, mas também o tempo de trabalho necessário para as crianças menores de 12 anos.

Ao vender a sua força de trabalho — e o operário é obrigado a fazê-lo, no regime atual —, ele cede ao capitalista o direito de empregar essa força, porém dentro de certos limites racionais. Vende a sua força de trabalho para conservá-la ilesa, salvo o natural desgaste, porém não para destruí-la. E como a vende por seu valor diário, ou semanal, se subentende que num dia ou numa semana não se há de arrancar à sua força de trabalho um uso ou desgaste de dois dias ou duas semanas. Tomemos uma máquina que valha 1.000 libras. Se ela se usa em 10 anos, acrescentará no fim de cada ano 100 libras ao valor das mercadorias que ajuda a produzir. Se se usa em 5 anos, o valor acrescentado por ela será de 200 libras anuais, isto é, o valor de seu desgaste anual está em razão inversa à rapidez com que se esgota. Mas isso distingue o operário da máquina. A maquinaria não se esgota exatamente na mesma proporção em que se usa. Ao contrário, o homem se esgota numa proporção muito superior à que a mera soma numérica do trabalho acusa.

Nas tentativas para reduzir a jornada de trabalho à sua antiga duração racional, ou, onde não podem arrancar uma fixação legal da jornada normal de trabalho, nas tentativas para contrabalançar o trabalho excessivo por meio de um aumento de salário, aumento que não basta esteja em proporção com o sobretrabalho que os exaure, e deve, sim, estar numa proporção maior, os operários não fazem mais que cumprir um dever para com eles mesmos e a sua descendência. Limitam-se a refrear as usurpações tirânicas do capital. O tempo é o campo do desenvolvimento humano. O homem que não dispõe de nenhum tempo livre, cuja vida, afora as interrupções puramente físicas do sono, das refeições etc. está toda ela absorvida pelo seu trabalho para o capitalista, é menos que uma besta de carga. É uma simples máquina, fisicamente destroçada e espiritualmente animalizada, para produzir riqueza alheia. E, no entanto, toda a história da moderna indústria demonstra que o capital, se não se lhe põe um freio, lutará sempre, implacavelmente, e sem contemplações, para conduzir toda a classe operária a esse nível de extrema degradação.

Pode acontecer que o capital, ao prolongar a jornada de trabalho, pague *salários mais altos* e que, sem embargo, o *valor do trabalho* diminua, se o aumento dos salários não corresponde à maior quantidade de trabalho extorquido e ao mais rápido esgotamento da força de trabalho que daí resultará. Isso pode ainda ocorrer de outro modo. Vossos estatísticos burgueses vos dirão, por exemplo, que os salários médios das famílias que trabalham nas fábricas do Lancashire subiram. Mas se esqueceram de que agora, em vez de ser só o homem, o cabeça da família, são também sua mulher e, talvez, três ou quatro filhos que se veem lançados sob as rodas do carro de Jaguernaut[15] do capital e que a alta dos salários totais não corresponde à do sobretrabalho total arrancado à família.

Mesmo com uma jornada de trabalho de limites determinados, como existe hoje em dia em todas as indústrias sujeitas às leis fabris, pode-se tornar necessário um aumento de salários, ainda que somente seja com o fito de manter o antigo nível do *valor do trabalho*. Mediante o aumento da *intensidade* do trabalho, pode-se fazer com que um homem gaste em 1 hora tanta força vital como antes em 2. É o que se tem produzido nas indústrias submetidas às leis fabris, até certo ponto, acelerando a marcha das máquinas e aumentando o número de máquinas de trabalho a que deve atender agora um só indivíduo. Se o aumento da intensidade do trabalho ou da quantidade de trabalho despendida em 1 hora se mantém abaixo da diminuição da jornada de trabalho, sairá então ganhando o operário. Se se ultrapassa esse limite, perderá por um lado o que ganhar por outro, e 10 horas de trabalho o arruinarão tanto como antes 12. Ao contrabalançar essa tendência do capital, por meio da luta pela alta dos salários, na medida correspondente à crescente intensidade do trabalho, o operário não faz mais que se opor à depreciação do seu trabalho e à degeneração da sua descendência.

4 — Sabeis todos que, por motivos que não me cabe aqui explicar, a produção capitalista move-se através de determinados ciclos periódicos. Passa por fases de calma, de animação crescente, de prosperidade, de superprodução, de crise e de estagnação. Os preços das mercadorias no mercado e a taxa de lucro no mercado seguem essas fases; ora descendo abaixo de seu nível médio, ora ultrapassando-o. Se considerardes todo o ciclo, vereis que uns desvios dos preços do mercado são compensados por outros e que, tirando a média do ciclo,

os preços das mercadorias do mercado se regulam por seus valores. Pois bem. Durante as fases de baixa dos preços no mercado e durante as fases de crise de estagnação, o operário, se é que não o põem na rua, pode estar certo de ver rebaixado o seu salário. Para que não o enganem, mesmo com essa baixa de preços no mercado, ver-se-á compelido a discutir com o capitalista em que proporção se torna necessário reduzir os salários. E se durante a fase de prosperidade, na qual o capitalista obtém lucros extraordinários, o operário não lutar por uma alta de salários, ao tirar a média de todo o ciclo industrial, veremos que ele nem sequer percebe o *salário médio*, ou seja, o *valor* do seu trabalho. Seria o cúmulo da loucura exigir que o operário, cujo salário se vê forçosamente afetado pelas fases adversas do ciclo, renunciasse ao direito de ser compensado durante as fases prósperas. Geralmente, os *valores* de todas as mercadorias só se realizam por meio da compensação que se opera entre os preços constantemente variáveis do mercado, variação proveniente das flutuações constantes da oferta e da procura. No âmbito do sistema atual, o trabalho é uma mercadoria como outra qualquer. Tem, portanto, que passar pelas mesmas flutuações, até obter o preço médio que corresponde ao seu valor. Seria um absurdo considerá-lo como mercadoria para certas coisas e, para outras, querer excetuá-lo das leis que regem os preços das mercadorias. O escravo obtém uma quantidade constante e fixa de meios de subsistência; o operário assalariado, não. Ele não tem outro recurso senão tentar impor, em alguns casos, um aumento dos salários, ainda que seja apenas para compensar a baixa em outros casos. Se espontaneamente se resignasse a acatar a vontade, os ditames do capitalista, como uma lei econômica permanente, compartilharia de toda a miséria do escravo, sem compartilhar, em troca, da segurança deste.

5 — Em todos os casos que considerei, e que representam 99 em 100, vistes que a luta pelo aumento de salários vai sempre na pista de modificações *anteriores* e é o resultado necessário das modificações prévias operadas no volume de produção, nas forças produtivas do trabalho, no valor deste, no valor do dinheiro, na maior extensão ou intensidade do trabalho extorquido, nas flutuações dos preços do mercado, que dependem das flutuações da oferta e da procura e se verificam em função das diversas fases do ciclo industrial; numa palavra, é a rea-

ção dos operários contra a ação anterior do capital. Se localizássemos a luta pelo aumento de salários fazendo caso omisso de todas essas circunstâncias, apenas considerando as modificações operadas nos salários e passando por cima de modificações outras, das quais elas provêm, partiríamos de uma falsa premissa para chegar a conclusões falsas.

XIV. A LUTA ENTRE O CAPITAL E O TRABALHO E SEUS RESULTADOS

1 — Após demonstrar que a resistência periódica que os trabalhadores opõem à redução dos salários e suas tentativas periódicas para conseguir um aumento de salários são fenômenos inseparáveis do sistema do salariado e ditadas pelo próprio fato de o trabalho se achar equiparado às mercadorias, por conseguinte submetido às leis que regulam o movimento geral dos preços, tendo demonstrado, ainda, que um aumento geral de salários resultaria numa diminuição da taxa geral de lucro, sem afetar, porém, os preços médios das mercadorias, nem os seus valores — surge a questão de saber até que ponto, na luta incessante entre o capital e o trabalho, tem este possibilidade de êxito.

Poderia responder com uma generalização, dizendo que o preço do trabalho *no mercado*, da mesma forma que o das demais mercadorias, tem que se adaptar, no decorrer do tempo, ao seu *valor*; que, portanto, a despeito de todas as altas e baixas e do que possa fazer, o operário acabará recebendo sempre, em média, somente o valor de seu trabalho, que se reduz ao valor da sua força de trabalho, a qual, por sua vez, é determinada pelo valor dos meios de subsistência necessários à sua manutenção e reprodução, valor esse regulado, em última análise, pela quantidade de trabalho necessário para produzi-los.

Mas há certos traços peculiares que distinguem o *valor* da *força de trabalho* dos valores de todas as demais mercadorias. O valor da força de trabalho é formado por dois elementos, um dos quais puramente físico, o outro de caráter histórico e social.

Seu *limite mínimo* é determinado pelo *elemento físico*, quer dizer — para poder manter-se e se reproduzir, para perpetuar a sua existência física, a classe operária precisa obter os artigos de primeira necessidade, absolutamente indispensáveis à vida e à sua multiplicação. O *valor* desses meios de subsistência indispensáveis constitui, pois, o limite mínimo do *valor do trabalho*. Por outra parte, a extensão da jornada de trabalho também tem seus limites máximos, se bem que sejam muito elásticos. Seu limite máximo é dado pela força física do trabalhador. Se o esgotamento diário de suas energias vitais excede um certo grau, ele não poderá fornecê-las outra vez, todos os dias. Mas, como dizia, esse limite é muito elástico. Uma sucessão rápida de gerações raquíticas e de vida curta manterá abastecido o mercado de trabalho tão bem como uma série de gerações robustas e de vida longa.

Além desse mero elemento físico, na determinação do valor do trabalho entra o *padrão de vida tradicional em cada país*. Não se trata somente da vida física, mas também da satisfação de certas necessidades que emanam das condições sociais em que vivem e se criam os homens. O padrão de vida inglês poderia baixar ao irlandês; o padrão de vida de um camponês alemão ao de um camponês livônio.[16] A importância do papel que, a esse respeito, desempenham a tradição histórica e o costume social podereis vê-la no livro do Sr. Thornton sobre a *Superpopulação*, onde ele mostra que, em distintas regiões agrícolas da Inglaterra de nossos dias, os salários médios continuam a ser hoje diferentes, conforme as condições mais ou menos favoráveis em que essas regiões saíram da servidão.

Esse elemento histórico ou social, que entra no valor do trabalho, pode acentuar-se, ou debilitar-se e, até mesmo, extinguir-se de todo, de tal modo que só fique de pé o *limite físico*.

Durante a *guerra contra os jacobitas*, que, costumava dizer o incorrigível devorador de impostos e prebendas, o velho George Rose,[17] foi empreendida para que esses descrentes franceses não destruíssem os consolos da nossa santa religião — os honestos fazendeiros ingleses, a quem tratamos com tanto carinho num capítulo anterior, fizeram baixar os salários dos trabalhadores do campo para além daquele *mínimo estritamente físico*, completando a diferença indispensável para assegurar a perpetuação física da descendência mediante as *leis dos pobres*. Era um glorioso método para converter o trabalhador assalariado em escravo e o orgulhoso *yeoman* de Shakespeare em mendigo.

Se comparais os salários normais ou valores do trabalho em diversos países e em épocas históricas distintas, dentro do mesmo país, vereis que o valor do trabalho não é por si uma grandeza constante, mas variável mesmo supondo que os valores das demais mercadorias permaneçam fixos. Um estudo comparativo semelhante das *taxas de lucro no mercado* provaria que não só elas se modificam como também as suas *taxas médias*.

Mas, no que *se refere ao lucro*, não existe nenhuma lei que lhe fixe o *mínimo*. Não podemos dizer qual seja o limite extremo de sua baixa. E por que não podemos estabelecer esse limite? Porque, embora possamos fixar o salário *mínimo*, não podemos fixar o salário *máximo*. Só podemos dizer que, dados os limites da jornada de trabalho, o *máximo de lucro* corresponde ao *mínimo físico dos salários* e que, partindo de dados salários, o *máximo de lucro* corresponde ao prolongamento da jornada de trabalho na medida em que seja compatível com as forças físicas do operário. Portanto, o máximo de lucro só se acha limitado pelo mínimo físico dos salários e pelo máximo físico da jornada de trabalho. É evidente que, entre os dois limites extremos da *taxa máxima de lucro*, cabe uma escala imensa de variantes. A determinação de seu grau efetivo só fica assente pela luta incessante entre o capital e o trabalho: o capitalista, tentando constantemente reduzir os salários ao seu mínimo físico e a prolongar a jornada de trabalho ao seu máximo físico, enquanto o operário exerce constantemente uma pressão no sentido contrário.

A questão se reduz ao problema da relação de forças dos combatentes.

2 — Pelo que concerne à *limitação da jornada de trabalho*, tanto na Inglaterra como em todos os outros países, nunca foi ela regulamentada senão por *intervenção legislativa*. E, sem a constante pressão dos operários agindo por fora, nunca essa intervenção dar-se-ia. Em todo caso, esse resultado não teria sido alcançado por meio de convênios privados entre os operários e os capitalistas. E essa necessidade mesma de uma *ação política geral* é precisamente o que demonstra que, na luta puramente econômica, o capital é a parte mais forte.

Quanto aos *limites do valor do trabalho*, sua fixação efetiva depende sempre da oferta e da procura, e refiro-me à procura de trabalho por parte do capitalista e à oferta de trabalho pelos operários. Nos países coloniais,[18] a lei da oferta e da procura favorece os operários. Daqui resulta o nível relativamente elevado dos salários nos Estados Unidos. Nesses países, faça o que fizer o capital, ele não pode nunca evitar que o mercado de trabalho seja constantemente desabastecido pela constante transformação dos trabalhadores assalariados em lavradores independentes com fontes próprias de subsistência. Para grande parte da população norte-americana, a posição de assalariados não é mais do que uma estação de trânsito, que estão seguros de abandonar, mais tarde ou mais cedo. Para remediar esse estado colonial de coisas, o paternal governo britânico adotou, há tempos, a chamada teoria moderna da colonização, que consiste em atribuir às terras coloniais um preço artificialmente elevado para, desse modo, obstar à transformação demasiado rápida do trabalhador assalariado em lavrador independente.

Mas passemos agora aos velhos países civilizados onde o capital domina todo o processo de produção. Tomemos, por exemplo, a elevação dos salários agrícolas ingleses, de 1849 a 1859. Qual foi a sua consequência? Os agricultores não puderam elevar o valor do trigo, como lhes teria aconselhado nosso amigo Weston, nem sequer o seu preço no mercado. Ao contrário, tiveram que resignar-se a vê-lo baixar. Mas durante esses onze anos introduziram máquinas de todas as classes e novos métodos científicos, transformaram uma parte das terras de lavoura em pastagens, aumentaram a extensão de suas fazendas e, com ela, a escala de produção; e por esses e outros processos, fazendo diminuir a procura de trabalho, graças ao aumento de suas forças produtivas, tornaram a criar um excedente relativo da população de trabalhadores rurais. Tal é o método geral segundo o qual opera o capital nos países antigos, de bases sólidas, para reagir, mais rápida ou mais lentamente, contra os aumentos de salários. Ricardo observou, com exatidão, que a máquina está em contínua concorrência com o trabalho e, amiúde, só pode ser introduzida quando o preço do trabalho alcança certo limite: mas a aplicação da maquinaria é apenas um dos muitos métodos empregados para aumentar a força produtiva do trabalho. Esse mesmo processo, que cria uma superabundância relativa de trabalho ordinário, simplifica muito o trabalho qualificado e, portanto, o deprecia.

A mesma lei se faz sentir em outra forma. Com o desenvolvimento das forças produtivas do trabalho, acelera-se a acumulação do capital, inclusive a despeito de uma taxa de salário relativamente alta. Daqui poderia inferir-se, conforme fez Adam Smith, em cujos tempos a indústria moderna ainda estava na sua infância, que a acumulação acelerada do capital tem forçosamente que fazer pender a balança a favor do operário, por garantir uma procura crescente de seu trabalho. Situando-se no mesmo ponto de vista, há muitos autores contemporâneos que se assombram de que, apesar de nos últimos vinte anos o capital inglês ter crescido mais rapidamente do que a população inglesa, os salários nem por isso registram um aumento maior. Mas é que, simultaneamente, com a acumulação progressiva, opera-se uma *mudança progressiva na composição do capital*. A parte do capital global formada por capital fixo:[19] maquinaria, matérias-primas, meios de produção de todo gênero, cresce com maior rapidez que a outra parte do capital destinada a salários, ou seja, à compra de trabalho. Essa lei foi estabelecida, sob uma forma mais ou menos precisa, pelos Srs. Barton, Ricardo, Sismondi, Prof. Richard Jones, Prof. Ramsey, Cherbuliez e outros.

Se a proporção entre esses dois elementos do capital era, originariamente, de 1 para 1, com o progresso da indústria será de 5 para 1, e assim sucessivamente. Se de um capital global de 600 são desembolsados 300 para instrumentos, matérias-primas etc., e 300 para salários, basta dobrar o capital global para ser possível absorver 600 operários em vez de 300. Mas, se de um capital de 600 se invertem 500 em maquinaria, materiais etc., e somente 100 em salários, este capital precisa aumentar de 600 a 3.600, para criar uma procura de 600 operários em lugar de 300. Portanto, ao se desenvolver a indústria, a procura de trabalho não avança com o mesmo ritmo da acumulação do capital. Aumenta, sem dúvida, mas aumenta numa proporção constantemente decrescente, quando comparada com o incremento do capital.

Essas breves indicações bastarão para demonstrar, precisamente, que o próprio desenvolvimento da indústria moderna contribui por força para inclinar cada vez mais a balança a favor do capitalista contra o operário e que, em consequência disso, a tendência geral da produção capitalista não é para elevar o nível médio normal do salário, mas, ao contrário, para fazê-lo baixar, empurrando o *valor do trabalho* mais ou menos *até seu limite mínimo*. Porém, se tal é a *tendência* das coisas nesse sistema, quer isso dizer que a classe operária deva renunciar a defender-se contra os abusos do capital e abandonar seus esforços para aproveitar todas as possibilidades que se lhe ofereçam de melhorar em parte a sua situação? Se o fizesse, ver-se-ia degradada a uma massa informe de homens famintos e arrasados, sem probabilidade de salvação. Creio haver demonstrado que as lutas da classe operária em torno do padrão de salários são episódios inseparáveis de todo o sistema do salariado: que, em 99% dos casos, seus esforços para elevar os salários não são mais que esforços destinados a manter de pé o valor dado do trabalho e que a necessidade de disputar o seu preço com o capitalista é inerente à situação em que o operário se vê colocado e que o obriga a vender-se a si mesmo como uma mercadoria. Se em seus conflitos diários com o capital cedessem covardemente, ficariam os operários, por certo, desclassificados para empreender outros movimentos de maior envergadura.

Ao mesmo tempo, e ainda abstraindo totalmente a escravização geral que o sistema do salariado implica, a classe operária não deve exagerar a seus próprios olhos o resultado final dessas lutas diárias. Não deve esquecer-se de que luta contra os efeitos, mas não contra as causas desses efeitos; que logra conter o movimento descendente, mas não fazê-lo mudar de direção; que aplica paliativos, mas não cura a enfermidade. Não deve, portanto, deixar-se absorver exclusivamente por essas inevitáveis lutas de guerrilhas, provocadas continuamente pelos abusos incessantes do capital ou pelas flutuações do mercado. A classe operária deve saber que o sistema atual, mesmo com todas as misérias que lhe impõe, engendra simultaneamente as *condições materiais* e as *formas sociais necessárias* para uma reconstrução econômica da sociedade. Em vez do lema conservador de: "*Um salário justo para uma jornada de trabalho justa!*", deverá inscrever na sua bandeira esta divisa *revolucionária*: "*Abolição do sistema de trabalho assalariado!*"

Depois dessa exposição longuíssima e, receio eu, fatigante, que julguei indispensável para esclarecer um pouco o nosso tema principal, vou concluir, propondo a aprovação da resolução seguinte:

1 — Uma alta geral da taxa de salários acarretaria uma baixa da taxa geral de lucro, mas não afetaria, em linhas gerais, os preços das mercadorias.

2 — A tendência geral da produção capitalista não é para elevar o padrão médio de salários, mas para reduzi-lo.

3 — Os sindicatos trabalham bem como centro de resistência contra as usurpações do capital. Falham em alguns casos, por usar pouco inteligentemente a sua força. Mas são deficientes, de modo geral, por se limitarem a uma luta de guerrilhas contra os efeitos do sistema existente, em lugar de, ao mesmo tempo, se esforçarem para mudá-lo, em lugar de empregarem suas forças organizadas como alavanca para a emancipação final da classe operária, isto é, para a abolição definitiva do sistema de trabalho assalariado.

13. Extratos d'*O Capital*.
*Crítica da Economia Política**

Extratos d'*O Capital. Crítica da Economia Política*

---

*Na nossa introdução, fizemos observações pertinentes a'*O capital* que não necessitam ser reiteradas aqui. Basta indicar que todos os extratos da obra que se reproduzem a seguir foram extraídos da tradução brasileira de Reginaldo Sant'Anna, publicada originalmente pela Ed. Civilização Brasileira, do Rio de Janeiro, especificamente do Livro I, vols. 1 e 2, 1968; Livro III, vols. 4 e 6, 1974 e do Livro IV, sob o título *Teorias da mais-valia. História crítica das teorias econômicas*, vol. 1, 1980. Vale lembrar que a tradução do Livro I teve por base a quarta edição (1890), revista por F. Engels; a do Livro III, a da edição de 1894, preparada por ele (daí as notas identificadas pelas iniciais F.E.). A tradução do volume 1 das *Teorias de mais-valia* teve por base o texto publicado em 1974 pela Dietz Verlag (Berlim). As notas que não são de Marx e sem a indicação F.E. foram tomadas pelo tradutor da edição alemã d'*O Capital* de 1965, da mesma Dietz Verlag. Ao fim de cada texto, indicamos o livro, o volume e as páginas de que foram retirados. A maioria dos títulos dos extratos reproduzidos são da responsabilidade do organizador deste volume.

13.1 ECONOMIA POLÍTICA E LUTAS DE CLASSES

[...] A economia política, na Alemanha, continua sendo, até hoje, uma ciência estrangeira. Em sua obra *Exposição histórica do comércio, indústria* etc., notadamente nos dois primeiros volumes publicados em 1830, Gustav von Gülich já faz um exame de grande parte das circunstâncias históricas que estorvaram o desenvolvimento, na Alemanha, do modo de produção capitalista e, em consequência, a formação da sociedade burguesa. Faltava, portanto, o material vivo da economia política. Ela foi importada da Inglaterra e da França como produto acabado; seus professores alemães não passavam de discípulos. A expressão teórica de uma realidade estrangeira transformava-se, em suas mãos, num amontoado de dogmas, que eles interpretavam, ou melhor, cujo sentido deformavam, de acordo com o mundo circunstante, pequeno-burguês. Para dissimular a sensação de impotência científica, impossível de suprimir de todo, e a consciência perturbada por não dominar realmente a matéria que tinham de ensinar, ostentavam erudição histórica e literária ou misturavam à economia outros assuntos tomados de empréstimo às chamadas ciências camerais, administrativas, produzindo uma mixórdia de conhecimentos, purgatório por que tem de passar o desesperado candidato ao serviço público alemão.

A partir de 1848, a produção capitalista se tem desenvolvido rapidamente na Alemanha, onde florescem, nos dias que correm, a especulação e a fraude. Mas os fados continuam adversos aos nossos especialistas. Quando podiam ser imparciais no trato da economia política, faltavam à realidade alemã as condições econômicas modernas. Quando surgiram estas, surgiram em circunstâncias que não permitem mais seu estudo imparcial sem ultrapassar os limites burgueses. A economia política burguesa, isto é, a que vê na ordem capitalista a configuração definitiva e última da produção social, só pode assumir caráter científico enquanto a luta de classes permaneça latente ou se revele apenas em manifestações esporádicas.

Vejamos o exemplo da Inglaterra. Sua economia política clássica aparece no período em que a luta de classes não estava desenvolvida. Ricardo, seu último grande representante, toma, por fim, conscientemente, como ponto de partida de suas pesquisas, a oposição entre os interesses de classe, entre o salário e o lucro, entre o lucro e a renda da terra, considerando, ingenuamente, essa ocorrência uma lei perene e natural da sociedade. Com isso, a ciência burguesa da economia atinge um limite que não pode ultrapassar. Ainda no tempo de Ricardo e em oposição a ele, aparece a crítica à economia burguesa, na pessoa de Sismondi.[1]

Na Inglaterra, o período seguinte, de 1820 a 1830, destaca-se por intensa atividade científica no campo da economia política. Nesse período divulgou-se e difundiu-se a teoria de Ricardo e se travou a luta dessa teoria com a velha escola. Celebraram-se luzentes torneios. Do que se realizou, então, pouca coisa chegou ao conhecimento do Continente Europeu, pois a polêmica, em grande parte, encontra-se esparsa em artigos de revistas, publicações ocasionais e panfletos. O caráter imparcial dessa polêmica explica-se pelas circunstâncias da época, embora a teoria de Ricardo, excepcionalmente, já fosse utilizada como instrumento de ataque à economia burguesa. A indústria acabava de sair da infância, e a prova disso é ter ela iniciado, com a crise de 1825, o ciclo periódico de sua vida moderna. Além disso, dois fatores, um político e outro econômico, continuavam empurrando a luta entre o capital e o trabalho para segundo plano: o político era a contenda entre os governos agrupados em torno da Santa Aliança, apoiados em forças feudais, e a massa popular conduzida pela burguesia; e o econômico, a disputa entre o capital industrial e a propriedade aristocrática da terra, que, na França, se disfarçava sob a oposição entre o pequeno e o grande proprietário de terras, e, na Inglaterra, irrompera abertamente, desde as leis aduaneiras de proteção aos cereais. A literatura da economia política na Inglaterra, durante esse período, lembra a fase de agitação ocorrida na França após a morte de Quesnay, como o verão de São Martinho recorda a primavera. Com o ano de 1830, sobreveio a crise decisiva.

A burguesia conquistara poder político, na França e na Inglaterra. Daí em diante, a luta de classes adquiriu, prática e teoricamente, formas mais definidas e ameaçadoras. Soou o dobre de finados da ciência econômica burguesa. Não interessava mais saber se este ou aquele teorema era verdadeiro ou não; mas importava saber o que, para o capital, era útil ou prejudicial, conveniente ou inconveniente, o que contrariava ou não a ordenação policial. Os pesquisadores desinteressados foram substituídos por espadachins mercenários, a investigação científica imparcial cedeu seu lugar à consciência deformada e às intenções perversas da apologética. Todavia, mesmo aqueles importunos folhetos que a liga contra a proteção aduaneira aos cereais, chefiada pelos fabricantes Cobden e Bright, lançava aos quatro cantos, possuíam, se não um interesse científico, pelo menos um interesse histórico, pela sua polêmica contra a aristocracia proprietária das terras. Mas, desde Sir Robert Peel, desapareceu, com a legislação livre-cambista, esse último estimulante da economia vulgar.

Repercutiu também na Inglaterra a revolução continental de 1848. Aqueles que ainda zelavam por sua reputação científica e não queriam passar por meros sofistas e sicofantas das classes dominantes procuravam harmonizar a economia política do capital com as reivindicações do proletariado, agora impossíveis de ignorar. Surge assim um oco sincretismo que encontra em Stuart Mill seu mais conspícuo representante. É a declaração de falência da economia "burguesa", que o grande erudito e crítico russo M. Tschernyschwski pôs magistralmente em evidência na sua obra *Esboço da economia política segundo Mill*.

Quando o modo de produção capitalista atingiu a maturidade na Alemanha, já tinha rumorosamente revelado antes, na França e na Inglaterra, através de lutas históricas, seu caráter antagônico, e o proletariado alemão já possuía uma consciência de classe mais pronunciada que a burguesia alemã. Por isso, quando parecia possível, na Alemanha, uma ciência burguesa da economia política, tornara-se ela impossível.

Nessas circunstâncias, dividiram-se seus porta-vozes em dois grupos. Uns, astutos, ambiciosos e práticos, se engajaram sob a bandeira de Bastiat, o mais superficial e, por isso mesmo, o mais bem-sucedido representante da economia vulgar apologética; outros, ciosos da dignidade catedrática de sua ciência, seguiam

Stuart Mill, procurando conciliar o inconciliável. Os alemães, na fase decadente da economia burguesa, continuaram sendo o que tinham sido na sua fase clássica: simples aprendizes, repetidores e imitadores, modestos vendedores a domicílio dos grandes atacadistas estrangeiros.

O desenvolvimento histórico peculiar da sociedade alemã impossibilitava qualquer contribuição original para a economia burguesa, embora não impedisse sua crítica. E se esta crítica representa a voz de uma classe, só pode ser a da classe cuja missão histórica é derrubar o modo de produção capitalista e abolir, finalmente, todas as classes: o proletariado.

[*O Capital*, Livro I, vol. 1, pp. 9-12]

13.2 A MERCADORIA: VALOR E FETICHISMO

A riqueza das sociedades onde rege a produção capitalista configura-se em "imensa acumulação de mercadorias",[2] e a mercadoria, isoladamente considerada, é a forma elementar dessa riqueza. Por isso, nossa investigação começa com a análise da mercadoria.

A mercadoria é, antes de mais nada, um objeto externo, uma coisa que, por suas propriedades, satisfaz necessidades humanas, seja qual for a natureza, a origem delas, provenham do estômago ou da fantasia.[3] Não importa a maneira como a coisa satisfaz a necessidade humana, se diretamente, como meio de subsistência, objeto de consumo, ou indiretamente, como meio de produção.

Cada coisa útil, como ferro, papel etc., pode ser considerada sob duplo aspecto, segundo qualidade e quantidade. Cada um desses objetos é um conjunto de muitas propriedades e pode ser útil de diferentes modos. Constituem fatos históricos a descoberta dos diferentes modos, das diversas maneiras de usar as coisas,[4] e a invenção das medidas, socialmente aceitas, para quantificar as coisas úteis. A variedade dos padrões de medida das mercadorias decorre da natureza diversa dos objetos a medir e também de convenção.

A utilidade de uma coisa faz dela um valor de uso.[5] Mas essa utilidade não é algo aéreo. Determinada pelas propriedades materialmente inerentes à mercadoria, só existe através delas. A própria mercadoria, como ferro, trigo, diamante etc., é, por isso, um valor de uso, um bem. Esse caráter da mercadoria não depende da quantidade de trabalho empregado para obter suas qualidades úteis. Ao se considerarem valores de uso, sempre se pressupõem quantidades definidas, como uma dúzia de relógios, um metro de linho, uma tonelada de ferro etc. Os valores de uso fornecem material para uma disciplina específica, a merceologia.[6] O valor de uso só se realiza com a utilização ou o consumo. Os valores de uso constituem o conteúdo material da riqueza, qualquer que seja a forma social dela. Na forma de sociedade que vamos estudar, os valores de uso são, ao mesmo tempo, os veículos materiais do valor de troca.

O valor de troca revela-se, de início, na relação quantitativa entre valores de uso de espécies diferentes, na proporção em que se trocam,[7] relação que muda constantemente no tempo e no espaço. Por isso, o valor de troca parece algo casual e puramente relativo, e, portanto, uma contradição em termos, um valor de troca inerente, imanente à mercadoria.[8] Vejamos a coisa mais de perto.

Qualquer mercadoria se troca por outras, nas mais diversas proporções, por exemplo, um *quarter* de trigo por x de graxa, ou por y de seda ou z de ouro etc. Ao invés de um só, o trigo tem, portanto, muitos valores de troca. Mas, uma vez que cada um dos itens, separadamente — x de graxa ou y de seda ou z de ouro —, é o valor de troca de um *quarter* de trigo, devem x de graxa, y de seda e z de ouro, como valores de troca, ser permutáveis e iguais entre si. Daí se deduz, primeiro: os valores de troca vigentes da mesma mercadoria expressam, todos, um significado igual; segundo: o valor de troca só pode ser a maneira de expressar-se, a forma de manifestação de uma substância que dele se pode distinguir.

Tomemos duas mercadorias, por exemplo, trigo e ferro. Qualquer que seja a proporção em que se troquem, é possível sempre expressá-la com uma igualdade em que dada quantidade de trigo se iguala a alguma quantidade de ferro, por exemplo, 1 *quarter* de trigo = n quintais de ferro. Que significa essa igualdade? Que algo comum, com a mesma grandeza, existe em duas coisas diferentes, em um *quarter* de trigo e em n quintais de ferro. As duas coisas são, portanto, iguais a uma terceira, que, por sua vez, delas difere. Cada uma das duas, como valor de troca, é redutível, necessariamente, a essa terceira.

Evidencia-se isto com um simples exemplo geométrico. Para determinar e comparar a área dos polígonos, decompomo-los em triângulos. O próprio triângulo pode converter-se, também, numa expressão inteiramente diversa de sua figura visível — a metade do produto da base pela altura. Do mesmo modo têm os valores de troca de ser reduzíveis a uma coisa comum, da qual representam uma quantidade maior ou menor.

Essa coisa comum não pode ser uma propriedade das mercadorias, geométrica, física, química ou de qualquer outra natureza. As propriedades materiais só interessam pela utilidade que dão às mercadorias, por fazerem destas valores de uso. Põem-se de lado os valores de uso das mercadorias, quando se trata da relação de troca entre elas. É o que evidentemente caracteriza essa relação. Nela, um valor de uso vale tanto quanto outro, quando está presente na proporção adequada. Ou como diz o velho Barbon:

> "Um tipo de mercadoria é tão bom quanto outro, se é igual o valor de troca. Não há diferença ou distinção em coisas de igual valor de troca."[9]

Como valores de uso, as mercadorias são, antes de mais nada, de qualidade diferente; como valores de troca, só podem diferir na quantidade, não contendo, portanto, nenhum átomo de valor de uso.

Se prescindirmos do valor de uso da mercadoria, só lhe resta ainda uma propriedade, a de ser produto do trabalho. Mas, então, o produto do trabalho já terá passado por uma transmutação. Pondo de lado seu valor de uso, abstraímos, também, das formas e elementos materiais que fazem dele um valor de uso. Ele não é mais mesa, casa, fio ou qualquer outra coisa útil. Sumiram todas as suas qualidades materiais. Também não é mais o produto do trabalho do marceneiro, do pedreiro, do fiandeiro ou de qualquer outra forma de trabalho produtivo. Ao desaparecer o caráter útil dos produtos do trabalho, também desaparece o caráter útil dos trabalhos neles corporificados; desvanecem-se, portanto, as diferentes formas de trabalho concreto, elas não mais se distinguem umas das outras, mas reduzem-se, todas, a uma única espécie de trabalho, o trabalho humano abstrato.

Vejamos o que é esse resíduo dos produtos do trabalho. Nada deles resta, a não ser a mesma objetividade impalpável, a massa pura e simples do trabalho humano em geral, do dispêndio de força de trabalho humana, sem consideração pela forma como foi despendida. Esses produtos passam a representar apenas a força de trabalho humana gasta em sua produção, o trabalho humano que neles se armazenou. Como configuração dessa substância social que lhes é comum, são valores, valores-mercadorias.

Na própria relação de permuta das mercadorias, seu valor de troca revela-se, de todo, independente de seu valor de uso. Pondo-se de lado o valor de uso dos produtos do trabalho, obtém-se seu valor como acaba de ser definido. O que se evidencia comum na relação de permuta ou no valor de troca é, portanto, o valor das mercadorias. Mais adiante, voltaremos a tratar do valor de troca como o modo necessário de expressar-se o valor ou a forma de este manifestar-se. O valor será estudado, agora, independentemente de sua forma.

Um valor de uso ou um bem só possui, portanto, valor, porque nele está corporificado, materializado, trabalho humano abstrato. Como medir a grandeza do seu valor? Por meio da quantidade da "substância criadora de valor" nele contida, o trabalho. A quantidade de trabalho, por sua vez, mede-se pelo tempo de sua duração, e o tempo de trabalho, por frações do tempo, como hora, dia etc.

Se o valor de uma mercadoria é determinado pela quantidade de trabalho gasta durante sua produção, poderia parecer que, quanto mais preguiçoso ou inábil um ser humano, tanto maior o valor de sua mercadoria, pois ele precisa de mais tempo para acabá-la. Todavia, o trabalho que constitui a substância dos valores é o trabalho humano homogêneo, dispêndio de idêntica força de trabalho. Toda a força de trabalho da sociedade — que se revela nos valores do mundo das mercadorias — vale, aqui, por força de trabalho única, embora se constitua de inúmeras forças de trabalho individuais. Cada uma dessas forças individuais de trabalho se equipara às demais, na medida em que possua o caráter de uma força média de trabalho social e atue como essa força média, precisando, portanto, apenas do tempo de trabalho em média necessário ou socialmente necessário para a produção de uma mercadoria. Tempo de trabalho socialmente necessário é o tempo de trabalho requerido para produzir-se um valor de uso qualquer, nas condições de produção socialmente normais existentes e com o grau social médio de destreza e intensidade do trabalho. Na Inglaterra, após a introdução do tear a vapor, o tempo empregado para transformar determinada quantidade de fio em tecido diminuiu aproximadamente à metade. O teceláo inglês que então utilizasse o tear manual continuaria gastando, nessa transformação, o mesmo tempo que despendia antes, mas o produto de sua hora individual de trabalho só representaria meia hora de trabalho social, ficando o valor anterior de seu produto reduzido à metade.

O que determina a grandeza do valor, portanto, é a quantidade de trabalho socialmente necessária ou o tempo de trabalho socialmente necessário para a produção de um valor de uso.[10] Cada mercadoria individual é considerada aqui exemplar médio de sua espécie.[11] Mercadorias que contêm iguais quantidades de trabalho, ou que podem ser produzidas no mesmo tempo de trabalho, possuem, consequentemente, valor da mesma magnitude. O valor de uma mercadoria está para o valor de qualquer outra assim como o tempo de trabalho necessário à produção de uma está para o tempo de trabalho necessário à produção de outra. "Como valores, as mercadorias são apenas dimensões definidas do tempo de trabalho que nelas se cristaliza."[12]

A grandeza do valor de uma mercadoria permaneceria, portanto, invariável, se fosse constante o tempo do trabalho requerido para sua produção. Mas este muda com qualquer variação na produtividade (força produtiva) do trabalho. A produtividade do trabalho é determinada pelas mais diversas circunstâncias, dentre elas a destreza média dos trabalhadores, o grau de desenvolvimento da ciência e sua aplicação tecnológica, a organização social do processo de produção, o volume e a eficácia dos meios de produção e as condições naturais. A mesma quantidade de trabalho, nas quadras favoráveis, se incorpora em 8 toneladas de trigo e, nas desfavoráveis, em apenas 4. A mesma quantidade de trabalho extrai mais metal de uma mina rica que de uma pobre. Diamantes dificilmente se acham à flor do solo, e encontrá-los custa, em média, muito tempo de trabalho. Em consequência, materializam, em volume diminuto, muito trabalho. William Jacob duvida que o ouro tenha, em algum tempo, pago o seu valor por inteiro. Para o diamante, essa opinião é ainda mais válida. Segundo Eschwege, em 1823, a produção global, durante oitenta anos, das minas de diamante no Brasil não atingira, ainda, o importe do produto médio de ano e meio dos engenhos de açúcar e das plantações de café naquele país, embora ela custasse muito mais trabalho e representasse, portanto, mais valor. Com minas mais ricas, a mesma quantidade de trabalho incorporar-se-ia em mais diamantes e o valor destes cairia. Se se conseguisse, com pouco trabalho, transformar carvão em diamante, este poderia ficar mais barato que tijolo. Generalizando: quanto maior a produtividade do trabalho, tanto menor o tempo de trabalho requerido para produzir uma mercadoria, e, quanto menor a quantidade de trabalho que nela se cristaliza, tanto menor seu valor. Inversamente, quanto menor a produtividade do trabalho, tanto maior o tempo de trabalho necessário para produzir um artigo e tanto maior seu valor. A grandeza do valor de uma mercadoria varia na razão direta da quantidade e na inversa da produtividade do trabalho que nela se aplica.[13]

Uma coisa pode ser valor de uso sem ser valor. É o que sucede quando sua utilidade para o ser humano não decorre do trabalho. Exemplos: o ar, a terra virgem, seus pastos naturais, a madeira que cresce espontânea na selva etc. Uma coisa pode ser útil e produto do trabalho humano sem ser mercadoria. Quem, com seu produto, satisfaz a própria necessidade gera valor de uso, mas não mercadoria. Para criar mercadoria, é mister não só produzir valor de uso, mas produzi-lo para outros, dar origem a valor de uso social.

[E mais. O camponês medieval produzia o trigo do tributo para o senhor feudal, o trigo do dízimo para o cura. Mas, embora fossem produzidos para terceiros, nem o trigo do tributo nem o do dízimo eram mercadoria. O produto, para se tornar mercadoria, tem de ser transferido a quem vai servir como valor de uso por meio de troca.][14] Finalmente, nenhuma coisa pode ser valor se não é objeto útil; se não é útil, tampouco o será o trabalho nela contido, o qual não conta como trabalho e, por isso, não cria nenhum valor.

[*O Capital*, Livro I, vol. 1, pp. 41-48]

[...]

Tomemos duas mercadorias: um casaco e 10 metros de linho. A primeira com o dobro do valor da segunda, de modo que, se 10 metros de linho = 1 v, o casaco = 2 v. [...]

Antes de surgir um alfaiate, o ser humano costurou durante milênios, pressionado pela necessidade de vestir-se. Mas o casaco, o linho, ou qualquer componente da riqueza material que não seja dado pela natureza, tinha de originar-se de uma especial atividade produtiva, adequada a determinado fim e que adapta certos elementos da natureza às necessidades particulares do homem. O trabalho, como criador de valores de uso, como trabalho útil, é indispensável à existência do homem — quaisquer que sejam as formas de sociedade —, é necessidade natural e eterna de efetivar o intercâmbio material entre o homem e a natureza e, portanto, de manter a vida humana.

Os valores de uso, casaco, linho etc., enfim, as mercadorias, são conjunções de dois fatores, matéria fornecida pela natureza e trabalho. Extraindo-se a totalidade dos diferentes trabalhos úteis incorporados ao casaco, ao linho etc., resta sempre um substrato material, que a natureza, sem interferência do homem, oferece. O homem, ao produzir, só pode atuar como a própria natureza, isto é, mudando as formas da matéria.[15] E mais. Nesse trabalho de transformação, é constantemente ajudado pelas forças naturais. O trabalho não é, por conseguinte, a única fonte dos valores de uso que produz, da riqueza material. Conforme diz William Petty, o trabalho é o pai, mas a mãe é a terra.

Passemos, agora, da mercadoria, como objeto útil, para o valor das mercadorias.

Ficou estabelecido que o casaco vale duas vezes mais que o linho. Mas essa diferença puramente quantitativa não nos interessa no momento. E, se o casaco tem o dobro do valor de 10 metros de linho, 20 metros de linho têm valor igual ao do casaco. Como valores, casaco e linho são coisas de igual substância, expressões objetivas de trabalho de natureza igual. Mas o ofício de alfaiate e o de tecelão são trabalhos qualitativamente diversos. Há estágios sociais em que a mesma pessoa, alternativamente, costura e tece, em que esses dois tipos diferentes de trabalho são apenas modalidades do trabalho do mesmo indivíduo e não ofícios especiais, fixos, de indivíduos diversos, do mesmo modo que o casaco feito hoje por nosso alfaiate e as calças que fará amanhã não passam de variações do mesmo trabalho individual. Verifica-se, a uma simples inspeção, que, em nossa sociedade capitalista, se fornece uma porção dada de trabalho humano, ora sob a forma do ofício de alfaiate, ora sob a forma do ofício de tecelão, conforme as flutuações da procura de trabalho. É possível que essa variação na forma do trabalho não se realize sem atritos, mas tem de efetivar-se. Pondo-se de lado o desígnio da atividade produtiva e, em consequência, o caráter útil do trabalho, resta-lhe apenas ser um dispêndio de força humana de trabalho. O trabalho do alfaiate e o do tecelão, embora atividades produtivas qualitativamente diferentes, são ambos dispêndio humano produtivo de cérebro, músculos, nervos, mãos etc., e, desse modo, são ambos trabalho humano. São apenas duas formas diversas de despender força humana de trabalho. Sem dúvida, a própria força humana de trabalho tem de atingir certo desenvolvimento para ser empregada em múltiplas formas. O valor da mercadoria, porém, representa trabalho humano simplesmente, dispêndio de trabalho humano em geral. Com o trabalho humano ocorre algo análogo ao que se passa na sociedade burguesa, onde em geral um banqueiro desempenha um papel importante e fica reservado ao simples ser humano uma função inferior.[16] Trabalho humano mede-se pelo dispêndio da força de trabalho simples, a qual, em média, todo homem comum, sem educação especial, possui em seu organismo. O *trabalho simples médio* muda de caráter com os países e estágios de civilização, mas é dado numa determinada sociedade. Trabalho complexo ou qualificado vale como trabalho simples *potenciado* ou, antes, *multiplicado*, de modo que uma quantidade dada de trabalho qualificado é igual a uma quantidade maior de trabalho simples. A experiência demonstra que essa redução sucede constantemente. Por mais qualificado que seja o trabalho que gera a mercadoria, seu valor a equipara ao produto do trabalho simples e representa, por isso, uma determinada quantidade de trabalho simples.[17] As diferentes proporções em que as diversas espécies de trabalho se reduzem a trabalho simples, como sua unidade de medida, são fixadas por um processo social que se desenrola sem dele terem consciência os produtores, parecendo-lhes, por isso, estabelecidas pelo costume. Para simplificar, considerar-se-á, a seguir, força de trabalho simples toda espécie de força de trabalho, com o que se evita o esforço de conversão.

Ao considerar os valores do casaco e do linho, prescindimos da diferença dos seus valores de uso, e, analogamente, ao focalizar os trabalhos que se representam nesses valores, pomos de lado a diferença entre suas formas úteis, a atividade do alfaiate e a do tecelão. Os valores de uso casaco e linho resultam de atividades produtivas, subordinadas a objetivos, associadas com pano e fio, mas os valores casaco e linho são cristalizações homogêneas de trabalho; os trabalhos contidos nesses valores são considerados apenas dispêndio de força humana de trabalho, pondo-se de lado sua atuação produtiva relacionada com o pano e o fio. O trabalho do alfaiate e o do tecelão são os elementos que criam valores de uso, casaco e linho, exatamente por força de suas qualidades diferentes; só são substância do valor do casaco e do valor do linho quando se põem de lado suas qualidades particulares, restando a ambos apenas uma única e mesma qualidade, a de serem trabalho humano.

Casaco e linho são valores, mas valores que têm uma determinada grandeza, e, conforme nosso pressuposto, o casaco vale o dobro de 10 metros de linho. Donde se origina essa diferença nas grandezas dos valores? Decorre de estar contido no linho metade do trabalho que se encerra no casaco, tendo de ser despendida força de trabalho para a produção deste durante o dobro do tempo requerido para a produção daquele.

Se o trabalho contido na mercadoria, do ponto de vista do valor de uso, só interessa qualitativamente, do ponto de vista da grandeza do valor só interessa quantitativamente e depois de ser convertido em trabalho humano, puro e simples. [...]

A realidade do valor das mercadorias difere de Dame Quickly, por não sabermos por onde apanhá-la.[18] Em contraste direto com a palpável materialidade da mercadoria, nenhum átomo de matéria se encerra no seu valor. Vire-se e revire-se, à vontade, uma mercadoria: a coisa-valor se mantém imperceptível aos sentidos.

As mercadorias, recordemos, só encarnam valor na medida em que são expressões de uma mesma substância social, o trabalho humano; seu valor é, portanto, uma realidade apenas social, só podendo manifestar-se, evidentemente, na relação social em que uma mercadoria se troca por outra. Partimos do valor de troca ou da relação de troca das mercadorias, para chegar ao valor aí escondido. Temos, agora, de voltar a essa forma de manifestação do valor.

Todo mundo sabe, mesmo os que nada mais saibam, que as mercadorias possuem forma comum de valor, que contrasta com a flagrante heterogeneidade das formas corpóreas de seus valores de uso. Esta forma comum é a forma dinheiro do valor. Importa realizar o que jamais tentou fazer a economia burguesa, isto é, elucidar a gênese da forma dinheiro. Para isso, é mister acompanhar o desenvolvimento da expressão do valor contida na relação de valor existente entre as mercadorias, partindo da manifestação mais simples e mais apagada até chegar à esplendente forma dinheiro. Assim, desaparecerá o véu misterioso que envolve o dinheiro.

A mais simples relação de valor é, evidentemente, a que se estabelece entre uma mercadoria e qualquer outra mercadoria de espécie diferente. A relação de valor entre duas mercadorias é, portanto, a expressão de valor mais simples de uma mercadoria.

[*O Capital*, Livro I, vol. 1, pp. 48-55]

[...]

À primeira vista, a mercadoria parece ser coisa trivial, imediatamente compreensível. Analisando-a, vê-se que ela é algo muito estranho, cheio de sutilezas metafísicas e argúcias teológicas. Como valor de uso, nada há de misterioso nela, quer a observemos sob o aspecto de que se destina a satisfazer necessidades humanas, com suas propriedades, quer sob o ângulo de que só adquire essas propriedades em consequência do trabalho humano. É evidente que o ser humano, por sua atividade, modifica do modo que lhe é útil a forma dos elementos naturais. Modifica, por exemplo, a forma da madeira, quando dela faz uma mesa. Não obstante, a mesa ainda é madeira, coisa prosaica, material. Mas, logo que se revela mercadoria, transforma-se em algo ao mesmo tempo perceptível e impalpável. Além de estar com os pés no chão, firma sua posição perante as outras mercadorias e expande as ideias fixas de sua cabeça de madeira, fenômeno mais fantástico do que se dançasse por iniciativa própria.[19]

O caráter misterioso da mercadoria não provém do seu valor de uso, nem tampouco dos fatores determinantes do valor. E, para isso, há motivos. Primeiro, por mais que difiram os trabalhos úteis ou as atividades produtivas, a verdade fisiológica é que são funções do organismo humano, e cada uma dessas funções, não importa a forma ou o conteúdo, é essencialmente dispêndio do cérebro, dos nervos, músculos, sentidos etc. do homem. Segundo, quanto ao fator que determina a magnitude do valor, isto é, a duração daquele dispêndio ou a quantidade do trabalho, é possível distinguir claramente a quantidade da qualidade do trabalho. O tempo de trabalho que custa produzir os meios de subsistência interessou, necessariamente, aos homens, em todas as épocas, embora em grau variável com o estágio do desenvolvimento.[20] Por fim, desde que os homens, não importa o modo, trabalhem uns para os outros, adquire o trabalho uma forma social.

O caráter misterioso que o produto do trabalho apresenta ao assumir a forma de mercadoria, donde provém? Dessa própria forma, claro. A igualdade dos trabalhos humanos fica disfarçada sob a forma da igualdade dos produtos do trabalho como valores; a medida, por meio da duração, do dispêndio da força humana de trabalho, toma a forma de quantidade de valor dos produtos do trabalho; finalmente, as relações entre os produtores, nas quais se afirma o caráter social dos seus trabalhos, assumem a forma de relação social entre os produtos do trabalho.

A mercadoria é misteriosa simplesmente por encobrir as características sociais do próprio trabalho dos homens, apresentando-as como características materiais e propriedades sociais inerentes aos produtos do trabalho; por ocultar, portanto, a relação social entre os trabalhos individuais dos produtores e o trabalho total, ao refleti-la como relação social existente, à margem deles, entre os produtos do seu próprio trabalho. Através dessa dissimulação, os produtos do trabalho se tornam mercadorias, coisas sociais, com propriedades perceptíveis e imperceptíveis aos sentidos. A impressão luminosa de uma coisa sobre o nervo óptico não se apresenta como sensação subjetiva desse nervo, mas como forma sensível de uma coisa existente fora do órgão da visão. Mas, aí, a luz se projeta realmente de uma coisa, o objeto externo, para outra, o olho. Há uma relação física entre coisas físicas. Mas a forma mercadoria e a relação de valor entre os produtos do trabalho, a qual caracteriza essa forma, nada têm a ver com a natureza física desses produtos nem com as relações materiais dela decorrentes. Uma relação social definida, estabelecida entre os homens, assume a forma fantasmagórica de uma relação entre coisas. Para encontrar um símile, temos de recorrer à região nebulosa da crença. Aí, os produtos do cérebro humano parecem dotados de vida própria, figuras autônomas que mantêm relações entre si e com os seres humanos. É o que ocorre com os produtos da mão humana, no mundo das mercadorias. Chamo a isso de fetichismo, que está sempre grudado aos produtos do trabalho, quando são gerados como mercadorias. É inseparável da produção de mercadorias.

Esse fetichismo do mundo das mercadorias decorre, conforme demonstra a análise precedente, do caráter social próprio do trabalho que produz mercadorias.

Objetos úteis se tornam mercadorias, por serem simplesmente produtos de trabalhos privados, independentes uns dos outros. O conjunto desses trabalhos particulares forma a totalidade do trabalho social. Processando-se os contatos sociais entre os produtores por intermédio da troca de seus produtos de trabalho, só dentro desse intercâmbio se patenteiam as características especificamente sociais de seus trabalhos privados. Em outras palavras, os trabalhos privados atuam como partes componentes do conjunto do trabalho social apenas através das relações que a troca estabelece entre os produtos do trabalho e, por meio destes, entre os produtores. Por isso, para os últimos, as relações sociais entre seus trabalhos privados aparecem de acordo com o que realmente são, como relações materiais entre pessoas e relações sociais entre coisas, e não como relações sociais diretas entre indivíduos em seus trabalhos.

Só com a troca adquirem os produtos do trabalho, como valores, uma realidade socialmente homogênea, distinta da sua heterogeneidade de objetos úteis, perceptível aos sentidos. Esta cisão do produto do trabalho em coisa útil e em valor só atua, na prática, depois de ter a troca atingido tal expansão e importância que se produzam as coisas úteis para serem permutadas, considerando-se o valor das coisas já por ocasião de serem produzidas. Desde esse momento, manifestam, efetivamente, os trabalhos dos produtores duplo caráter social. De um lado, definidos de acordo com sua utilidade, têm de satisfazer determinadas necessidades sociais e de firmar-se, assim, como parte componente do trabalho total, do sistema da divisão social do trabalho que espontaneamente se desenvolve. Por outro lado, só satisfazem as múltiplas necessidades de seus próprios produtores na medida em que cada espécie particular de trabalho privado útil pode ser trocada por qualquer outra espécie de trabalho privado com que se equipara. A igualdade completa de diferentes trabalhos só pode assentar numa abstração que põe de lado a desigualdade existente entre eles e os reduz ao seu caráter comum de dispêndio de força humana de trabalho, de trabalho humano abstrato. O produtor particular apreende esse duplo caráter social dos trabalhos particulares apenas sob os aspectos que se manifestam, praticamente, no intercâmbio, na troca dos produtos. Assim, percebe o caráter socialmente útil de seus trabalhos particulares sob o aspecto de o produto do trabalho ter de ser útil, e útil aos outros, e o caráter social da igualdade dos diferentes trabalhos apresenta-se a ele sob o aspecto da igualdade de valor que se estabelece entre essas coisas materialmente diversas, os produtos do trabalho.

Os homens não estabelecem relações entre os produtos do seu trabalho como valores por considerá-los simples aparência material de trabalho humano de igual natureza. Ao contrário. Ao igualar, na permuta, como valores, seus diferentes produtos, igualam seus trabalhos diferentes, de acordo com sua qualidade comum de trabalho humano. Fazem isto sem o saber.[21] O valor não traz escrito na fronte o que ele é. Longe disso, o valor transforma cada produto do trabalho num hieróglifo social. Mais tarde, os homens procuram decifrar o significado do hieróglifo, descobrir o segredo de sua própria criação social, pois a conversão dos objetos úteis em valores é, como a linguagem, um produto social dos homens. A descoberta científica ulterior de os produtos do trabalho, como valores, serem meras expressões materiais do trabalho humano despendido em sua produção é importante na história do desenvolvimento da humanidade, mas não dissipa de nenhum modo a fantasmagoria que apresenta, como qualidade material dos produtos, o caráter social do trabalho. O que é verdadeiro apenas para essa determinada forma de produção, a produção de mercadorias — a saber, que o caráter social específico dos trabalhos particulares, independentes entre si, consiste na identidade deles como trabalho humano e assume nos produtos a forma de valor —, parece aos produtores de mercadorias tão natural e definitivo, apesar daquela descoberta, quanto o ar, que continuou a existir tal como era antes após a ciência tê-lo decomposto em seus elementos.

O que, na prática, interessa aos que trocam os produtos é saber quanto de outras mercadorias podem receber pela sua; em que proporções, portanto, os produtos se trocam. Na medida em que o costume fixa essas proporções, parecem elas derivar da natureza dos produtos do trabalho, e passa-se a considerar, por exemplo, que 1 tonelada de ferro e 2 onças de ouro têm igual valor, do mesmo modo que 1 quilo de ouro e 1 quilo de ferro têm igual peso, apesar das diferentes propriedades físicas e químicas. Na realidade, a condição de ter valor só se fixa nos produtos do trabalho quando eles se determinam como quantidades de valor. Estas variam sempre, independentemente da vontade, da previsão e dos atos dos participantes da troca. Para estes, a própria atividade social possui a forma de uma atividade das coisas sob cujo controle se encontram, ao invés de as controlarem. É mister haver produção de mercadorias plenamente desenvolvida, antes de a experiência dar origem a este conhecimento científico: os trabalhos particulares realizados independentemente uns dos outros, mas interdependentes, em todos os sentidos, como parcelas naturalmente integrantes da divisão social do trabalho, são, de modo contínuo, ajustados às proporções requeridas pela sociedade. É que, nas eventuais e flutuantes proporções de troca dos produtos desses trabalhos particulares, impõe-se o tempo de trabalho socialmente necessário à sua produção, que é a lei natural reguladora, que não leva em conta pessoas, como a lei da gravidade, por exemplo, quando uma casa se desmorona.[22] A determinação da quantidade do valor pelo tempo do trabalho é, por isso, um segredo oculto sob os movimentos visíveis dos valores relativos das mercadorias. Sua descoberta destrói a aparência de casualidade que reveste a determinação das quantidades de valor dos produtos do trabalho, mas não suprime a forma material dessa determinação.

Refletir sobre as formas da vida humana e analisá-las cientificamente é seguir rota oposta à do seu verdadeiro desenvolvimento histórico. Começa-se depois do fato consumado, quando estão concluídos os resultados do processo de desenvolvimento. As formas que convertem os produtos do trabalho em mercadorias, constituindo pressupostos da circulação das mercadorias, já possuem a consistência de formas naturais da vida social, antes de os homens se empenharem em apreender, não o caráter histórico dessas formas, que eles, ao contrário, consideram imutáveis, mas seu significado. Assim, só a análise dos preços das mercadorias levava à determinação da magnitude do valor, só a expressão comum, em dinheiro, das mercadorias induzia a estabelecer-se sua condição de valor. É porém essa forma acabada do mundo das mercadorias, a forma dinheiro, que realmente dissimula o caráter social dos trabalhos privados e, em consequência, as relações sociais entre os produtores particulares, ao invés de pô-las em evidência. Quando afirmo que casaco, botas etc. estabelecem relações com o linho, como encarnação universal do trabalho humano abstrato, causa espanto o absurdo da afirmação.

Mas, quando os produtores de casaco, botas etc., estabelecem relação entre essas mercadorias e o linho (ou entre elas e o ouro ou a prata, o que nada muda na substância da coisa), como equivalente universal, ou encarnação universal do trabalho humano abstrato, é precisamente sob aquela forma absurda que expressam a relação entre seus trabalhos particulares e o trabalho social total.

Formas dessa natureza constituem as categorias da economia burguesa. São formas de pensamento socialmente válidas, portanto objetivas, ajustadas às relações desse modo de produção historicamente definido, a produção de mercadorias. Todo o mistério do mundo das mercadorias, todo o sortilégio e a magia que enevoam os produtos do trabalho, ao assumirem estes a forma de mercadorias, desaparecem assim que examinamos outras formas de produção.

A economia política adora imaginar experimentos robinsonianos.[23] Façamos, por isso, Robinson aparecer em sua ilha. Moderado por natureza, tem, entretanto, de satisfazer diferentes necessidades e, por isso, é compelido a executar trabalhos úteis diversos, fazer instrumentos, fabricar móveis, domesticar lamas, pescar, caçar. Não falaremos de suas orações e de coisas análogas, pois Robinson se compraz nelas, considera restauradoras atividades dessa natureza. Apesar da diversidade de suas funções produtivas, sabe que não passam de formas diversas de sua própria atividade, portanto, de formas diferentes de trabalho humano. A própria necessidade obriga-o a distribuir, cuidadosamente, seu tempo entre suas diversas funções. Se uma absorve parte maior ou menor de sua atividade que outra, é porque há maiores ou menores dificuldades a vencer para se conseguir o proveito ambicionado. É o que a experiência lhe ensina, e nosso Robinson, que salvou do naufrágio o relógio, o livro-razão, tinta e caneta, começa, como bom inglês, a organizar a contabilidade de sua vida. Sua escrita contém um registro dos objetos úteis que possui, das diversas operações requeridas para sua produção e, finalmente, do tempo de trabalho que em média lhe custam determinadas quantidades dos diferentes produtos. Todas as relações entre Robinson e as coisas que formam a riqueza por ele mesmo criada são tão simples e límpidas que até Max Wirth as entenderia, sem grande esforço intelectual. Elas já contêm, no entanto, tudo o que é essencial para caracterizar o valor.

Deixemos a ilha de Robinson, cheia de sol, e penetremos na sombria Idade Média europeia. Nela não há o indivíduo independente; todos são dependentes: servos e senhores feudais, vassalos e suseranos, leigos e clérigos. A dependência pessoal caracteriza tanto as relações sociais da produção material quanto as outras esferas da vida baseadas nessa produção. Mas, justamente porque as relações de dependência pessoal constituem o fundamento social incontroverso, não se faz mister que os trabalhos e os produtos assumam feição fantasmagórica, diversa de sua realidade. Eles entram na engrenagem social como serviços e pagamentos em produtos. A forma diretamente social do trabalho é aqui a forma concreta do trabalho, sua particularidade, e não sua generalidade abstrata, como ocorre com a produção de mercadorias. A corveia, como o trabalho que produz mercadorias, mede-se pelo tempo, mas cada servo sabe que quantidade de sua força pessoal de trabalho despende no serviço do senhor. O dízimo pago ao cura é mais palpável que sua bênção. No regime feudal, sejam quais forem os papéis que os homens desempenham ao se confrontarem, as relações sociais entre as pessoas na realização de seus trabalhos revelam-se como suas próprias relações pessoais, não se dissimulando em relações entre coisas, entre produtos do trabalho.

Para estudar o trabalho em comum, isto é, a associação direta de trabalho, não é mister recuar à forma comunitária que aparece naturalmente no limiar da história de todos os povos civilizados.[24] Constitui um exemplo próximo a indústria patriarcal rural de uma família camponesa, que produz, para as próprias necessidades, trigo, gado, fio, tela de linho, peças de roupa etc. Essas coisas diversas são, para a família, produtos diversos do seu trabalho, mas não se confrontam entre si como mercadorias. As diferentes espécies de trabalho que dão origem a esses produtos — lavoura, pecuária, fiação, tecelagem, costura etc. — são, na sua forma concreta, funções sociais, por serem funções da família, que tem, como a produção de mercadorias, sua própria e espontânea divisão do trabalho. Diferenças de sexo e de idade e as condições naturais do trabalho, variáveis com as estações do ano, regulam sua distribuição dentro da família e o tempo que deve durar o trabalho de cada um de seus membros.

As forças individuais de trabalho operam, naturalmente, como órgãos da força comum de trabalho da família e, por isso, o dispêndio das forças individuais de trabalho, medido pelo tempo de sua duração, manifesta-se, aqui, simplesmente em trabalhos socialmente determinados.

Suponhamos, finalmente, para variar, uma sociedade de homens livres, que trabalham com meios de produção comuns e empregam suas múltiplas forças individuais de trabalho, conscientemente, como força de trabalho social. Reproduzem-se aqui todas as características do trabalho de Robinson, com uma diferença: passam a ser sociais, ao invés de individuais. Todos os produtos de Robinson procediam de seu trabalho pessoal, exclusivo, e, por isso, eram, para ele, objetos diretamente úteis. Em nossa associação, o produto total é um produto social. Uma parte desse produto é utilizada como novo meio de produção. Continua sendo social. A outra parte é consumida pelos membros da comunidade. Tem, portanto, de ser distribuída entre eles. O modo dessa distribuição variará com a organização produtiva da sociedade e com o correspondente nível de desenvolvimento histórico dos produtores. Somente para fazer um paralelo com a produção de mercadorias, pressupomos que a participação de cada produtor nos bens de consumo se determina pelo seu tempo de trabalho. O tempo de trabalho desempenharia, portanto, duplo papel. Sua distribuição socialmente planejada regula a proporção correta das diversas funções do trabalho para as diversas necessidades. Além disso, o tempo de trabalho serve para medir a participação individual dos produtores no trabalho comunitário e sua cota pessoal na parte do produto global destinada ao consumo. Neste caso, as relações sociais dos indivíduos no tocante a seus trabalhos e aos produtos de seus trabalhos continuam meridianamente claras, tanto na produção quanto na distribuição.

De acordo com a relação social de produção que tem validade geral numa sociedade de produtores de mercadorias, estes tratam seus produtos como mercadorias, isto é, valores, e comparam, sob a aparência material das mercadorias, seus trabalhos particulares, convertidos em trabalho humano homogêneo. Daí ser o cristianismo, com seu culto do homem abstrato, a forma de religião mais adequada para essa sociedade, notadamente em seu desenvolvimento burguês, o protestantismo, o deísmo etc. Nos modos de produção da velha Ásia e da Antiguidade em geral, a transformação do produto em mercadoria e a do ser humano em produtor de mercadorias desempenham papel secundário, que vai se tornando importante à medida que as comunidades entram em dissolução. Povos comerciantes, propriamente, só existiram nos interstícios da Antiguidade, como os deuses de Epicuro que habitavam nos intermúndios ou os judeus que vivem nos poros da sociedade polonesa. Aqueles organismos de produção da sociedade antiga são bem mais simples e transparentes que o burguês; mas, ou assentam na imaturidade do homem individual que não se libertou ainda do cordão umbilical que o prende a seus semelhantes na comunidade primitiva, ou se fundamentam nas relações diretas de domínio e escravidão. Têm, por condição, baixo nível de desenvolvimento das forças produtivas do trabalho, correspondendo-lhes relações inibidas, nas esferas da vida material, sejam entre os homens ou entre estes e a natureza. Essa inibição real se reflete, de maneira idealizada, nos velhos cultos da natureza e nas antigas religiões nacionais. O reflexo religioso do mundo real só pode desaparecer quando as condições práticas das atividades cotidianas do homem representem, normalmente, relações racionais claras entre os homens e entre estes e a natureza. A estrutura do processo vital da sociedade, isto é, do processo da produção material, só pode desprender-se do seu véu nebuloso e místico no dia em que for obra de homens livremente associados, submetida a seu controle consciente e planejado. Para isso, precisa a sociedade de uma base material ou de uma série de condições materiais de existência, que, por sua vez, só podem ser o resultado natural de um longo e penoso processo de desenvolvimento.

A economia política analisou, de fato, embora de maneira incompleta,[25] o valor e sua magnitude, e descobriu o conteúdo que ocultam. Mas nunca se perguntou por que ocultam esse conteúdo, por que o trabalho é representado pelo valor do produto do trabalho e a duração do tempo de trabalho pela magnitude desse valor.[26] Fórmulas que pertencem, claramente, a uma formação social em que o processo de produção domina o homem, e não o homem o processo de produção, são consideradas pela consciência burguesa uma necessidade tão natural quanto o próprio trabalho produtivo. Por isso, dão às formas pré-burguesas de produção social o mesmo tratamento que os santos padres concedem às religiões pré-cristãs.[27]

A polêmica monótona e estulta sobre o papel da natureza na criação do valor de troca, além de outros fatos, demonstra que uma parte dos economistas está iludida pelo fetichismo dominante no mundo das mercadorias ou pela aparência material que encobre as características sociais do trabalho. Sendo o valor de troca uma determinada maneira social de exprimir o trabalho empregado numa coisa, não pode conter mais elementos materiais da natureza do que uma cotação de câmbio.

[*O Capital*, Livro I, vol. 1, pp. 79-91]

13.3 DINHEIRO E CAPITAL

A circulação das mercadorias é o ponto de partida do capital. A produção de mercadorias e o comércio, forma desenvolvida da circulação de mercadorias, constituem as condições históricas que dão origem ao capital. O comércio e o mercado mundiais inauguram no século XVI a moderna história do capital.

Se pusermos de lado o conteúdo material da circulação de mercadorias, a troca dos diferentes valores de uso, para considerar apenas as formas econômicas engendradas por esse processo de circulação, encontraremos o dinheiro como produto final. Esse produto final da circulação das mercadorias é a primeira forma em que aparece o capital.

Historicamente, em suas origens, é sob a forma de dinheiro que o capital se confronta com a propriedade imobiliária; como fortuna em dinheiro, capital do comerciante ou do usurário.[28] Mas não é mister remontarmos à origem histórica do capital para verificar que o dinheiro é a primeira forma em que ele aparece. Esse fenômeno se desenrola diariamente aos nossos olhos. Todo capital novo, para começar, entra em cena, surge no mercado de mercadorias, de trabalho ou de dinheiro, sob a forma de dinheiro, que, através de determinados processos, tem de transformar-se em capital.

O dinheiro que é apenas dinheiro se distingue do dinheiro que é capital através da diferença na forma de circulação.

A forma simples da circulação das mercadorias é M — D — M, conversão de mercadoria em dinheiro e reconversão de dinheiro em mercadoria, vender para comprar. Ao lado dela, encontramos uma segunda especificamente diversa, D — M — D, conversão de dinheiro em mercadoria e reconversão de mercadoria em dinheiro, comprar para vender. O dinheiro que se movimenta de acordo com esta última circulação transforma-se em capital, vira capital e, por sua destinação, é capital.

Vejamos mais de perto a circulação D — M — D. Percorre duas fases opostas, conforme sucede com a simples circulação de mercadorias. Na primeira fase, D — M, compra, transforma-se dinheiro em mercadoria. Na segunda, M — D, venda, a mercadoria volta a ser dinheiro. O que faz a unidade de ambas as fases é o movimento conjunto em que se permuta dinheiro por mercadoria e a mesma mercadoria por dinheiro, se compra mercadoria para vendê-la, ou, abandonando-se as diferenças formais entre compra e venda, compra-se mercadoria com dinheiro e dinheiro com mercadoria.[29] O resultado final de todo o processo é troca de dinheiro por dinheiro, D — D. Se compro 2.000 quilos de algodão por 100 libras, vendendo-os por 110 libras, terei por fim trocado 100 libras por 110, dinheiro por dinheiro.

É evidente que a circulação D — M — D seria absurda e sem sentido, se o objetivo dela fosse o de permutar duas quantias iguais, 100 libras esterlinas por 100 libras esterlinas. Bem mais simples e mais seguro seria o método do entesourador, que guarda suas 100 libras, em vez de expô-las aos perigos da circulação. O comerciante pode ter vendido por 110 libras ou por 100 o algodão comprado a 100, ou ser forçado a desfazer-se dele por 50, mas, de qualquer modo, seu dinheiro descreveu um movimento característico e original, muito diferente do que efetua na circulação simples, nas mãos do camponês, por exemplo, que vende trigo e, com o dinheiro obtido, compra roupas. Importa, antes de tudo, conhecer as características que diferenciam as formas dos circuitos D — M — D e M — D — M. Assim, descobrir-se-á também a diferença de conteúdo que se esconde sob essa diferença de forma.

Examinemos primeiro o que é comum a ambas as formas.

Ambos os circuitos se decompõem nas mesmas duas fases antitéticas, M — D, venda, e D — M, compra. Em cada uma das duas fases se confrontam os mesmos elementos materiais, mercadoria e dinheiro, e os mesmos personagens econômicos, um comprador e um vendedor. Cada um dos dois circuitos constitui a unidade das mesmas fases antitéticas, e, em ambos os casos, essa unidade é efetivada pela intervenção de três contratantes, dos quais um apenas vende, outro só compra, e o terceiro compra e vende alternadamente.

O que distingue, antes de tudo, os dois circuitos M — D — M e D — M — D é a sucessão inversa de ambas as fases opostas de circulação. A circulação simples das mercadorias começa com a venda e termina com a compra; a circulação do dinheiro como capital começa com a compra e termina com a venda. No primeiro caso, é a mercadoria e, no segundo, o dinheiro, o ponto de partida e a meta final do movimento. Na primeira forma de movimento, serve o dinheiro de intermediário e, na segunda, a mercadoria.

Na circulação M — D — M, o dinheiro vira mercadoria, que serve de valor de uso. O dinheiro é gasto de uma vez por todas. Na forma inversa D — M — D, o comprador gasta dinheiro, para fazer dinheiro como vendedor. Com a compra, lança dinheiro em circulação, para retirá-lo dela depois com a venda da mesma mercadoria. Solta o dinheiro com a segunda intenção de apoderar-se dele de novo. Por isso, apenas adianta dinheiro.[30]

Na forma M — D — M, a mesma peça de moeda muda de lugar duas vezes. O vendedor recebe-a do comprador e a passa para outro vendedor. Todo o processo se inicia com a obtenção de dinheiro em troca de mercadorias e acaba com a entrega de dinheiro contra mercadoria. O inverso ocorre na forma D — M — D. Não é a mesma peça de dinheiro que muda de lugar duas vezes, e sim a mesma mercadoria; o comprador recebe esta das mãos do vendedor e a transfere para as mãos de outro comprador. Na circulação simples das mercadorias, a dupla mudança de lugar da mesma peça de dinheiro ocasiona uma transferência definitiva de uma mão para outra; já na circulação D — M — D, a dupla mudança da mesma mercadoria ocasiona a volta do dinheiro a seu ponto de partida.

O regresso do dinheiro a seu ponto de partida não depende de se vender a mercadoria mais caro do que foi comprada. Esta circunstância só influi na magnitude da soma de dinheiro que retorna. A volta propriamente se dá logo que se vende a mercadoria comprada, concluindo-se inteiramente o circuito D — M — D. Por aí transparece a diferença entre a circulação do dinheiro na função de capital e sua circulação como dinheiro apenas.

O circuito M — D — M está plenamente percorrido logo que o dinheiro obtido com a venda de uma mercadoria é absorvido pela compra de outra mercadoria. Só pode ocorrer o retorno do dinheiro ao ponto de partida com a renovação ou repetição do processo por inteiro. Se vendo um *quarter* de trigo por 3 libras esterlinas e compro roupas com essas 3 libras, essas libras estão definitivamente gastas para mim. Nada mais tenho a ver com elas. Elas pertencem ao lojista. Se vendo então um segundo *quarter* de trigo, o dinheiro a mim retorna, não em virtude da primeira transação, mas por ser ela repetida. Ele se afasta de mim novamente, logo que leve a seu fim a segunda transação, comprando de novo. Na circulação M — D — M, o dispêndio do dinheiro nada tem a ver com seu retorno. Em D — M — D, ao contrário, a volta do dinheiro é determinada pela maneira como foi despendido. Sem esse retorno, a operação se malogra ou o processo é interrompido e fica incompleto, por faltar a segunda fase, a venda que completa a compra, concluindo a operação.

O circuito M — D — M tem por ponto de partida uma mercadoria e por ponto final outra mercadoria que sai da circulação e entra na esfera do consumo. Seu objetivo final, portanto, é consumo, satisfação de necessidades; em uma palavra, valor de uso. O circuito D — M — D, ao contrário, tem por ponto de partida o dinheiro e retorna ao mesmo ponto. Por isso, é o próprio valor de troca o motivo que o impulsiona, o objetivo que o determina.

Na simples circulação de mercadorias, têm ambos os extremos do circuito a mesma forma econômica. Ambos são mercadorias. São também mercadorias com a mesma magnitude de valor. Mas são valores de uso qualitativamente diversos, por exemplo, trigo e roupas. A troca de produtos, dos diferentes materiais em que se encarna o trabalho social, é o que constitui a substância do movimento. Ocorre de maneira diferente com a circulação D — M — D. À primeira vista, parece vazia de conteúdo, por ser tautológica. Ambos os extremos têm a mesma forma econômica. Ambos são dinheiro, sem as diferenças qualitativas dos valores de uso, pois dinheiro é a forma transfigurada das mercadorias na qual seus valores de uso particulares desaparecem. Primeiro, trocar 100 libras esterlinas por algodão e, depois, o mesmo algodão por 100 libras esterlinas, fazendo um rodeio para permutar dinheiro por dinheiro, uma coisa por si mesma, afigura-se uma operação sem finalidade e sem sentido.[31] Uma soma de dinheiro só pode distinguir-se de outra soma de dinheiro por sua quantidade. O processo D — M — D, portanto, não deve seu conteúdo a nenhuma diferença qualitativa entre seus extremos, pois ambos são dinheiro, mas à diferença quantitativa entre esses extremos. No final, se retira mais dinheiro da circulação do que se lançou nela no início. O algodão comprado a 100 libras esterlinas será vendido, por exemplo, a 100 + 10 libras, 110 libras esterlinas, portanto. A forma completa desse processo é, por isso, D — M — D', em que D' = D + ΔD, isto é, igual à soma de dinheiro originalmente adiantada mais um acréscimo. A esse acréscimo ou o excedente sobre o valor primitivo chamo de mais-valia (valor excedente). O valor originalmente antecipado não só se mantém na circulação, mas nela altera a própria magnitude, acrescenta uma mais-valia, valoriza-se. E este movimento transforma-o em capital.

É também possível que em M — D — M, ambos os extremos, M, M, trigo e roupas, por exemplo, sejam magnitudes de valor quantitativamente diversas. O camponês pode vender seu trigo acima do valor ou comprar as roupas abaixo do valor. Pode também ser enganado pelo vendeiro. Mas essas diferenças de valor são meramente casuais para essa espécie de circulação. Ela não fica desprovida de sentido, como o processo D — M — D, por serem de valor igual ambos os extremos, trigo e roupas. A equivalência é, antes, condição de sua normalidade.

A repetição ou renovação da venda para comprar, como o próprio processo, encontra sua medida e seu objetivo numa finalidade situada fora da operação, a saber, o consumo, a satisfação de determinadas necessidades. Na compra para venda, ao contrário, o começo e o fim são os mesmos, dinheiro, valor de troca, e, por isso mesmo, o movimento não tem fim. [...]

[*O Capital*, Livro I, vol. 1, pp. 165-170]

13.4 A FORÇA DE TRABALHO E SEU VALOR

A mudança do valor do dinheiro que se pretende transformar em capital não pode ocorrer no próprio dinheiro. Ao servir de meio de compra ou de pagamento, o dinheiro apenas realiza o preço da mercadoria, que compra ou paga e, ao manter-se em sua própria forma, petrifica-se em valor de magnitude fixada.[32] Tampouco pode a mudança do valor decorrer do segundo ato da circulação, da revenda da mercadoria, pois esse ato apenas reconverte a mercadoria da forma natural em forma dinheiro. A mudança tem, portanto, de ocorrer com a mercadoria comprada no primeiro ato D — M, mas não em seu valor, pois se trocam equivalentes, as mercadorias são pagas pelo seu valor. A mudança só pode, portanto, originar-se de seu valor de uso como tal, de seu consumo. Para extrair valor do consumo de uma mercadoria, nosso possuidor de dinheiro deve ter a felicidade de descobrir, dentro da esfera da circulação, no mercado, uma mercadoria cujo valor de uso possua a propriedade peculiar de ser fonte de valor, de modo que consumi-la seja realmente encarnar trabalho, criar valor, portanto. E o possuidor de dinheiro encontra no mercado essa mercadoria especial: é a capacidade de trabalho ou a força de trabalho.

Por força de trabalho ou capacidade de trabalho compreendemos o conjunto das faculdades físicas e mentais existentes no corpo e na personalidade viva de um ser humano, as quais ele põe em ação toda vez que produz valores de uso de qualquer espécie.

A fim de o possuidor de dinheiro encontrar no mercado a força de trabalho como mercadoria, é mister que se preencham certas condições. Por si mesma, a troca de mercadorias não implica outras relações de dependência além daquelas que decorrem de sua própria natureza. Assim, a força de trabalho só pode aparecer como mercadoria no mercado enquanto for e por ser oferecida ou vendida como mercadoria pelo seu próprio possuidor, pela pessoa da qual ela é a força de trabalho. A fim de que seu possuidor a venda como mercadoria, é mister que ele possa dispor dela, que seja proprietário livre de sua capacidade de trabalho, de sua pessoa.[33] Ele e o possuidor do dinheiro encontram-se no mercado e entram em relação um com outro como possuidores de mercadoria, dotados de igual condição, diferenciando-se apenas por um ser o vendedor e outro o comprador, sendo ambos, juridicamente, pessoas iguais. A continuidade dessa relação exige que o possuidor da força de trabalho venda-a sempre por tempo determinado, pois, se a vender de uma vez por todas, vender-se-á a si mesmo, transformar-se-á de homem livre em escravo, de um vendedor de mercadoria em mercadoria. Tem sempre de manter sua força de trabalho como sua propriedade, sua própria mercadoria, o que só consegue se a ceder ao comprador apenas provisoriamente, por determinado prazo, alienando-a sem renunciar à sua propriedade sobre ela.[34]

Segunda condição essencial para o possuidor do dinheiro encontrar no mercado força de trabalho como mercadoria: o dono dessa força não pode vender mercadorias em que encarne seu trabalho, e é forçado a vender sua força de trabalho, que só existe nele mesmo.

Quem quiser vender mercadoria que não seja sua força de trabalho tem de possuir meios de produção, tais como matérias-primas, instrumentos de produção etc. Não pode fazer sapatos sem couro. Precisa, além disso, de meios de subsistência. Ninguém, nem mesmo um construtor de castelos no ar, pode viver de produtos do porvir ou de produção inacabada de valores de uso. Desde que apareceu neste planeta, tem o homem de consumir todos os dias, antes de produzir e durante a produção. Se os produtos assumem a forma de mercadoria, têm de ser vendidos depois da produção, e só podem satisfazer às necessidades do produtor depois da venda. O tempo de produção é acrescido pelo necessário à venda.

Para transformar dinheiro em capital, tem o possuidor do dinheiro de encontrar o trabalhador livre no mercado de mercadorias, livre nos dois sentidos, o de dispor, como pessoa livre, de sua força de trabalho como sua mercadoria, e o de estar livre, inteiramente despojado de todas as coisas necessárias à materialização de sua força de trabalho, não tendo, além desta, outra mercadoria para vender.

Não interessa ao possuidor do dinheiro saber por que o trabalhador livre se defronta com ele no mercado de trabalho, não passando o mercado de trabalho, para ele, de uma divisão especial do mercado de mercadorias. Tampouco nos ocuparemos, por ora, com esse problema. Admitiremos o fato como pressuposto para um desdobramento teórico, do mesmo modo que o dono do dinheiro o aceita em sua atividade prática. Uma coisa, entretanto, está clara. A natureza não produz, de um lado, possuidores de dinheiro ou de mercadorias e, do outro, meros possuidores das próprias forças de trabalho. Esta relação não tem sua origem na natureza, nem é mesmo uma relação social que fosse comum a todos os períodos históricos. Ela é, evidentemente, o resultado de um desenvolvimento histórico anterior, o produto de muitas revoluções econômicas, do desaparecimento de toda uma série de antigas formações da produção social.

Também as categorias econômicas que observamos antes trazem a marca da história. A existência do produto como mercadoria implica determinadas condições históricas. Para ser mercadoria, o produto não deve ser produzido para satisfazer imediatamente às necessidades do produtor. Se tivéssemos ido mais longe em nossas pesquisas, investigando as circunstâncias sob as quais todos os produtos ou a maioria deles tomam a forma de mercadoria, ter-se-ia verificado que isto só ocorre num modo especial de produção, a produção capitalista. Mas essa pesquisa ultrapassaria a análise da mercadoria. Podem ocorrer produção e circulação de mercadorias, embora os produtos, em sua quase totalidade, se destinem à satisfação direta das próprias necessidades, não se transformando em mercadorias, e o valor de troca esteja muito longe de dominar o processo social em toda a sua extensão e profundidade. O aparecimento do produto sob a forma de mercadoria supõe uma divisão de trabalho tão desenvolvida na sociedade que, ao ocorrer esse aparecimento, já se terá concluído a dissociação entre valor de uso e valor de troca, dissociação que começa com a permuta direta. Esse estágio de desenvolvimento é comum a diversas formações econômico-sociais.

Se observarmos o dinheiro, verificaremos que pressupõe certo estágio da troca de mercadorias. As funções particulares desempenhadas pelo dinheiro, mero equivalente de mercadoria, meio de circulação, meio de pagamento, tesouro, dinheiro mundial, indicam, segundo a extensão e preponderância relativa de cada uma das funções, estágios muito diversos do processo de produção social. Apesar disso, ensina a experiência que basta uma circulação de mercadorias relativamente pouco desenvolvida para que se constituam todas aquelas formas. Com o capital é diferente. Suas condições históricas de existência não se concretizam ainda por haver circulação de mercadorias e de dinheiro. Só aparece o capital quando o possuidor de meios de produção e de subsistência encontra o trabalhador livre no mercado vendendo sua força de trabalho, e esta única condição histórica determina um período da história da humanidade. O capital anuncia, desde o início, uma nova época no processo de produção social.[35]

Agora temos de examinar mais de perto essa mercadoria peculiar, a força de trabalho. Como todas as outras, tem um valor.[36] Como se determina ele?

O valor da força de trabalho é determinado, como o de qualquer outra mercadoria, pelo tempo de trabalho necessário à sua produção e, por consequência, à sua reprodução. Enquanto valor, a força de trabalho representa apenas determinada quantidade de trabalho social médio nela corporificado. Não é mais que a aptidão do indivíduo vivo. A produção dela supõe a existência deste. Dada a existência do indivíduo, a produção da força de trabalho consiste em sua manutenção ou reprodução. Para manter-se, precisa o indivíduo de certa soma de meios de subsistência. O tempo de trabalho necessário à produção da força de trabalho reduz-se, portanto, ao tempo de trabalho necessário à produção desses meios de subsistência, ou o valor da força de trabalho é o valor dos meios de subsistência necessários à manutenção de seu possuidor. A força de trabalho só se torna realidade com seu exercício, só se põe em ação no trabalho. Através da sua ação, o trabalho, despende-se determinada quantidade de músculos, de nervos, de cérebro etc., que se tem de renovar. Ao aumentar esse dispêndio, torna-se necessário aumentar a remuneração.[37] Depois de ter trabalhado hoje, é mister que o proprietário da força de trabalho possa repetir amanhã a mesma atividade, sob as mesmas condições de força e saúde. A soma dos meios de subsistência deve ser, portanto, suficiente para mantê-lo no nível de vida normal do trabalhador. As próprias necessidades naturais de alimentação, roupa, aquecimento, habitação etc. variam de acordo com as condições climáticas e de outra natureza de cada país. Demais, a extensão das chamadas necessidades imprescindíveis e o modo de satisfazê-las são produtos históricos e dependem, por isso, de diversos fatores, em grande parte do grau de civilização de um país e, particularmente, das condições em que se formou a classe dos trabalhadores livres, com seus hábitos e exigências peculiares.[38] Um elemento histórico e moral entra na determinação do valor da força do trabalho, o que a distingue das outras mercadorias. Mas, para um país determinado, num período determinado, é dada a quantidade média dos meios de subsistência necessários.

O proprietário da força de trabalho é mortal. Se tem de aparecer continuamente no mercado, conforme pressupõe a contínua transformação de dinheiro em capital, o vendedor da força de trabalho tem de perpetuar-se, "como todo ser vivo se perpetua, através da procriação".[39] As forças de trabalho retiradas do mercado por desgaste ou por morte têm de ser incessantemente substituídas pelo menos por um número igual de novas forças de trabalho. A soma dos meios de subsistência necessários à produção da força de trabalho inclui também os meios de subsistência dos substitutos dos trabalhadores, os seus filhos, de modo que se perpetue no mercado essa raça peculiar de possuidores de mercadorias.[40]

A fim de modificar a natureza humana, de modo que alcance habilidade e destreza em determinada espécie de trabalho e se torne força de trabalho desenvolvida e específica, é mister educação ou treino que custa uma soma maior ou menor de valores em mercadorias. Esta soma varia de acordo com o nível de qualificação da força de trabalho. Os custos de aprendizagem, ínfimos para a força de trabalho comum, entram, portanto, no total dos valores despendidos para sua produção.

O valor da força de trabalho reduz-se ao valor de uma soma determinada de meios de subsistência. Varia, portanto, com o valor desses meios de subsistência, ou seja, com a magnitude do tempo de trabalho exigido para sua produção.

Uma parte dos meios de subsistência, tais como alimentos e combustível, são consumidos diariamente e têm de ser substituídos diariamente. Outros, tais como roupas e móveis, duram mais tempo e só têm de ser substituídos em intervalos mais longos. Segundo a espécie, compram-se ou pagam-se mercadorias diariamente, por semana, por trimestre etc. Como quer que se distribua durante um ano, por exemplo, a soma dessas despesas, deve ela ser coberta pela receita média diária. Seja A = quantidade das mercadorias exigidas por dia para a produção da força de trabalho; B = quantidade das exigidas por semana; C = quantidade das exigidas trimestralmente etc. Teríamos, então, média diária dessas mercadorias = $\frac{365A+52B+4C+etc.}{365}$. Supondo-se que essa média diária das mercadorias necessárias represente 6 horas de trabalho social, e se o dia de trabalho for de 12 horas, ter-se-á incorporado na força de trabalho diariamente meio dia de trabalho social médio, ou requer-se meio dia de trabalho para a produção diária da força de trabalho. Esta quantidade de trabalho exigida para sua produção diária constitui o valor por dia da força de trabalho ou o valor da força de trabalho diariamente reproduzida. Se se representa meio dia de trabalho social médio por uma quantidade de ouro de 3 xelins, então 3 xelins é o preço que corresponde ao valor diário da força de trabalho. Se o possuidor da força de trabalho a oferece por 3 xelins diariamente, então o preço de venda é igual ao valor e, de acordo com nosso pressuposto, o possuidor do dinheiro, cobiçando transformar seus 3 xelins em capital, paga esse valor.

O limite último ou mínimo do valor da força de trabalho é determinado pelo valor da quantidade diária de mercadorias indispensável para que o portador da força de trabalho, o ser humano, possa continuar vivendo, ou seja, pelos meios de subsistência fisicamente imprescindíveis. Se o preço da força de trabalho baixa a esse mínimo, baixa também seu valor, e ela só pode vegetar e atrofiar-se. Mas o valor de uma mercadoria é determinado pelo tempo de trabalho requerido para que seja fornecida de acordo com sua qualidade normal.

É sentimentalismo barato considerar brutal esse método de determinar o valor da força de trabalho, método que decorre da natureza do fenômeno. Rossi, que se enfileira entre os sentimentalistas, afirma:

> "Conceber a capacidade de trabalho como algo separado dos meios de subsistência dos trabalhadores durante o processo de produção é formular um conceito ilusório. Quem diz trabalho, quem diz capacidade de trabalho, diz, ao mesmo tempo, trabalhadores e meios de subsistência, obreiros e salários."[41]

Quem diz capacidade de trabalho não diz trabalho; tampouco quem diz capacidade de digestão diz digestão. Sabe-se que, para digerir, não basta um bom estômago. Quem diz capacidade de trabalho, não põe de lado os meios de subsistência necessários para sustentá-la. O valor destes se expressa no valor daquela. Se não for vendida, não traz nenhum proveito ao trabalhador, e parece-lhe uma cruel imposição da natureza que sua capacidade de trabalho tenha exigido determinada quantidade de meios de subsistência para sua produção e continue a exigi-los para a reprodução. Descobre então, com Sismondi: "A capacidade de trabalho (...) nada é, se não se vende."[42]

Em virtude da natureza peculiar dessa mercadoria, a força de trabalho, seu valor de uso não se transfere realmente às mãos do comprador logo após a conclusão do contrato entre ele e o vendedor. Seu valor, como o de qualquer outra mercadoria, estava determinado antes de ela entrar em circulação, pois despendeu-se determinada quantidade de trabalho social para a produção da força de trabalho, mas seu valor de uso só existe com sua exteriorização posterior. Há um intervalo entre a alienação da força e sua exteriorização real, isto é, seu emprego como valor de uso. Mas, quando medeia um intervalo entre a alienação formal pela venda e a entrega real da mercadoria,[43] o dinheiro do comprador funciona, em regra, como meio de pagamento. Em todos os países em que domina o modo de produção capitalista, a força de trabalho só é paga depois de ter funcionado durante o prazo previsto no contrato de compra, no fim da semana, por exemplo. Por toda parte, o trabalhador adianta ao capitalista o valor de uso da força de trabalho; permite ao comprador consumi-la, antes de pagá-la; dá crédito ao capitalista. Que esse crédito não é nenhuma fantasia vã prova a perda eventual do salário por falência do capitalista,[44] além de uma série de outras consequências mais duráveis.[45] Contudo, sirva o dinheiro de meio de compra ou de meio de pagamento, em nada se altera a natureza da troca de mercadorias. Fixa-se contratualmente o preço da força de trabalho, o qual só se realiza depois como o preço do aluguel de uma casa. Vende-se a força de trabalho, para ser paga depois. Mas, para compreender a relação, em toda a sua pureza, é útil supor, por ora, que o possuidor da força de trabalho recebe, no momento da venda, o preço contratualmente estipulado.

Conhecemos o modo de determinar o valor pago pelo dono do dinheiro ao possuidor dessa mercadoria peculiar, a força de trabalho. Seu valor de uso, que o comprador recebe em troca, revela-se na sua utilização real, no processo que a consome. Todas as coisas necessárias a esse processo, tais como a matéria-prima etc., compra-as o dono do dinheiro no mercado e as paga pelo seu preço exato. O processo de consumo da força de trabalho é, ao mesmo tempo, o processo de produção de mercadoria e de valor excedente (mais-valia). O consumo da força de trabalho, como o de qualquer outra mercadoria, realiza-se fora do mercado, fora da esfera da circulação. Por isso, juntamente com o dono do dinheiro e o possuidor da força de trabalho, abandonaremos essa esfera ruidosa, onde tudo ocorre na superfície e à vista de todos, para acompanhá-los ao local reservado da produção, a cuja entrada está escrito: "*No admittance except on business.*" Veremos aí como o capital produz e também como é produzido. O mistério da criação do valor excedente (mais-valia) se desfará finalmente.

A esfera que estamos abandonando, da circulação ou da troca de mercadorias, dentro da qual se operam a compra e a venda da força de trabalho, é realmente um verdadeiro paraíso dos direitos inatos do homem. Só reinam aí liberdade, igualdade, propriedade e Bentham. Liberdade, pois o comprador e o vendedor de uma mercadoria — a força de trabalho, por exemplo — são determinados apenas pela sua vontade livre. Contratam como pessoas livres, juridicamente iguais. O contrato é o resultado final, a expressão jurídica comum de suas vontades. Igualdade, pois estabelecem relações mútuas apenas como possuidores de mercadorias e trocam equivalente por equivalente. Propriedade, pois cada um só dispõe do que é seu. Bentham, pois cada um dos dois só cuida de si mesmo. A única força que os junta e os relaciona é a do proveito próprio, da vantagem individual, dos interesses privados. E justamente por cada um só cuidar de si mesmo, não cuidando ninguém dos outros, realizam todos, em virtude de uma harmonia preestabelecida das coisas, ou sob os auspícios de uma providência onisciente, apenas as obras de proveito recíproco, de utilidade comum, de interesse geral.

Ao deixar a esfera da circulação simples ou da troca de mercadorias, à qual o livre-cambista vulgar toma de empréstimo sua concepção, ideias e critérios para julgar a sociedade baseada no capital e no trabalho assalariado, parece-nos que algo se transforma na fisionomia dos personagens do nosso drama. O antigo dono do dinheiro marcha agora à frente, como capitalista; segue-o o proprietário da força do trabalho, como seu trabalhador. O primeiro, com um ar importante, sorriso velhaco e ávido de negócios; o segundo, tímido, contrafeito, como alguém que vendeu sua própria pele e apenas espera ser esfolado.

[*O Capital*, Livro I, vol. 1, pp. 187-197]

13.5 PROCESSO DE TRABALHO E PRODUÇÃO DE VALOR

A utilização da força de trabalho é o próprio trabalho. O comprador da força de trabalho consome-a, fazendo o vendedor dela trabalhar. Este, ao trabalhar, torna--se realmente no que antes era apenas potencialmente: força de trabalho em ação, trabalhador. Para o trabalho reaparecer em mercadorias, tem de ser empregado em valores de uso, em coisas que sirvam para satisfazer necessidades de qualquer natureza. O que o capitalista determina ao trabalhador produzir é, portanto, um valor de uso particular, um artigo especificado. A produção de valores de uso não muda sua natureza geral por ser levada a cabo em benefício do capitalista ou estar sob seu controle. Por isso, temos inicialmente de considerar o processo de trabalho à parte de qualquer estrutura social determinada.

Antes de tudo, o trabalho é um processo de que participam o homem e a natureza, processo em que o ser humano, com sua própria ação, impulsiona, regula e controla seu intercâmbio material com a natureza. Defronta-se com a natureza como uma de suas forças. Põe em movimento as forças naturais de seu corpo — braços e pernas, cabeça e mãos —, a fim de apropriar-se dos recursos da natureza, imprimindo-lhes forma útil à vida humana. Atuando assim sobre a natureza externa e modificando-a, ao mesmo tempo modifica sua própria natureza. Desenvolve as potencialidades nela adormecidas e submete ao seu domínio o jogo das forças naturais. Não se trata aqui das formas instintivas, animais, de trabalho. Quando o trabalhador chega ao mercado para vender sua força de trabalho, é imensa a distância histórica que medeia entre sua condição e a do homem primitivo com sua forma ainda instintiva de trabalho. Pressupomos o trabalho sob forma exclusivamente humana. Uma aranha executa operações semelhantes às do tecelão, e a abelha supera mais de um arquiteto ao construir sua colmeia. Mas o que distingue o pior arquiteto da melhor abelha é que ele figura na mente sua construção antes de transformá-la em realidade. No fim do processo do trabalho aparece um resultado que já existia antes idealmente na imaginação do trabalhador. Ele não transforma apenas o material sobre o qual opera; ele imprime ao material o projeto que tinha conscientemente em mira, o qual constitui a lei determinante do seu modo de operar e ao qual tem de subordinar sua vontade. E essa subordinação não é um ato fortuito. Além do esforço dos órgãos que trabalham, é mister a vontade adequada que se manifesta através da atenção durante todo o curso do trabalho. E isto é tanto mais necessário quanto menos se sinta o trabalhador atraído pelo conteúdo e pelo método de execução de sua tarefa, que lhe oferece, por isso, menos possibilidade de fruir da aplicação das suas próprias forças físicas e espirituais.

Os elementos componentes do processo de trabalho são:
1) a atividade adequada a um fim, isto é, o próprio trabalho;
2) a matéria a que se aplica o trabalho, o objeto de trabalho;
3) os meios de trabalho, o instrumental de trabalho.
[...]
Além das coisas que permitem ao trabalho aplicar-se a seu objeto e servem, de qualquer modo, para conduzir a atividade, consideramos meios de trabalho, em sentido lato, todas as condições materiais seja como for necessárias à realização do processo de trabalho. Elas não participam diretamente do processo, mas este fica, sem elas, total ou parcialmente impossibilitado de concretizar-se. Nesse sentido, a terra é ainda um meio universal de trabalho, pois fornece o local ao trabalhador e proporciona ao processo que ele desenvolve o campo de operação (*field of employment*). Pertencem a essa classe meios resultantes de trabalho anterior, tais como edifícios de fábricas, canais, estradas etc.

No processo de trabalho, a atividade do homem opera uma transformação, subordinada a um determinado fim, no objeto sobre que atua por meio do instrumental de trabalho. O processo extingue-se ao concluir-se o produto. O produto é um valor de uso, um material da natureza adaptado às necessidades humanas através da mudança de forma. O trabalho está incorporado ao objeto sobre que atuou. Concretizou-se e a matéria está trabalhada. O que se manifestava em movimento, do lado do trabalhador, se revela agora qualidade fixa, na forma de ser, do lado do produto. Ele teceu e o produto é um tecido.

Observando-se todo o processo do ponto de vista do resultado, do produto, evidencia-se que meio e objeto de trabalho são meios de produção[46] e o trabalho é trabalho produtivo.[47]

Quando um valor de uso sai do processo de trabalho como produto, participaram da sua feitura, como meios de produção, outros valores de uso, produtos de anteriores processos de trabalho. Valor de uso que é produto de um trabalho torna-se, assim, meio de produção de outro. Os produtos destinados a servir de meio de produção não são apenas resultado, mas também condição do processo de trabalho.

Excetuadas as indústrias extrativas, cujo objeto de trabalho é fornecido pela natureza (mineração, caça, pesca etc.; a agricultura se compreende nessa categoria apenas quando desbrava terras virgens), todos os ramos industriais têm por objeto de trabalho a matéria-prima, isto é, um objeto já filtrado pelo trabalho, um produto do próprio trabalho. É o caso da semente na agricultura. Animais e plantas que costumamos considerar produtos da natureza são, possivelmente, não só produtos do trabalho do ano anterior, mas, em sua forma atual, produtos de uma transformação continuada, através de muitas gerações, realizada sob controle do homem e pelo seu trabalho. No tocante aos meios de trabalho, a observação mais superficial descobre, na grande maioria deles, os vestígios do trabalho de épocas passadas.

A matéria-prima pode ser a substância principal de um produto, ou contribuir para sua constituição como material acessório. O meio de trabalho consome o material acessório: assim, a máquina a vapor, o carvão; a roda, o óleo; o cavalo de tração, o feno. Ou o material acessório é adicionado à matéria-prima, para modificá-la materialmente: o cloro ao pano cru, o carvão ao ferro, a anilina à lã; ou facilita a execução do próprio trabalho: os materiais, por exemplo, utilizados para iluminar e aquecer o local de trabalho. A diferença entre substância principal e acessória desaparece na fabricação em que se processe uma transformação química, pois nesse caso nenhuma das matérias-primas empregadas reaparece como a substância do produto.[48]

Tendo cada coisa muitas propriedades e servindo, em consequência, a diferentes aplicações úteis, pode o mesmo produto constituir matéria-prima de processos de trabalho muito diversos. O centeio, por exemplo, é matéria-prima do moleiro, do fabricante de amido, do destilador de aguardente, do criador de gado etc. Como semente, é matéria-prima de sua própria produção. O carvão é produto da indústria de mineração e, ao mesmo tempo, meio de produção dela.

O mesmo produto pode, no processo de trabalho, servir de meio de trabalho e de matéria-prima. Na engorda de gado, por exemplo, o boi é matéria-prima a ser elaborada e, ao mesmo tempo, instrumento de produção de adubo.

Um produto que existe em forma final para consumo pode tornar-se matéria-prima. A uva, por exemplo, serve de matéria-prima para o vinho. Ou o trabalho dá ao produto formas que só permitem sua utilização como matéria-prima. Nesse caso, chama-se a matéria-prima de semiproduto, ou melhor, de produto intermediário, como algodão, fios, linhas etc. Embora já seja produto, a matéria-prima original tem de percorrer toda uma série de diferentes processos, funcionando em cada um deles com nova forma, como matéria-prima, até atingir o último processo, que faz dela produto acabado, pronto para consumo ou para ser utilizado como meio de trabalho.

Como se vê, um valor de uso pode ser considerado matéria-prima, meio de trabalho ou produto, dependendo inteiramente da sua função no processo de trabalho, da posição que nele ocupa, variando com essa posição a natureza do valor de uso.

Ao servirem de meios de produção em novos processos de trabalho, perdem os produtos o caráter de produto. Funcionam apenas como fatores materiais desses processos. O fiandeiro vê no fuso apenas o meio de trabalho, e, na fibra de linho, apenas a matéria que fia, objeto de trabalho. Por certo, é impossível a fiação sem material para fiar e sem fuso. Pressupõe-se a existência desses produtos para que tenha início a fiação. Mas, dentro desse processo, ninguém se preocupa com o fato de a fibra de linho e o fuso serem produtos de trabalho anterior, do mesmo modo que é indiferente ao processo digestivo que o pão seja produto dos trabalhos anteriores do triticultor, do moleiro, do padeiro etc. Ao contrário, é através dos defeitos que os meios de produção utilizados no processo de trabalho fazem valer sua condição de produtos de trabalho anterior. Uma faca que não corta, o fio que se rompe etc. lembram logo o cuteleiro *A* e o fiandeiro *B*. No produto normal, desaparece o trabalho anterior que lhe imprimiu as qualidades úteis.

Uma máquina que não serve ao processo de trabalho é inútil. Além disso, deteriora-se sob a poderosa ação destruidora das forças naturais. O ferro enferruja, a madeira apodrece. O fio que não se emprega na produção de tecido ou de malha é algodão que se perde. O trabalho vivo tem de apoderar-se dessas coisas, de arrancá-las de sua inércia, de transformá-las de valores de uso possíveis em valores de uso reais e efetivos. O trabalho, com sua chama, delas se apropria, como se fossem partes do seu organismo, e, de acordo com a finalidade que o move, lhes empresta vida para cumprirem suas funções; elas são consumidas, mas com um propósito que as torna elementos constitutivos de novos valores de uso, de novos produtos que podem servir ao consumo individual como meios de subsistência ou a novo processo de trabalho como meios de produção.

Os produtos de trabalho anterior, que, além de resultado, constituem condições de existência do processo de trabalho, só se mantêm e se realizam como valores de uso através de sua participação nesse processo, de seu contato com o trabalho vivo.

O trabalho gasta seus elementos materiais, seu objeto e seus meios; consome-os; é um processo de consumo. Trata-se de consumo produtivo, que se distingue do consumo individual: este gasta os produtos como meios de vida do indivíduo, ao passo que aquele os consome como meios através dos quais funciona a força de trabalho posta em ação pelo indivíduo. O produto do consumo individual é, portanto, o próprio consumidor; e o resultado do consumo produtivo, um produto distinto do consumidor.

Quando seus meios (instrumental) e seu objeto (matérias-primas etc.) já são produtos, o trabalho consome produtos para criar produtos, ou utiliza-se de produtos como meios de produção de produtos. Mas, primitivamente, o processo de trabalho ocorria entre o homem e a terra tal como existia sem sua intervenção, e hoje continuam a lhe servir de meios de produção coisas diretamente fornecidas pela natureza, as quais não representam, portanto, nenhuma combinação entre substâncias naturais e trabalho humano.

O processo de trabalho, que descrevemos em seus elementos simples e abstratos, é atividade dirigida com o fim de criar valores de uso, de apropriar os elementos naturais às necessidades humanas; é condição necessária do intercâmbio material entre o homem e a natureza; é condição natural eterna da vida humana, sem depender, portanto, de qualquer forma dessa vida, sendo antes comum a todas as suas formas sociais. Não foi, por isso, necessário tratar do trabalhador em sua relação com outros trabalhadores. Bastaram o homem e seu trabalho, de um lado; a natureza e seus elementos materiais, do outro. O gosto do pão não revela quem plantou o trigo, e o processo examinado nada nos diz sobre as condições em que ele se realiza, se sob o látego do feitor de escravos ou sob o olhar ansioso do capitalista [...].

[...]

Examinemos o assunto mais de perto. O valor diário da força de trabalho importava em 3 xelins, pois nela se materializa meio dia de trabalho, isto é, custam meio dia de trabalho os meios de subsistência quotidianamente necessários para produzir a força de trabalho. Mas o trabalho pretérito que se materializa na força de trabalho e o trabalho vivo que ela pode realizar, os custos diários de sua produção e o trabalho que ela despende, são duas grandezas inteiramente diversas. A primeira grandeza determina seu valor de troca; a segunda constitui seu valor de uso. Por ser necessário meio dia de trabalho para a manutenção do trabalhador durante 24 horas, não se infira que este está impedido de trabalhar uma jornada inteira. O valor da força de trabalho e o valor que ela cria no processo de trabalho são, portanto, duas magnitudes distintas. O capitalista tinha em vista essa diferença de valor quando comprou a força de trabalho. A propriedade útil desta, de fazer fios ou sapatos, era apenas uma *conditio sine qua non*, pois o trabalho, para criar valor, tem de ser despendido em forma útil. Mas o decisivo foi o valor de uso específico da força de trabalho, o qual consiste em ser ela fonte de valor, e de mais valor que o que tem. Este é o serviço específico que o capitalista dela espera. E ele procede, no caso, de acordo com as leis eternas da troca de mercadorias. Na realidade, o vendedor da força de trabalho, como o de qualquer outra mercadoria, realiza seu valor de troca e aliena seu valor de uso. Não pode receber um sem transferir o outro. O valor de uso do óleo vendido não pertence ao comerciante que o vendeu, e o valor de uso da força de trabalho, o próprio trabalho, tampouco pertence a seu vendedor. O possuidor do dinheiro pagou o valor diário da força de trabalho; pertence-lhe, portanto, o uso dela durante o dia, o trabalho de uma jornada inteira. A manutenção quotidiana da força de trabalho custa apenas meia jornada, apesar de a força de trabalho poder operar, trabalhar, uma jornada inteira, e o valor que sua utilização cria num dia é o dobro do próprio valor de troca. Isto é uma grande felicidade para o comprador, sem constituir injustiça contra o vendedor.

Nosso capitalista previu a situação que o faz sorrir. Por isso, o trabalhador encontra na oficina os meios de produção, não para um processo de trabalho de seis horas, mas de doze. Se 10 quilos de algodão absorvem seis horas de trabalho e se transformam em 10 quilos de fio, 20 quilos de algodão absorverão 12 horas de trabalho e se converterão em 20 quilos de fio. Examinemos o produto do processo de trabalho prolongado. Nos 20 quilos de fio estão materializados agora cinco dias de trabalho, dos quais quatro no algodão e na porção consumida do fuso, e um absorvido pelo algodão durante a fiação. A expressão em ouro de cinco dias de trabalho é 30 xelins. Este é o preço de 20 quilos de fio. Um quilo de fio custa agora, como dantes, 1 xelim e 6 *pence*. Mas a soma dos valores das mercadorias lançadas no processo importa em 27 xelins. O valor do fio é de 30 xelins. O valor do produto ultrapassa de $\frac{1}{9}$ o valor antecipado para sua produção. Desse modo, 27 xelins se transformaram em 30 xelins. Criou-se uma mais-valia de 3 xelins. Consumou-se finalmente o truque: o dinheiro se transformou em capital.

Satisfizeram-se todas as condições do problema e não se violaram as leis que regem a troca de mercadorias. Trocou-se equivalente por equivalente. Como comprador, o capitalista pagou toda a mercadoria pelo valor: algodão, fuso, força de trabalho. E fez o que faz qualquer outro comprador de mercadoria. Consumiu seu valor de uso. Do processo de consumo da força de trabalho, ao mesmo tempo processo de produção de mercadoria, resultaram 20 quilos de fio com um valor de 30 xelins. O capitalista, depois de ter comprado mercadoria, volta ao mercado para vender mercadoria. Vende o quilo de fio por 1 xelim e 6 *pence*, nem um centavo acima ou abaixo de seu valor. Tira, contudo, da circulação 3 xelins mais do que nela lançou. Essa metamorfose, a transformação de seu dinheiro em capital, sucede na esfera da circulação e não sucede nela. Por intermédio da circulação, por depender da compra da força de trabalho no mercado. Fora da circulação, por esta servir apenas para se chegar à produção da mais-valia, que ocorre na esfera da produção. E, assim, "tudo o que acontece é o melhor que pode acontecer no melhor dos mundos possíveis".

Ao se converter dinheiro em mercadorias que servem de elementos materiais de novo produto ou de fatores do processo de trabalho e ao se incorporar força de trabalho viva à materialidade morta desses elementos, transforma-se valor, trabalho pretérito, materializado, morto, em capital, em valor que se amplia, um monstro animado que começa a "trabalhar", como se tivesse o diabo no corpo.

Comparando o processo de produzir valor com o de produzir mais-valia, veremos que o segundo só difere do primeiro por se prolongar além de certo ponto. O processo de produzir valor simplesmente dura até o ponto em que o valor da força de trabalho pago pelo capital é substituído por um equivalente. Ultrapassando esse ponto, o processo de produzir valor torna-se processo de produzir mais-valia (valor excedente).

Se compararmos o processo de produzir valor com o processo de trabalho, verificaremos que este consiste no trabalho útil que produz valores de uso. A atividade neste processo é considerada qualitativamente, em sua espécie particular, segundo seu objetivo e conteúdo. Mas, quando se cogita da produção de valor, o mesmo processo de trabalho é considerado apenas sob o aspecto quantitativo. Só importa o tempo que o trabalhador leva para executar a operação ou o período durante o qual a força de trabalho é gasta utilmente. Também as mercadorias que entram no processo de trabalho não são mais vistas como elementos materiais da força de trabalho, adequados aos fins estabelecidos e com funções determinadas. São consideradas quantidades determinadas de trabalho materializado. Contido nos meios de produção ou acrescentado pela força de trabalho, só se computa o trabalho de acordo com sua duração, em horas, dias etc.

Mas quando se mede o tempo de trabalho aplicado na produção de um valor de uso, só se considera o tempo de trabalho socialmente necessário. Isto envolve muitas coisas. A força de trabalho deve funcionar em condições normais. Se o instrumento de trabalho socialmente dominante na fiação é a máquina de fiar, não se deve pôr nas mãos do trabalhador uma roda de fiar. O trabalhador deve receber algodão de qualidade normal, e não refugo que se parte a todo instante. Em ambos os casos, gastaria ele mais do que o tempo de trabalho socialmente necessário para a produção de um quilo de fio, e esse tempo excedente não geraria valor nem dinheiro. A normalidade dos fatores materiais do trabalho não depende do trabalhador, mas do capitalista. Outra condição é a normalidade da própria força de trabalho. Deve possuir o grau médio de habilidade, destreza e rapidez reinantes na especialidade em que se aplica. Mas nosso capitalista comprou no mercado força de trabalho de qualidade normal. Essa força tem de ser gasta conforme a quantidade média de esforço estabelecida pelo costume, de acordo com o grau de intensidade socialmente usual. O capitalista está cuidadosamente atento a isto, e zela também por que não se passe o tempo sem trabalho. Comprou a força de trabalho por prazo determinado. Empenha-se por ter o que é seu. Não quer ser roubado. Finalmente — e para isso tem ele seu código penal particular —, não deve ocorrer nenhum consumo impróprio de matéria-prima e de instrumental, pois material ou instrumentos desperdiçados significam quantidades superfluamente despendidas de trabalho materializado, não sendo, portanto, consideradas nem incluídas na produção de valor.[49]

Vemos que a diferença estabelecida, através da análise da mercadoria, entre o trabalho que produz valor de uso e o trabalho que produz valor se manifesta agora sob a forma de dois aspectos distintos do processo de produção.

O processo de produção, quando unidade do processo de trabalho e do processo de produzir valor, é processo de produção de mercadorias; quando unidade do processo de trabalho e do processo de produzir mais-valia, é processo capitalista de produção, forma capitalista da produção de mercadorias.

Observamos anteriormente que não importa ao processo de criação da mais-valia que o trabalho de que se apossa o capitalista seja trabalho simples, trabalho social médio, ou trabalho mais complexo, de peso específico superior. Confrontado com o trabalho social médio, o trabalho que se considera superior, mais complexo, é dispêndio de força de trabalho formada com custos mais altos, que requer mais tempo de trabalho para ser produzida, tendo, por isso, valor mais elevado que a força de trabalho simples. Quando o valor da força de trabalho é mais elevado, emprega-se ela em trabalho superior e materializa-se, no mesmo espaço de tempo, em valores proporcionalmente mais elevados. Qualquer que seja a diferença fundamental entre o trabalho do fiandeiro e o do ourives, a parte do trabalho deste artífice com a qual apenas cobre o valor da própria força de trabalho não se distingue qualitativamente da parte adicional com que produz mais-valia. A mais-valia se origina de um excedente quantitativo de trabalho, da duração prolongada do mesmo processo de trabalho, tanto no processo de produção de fios quanto no processo de produção de artigos de ourivesaria.[50]

Ademais, em todo processo de produzir valor, o trabalho superior tem de ser reduzido a trabalho social médio, por exemplo, um dia de trabalho superior a x dias de trabalho simples.[51] Evita-se uma operação supérflua e facilita a análise, admitindo-se que o trabalhador empregado pelo capital executa trabalho simples, ao mesmo tempo trabalho social médio.

[*O Capital*, Livro I, vol. 1, pp. 201-202, 205-208, 218-223]

13.6 CAPITAL CONSTANTE E CAPITAL VARIÁVEL

Os diversos elementos do processo de trabalho desempenham papéis diferentes na formação do valor dos produtos. Pondo-se de lado o conteúdo, a finalidade e a natureza técnica do trabalho, o trabalhador acrescenta ao material, ao objeto de trabalho, novo valor por meio do acréscimo de determinada quantidade de trabalho. Além disso, os valores e os meios de produção consumidos reaparecem como partes componentes do valor do produto; os valores do algodão e do fuso, por exemplo, no valor do fio. O valor dos meios de produção se conserva através de sua transferência ao produto. Ocorre essa transferência durante a transformação dos meios de produção em produto, no processo de trabalho. É levada a efeito pelo trabalho. Mas como?

O trabalhador não executa dois trabalhos ao mesmo tempo, o de acrescentar valor ao algodão com seu trabalho e o de preservar o valor dos meios de produção, isto é, transferir ao fio o valor do algodão que serve de matéria-prima e o do fuso com que trabalha. Apenas por adicionar valor novo, conserva o valor antigo. O acréscimo de valor novo ao material de trabalho e a conservação dos valores antigos no produto são dois resultados totalmente diversos produzidos pelo trabalhador ao mesmo tempo, embora execute apenas um trabalho. Só se pode, evidentemente, explicar a dupla natureza desse resultado por meio da dupla natureza do seu próprio trabalho. No mesmo tempo, em virtude de uma propriedade, seu trabalho tem de criar valor e, em virtude de outra, conservá-lo, ou seja, transferi-lo.

Como é que o trabalhador acrescenta tempo de trabalho e, consequentemente, valor? Sob a forma de um trabalho útil particular, e apenas sob essa forma. O fiandeiro só acrescenta tempo de trabalho, fiando; o tecelão, tecendo; o ferreiro, forjando. Ao despenderem eles sua força de trabalho e, em consequência, acrescentarem valor novo, tornam, por meio da forma apropriada de seu trabalho (a de fiar, tecer e forjar), os meios de produção — algodão e fuso, fio e tear, ferro e bigorna — elementos constitutivos de um produto, de um novo valor de uso.[52] A velha forma do valor de uso desses objetos desaparece para reaparecer sob forma nova. Ao tratar do processo de produzir valor, verificamos que, ao consumir-se adequadamente um valor de uso para produzir novo valor de uso, o tempo de trabalho necessário para produzir o valor de uso consumido constitui parte do tempo de trabalho necessário para a produção de novo valor de uso, sendo, portanto, tempo de trabalho que se transfere dos meios de produção consumidos ao novo produto. O trabalhador preserva os valores dos meios de produção consumidos, transfere-os ao produto como partes componentes do seu valor, não pelo acréscimo de trabalho em geral, mas pela modalidade especialmente útil desse trabalho adicional, através de sua forma produtiva específica. O trabalho, sob a forma de atividade produtiva adequada a um fim, seja qual for — fiar, tecer ou forjar —, com seu simples contato traz à vida os meios de produção, torna-os fatores do processo de trabalho e combina-se com eles para formar produtos.

Se o trabalho produtivo específico do trabalhador não for o de fiar, não transformará ele o algodão em fio, não transferirá, portanto, os valores do algodão e do fuso ao fio. Entretanto, se o mesmo trabalhador mudar de profissão e se tornar marceneiro, acrescentará do mesmo modo, com um dia de trabalho, valor ao objeto sobre o qual opera. Acrescenta valor, portanto, com o seu trabalho, não por ser trabalho de fiação ou de marcenaria, mas apenas por ser trabalho abstrato social. Acrescenta determinada magnitude de valor, não por possuir seu trabalho conteúdo útil particular, mas porque dura um tempo determinado. O trabalho do fiandeiro, por sua propriedade abstrata geral de dispêndio de força humana de trabalho, acrescenta aos valores do algodão e do fuso valor novo e, por sua propriedade concreta, especial, útil, característica do processo de fiação, transfere o valor desses meios de produção ao produto, preservando-o no produto. Daí a dupla natureza do resultado obtido no mesmo tempo.

Com a simples adição de certa quantidade de trabalho, acrescenta-se novo valor, e, com a qualidade do trabalho adicionado, preservam-se no produto os valores originais dos meios de produção. Esse efeito duplo do mesmo trabalho, em virtude de sua dupla natureza, manifesta-se claramente em diversos fenômenos.

Admita-se que uma invenção qualquer capacite o fiandeiro a fiar em 6 horas a mesma quantidade de algodão que fiava antes em 36. Como atividade produtiva, apropriada, útil, seu trabalho teve a força aumentada seis vezes. O produto é seis vezes maior: 36 quilos de fio em vez de 6. Mas os 36 quilos de algodão absorvem agora o mesmo tempo de trabalho que absorviam antes 6 quilos.

Acrescenta-se a cada quilo de algodão a sexta parte do tempo de trabalho empregado pelo método anterior e, consequentemente, apenas um sexto do valor anterior. Por outro lado, existe agora no produto (36 quilos de fio) um valor em algodão seis vezes maior. Nas 6 horas de fiação conserva-se e transfere-se ao produto um valor em matéria-prima seis vezes maior, embora se acrescente a cada quilo de matéria-prima um valor novo seis vezes menor. Isto demonstra que a propriedade por meio da qual o trabalho conserva valores é essencialmente diversa da propriedade pela qual, no mesmo processo indiviso, produz valor. Quanto maior o tempo de trabalho necessário aplicado à mesma quantidade de algodão pelo fiandeiro, maior o valor novo que se acrescenta ao algodão, e, quanto maior a quantidade de algodão fiada no mesmo tempo de trabalho, maior o valor antigo que se preserva no produto.

Suponha-se que a produtividade do trabalho de fiação não varie, precisando o fiandeiro do mesmo tempo anterior de trabalho para transformar um quilo de algodão em fio, mas que varie o valor de troca do algodão, com uma elevação ou queda no preço, de seis vezes. Em ambos os casos, o fiandeiro continua a acrescentar o mesmo tempo de trabalho à mesma quantidade de algodão, o mesmo valor, portanto, e em ambos os casos produz ele, no mesmo espaço de tempo, a mesma quantidade de fio. Todavia, o valor que transfere do algodão ao fio, ao produto, é, num caso, seis vezes maior e, no outro, seis vezes menor que o anterior. O mesmo ocorre quando se torna mais caro ou mais barato o instrumental de trabalho que prossegue, entretanto, prestando o mesmo serviço no processo de trabalho.

Permanecendo invariáveis as condições técnicas do processo de fiação e não havendo nenhuma variação de valor nos meios de produção, continua o fiandeiro a consumir, no mesmo tempo de trabalho, a mesma quantidade de matéria-prima e de maquinaria com os mesmos valores. O valor que ele preserva no produto fica, então, na razão direta ao valor novo que acrescenta. Em duas semanas, ele acrescenta mais trabalho que em uma, duas vezes mais valor, portanto, e, ao mesmo tempo, consome duas vezes mais material e desgasta duas vezes mais maquinaria, conservando valor duas vezes maior. Permanecendo invariáveis as condições de produção, conserva o trabalhador tanto mais valor quanto mais valor acrescenta, mas ele não conserva mais valor por acrescentar mais valor, e sim por acrescentá-lo em condições invariáveis e que não dependem do seu próprio trabalho.

Num sentido relativo, pode-se dizer que o trabalhador preserva sempre valores anteriores na mesma proporção em que acrescenta novo valor. Suba o algodão de 1 para 2 xelins ou caia para 6 *pence*, transfere o trabalhador ao produto de uma hora apenas metade do valor do algodão que consegue transferir ao produto em duas horas, qualquer que seja a variação do valor do algodão. Varie ainda a produtividade do seu próprio trabalho, aumente ou diminua, fiará, em uma hora de trabalho, maior ou menor quantidade de algodão do que antes, transferindo, em consequência, maior ou menor valor em algodão ao produto em uma hora de trabalho. Contudo, conservará ou transferirá, em duas horas de trabalho, mais valor do que em uma hora de trabalho.

Valor, excetuando-se sua representação simbólica, só existe num valor de uso, numa coisa. (O próprio homem, visto como personificação da força de trabalho, é um objeto natural, uma coisa, embora uma coisa viva e consciente, e o próprio trabalho é a manifestação externa, objetiva, dessa força.) A perda do valor de uso implica a perda do valor. Os meios de produção não perdem valor simultaneamente com o valor de uso, porque, no processo de trabalho, só perdem realmente a figura original de seu valor de uso para adquirirem a figura de outro valor de uso no produto. Importa ao valor existir num valor de uso, sendo-lhe, entretanto, indiferente a natureza deste, como demonstra a metamorfose das mercadorias. Segue daí que, no processo de trabalho, o valor dos meios de produção só se transfere ao produto quando os meios de produção, juntamente com seu valor de uso independente, perdem seu valor de troca. Cedem ao produto apenas o valor que perdem como meios de produção. Mas a esse respeito há variações de comportamento entre os fatores materiais do processo de trabalho.

O carvão com que se aquece a máquina desaparece sem deixar vestígio, o mesmo ocorrendo com o óleo com que se lubrifica o eixo da roda etc. Tintas e outros materiais auxiliares desaparecem para reaparecerem nas qualidades do produto. A matéria-prima constitui a substância do produto, mas muda sua forma. Matéria-prima e materiais acessórios perdem a figura com que entraram no processo de trabalho como valores de uso. Mas isso não acontece com o instrumental, com os meios de trabalho. Uma ferramenta, uma máquina, um edifício de fábrica, um recipiente, só são úteis ao processo de trabalho enquanto conservam seu feitio original, entrando cada dia no processo com a mesma forma. Durante sua vida, no processo de trabalho, e mesmo após sua morte, conservam, perante o produto, seu feitio próprio. As máquinas, os instrumentos, os edifícios industriais que se tornaram imprestáveis continuam a existir separados dos produtos que ajudaram a produzir. Observemos todo o período em que um instrumento de trabalho presta serviço, desde o dia de sua entrada na oficina até o dia em que é jogado no montão de ferro velho; nesse espaço de tempo, seu valor de uso é completamente consumido pelo trabalho e seu valor de troca se transfere totalmente ao produto. Se uma máquina de fiar vive dez anos e funciona nesse período, seu valor total se transfere aos produtos fabricados nesses dez anos. O período de vida de um meio de trabalho compreende um número maior ou menor de processos de trabalho nos quais ele entra continuamente. Sua vida pode ser comparada com a do ser humano. Diariamente, aproxima-se o homem 24 horas da morte. Mas, ao ver um homem, não sabemos exatamente quantos dias ele durará. Isto não impede, entretanto, às empresas de seguros de tirarem, sobre a vida média do ser humano, conclusões bastante acertadas e, o que mais lhes importa, muito lucrativas. O mesmo ocorre com o instrumental, o meio de trabalho. Por experiência, sabe-se quanto tempo dura um instrumento de trabalho, um determinado tipo de máquina, por exemplo. Admita-se que seu valor de uso só dure seis dias no processo de trabalho. Cada dia, ela perde em média $\frac{1}{6}$ de seu valor de uso e cede, por isso, $\frac{1}{6}$ de seu valor ao produto diário. É deste modo que se computa o desgaste de todo instrumento de trabalho; à perda diária que ocorreu no seu valor de uso corresponde uma transferência diária de valor ao produto.

Vemos assim, claramente, que um meio de produção não transfere ao produto mais valor que o que perde no processo de trabalho com a destruição do próprio valor de uso. Se não tiver nenhum valor a perder, isto é, se esse instrumento não for ele mesmo produto de trabalho humano, não transferirá valor ao produto. Terá servido para criar valor de uso sem servir para criar valor de troca. É o que sucede com todos os meios de produção oferecidos pela natureza sem qualquer intervenção humana, tais como a terra, o vento, a água, o ferro nas minas, a madeira na floresta virgem etc. Observamos outro fenômeno interessante neste domínio. Suponha-se que uma máquina com o valor de 1.000 libras esterlinas se desgaste em 1.000 dias. Neste caso, se transfere quotidianamente ¹⁄₁.₀₀₀ do valor da máquina a seu produto diário. A máquina opera inteira no processo de trabalho, embora sua força vá decrescendo aos poucos. Vê-se, nesse caso, um elemento do processo de trabalho, um meio de produção, entrar, em sua totalidade, no processo de trabalho, mas só em parte no processo de produzir valor. A diferença entre os dois processos reflete-se em seus elementos materiais, considerando-se, no mesmo processo de produção, o mesmo meio de produção em sua totalidade, no processo de trabalho, e parcialmente, no processo de produzir valor, em que transfere fração de seu valor ao valor global do produto.[53]

Inversamente, pode um meio de produção entrar inteiramente no processo de formar valor e apenas em parte no processo de trabalho. Admita-se que, ao ser fiado o algodão, haja para cada 115 quilos uma perda de 15 que não constituem fio, mas mero refugo imprestável. Apesar disso, se é normal essa perda de 15 quilos, se ela é em média inevitável na elaboração do algodão, o valor desses 15 quilos entra no valor do fio sem ser elemento dele, do mesmo modo que o valor dos 100 quilos que constituem sua substância. É mister transformar o valor de uso de 15 quilos de algodão em refugo imprestável para se produzir 100 quilos de fio. A destruição desse algodão é condição necessária à produção do fio. Por isso mesmo, transfere seu valor ao fio. Isto se aplica a todos os refugos do processo de trabalho, na medida pelo menos em que eles não constituam novos meios de produção e, em consequência, novos valores de uso. Em Manchester, vê-se, nas grandes fábricas de máquinas, montanhas de refugos de ferro removidos por máquinas ciclópicas como se fossem aparas de madeira; são transportados à noite em vagões para a fundição e voltam no dia seguinte à fábrica como ferro maciço.

Os meios de produção só transferem valor à nova figura do produto na medida em que perdem valor na figura de seus valores de uso originais durante o processo de trabalho. O máximo de perda de valor que podem experimentar no processo de trabalho está, evidentemente, limitado pela magnitude do valor original com que entram no processo de trabalho, ou seja, pelo tempo de trabalho exigido para sua própria produção. Os meios de produção não podem, por isso, transferir ao produto mais valor do que aquele que possuem, independentemente do processo de trabalho a que servem. Por mais útil que seja um material de trabalho, uma máquina, um meio de produção, se custa 150 libras esterlinas, digamos 500 dias de trabalho, não acrescentará à produção total para que tenha concorrido durante sua vida útil mais do que 150 libras esterlinas. Seu valor não é determinado pelo processo de trabalho em que entra como meio de produção, mas pelo processo de trabalho do qual sai como produto. No processo de trabalho em que entra, serve apenas de valor de uso, de coisa com propriedades úteis, e não transferirá nenhum valor ao produto se já não o possuir antes de entrar no processo.[54]

Quando o trabalho produtivo transforma os meios de produção em elementos constitutivos de um novo produto, ocorre uma transmigração com o valor deles. Esse valor se transfere do corpo consumido para o corpo que novamente se forma. Essa transmigração, entretanto, se opera, por assim dizer, sem que o verdadeiro trabalho tome conhecimento dela. O trabalhador não pode adicionar novo trabalho, criar valor novo, sem preservar os valores primitivos. Tem sempre de adicionar o trabalho em forma útil determinada, e não pode acrescentá-lo em forma útil sem fazer de produtos meios de produção de um novo produto e, desse modo, transferir o valor deles ao novo produto. É, portanto, um dom natural da força de trabalho em ação, do trabalho vivo, conservar valor na ocasião em que o acrescenta, um dom que nada custa ao trabalhador, mas que muito importa ao capitalista, o de conservar o valor atual de seu capital.[54a] Enquanto o negócio vai bem, está o capitalista demasiadamente concentrado na mais-valia para pensar nesse dom gratuito do trabalho. Mas esse dom é objeto de seus maiores cuidados quando há interrupções violentas do processo de trabalho, crises.[55]

O que se consome dos meios de produção é o valor de uso, e o trabalho cria produtos através desse consumo. Na realidade, não se consome o valor deles,[56] que, por isso, não pode ser recriado. É conservado não por ocorrer com ele uma operação no processo de trabalho, mas por desaparecer o valor de uso em que ele existia originalmente, valor de uso que se transmuta em outro valor de uso. O valor dos meios de produção reaparece no valor do produto, mas, falando exatamente, não é reproduzido. O que é produzido é o novo valor de uso em que reaparece o anterior valor de troca.[57]

É diferente o que sucede com o fator subjetivo do processo de trabalho, a força de trabalho em atividade. Quando o trabalho, sob forma apropriada a um fim, conserva o valor dos meios de produção, transferindo-o ao produto, cada instante de sua operação forma valor adicional, valor novo. Suponha-se que o processo de produção se interrompe no ponto em que o trabalhador produz o equivalente ao valor de sua força de trabalho, tendo acrescentado um valor de 3 xelins com 6 horas de trabalho. Esse valor acresce o valor do produto acima do valor que recebe dos meios de produção. Esse acréscimo é o único valor original que surge dentro do processo, a única porção do valor do produto que é criada pelo próprio processo. Sem dúvida, substitui apenas o dinheiro despendido pelo capitalista na compra da força de trabalho e pelo próprio trabalhador na aquisição de meios de subsistência. Em relação aos 3 xelins gastos, o novo valor de 3 xelins é uma reprodução pura e simples. Mas uma reprodução real, e não aparente, como ocorre com o valor dos meios de produção. A substituição de um valor por outro se realiza aqui por meio de uma criação nova.

Já sabemos, entretanto, que o processo de trabalho continua além do ponto em que se reproduz o simples equivalente do valor da força de trabalho incorporado ao material, ao objeto de trabalho. Em vez das 6 horas para isso suficientes, dura o processo, por exemplo, 12 horas. A força de trabalho em atividade não só reproduz seu próprio valor, mas também cria valor excedente. Essa mais-valia constitui o excedente do valor do produto em relação ao valor dos componentes do produto consumidos, a saber, os meios de produção e a força de trabalho. Ao discorrer sobre os diversos papéis que os diferentes fatores do processo de trabalho desempenham na formação do valor do produto, na realidade caracterizamos as funções dos diversos componentes do capital no processo de produzir mais-valia. O excedente que o valor total do produto tem sobre a soma dos valores de seus elementos constitutivos é o excedente do capital ampliado sobre o capital originalmente despendido. Os meios de produção, de um lado, e a força de trabalho, do outro, são apenas diferentes formas de existência assumidas pelo valor do capital original ao despir-se da forma dinheiro e transformar-se nos fatores do processo de trabalho.

A parte do capital, portanto, que se converte em meios de produção, isto é, em matéria-prima, materiais acessórios e meios de trabalho não muda a magnitude do seu valor no processo de produção. Chamo-a, por isso, parte constante do capital, ou simplesmente capital constante.

A parte do capital convertida em força de trabalho, ao contrário, muda de valor no processo de produção. Reproduz o próprio equivalente e, além disso, proporciona um excedente, a mais-valia, que pode variar, ser maior ou menor. Esta parte do capital transforma-se continuamente de magnitude constante em magnitude variável. Por isso, chamo-a parte variável do capital, ou simplesmente capital variável. As mesmas partes do capital, que, do ponto de vista do processo de trabalho, se distinguem em elementos objetivos e subjetivos, em meios de produção e força de trabalho, do ponto de vista do processo de produzir mais-valia se distinguem em capital constante e capital variável.

O conceito de capital constante não exclui nenhuma alteração de valor em suas partes componentes. Suponha-se que o quilo de algodão custe hoje 6 *pence* e amanhã, em virtude de queda na colheita, suba para 1 xelim. O algodão anterior que continua a ser elaborado foi comprado por 6 *pence*, mas acrescenta agora ao produto o valor de 1 xelim. E o algodão que está fiado, e que talvez já esteja circulando no mercado sob a forma de fio, acrescenta também ao produto o dobro do seu valor original. Verifica-se, entretanto, que essa variação de valor não depende do acréscimo de valor que a fiação incorpora ao algodão. Se o algodão anterior não tivesse entrado no processo de trabalho, poderia ser vendido agora por 1 xelim, em vez de por 6 *pence*. Além disso, quanto menos processos de trabalho percorrer, mais seguro é esse resultado. É lei da especulação, nessas alterações de valor, jogar com a matéria-prima em sua forma menos elaborada, preferir para isso o fio ao tecido e o algodão ao fio. A alteração de valor se origina no processo que produz algodão, e não no processo em que funciona como meio de produção, como capital constante. O valor de uma mercadoria é determinado pela quantidade de trabalho que contém, mas essa quantidade é socialmente determinada. Se muda o tempo de trabalho socialmente exigido para sua produção — e a mesma quantidade de algodão representa, em colheitas desfavoráveis, maior quantidade de trabalho que nas favoráveis —, verifica-se uma reação sobre a mercadoria antiga, que não passa de exemplar isolado de sua espécie,[58] cujo valor sempre se mede pelo trabalho socialmente necessário, isto é, pelo trabalho necessário nas condições sociais presentes.

Como o da matéria-prima, o valor dos meios de trabalho — da maquinaria, por exemplo — empregados no processo de produção pode variar também e, em consequência, a porção de valor que transferem ao produto. Se, em virtude de uma invenção, se reproduz uma máquina da mesma espécie com menos dispêndio de trabalho, sofre a máquina antiga uma desvalorização e passa a transferir ao produto proporcionalmente menos valor.

[*O Capital*, Livro I, vol. 1, pp. 224-236]

13.7 A TAXA DE MAIS-VALIA

A mais-valia produzida pelo capital desembolsado *C* no processo de produção ou o aumento do valor do capital desembolsado *C* patenteia-se, de início, no excedente do valor do produto sobre a soma dos valores dos elementos que o constituíram.

O capital *C* decompõe-se em duas partes: uma soma em dinheiro *c* gasta com os meios de produção, e outra *v* despendida com a força de trabalho; *c* representa a parte do valor que se transforma em capital constante e *v* a que se transforma em capital variável. Originalmente, portanto, C = *c* + *v*; por exemplo, o capital antecipado de 500 libras = $\underset{410 \text{ libras}}{c} + \underset{90 \text{ libras}}{v}$. No fim do processo de produção, surge a mercadoria, com o valor = (*c* + *v*) + *m*, representando *m* a mais-valia; por exemplo $\underset{(410 \text{ libras}}{c} + \underset{90 \text{ libras})}{v} + \underset{90 \text{ libras}}{m}$. O capital original *C* converte-se em *C'*, 500 libras transformam-se em 590 libras. A diferença entre ambos = *m*, uma mais-valia de 90. Uma vez que o valor dos fatores de produção é igual ao valor do capital desembolsado, é uma tautologia afirmar que o excedente do valor do produto em relação ao valor global dos fatores de produção é igual ao acréscimo de valor do capital desembolsado, isto é, igual à mais-valia produzida.

Devemos, contudo, examinar mais de perto essa tautologia. O que se compara com o valor do produto é o valor dos fatores consumidos em sua formação. Vimos que a parte do capital constante aplicado, constituída de meios de trabalho, só transfere ao produto uma porção de seu valor, continuando a porção restante a sobreviver em sua forma original. Não desempenhando esta última nenhum papel na formação de valor, abstrairemos dela. Sua inclusão nos cálculos não traria nenhuma alteração. Suponha-se que $c = 410$ libras, sendo constituído de 312 libras de matéria-prima, 44 libras de materiais acessórios e 54 libras de maquinaria desgastada no processo, mas que o valor da maquinaria realmente empregada se eleve a 1.054 libras. Só computamos, para a produção do valor do produto, o valor de 54 libras que a máquina perde com sua operação, transferindo-o, por isso, ao produto. Se incluirmos as 1.000 libras que continuam a existir em sua forma anterior como maquinaria, teremos de colocá-la de dois lados, o do valor desembolsado e o do valor do produto,[58a] os quais atingirão respectivamente 1.500 libras e 1.590 libras. A diferença entre ambos é a mesma que achamos anteriormente, 90 libras. Por capital constante antecipado para a produção de valor compreendemos, portanto, apenas o valor dos meios de produção consumidos na produção, sempre quando o contrário não se evidencie do contexto.

Isto posto, voltemos à fórmula $C = c + v$, que se transforma em $C' = (c + v) + m$, C virando C'. Sabe-se que o valor do capital constante apenas reaparece no produto. O valor novo realmente gerado no processo é, portanto, diferente do valor do produto dele saído; esse valor novo não é, como parece à primeira vista, $(c + v) + m$, ou $(\overset{c}{410\text{ libras}} + \overset{v}{90\text{ libras}}) + \overset{m}{90\text{ libras}}$ mas $v + m$, ou $\overset{v}{90\text{ libras}} + \overset{m}{90\text{ libras}}$, não é 590 libras, mas 180. Se $c = 0$, se, em outras palavras, houvesse ramos industriais em que o capitalista não tivesse de aplicar meios de produção previamente produzidos, matérias-primas ou materiais acessórios, nem instrumentos de trabalho, mas apenas elementos fornecidos pela natureza e pela força de trabalho, não haveria nenhuma porção de valor do capital constante a ser transferida ao produto. Seria eliminada essa parte do valor do produto, 410 libras em nosso exemplo, mas o valor gerado de 180 libras que contém a mais-valia de 90 libras continuaria com a mesma magnitude, independentemente da grandeza de C. Teríamos $C = (0 + v) = v$, e $C' = v + m$, o capital desembolsado acrescido de mais-valia; como dantes, $C' - C = m$. Se $m = 0$, se, em outras palavras, a força de trabalho, cujo valor foi antecipado na forma de capital variável, só produzisse um equivalente, então $C = c + v$ e $C' = (c + v) + 0$, o valor do produto; então $C = C'$. O capital desembolsado não teria aumentado seu valor.

Já sabemos que a mais-valia é simples decorrência da variação de valor que ocorre com v, a parte do capital aplicada em força de trabalho; que $v + m = v + \Delta v$, isto é, v + acréscimo de v. Mas a verdadeira variação de valor e a proporção em que o valor se altera ficam obscurecidas por haver, com o crescimento da parte variável, um crescimento simultâneo do capital global desembolsado. O capital global era 500 e tornou-se 590. A análise pura do processo exige pôr de lado a parte do valor do produto na qual só reaparece o valor do capital constante, fazendo o capital constante $c = 0$. Aplica-se desse modo uma lei da matemática, quando opera com grandezas constantes e grandezas variáveis, ligadas apenas por adição ou subtração.

Outra dificuldade surge da forma original do capital variável. No exemplo acima, C = 410 libras de capital constante + 90 libras de capital variável + 90 libras de mais-valia. Mas 90 libras são uma magnitude dada, constante, e por isso parece absurdo considerá-la variável. Mas 90 libras de capital variável simbolizam aqui o processo que esse valor percorre. A parte do capital aplicada na compra da força de trabalho é uma quantidade determinada de trabalho materializado, uma magnitude constante, portanto, como o valor da força de trabalho adquirida. No processo de produção, entretanto, entra no lugar das 90 libras desembolsadas a força de trabalho em atividade; no lugar do trabalho materializado, o trabalho em operação; no lugar de uma magnitude estática, uma magnitude dinâmica; no lugar de uma grandeza constante, uma grandeza variável. O resultado é reprodução de v + acréscimo de v. Do ponto de vista da produção capitalista, todo esse processo é movimento autônomo do valor originalmente constante, invertido em força de trabalho. Atribui-se a ele o processo e seu resultado. Se a expressão 90 libras de capital variável, ou valor que se expande, se patenteia contraditória é apenas porque põe em evidência uma contradição imanente à produção capitalista.

À primeira vista, parece estranho igualar o capital constante a 0. Mas é o que fazemos na vida quotidiana. Se quisermos determinar o que a Inglaterra ganha na indústria de algodão, excluiremos de início o preço do algodão pago aos Estados Unidos, Índia, Egito e outros países; em outras palavras, faremos = 0 o valor do capital que apenas reaparece no valor do produto.

Todavia, tem grande significação econômica não só a relação entre a mais-valia e a parte do capital da qual diretamente deriva e cuja variação de valor representa, mas também a relação entre ela e o capital total desembolsado. Tratamos pormenorizadamente desta relação no Livro Terceiro. Para aumentar o valor do capital com a conversão de uma parte dele em força de trabalho, é mister transformar a outra parte em meios de produção. Para funcionar o capital variável, é mister desembolsar capital constante em proporções adequadas, de acordo com a natureza técnica do processo de trabalho. Não impede à análise do processo químico abstrair das retortas e recipientes que lhe são indispensáveis. Considerando em si mesmas a criação e a ampliação de valor, observando-as em sua pureza, vemos que os meios de produção, as figuras corpóreas do capital constante, apenas fornecem a matéria em que se fixa a força operante, criadora de valor. É, por isso, indiferente a esta força a natureza da matéria, se algodão ou ferro. É também indiferente o valor da matéria que tem de estar presente em quantidade suficiente para absorver a quantidade de trabalho a ser despendida no processo de produção. Dada a quantidade de matéria, pode seu valor subir ou baixar ou mesmo não existir, como ocorre em relação à terra e ao mar. O processo de criação e de ampliação do valor não se altera por isso.[59]

Inicialmente, fizemos o capital constante = 0. O capital desembolsado se reduz, assim, de $c + v$ a v, e o valor do produto $(c + v) + m$ ao valor gerado $(v + m)$. Dado o valor gerado = 180 libras em que se representa o trabalho operante durante o processo de produção, temos de deduzir o valor do capital variável = 90 libras, para obter a mais-valia = 90 libras. A quantia 90 libras = m expressa aqui a magnitude absoluta da mais-valia criada. Sua magnitude relativa, isto é, a proporção em que aumenta o valor do capital variável, é evidentemente determinada pela relação entre a mais-valia e o capital variável, expressando-se pela fórmula m/v. No exemplo acima, ela é $90/90$ = 100%. A esse aumento relativo do valor do capital variável ou a essa magnitude relativa da mais-valia, chamo taxa da mais-valia.[60]

Vimos que o trabalhador, durante uma parte do processo de trabalho, só produz o valor de sua força de trabalho, isto é, o valor dos meios de subsistência que lhe são necessários. Produzindo ele num sistema que se fundamenta na divisão social do trabalho, não produz diretamente seus meios de subsistência, mas um valor (sob a forma de uma mercadoria particular, o fio, por exemplo) igual ao valor dos seus meios de subsistência ou ao dinheiro com que os compra. A parte do seu dia de trabalho despendida para esse fim é maior ou menor segundo o valor dos meios de subsistência dos quais em média necessita diariamente, segundo, portanto, o tempo de trabalho em média diariamente exigido para a produção deles. Se o valor desses meios de subsistência representa em média o dispêndio de 6 horas de trabalho, tem o trabalhador em média de trabalhar 6 horas por dia para criá-lo. Se ele não trabalhasse para o capitalista, mas para si mesmo, independentemente, teria, não se alterando as demais circunstâncias, de trabalhar, em média como dantes, a mesma parte alíquota do dia, para produzir o valor de sua força de trabalho e assim obter os meios de subsistência necessários à sua manutenção ou reprodução contínua. Na parte do dia de trabalho na qual gera o valor diário da força de trabalho, digamos 3 xelins, o trabalhador só cria o equivalente ao valor dela já pago pelo capitalista,[60a] apenas substitui o valor desembolsado do capital variável pelo novo valor criado, e essa criação de valor é mera reprodução. Chamo de tempo de trabalho necessário a essa parte do dia de trabalho na qual sucede essa reprodução; e de trabalho necessário o trabalho despendido durante esse tempo.[61] Ambos são necessários ao trabalhador, pois não dependem da forma social de seu trabalho, e necessários ao capital e ao seu mundo baseado na existência permanente do trabalhador.

O segundo período do processo de trabalho, quando o trabalhador opera além dos limites do trabalho necessário, embora constitua trabalho, dispêndio de força de trabalho, não representa para ele nenhum valor. Gera a mais-valia, que tem, para o capitalista, o encanto de uma criação que surgiu do nada. A essa parte do dia de trabalho chamo de tempo de trabalho excedente, e ao trabalho nela despendido, de trabalho excedente. Conceber o valor como simples solidificação do tempo de trabalho, apenas como trabalho objetivado, é tão essencial para seu conhecimento geral quanto, para o da mais-valia, ver nela simples solidificação do tempo de trabalho excedente, trabalho excedente objetivado. Só a forma em que se extrai do produtor imediato, do trabalhador, esse trabalho excedente distingue as diversas formações econômico-sociais, a sociedade da escravidão, por exemplo, da sociedade do trabalho assalariado.[62]

Sendo o valor do capital variável igual ao valor da força de trabalho por ele comprado, sendo a parte necessária do dia de trabalho determinada pelo valor dessa força de trabalho e a mais-valia determinada pela parte excedente do dia de trabalho, segue-se daí que a mais-valia se comporta para com o capital variável como o trabalho excedente para com o necessário; em outras palavras, a taxa da mais-valia $\frac{m}{v} = \frac{\text{trabalho excedente}}{\text{trabalho necessário}}$. Ambas as proporções expressam a mesma relação de forma diferente, na forma de trabalho materializado, de um lado, e na forma de trabalho operante, do outro.

A taxa da mais-valia é, por isso, a expressão precisa do grau de exploração da força de trabalho pelo capital ou do trabalhador pelo capitalista.[62a]

Admitimos em nosso exemplo que o valor do produto = $\underset{(410\text{ libras}}{c} + \underset{90\text{ libras})}{v} + \underset{90\text{ libras}}{m}$, e o capital desembolsado = 500 libras. Uma vez que a mais-valia = 90 e o capital desembolsado = 500, concluir-se-ia, de acordo com o modo costumeiro de calcular, que a taxa da mais-valia (que se confunde geralmente com a taxa de lucro) = 18%, percentagem que alegraria o coração de Carey e outros fanáticos da harmonia social preestabelecida. Na realidade, a taxa da mais-valia não é $\frac{m}{C}$ ou $\frac{m}{c+v}$, mas $\frac{m}{v}$; não é, portanto, $\frac{90}{500}$, mas $\frac{90}{90}$ = 100%, mais de 5 vezes o grau aparente de exploração. Embora não conheçamos, no caso sob exame, a magnitude absoluta do dia de trabalho, nem o período do processo de trabalho (dia, semana etc.), nem o número dos trabalhadores postos em ação pelo capital variável de 90 libras, a taxa da mais-valia $\frac{m}{v}$ indica-nos, por meio de sua convertibilidade em $\frac{\text{trabalho excedente}}{\text{trabalho necessário}}$, a proporção exata que existe entre as duas partes que compõem o dia de trabalho. É de 100%. O trabalhador, portanto, trabalhou metade do dia para si e a outra metade para o capitalista.

Em poucas palavras, o método de calcular a taxa da mais-valia é o seguinte: tomamos o valor global do produto e dele deduzimos o valor do capital constante, valor que nele apenas reaparece. O valor remanescente é o único valor realmente gerado no processo de produção da mercadoria. Dada a mais-valia, extraímo-la desse valor gerado, para achar o capital variável. Procedemos ao contrário se é dado este último e procuramos saber a mais-valia. Sendo ambos dados, temos apenas de realizar a operação final, calcular a relação entre a mais-valia e o capital variável, $\frac{m}{v}$. [...]

[*O Capital*, Livro I, vol. 1, pp. 237-244]

13.8 MAIS-VALIA: ABSOLUTA E RELATIVA

A parte do dia de trabalho que apenas produz um equivalente do valor que o capital paga pela força de trabalho foi considerada, até agora, magnitude constante, o que ela realmente é em condições de produção dadas, num determinado estágio de desenvolvimento econômico da sociedade. O trabalhador podia continuar trabalhando 2, 3, 4, 6 e mais horas além desse tempo de trabalho necessário. Nessas condições, a taxa da mais-valia e a extensão da jornada de trabalho dependem da duração desse prolongamento. Se o tempo de trabalho necessário era constante, o dia total de trabalho era variável. Suponhamos agora uma jornada de trabalho cuja extensão e cuja repartição em trabalho necessário e trabalho excedente sejam dadas. A linha *ac*, ou seja, *a------b---c*, representa, por exemplo, um dia de trabalho de 12 horas; o segmento *ab*, 10 horas de trabalho necessário; e o segmento *bc*, 2 horas de trabalho excedente. Como aumentar a produção de mais-valia, isto é, como prolongar o trabalho excedente, sem prolongar *ac*, ou independentemente de qualquer prolongamento de *ac*? Apesar de dados os limites da jornada de trabalho *ac*, parece que se pode prolongar *bc* sem deslocar seu ponto extremo *c*, que representa o término da jornada de trabalho *ac*, empurrando seu ponto inicial *b* na direção oposta, para *a*. Suponha-se que *b'b*, na linha *a--------b'-b-c*, seja igual à metade de *bc*, ou a uma hora de trabalho. Se, no dia de trabalho de 12 horas *ac*, o ponto *b* se desloca para *b'*, *bc* se equipara a *b'c*, o trabalho excedente aumenta de metade, de 2 horas para 3, embora o dia de trabalho continue sendo apenas de 12 horas. Essa extensão do trabalho excedente de *bc* para *b'c*, de 2 para 3 horas, é, evidentemente, impossível se, ao mesmo tempo, não for contraído o trabalho necessário de *ab* para *ab'*, de 10 para 9 horas. A prolongação do trabalho excedente corresponderá à redução do trabalho necessário, ou parte do tempo de trabalho que o trabalhador até agora utilizava realmente em seu benefício transforma-se em tempo de trabalho para o capitalista. O que muda não é a duração da jornada de trabalho, mas seu modo de repartir-se em trabalho necessário e trabalho excedente.

Demais, dados a magnitude da jornada de trabalho e o valor da força de trabalho, determina-se, evidentemente, a magnitude do trabalho excedente. O valor da força de trabalho, isto é, o tempo de trabalho necessário para a produção dessa força determina o tempo de trabalho necessário para reproduzir o valor dela. Se uma hora de trabalho está representada numa quantidade de ouro de meio xelim ou de 6 *pence* e se o valor diário da força de trabalho é de 5 xelins, terá o trabalhador de trabalhar 10 horas por dia para repor o valor diário pago pelo capital à sua força de trabalho ou para produzir um equivalente dos meios de subsistência necessários à sua manutenção quotidiana. Com o valor desses meios de subsistência, se tem o valor de sua força de trabalho[63] e, dado o valor de sua força de trabalho, se tem a duração diária do trabalho necessário. Obtém-se a magnitude do trabalho excedente subtraindo-se da jornada de trabalho o tempo de trabalho necessário. Tirando-se dez horas de doze ficam duas, e, nas condições dadas, não se pode ver como o trabalho excedente possa ter uma duração superior a duas horas. Na verdade, o capitalista pode pagar 4 xelins e 6 *pence* em lugar de 5 xelins, ou mesmo menos. Para reproduzir esse valor de 4 xelins e 6 *pence*, bastariam 9 horas de trabalho, aumentando-se o trabalho excedente, no dia de trabalho de 12 horas, de 2 para 3 horas, e elevando-se a mais-valia de 1 xelim para 1 xelim e 6 *pence*. Mas esse resultado só seria obtido rebaixando-se o salário do trabalhador aquém do valor de sua força de trabalho. Com 4 xelins e 6 *pence* que produz em 9 horas, seus meios de subsistência diminuirão de $\frac{1}{10}$, e assim reproduzir-se-á de maneira atrofiada sua força de trabalho. O trabalho excedente estaria aí prolongado com a violação de seus limites normais, usurpando parte do tempo de trabalho necessário. Apesar do importante papel que esse método desempenha no movimento real dos salários, ele não é aqui objeto de consideração, em virtude do pressuposto de as mercadorias serem vendidas e compradas pelo seu valor integral, inclusive, portanto, a força de trabalho. Pressupondo-se isto, o tempo de trabalho necessário para produzir a força de trabalho ou reproduzir seu valor não pode decrescer por cair o salário abaixo do valor da força de trabalho, mas por cair esse valor. Dada a duração do dia de trabalho, o prolongamento do trabalho excedente tem de ser decorrência de se haver contraído o tempo de trabalho necessário, e não o contrário, essa contração ser uma decorrência do prolongamento do trabalho excedente. Em nosso exemplo, o valor da força de trabalho deve diminuir realmente de $\frac{1}{10}$, a fim de que o tempo de trabalho necessário se reduza de $\frac{1}{10}$, de 10 para 9 horas, prolongando-se assim o trabalho excedente de 2 para 3 horas.

Essa diminuição de $\frac{1}{10}$ no valor da força de trabalho determina que se produza, em 9 horas, a mesma quantidade de meios de subsistência que antes se produzia em 10. Isto é, porém, impossível sem se aumentar a produtividade do trabalho. Com os meios dados pode um sapateiro, por exemplo, fazer um par de botas em um dia de trabalho de 12 horas. Para fazer no mesmo tempo dois pares de botas, tem de duplicar-se a produtividade de seu trabalho, o que exige alteração no instrumental ou no método de trabalho, ou em ambos ao mesmo tempo. Têm de ser revolucionadas as condições de produção de seu trabalho, o modo de produção e, consequentemente, o próprio processo de trabalho. Entendemos aqui por elevação da produtividade do trabalho em geral uma modificação no processo de trabalho por meio da qual se encurta o tempo de trabalho socialmente necessário para a produção de uma mercadoria, conseguindo-se produzir, com a mesma quantidade de trabalho, quantidade maior de valor de uso.[64] Supôs-se o modo de produção invariável, no estudo da forma até agora considerada de mais-valia. Mas, quando se trata de produzir mais-valia tornando excedente trabalho necessário, não basta que o capital se aposse do processo de trabalho na situação em que se encontra ou que lhe foi historicamente transmitida, limitando-se a prolongar sua duração. É mister que se transformem as condições técnicas e sociais do processo de trabalho, que mude o próprio modo de produção, a fim de aumentar a força produtiva do trabalho. Só assim pode cair o valor da força de trabalho e reduzir-se a parte do dia de trabalho necessária para reproduzir esse valor.

Chamo de mais-valia absoluta a produzida pelo prolongamento do dia de trabalho e de mais-valia relativa a decorrente da contração do tempo de trabalho necessário e da correspondente alteração na relação quantitativa entre ambas as partes componentes da jornada de trabalho.

[...]

Enquanto o processo de trabalho é puramente individual, um único trabalhador exerce todas as funções que mais tarde se dissociam. Ao apropriar-se individualmente de objetos naturais para prover sua vida, é ele quem controla a si mesmo; mais tarde, ficará sob o controle de outrem. O homem isolado não pode atuar sobre a natureza sem pôr em ação seus músculos sob o controle de seu cérebro. Fisiologicamente, cabeça e mãos são partes de um sistema; do mesmo modo, o processo de trabalho conjuga o trabalho do cérebro e o das mãos. Mais tarde, se separam e acabam por se tornar hostilmente contrários. O produto deixa de ser o resultado imediato da atividade do produtor individual para tornar-se produto social, comum, de um trabalhador coletivo, isto é, de uma combinação de trabalhadores, podendo ser direta ou indireta a participação de cada um deles na manipulação do objeto sobre que incide o trabalho. A conceituação do trabalho produtivo e de seu executor, o trabalhador produtivo, amplia-se em virtude desse caráter cooperativo do processo de trabalho. Para trabalhar produtivamente não é mais necessário executar uma tarefa de manipulação do objeto de trabalho; basta ser órgão do trabalhador coletivo, exercendo qualquer uma das suas funções fracionárias. A conceituação anterior de trabalho produtivo, derivada da natureza da produção material, continua válida para o trabalhador coletivo, considerado em conjunto. Mas não se aplica mais a cada um de seus membros, individualmente considerados.

Ademais, restringe-se o conceito de trabalho produtivo. A produção capitalista não é apenas produção de mercadorias, ela é essencialmente produção de mais-valia. O trabalhador não produz para si, mas para o capital. Por isso, não é mais suficiente que ele apenas produza. Ele tem de produzir mais-valia. Só é produtivo o trabalhador que produz mais-valia para o capitalista, servindo assim à autoexpansão do capital. Utilizando um exemplo fora da esfera da produção material: um mestre-escola é um trabalhador produtivo quando trabalha não só para desenvolver a mente das crianças, mas também para enriquecer o dono da escola. Que este invista seu capital numa fábrica de ensinar, em vez de numa de fazer salsicha, em nada modifica a situação. O conceito de trabalho produtivo não compreende apenas uma relação entre atividade e efeito útil, entre trabalhador e produto do trabalho, mas também uma relação de produção especificamente social, de origem histórica, que faz do trabalhador o instrumento direto de criar mais-valia. Ser trabalhador produtivo não é nenhuma felicidade, mas azar. No Livro Quarto, que trata da história da teoria, veremos mais claramente que a economia política clássica sempre fez da produção da mais-valia a característica marcante do trabalhador produtivo. Por isso, sua definição de trabalhador produtivo varia com sua concepção da natureza da mais-valia. Assim, os fisiocratas sustentam que só o trabalho agrícola é produtivo, porque só ele cria mais-valia. Para os fisiocratas, só existe mais-valia sob a forma de renda da terra.

A produção da mais-valia absoluta se realiza com o prolongamento da jornada de trabalho além do ponto em que o trabalhador produz apenas um equivalente ao valor de sua força de trabalho e com a apropriação pelo capital desse trabalho excedente. Ela constitui o fundamento do sistema capitalista e o ponto de partida da produção da mais-valia relativa. Esta pressupõe que a jornada de trabalho já esteja dividida em duas partes: trabalho necessário e trabalho excedente. Para prolongar o trabalho excedente, encurta-se o trabalho necessário com métodos que permitem produzir-se em menos tempo o equivalente ao salário. A produção da mais-valia absoluta gira exclusivamente em torno da duração da jornada de trabalho; a produção da mais-valia relativa revoluciona totalmente os processos técnicos de trabalho e as combinações sociais.

A produção da mais-valia relativa pressupõe, portanto, um modo de produção especificamente capitalista, que, com seus métodos, meios e condições, surge e se desenvolve, de início, na base da subordinação formal do trabalho ao capital. No curso desse desenvolvimento, essa subordinação formal é substituída pela sujeição real do trabalho ao capital.

Indicaremos, de passagem, formas intermediárias em que o trabalho excedente não é extorquido por coação direta ao produtor, ainda não estando este formalmente sujeito ao capital. Nessas formas, o capital ainda não se apossou diretamente do processo de trabalho. Ao lado dos produtores independentes, que exercem seus ofícios ou lavram a terra com métodos tradicionais e antigos, encontramos o usurário ou o comerciante, o capital usurário ou o capital comercial, que os suga parasitariamente. A predominância dessa forma de exploração numa sociedade exclui o modo capitalista de produção, para o qual pode servir de transição, como ocorreu nos fins da Idade Média. Finalmente, como é o caso do trabalho a domicílio moderno, certas formas intermediárias se reproduzem dispersamente na retaguarda da grande indústria mecanizada, embora com fisionomia totalmente modificada.

Basta, para a produção da mais-valia absoluta, a subordinação meramente formal do trabalho ao capital: os artesãos, por exemplo, que trabalhavam antes para si mesmos ou como oficiais de um mestre, ficam, como assalariados, sob o controle direto do capitalista. Por outro lado, vimos como os métodos para produzir mais-valia relativa são, ao mesmo tempo, métodos para produzir mais-valia absoluta. E mais, o prolongamento desmedido da jornada de trabalho revelou-se o produto mais genuíno da grande indústria mecanizada. Em substância, o modo de produção especificamente capitalista cessa de ser mero meio de produzir mais-valia relativa, logo que se apossa de todo um ramo de produção, e mais ainda, depois que conquista todos os ramos decisivos da produção. Ele se torna então a forma geral, socialmente dominante do processo de produção. Como método especial de produzir mais-valia relativa, só opera, em sua propagação, ao apossar-se de indústrias até então apenas formalmente subordinadas ao capital e quando revoluciona continuamente, com novos métodos de produção, as indústrias que já estão sob seu domínio.

De certo ponto de vista, parece ilusória a diferença entre mais-valia absoluta e mais-valia relativa. A mais-valia relativa é absoluta por exigir a prolongação absoluta da jornada de trabalho além do tempo necessário à existência do trabalhador. A mais-valia absoluta é relativa por exigir um desenvolvimento da produtividade do trabalho que permita reduzir o tempo de trabalho necessário a uma parte da jornada de trabalho. Mas, quando focalizamos o movimento da mais-valia, se desvanece essa aparência de identidade. Assim que se estabelece o modo de produção capitalista e se torna o modo geral de produção, sente-se a diferença entre a mais-valia absoluta e a mais-valia relativa quando o problema é elevar a taxa da mais-valia. Admitindo que a força de trabalho seja paga pelo seu valor, ficamos com a alternativa: dados a produtividade do trabalho e seu grau normal de intensidade, só é possível elevar a taxa da mais-valia com o prolongamento absoluto da jornada de trabalho; dada a duração da jornada de trabalho, só é possível elevar a taxa da mais-valia variando relativamente as magnitudes das suas partes componentes, o trabalho necessário e o trabalho excedente, o que pressupõe (admitida a hipótese de que o salário não deve cair abaixo do valor da força de trabalho) variação da produtividade ou da intensidade do trabalho.

Se o trabalhador precisa de todo o seu tempo, a fim de produzir os meios de subsistência necessários para sua manutenção e de seus dependentes, não lhe restará tempo nenhum a fim de trabalhar gratuitamente para outra pessoa. Se não se atinge certo grau de produtividade do trabalho, não sobra tempo ao trabalhador para produzir além da subsistência; sem esse tempo de sobra, não haveria capitalistas, nem donos de escravos, nem barões feudais, em suma, nenhuma classe de grandes proprietários.[65]

Só se pode falar de uma base natural da mais-valia no sentido muito geral de que não há nenhum obstáculo natural absoluto que impeça uma pessoa de transferir o trabalho necessário à própria existência para outra pessoa, do mesmo modo que não existe um obstáculo natural absoluto que impeça um ser humano de repastar-se com a carne de seu semelhante.[65a] Não há nenhuma razão, como se faz às vezes, para relacionar com ideias místicas essa produtividade do trabalho que se desenvolve naturalmente. Só depois que os homens ultrapassam sua primitiva condição animal e socializam até certo ponto seu próprio trabalho é que surgem condições em que o trabalho excedente de um se torna condição de existência de outro. Nos primórdios da civilização, são pequenas as forças produtivas de trabalho adquiridas, mas também são reduzidas as necessidades que se desenvolvem com os meios de satisfazê-las e através deles. Além disso, naqueles primórdios, é ínfima a proporção dos indivíduos do setor social que vivem do trabalho alheio, comparada com a massa dos produtores diretos. Com o progresso da força produtiva social do trabalho, essa proporção cresce absoluta e relativamente.[66] O sistema capitalista surge sobre um terreno econômico que é o resultado de um longo processo de desenvolvimento. A produtividade do trabalho que encontra e que lhe serve de ponto de partida é uma dádiva não da natureza, mas de uma história que abrange milhares de séculos.

Pondo de lado a estrutura mais ou menos desenvolvida da produção social, a produtividade do trabalho depende de condições naturais. Essas condições podem se referir à própria natureza do homem, como raça etc., ou à natureza que o cerca. As condições naturais externas se distinguem economicamente em duas grandes classes: riquezas naturais de meios de subsistência, isto é, solo fértil, águas piscosas etc., e riquezas naturais de meios de trabalho, a saber, quedas-d'água, rios navegáveis, madeira, metais, carvão etc. Nos primórdios da civilização, o papel decisivo cabe à primeira espécie de riquezas naturais; nos estágios de desenvolvimento superiores, à segunda espécie. Compare-se, por exemplo, a Inglaterra com a Índia, ou, na Antiguidade, Atenas e Corinto com as populações da costa do Mar Negro.

Quanto menor o número das necessidades naturais que é imperativo satisfazer e quanto maior a fertilidade natural do solo e a excelência do clima, tanto menor o tempo de trabalho necessário para manter e reproduzir o produtor. Em consequência, pode ser maior o trabalho adicional que realiza para outro em relação ao trabalho que realiza para si mesmo. Diodoro já observava, a respeito dos antigos egípcios:

> "É inacreditável quão pouco esforço e despesas exige a criação dos filhos. Preparam para eles alimentos bons, simples, facilmente disponíveis; dão-lhes para comer a parte inferior do papiro, desde que possam assá-la ao fogo, e as raízes e caules das plantas dos charcos, cruas, cozidas ou assadas. As crianças, em sua maioria, andam descalças e nuas, pois o clima é muito ameno. Por isso, um filho, até ficar adulto, não custa aos pais mais que 20 dracmas. É isto principalmente que explica por que a população do Egito é tão numerosa, razão pela qual se podem construir obras tão grandiosas."[67]

Contudo, as grandes construções do Egito antigo se devem menos à densidade da população do que à grande proporção em que se podia dispor dela. O trabalhador individual pode fornecer tanto mais trabalho excedente quanto menor for seu tempo de trabalho necessário; do mesmo modo, quanto menor for a parte da população exigida para a produção dos meios de subsistência necessários, tanto maior sua parte disponível para outros empreendimentos.

[*O Capital*, Livro I, vol. 1, pp. 359-363 e vol. 2, pp. 583-588]

13.9 A ACUMULAÇÃO CAPITALISTA E SUA LEI GERAL

Vimos como a mais-valia se origina do capital e veremos agora como o capital nasce da mais-valia. Aplicação de mais-valia como capital ou conversão de mais-valia em capital é o que se chama de acumulação de capital.[68]

Primeiro, examinemos essa operação do ponto de vista de um capitalista isolado. Um empresário de fiação, por exemplo, adiantou um capital de 10.000 libras esterlinas, quatro quintos das quais em algodão, máquinas etc. e um quinto em salários. Em consequência, produz por ano 240.000 libras-peso de fios, no valor de 12.000 libras esterlinas. Admitindo-se uma taxa de mais-valia de 100%, a mais-valia se corporifica no produto excedente ou produto líquido de 40.000 libras-peso de fio, a sexta parte do produto bruto, a qual tem um valor de 2.000 libras esterlinas, a ser realizado através da venda. Uma soma de 2.000 libras esterlinas é sempre uma soma de 2.000 libras esterlinas. Podemos cheirá-la e examiná-la e não descobriremos nela a mais-valia. Quando sabemos que determinado valor é mais-valia, sabemos como chegou às mãos de seu possuidor, mas isso em nada altera a natureza do valor ou do dinheiro.

Para transformar a quantia adicional de 2.000 libras esterlinas em capital, o empresário de fiação, não se alterando as demais condições, desembolsará quatro quintos dela para comprar algodão etc. e um quinto para comprar novos fiandeiros, que encontrarão no mercado os meios de subsistência cujo valor o patrão lhes adiantou. Então, funciona na fiação o novo capital de 2.000 libras esterlinas e produz, por sua vez, uma mais-valia de 400 libras esterlinas.

O valor do capital foi desembolsado originalmente sob a forma de dinheiro; a mais-valia, ao contrário, existe, em sua origem, como valor de determinada parte do produto bruto. Se este é vendido, transformado em dinheiro, o valor do capital readquire sua forma primitiva, e a mais-valia muda sua forma primitiva de existência. A partir desse momento, o valor do capital e a mais-valia são quantias de dinheiro e se opera do mesmo modo sua conversão ulterior em capital. O capitalista emprega ambas as quantias na compra de mercadorias que o capacitam a recomeçar a fabricação de seu artigo, e, desta vez, em escala ampliada. Mas, para comprar essas mercadorias, tem de encontrá-las no mercado.

Seus fios só circulam porque ele, como fazem todos os capitalistas, lança no mercado sua produção anual. Mas, antes de chegarem ao mercado, as mercadorias já faziam parte do fundo anual de produção, isto é, da massa global de objetos de todas as espécies em que se transformara, no curso do ano, a soma de todos os capitais individuais ou todo o capital social, do qual cada capitalista possui apenas uma parte alíquota. As operações do mercado efetivam apenas o intercâmbio dos elementos componentes da produção anual, fazendo-os passar de mãos; mas não podem nem aumentar o total da produção do ano nem alterar a natureza dos objetos produzidos. O uso a que se pode prestar a produção do ano depende, portanto, de sua própria composição, e nunca da circulação.

A produção anual tem, primeiro, de fornecer todos os objetos, valores de uso, que servirão para substituir os elementos materiais do capital, consumidos no curso do ano. Depois de deduzir esses elementos, resta o produto excedente ou líquido em que se concretiza a mais-valia. E de que se compõe esse produto excedente? De coisas destinadas a satisfazer as necessidades e os prazeres da classe capitalista, constituindo seu fundo de consumo? Se fosse exatamente assim, haveria uma dissipação alegre e total da mais-valia e ocorreria apenas reprodução simples.

Para acumular, é necessário transformar parte do produto excedente em capital. Mas, sem fazer milagres, só se pode transformar em capital coisas que são aplicáveis no processo de trabalho, isto é, meios de produção, e coisas das quais o trabalhador precisa para manter-se, isto é, meios de subsistência. Em consequência, parte do trabalho anual excedente tem de ser transformado para produzir meios adicionais de produção e de subsistência acima da quantidade necessária para substituir o capital adiantado. Em suma, a mais-valia só pode ser transformada em capital porque o produto excedente, do qual ela é o valor, já contém os elementos materiais de um novo capital.[68a]

Para fazer esses elementos materiais funcionarem realmente como capital, a classe capitalista precisa apenas de um acréscimo de trabalho. Não sendo possível aumentar extensiva ou intensivamente a exploração dos trabalhadores já empregados, têm de ser utilizadas forças de trabalho adicionais. O mecanismo da produção capitalista já resolveu esse problema, reproduzindo a classe trabalhadora como classe que depende de salário e à qual este ordinariamente assegura não só a conservação, mas a multiplicação. O capital precisa apenas incorporar essas forças de trabalho adicionais anualmente fornecidas, em diversas idades, pela classe trabalhadora aos meios de produção adicionais já contidos na produção anual. Com isso, completa-se a transformação da mais-valia em capital. De um ponto de vista concreto, a acumulação não passa de reprodução do capital em escala que cresce progressivamente. O círculo em que se move a reprodução simples muda, então, sua forma e transforma-se, segundo a expressão de Sismondi, em espiral.[68b]

Voltemos ao nosso exemplo. É a velha história: Abraão gerou Isaac, Isaac gerou Jacó etc. O capital primitivo de 10.000 libras esterlinas produz mais-valia de 2.000 libras que é capitalizada. O novo capital de 2.000 libras produz mais--valia de 400 libras; esta quantia, por sua vez capitalizada, transformada num segundo capital adicional, produz nova mais-valia de 80 libras; e assim por diante.

Pomos de lado agora a parte da mais-valia consumida pelo capitalista. Tampouco nos interessa, no momento, saber se os capitais adicionais são juntados ao capital primitivo ou se funcionam separadamente; se são explorados pelo mesmo capitalista que os acumula ou por outro. Não devemos esquecer que, ao lado dos novos capitais, continua o capital primitivo a se reproduzir e a produzir mais-valia e que o mesmo é verdade para cada capital acumulado em relação ao capital adicional que produziu.

O capital primitivo era constituído pela antecipação de 10.000 libras esterlinas. Como o obteve seu possuidor? Os corifeus da economia política[68c] respondem unanimemente: com seu próprio trabalho e o de seus antepassados. E essa suposição parece ser realmente a única que se harmoniza com as leis da produção de mercadorias.

Mas a coisa é totalmente diversa com o capital adicional de 2.000 libras. Sabemos precisamente como ele se originou. É mais-valia capitalizada. Desde a origem, não contém ela nenhuma partícula de valor que não derive de trabalho alheio não pago. Os meios de produção aos quais se incorpora a força de trabalho adicional e os meios de subsistência com os quais se mantém essa força não são mais do que elementos integrantes do produto excedente, do tributo que a classe capitalista anualmente extrai da classe trabalhadora. Quando aquela, com uma parte do tributo, compra a força de trabalho adicional desta, mesmo pelo seu preço total, de modo que se troque equivalente por equivalente, volta a repetir-se o velho procedimento do conquistador, que paga as mercadorias fornecidas pelo vencido com o dinheiro que arrancou dele.

[...]

A reprodução simples reproduz constantemente a mesma relação capitalista: capitalista de um lado e assalariado do outro. Do mesmo modo, a reprodução ampliada ou a acumulação reproduzem a mesma relação em escala ampliada: mais capitalistas ou capitalistas mais poderosos, num polo, e mais assalariados, no outro. A força de trabalho tem de incorporar-se continuamente ao capital como meio de expandi-lo; não pode livrar-se dele. Sua escravização ao capital se dissimula apenas com a mudança dos capitalistas a que se vende, e sua reprodução constitui, na realidade, um fator de reprodução do próprio capital. Acumular capital é, portanto, aumentar o proletariado.[69]

[...]

Todo capital individual é uma concentração maior ou menor dos meios de produção, com o comando correspondente sobre um exército maior ou menor de trabalhadores. Cada acumulação se torna meio de nova acumulação. Ao ampliar-se a massa de riqueza que funciona como capital, a acumulação aumenta a concentração dessa riqueza nas mãos de capitalistas individuais e, em consequência, a base da produção em grande escala e dos métodos de produção especificamente capitalistas. O crescimento do capital social realiza-se através do crescimento de muitos capitais individuais. Não se alterando as demais condições, os capitais individuais e, com eles, a concentração dos meios de produção aumentam enquanto o capital social acresce. Ao mesmo tempo, frações dos capitais originais destes se destacam e funcionam como novos capitais independentes. A divisão da fortuna nas famílias capitalistas, além de outros fatores, desempenha aí um papel importante. Com a acumulação do capital, cresce, portanto, em maior ou menor proporção, o número dos capitalistas. Dois pontos caracterizam essa espécie de concentração que depende diretamente da acumulação, ou melhor, se identifica com ela. Primeiro: a concentração crescente dos meios sociais de produção nas mãos de capitalistas individuais, não se alterando as demais circunstâncias, é limitada pelo grau de crescimento da riqueza social. Segundo: a parte do capital social localizada em cada ramo de produção reparte-se entre muitos capitalistas que se confrontam como produtores de mercadorias, independentes uns dos outros e concorrendo entre si. A acumulação e a concentração que a acompanha estão dispersas em muitos pontos, e, além disso, o aumento dos capitais em funcionamento é estorvado pela formação de novos e pela fragmentação de capitais existentes. Por isso, a acumulação aparece, de um lado, através da concentração crescente dos meios de produção e do comando sobre o trabalho e, do outro, através da repulsão recíproca de muitos capitais individuais.

Essa dispersão do capital social em muitos capitais individuais ou a repulsão entre seus fragmentos é contrariada pela força de atração existente entre eles. Não se trata mais da concentração simples dos meios de produção e de comando sobre o trabalho, a qual significa acumulação. O que temos agora é a concentração dos capitais já formados, a supressão de sua autonomia individual, a expropriação do capitalista pelo capitalista, a transformação de muitos capitais pequenos em poucos capitais grandes. Este processo se distingue do anterior porque pressupõe apenas alteração na repartição dos capitais que já existem e estão funcionando; seu campo de ação não está, portanto, limitado pelo acréscimo absoluto da riqueza social ou pelos limites absolutos da acumulação. O capital se acumula aqui nas mãos de um só, porque escapou das mãos de muitos noutra parte. Esta é a centralização propriamente dita, que não se confunde com a acumulação e a concentração.

Não podemos expor aqui as leis dessa centralização dos capitais ou da atração do capital pelo capital. Faremos apenas algumas indicações. A batalha da concorrência é conduzida por meio da redução dos preços das mercadorias. Não se alterando as demais circunstâncias, o barateamento das mercadorias depende da produtividade do trabalho, e este, da escala da produção. Os capitais grandes esmagam os pequenos. Demais, lembramos que, com o desenvolvimento do modo de produção capitalista, aumenta a dimensão mínima do capital individual exigido para se levar avante um negócio em condições normais. Os capitais pequenos lançam-se, assim, nos ramos de produção de que a grande indústria se apossou apenas de maneira esporádica ou incompleta. A concorrência acirra-se então na razão direta do número e na inversa da magnitude dos capitais que se rivalizam. E acaba sempre com a derrota de muitos capitalistas pequenos, cujos capitais ou soçobram ou se transferem para as mãos do vencedor. Além disso, a produção capitalista faz surgir uma força inteiramente nova: o crédito. Este, de início, insinua-se furtivamente, como auxiliar modesto da acumulação, e, por meio de fios invisíveis, leva para as mãos de capitalistas isolados ou associados os meios financeiros dispersos, em proporções maiores ou menores, pela sociedade, para logo se tornar uma arma nova e terrível na luta da concorrência e transformar-se, por fim, num imenso mecanismo social de centralização dos capitais.

A concorrência e o crédito, as duas mais poderosas alavancas da centralização, desenvolvem-se na proporção em que se amplia a produção capitalista e a acumulação. Além disso, o progresso da acumulação aumenta a matéria que pode ser centralizada, isto é, os capitais individuais, ao passo que a expansão da produção capitalista cria a necessidade social e os meios técnicos dessas gigantescas empresas industriais cuja viabilidade depende de uma prévia centralização do capital. Hoje em dia, portanto, é muito mais forte do que antes a atração recíproca dos capitais individuais e a tendência para a centralização. Mas, embora a expansão relativa e a energia do movimento de centralização sejam determinadas, até certo ponto, pela magnitude que a riqueza capitalista já atingiu e pela superioridade do mecanismo econômico, o progresso da centralização não depende, de maneira nenhuma, do incremento positivo do capital social. E é isto especialmente que distingue a centralização da concentração, que é apenas outra expressão para a reprodução em escala ampliada. Temos a centralização por mudar simplesmente a distribuição dos capitais já existentes, por alterar-se apenas o agrupamento quantitativo dos elementos componentes do capital social. O capital pode acumular-se numa só mão em proporções imensas, por ter escapado a muitas outras mãos que o detinham. Num dado ramo de atividades, a centralização terá alcançado seu limite extremo quando todos os capitais nele investidos se fundirem num único capital.[70] Numa determinada sociedade só seria alcançado esse limite no momento em que todo o capital social ficasse submetido a um único controle, fosse ele de um capitalista individual ou de uma sociedade anônima.

A centralização completa a tarefa da acumulação, capacitando o capitalista industrial a ampliar a escala de suas operações. É o mesmo o efeito econômico dessa ampliação, decorra ele da acumulação ou da centralização. E tanto faz que a centralização se realize pela via compulsória da anexação, quando certos capitais se tornam centros de gravitação tão poderosos que quebram a coesão individual de outros capitais, absorvendo seus fragmentos, ou mediante a fusão de capitais já formados ou em formação, obtida por meio de processo mais suave de constituição de sociedades anônimas.

[...]
A acumulação do capital, vista de início como uma ampliação puramente quantitativa, realiza-se, conforme vimos, com contínua mudança qualitativa de sua composição, ocorrendo constante acréscimo de sua parte constante à custa da parte variável.[71]

O modo de produção especificamente capitalista, o correspondente desenvolvimento da força produtiva do trabalho e a mudança consequente na composição orgânica do capital não acompanham apenas o progresso da acumulação ou o crescimento da riqueza social. Avançam com rapidez muito maior, porque a acumulação simples do capital ou o aumento absoluto do capital total são acompanhados pela centralização de seus elementos individuais, e a transformação técnica do capital adicional é seguida pela transformação técnica do capital primitivo. Com o progresso da acumulação, varia a relação entre capital constante e capital variável. De 1:1 originalmente, ela passa, digamos, para 2:1, 3:1, 4:1, 5:1, 6:1, 7:1. Desse modo, ao crescer o capital, emprega-se em força de trabalho, em vez de 1:1 de seu valor global, progressivamente, apenas 1:2, 1:3, 1:4, 1:5, 1:6 e 1:7, e, por outro lado, aplica-se em meios de produção 1:7, 1:6, 1:5, 1:4, 1:3 e 1:2 desse mesmo valor. Sendo a procura de trabalho determinada não pela magnitude do capital global, mas pela magnitude de sua parte variável, ela cai progressivamente com o aumento do capital global, em vez de crescer proporcionalmente com ele, conforme supusemos anteriormente. Diminui em relação à grandeza do capital global e em progressão acelerada quando essa grandeza aumenta. Com o aumento do capital global, cresce também sua parte variável, ou a força de trabalho que nele se incorpora, mas em proporção cada vez menor. Reduzem-se os intervalos em que a acumulação resulta da ampliação da produção sem alterar-se a base técnica. É necessário que a acumulação do capital global seja acelerada em progressão crescente para absorver um número adicional determinado de trabalhadores ou mesmo, em virtude da constante metamorfose do capital velho, para continuar ocupando os trabalhadores que se encontram empregados. Demais, essa acumulação crescente e a própria centralização causam novas mudanças na composição do capital ou nova redução acelerada de sua parte variável em relação à constante. Essa redução relativa da parte variável do capital, acelerada com o aumento do capital global, e que é mais rápida do que este aumento, assume, por outro lado, a aparência de um crescimento absoluto da população trabalhadora muito mais rápido que o do capital variável ou dos meios de ocupação dessa população. Mas a verdade é que a acumulação capitalista sempre produz, e na proporção da sua energia e de sua extensão, uma população trabalhadora supérflua relativamente, isto é, que ultrapassa as necessidades médias da expansão do capital, tornando-se, desse modo, excedente.

Observando o capital social global, verificamos que ora o movimento de sua acumulação provoca mudanças periódicas, que influem em sua totalidade, ora causa mudanças simultâneas e diferentes nos diversos ramos de produção. Em alguns ramos, ocorre mudança na composição do capital, sem aumentar sua magnitude absoluta, em virtude de mera centralização; em outros, o crescimento absoluto do capital corre paralelo com a redução absoluta de sua parte variável ou da força de trabalho por ele absorvida; em outros, ora o capital prossegue aumentando em dada base técnica e atrai força de trabalho adicional à proporção que cresce, ora ocorre mudança orgânica, contraindo-se sua parte variável. Em todos os ramos, o aumento do capital variável, ou seja, do número de trabalhadores empregados, está sempre associado a flutuações violentas e à formação transitória de superpopulação, pelo processo mais contundente de repulsão dos trabalhadores já empregados, ou pelo menos visível, porém não menos real, da absorção mais difícil da população trabalhadora adicional pelos canais costumeiros.[72] Com a magnitude do capital social já em funcionamento e seu grau de crescimento, com a ampliação da escala de produção e da massa dos trabalhadores mobilizados, com o desenvolvimento da produtividade do trabalho, com o fluxo mais vasto e mais completo dos mananciais da riqueza, amplia-se a escala em que a atração maior dos trabalhadores pelo capital está ligada à maior repulsão deles. Além disso, aumenta a velocidade das mudanças na composição orgânica do capital e na sua forma técnica, e número crescente de ramos de produção é atingido, simultânea ou alternativamente, por essas mudanças. Por isso, a população trabalhadora, ao produzir a acumulação do capital, produz, em proporções crescentes, os meios que fazem dela, relativamente, uma população supérflua.[73] Esta é uma lei da população peculiar ao modo capitalista de produção. Na realidade, todo modo histórico de produção tem suas leis próprias de população, válidas dentro de limites históricos. Uma lei abstrata da população só existe para plantas e animais, e apenas na medida em que esteja excluída a ação humana.

Mas se uma população trabalhadora excedente é produto necessário da acumulação ou do desenvolvimento da riqueza no sistema capitalista, ela se torna, por sua vez, a alavanca da acumulação capitalista e, mesmo, condição de existência do modo de produção capitalista. Ela constitui um exército industrial de reserva disponível, que pertence ao capital de maneira tão absoluta como se fosse criado e mantido por ele. Ela proporciona o material humano a serviço das necessidades variáveis de expansão do capital e sempre pronto para ser explorado, independentemente dos limites do verdadeiro incremento da população. Com a acumulação e com o desenvolvimento da produtividade do trabalho que a acompanha, cresce a força de expansão súbita do capital. Essa força de expansão cresce em virtude das seguintes causas: aumentam a elasticidade do capital em funcionamento e a riqueza absoluta da qual o capital constitui apenas uma parte elástica; o crédito, sob qualquer incentivo especial, põe à disposição da produção, como capital adicional, num instante, parte considerável dessa riqueza; as condições técnicas do próprio processo de produção, a maquinaria, os meios de transportes etc. possibilitam a transformação mais rápida, na mais larga escala, do produto excedente em meios de produção adicionais. A massa de riqueza social que se torna transbordante com o progresso da acumulação e pode ser transformada em capital adicional lança-se freneticamente aos ramos de produção antigos, cujo mercado se amplia subitamente, ou aos novos, como ferrovias etc., cuja necessidade decorre do desenvolvimento dos antigos. Nesses casos, grandes massas humanas têm de estar disponíveis para serem lançadas nos pontos decisivos, sem prejudicar a escala de produção nos outros ramos. A superpopulação fornece-as. O curso característico da indústria moderna, um ciclo decenal, com a intercorrência de movimentos oscilatórios menores, constituído de fases de atividade média, de produção a todo vapor, de crise e de estagnação, baseia-se na formação contínua, na maior ou menor absorção e na reconstituição do exército industrial de reserva, a população supérflua, excedente. As alternativas do ciclo industrial recrutam a população excedente e se tornam os mais poderosos agentes de sua reprodução.

Esse curso peculiar da indústria moderna, que não encontramos em nenhuma época anterior da humanidade, era impossível no período infantil da produção capitalista. Só muito lentamente se alterava a composição do capital. Por isso, à sua acumulação correspondia antes, de modo geral, o crescimento proporcional da procura de trabalho. Sendo lento o progresso dessa acumulação, comparado com o da época moderna, encontrava ele obstáculos naturais na população trabalhadora explorável, os quais só puderam ser removidos por medidas violentas, de que trataremos mais adiante. A expansão súbita e intermitente da escala de produção é condição para sua contração súbita; esta provoca novamente aquela, mas aquela é impossível sem material humano disponível, sem aumento dos trabalhadores independentemente do crescimento absoluto da população. [...]

[...] Durante os períodos de estagnação e de prosperidade média, o exército industrial de reserva pressiona sobre o exército de trabalhadores em ação e durante o período de superprodução e paroxismo modera as exigências dos trabalhadores. A superpopulação relativa está sempre presente nos movimentos da oferta e da procura de trabalho. Ela mantém o funcionamento desta lei dentro de limites condizentes com os propósitos de exploração e de domínio do capital. É oportuno relembrar uma das façanhas da apologética econômica. Quando se introduz maquinaria nova ou se amplia a velha, parte do capital variável se transforma em constante. O economista apologético desfigura essa operação, que "imobiliza" capital e por isso despede trabalhadores, afirmando que ela libera capital para os trabalhadores. Só agora podemos avaliar em toda a extensão o cinismo dessa apologética. Ficam sem emprego não só os trabalhadores diretamente expulsos pela máquina, mas também seus sucessores e o contingente adicional que seria regularmente absorvido com a expansão ordinária do negócio em sua base antiga. Todos eles são agora "liberados", e qualquer novo capital desejoso de entrar em função pode dispor deles. Atraia estes ou outros trabalhadores, o efeito sobre a procura geral de trabalho será nulo, enquanto esse capital for apenas suficiente para retirar do mercado um número de trabalhadores igual ao nele lançado pelas máquinas. Se emprega número menor, aumenta a quantidade dos supérfluos; se emprega número maior, a procura geral de trabalho aumenta apenas da diferença entre os que foram empregados e os que foram "liberados". O impulso que capitais adicionais que procuram aplicação transmitem à procura de trabalho é neutralizado em cada caso, na medida em que é contrabalançado pela expulsão dos trabalhadores, ocasionada pelas máquinas. Isto significa que o mecanismo da produção capitalista opera de maneira que o incremento absoluto do capital não seja acompanhado por uma elevação correspondente da procura geral de trabalho. E o apologista chama a isto de compensação pela miséria, pelos sofrimentos e pela possível morte dos trabalhadores desempregados durante o período de transição que os joga no exército industrial de reserva. A procura de trabalho não se identifica com o crescimento do capital, nem a oferta de trabalho com o crescimento da classe trabalhadora. Não há aí duas forças independentes, uma influindo sobre a outra. É um jogo com dados viciados. O capital age ao mesmo tempo dos dois lados. Se sua acumulação aumenta a procura de trabalho, aumenta também a oferta de trabalhadores, "liberando-os", ao mesmo tempo que a pressão dos desempregados compele os empregados a fornecerem mais trabalho, tornando até certo ponto independente a obtenção, a oferta de trabalho da oferta de trabalhadores. Nessas condições, o movimento da lei da oferta e da procura de trabalho torna completo o despotismo do capital. Quando os trabalhadores descobrem que, quanto mais trabalham, mais produzem riquezas para os outros, quanto mais cresce a força produtiva de seu trabalho, mais precária se torna sua função de meio de expandir o capital; quando veem que a intensidade da concorrência entre eles mesmos depende totalmente da pressão da superpopulação relativa; quando, por isso, procuram organizar uma ação conjunta dos empregados e desempregados através dos sindicatos etc., para destruir ou enfraquecer as consequências ruinosas daquela lei natural da produção capitalista sobre sua classe, então protestam em altos brados o capital e seu defensor, o economista político, contra a violação da "eterna" e, por assim dizer, "sacrossanta" lei da oferta e da procura. Todo entendimento entre empregados e desempregados perturba o funcionamento puro dessa lei. Mas, quando circunstâncias adversas, nas colônias, por exemplo, impedem a formação do exército industrial de reserva e, por isso, a subordinação absoluta da classe trabalhadora à classe capitalista, o capital, de mãos dadas com seu escudeiro apregoador de lugares-comuns, rebela-se contra a lei "sacrossanta" da oferta e da procura e procura corrigi-la através de providências coercitivas.

[...]

A superpopulação relativa existe sob os mais variados matizes. Todo trabalhador dela faz parte durante o tempo em que está desempregado ou parcialmente empregado. As fases alternadas do ciclo industrial fazem-na aparecer ora em forma aguda, nas crises, ora em forma crônica, nos períodos de paralisação. Mas, além dessas formas principais que se reproduzem periodicamente, assume ela, continuamente, as três formas seguintes: flutuante, latente e estagnada.

Nos centros da indústria moderna, fábricas, manufaturas, usinas siderúrgicas e minas etc., os trabalhadores são ora repelidos, ora atraídos em quantidade maior, de modo que, no seu conjunto, aumenta o número dos empregados, embora em proporção que decresce com o aumento da escala da produção. Aí a superpopulação assume a forma flutuante.

Tanto nas fábricas propriamente ditas quanto em todas as grandes oficinas que já utilizam maquinaria ou que funcionam apenas na base da moderna divisão do trabalho, são empregados em massa meninos e rapazes até atingirem a idade adulta. Chegado a esse termo, só um número muito reduzido pode continuar empregado nos mesmos ramos de atividade, sendo a maioria ordinariamente despedida. Esses que são despedidos tornam-se elementos da superpopulação flutuante que aumenta ao crescer a indústria. Parte deles emigra e, na realidade, apenas segue o capital em sua emigração. Em consequência, a população feminina cresce mais rapidamente do que a masculina, conforme se verifica na Inglaterra. É uma contradição do próprio movimento do capital que o incremento natural da massa de trabalhadores não sature suas necessidades de acumulação e, apesar disso, ultrapasse-as. O capital precisa de maiores quantidades de trabalhadores jovens e menor número de adultos. Existe outra contradição ainda mais chocante: as queixas contra a falta de braços, quando muitos milhares estão desempregados porque a divisão do trabalho os acorrentou a determinado ramo industrial.[74] Além disso, o consumo da força de trabalho pelo capital é tão intenso que o trabalhador de mediana idade já está, em regra, bastante alquebrado. Vai para as fileiras dos supérfluos ou é rebaixado de categoria. Encontramos a menor duração de vida justamente entre os trabalhadores da grande indústria.

"O Dr. Lee, da saúde pública de Manchester, verificou que a duração média da vida, naquela cidade, na classe abastada era de 38 anos e na classe trabalhadora apenas de

17 anos. Em Liverpool, ela é de 35 para a primeira e 15 para a segunda. Infere-se daí que a classe privilegiada goza da vantagem de viver duas vezes mais que seus concidadãos menos favorecidos."[74a]

Nessas circunstâncias, o crescimento absoluto dessa parte do proletariado exige que seus elementos aumentem com velocidade maior que aquela em que são consumidos. Rápida substituição, portanto, das gerações de trabalhadores (a mesma lei não se aplica às outras classes da população). Esta necessidade social é satisfeita por meio de casamentos prematuros, consequência necessária das condições em que vivem os trabalhadores da grande indústria, e pelos prêmios que a exploração das crianças proporciona à sua procriação.

Quando a produção capitalista se apodera da agricultura ou nela vai penetrando, diminui, à medida que se acumula o capital que nela funciona, a procura absoluta da população trabalhadora rural. Dá-se uma repulsão de trabalhadores, que não é contrabalançada por maior atração, como ocorre na indústria não agrícola. Por isso, parte da população rural encontra-se sempre na iminência de transferir-se para as fileiras do proletariado urbano ou da manufatura e na espreita de circunstâncias favoráveis a essa transferência (manufatura aqui significa todas as indústrias não agrícolas[75]). Está fluindo sempre esse manancial da superpopulação relativa. Mas seu fluxo constante para as cidades pressupõe no próprio campo uma população supérflua sempre latente, cuja dimensão só se torna visível quando, em situações excepcionais, se abrem todas as comportas dos canais de drenagem. Por isso, o trabalhador rural é rebaixado ao nível mínimo de salário e está sempre com um pé no pântano do pauperismo.

A terceira categoria de superpopulação relativa, a estagnada, constitui parte do exército de trabalhadores em ação, mas com ocupação totalmente irregular. Ela proporciona ao capital reservatório inesgotável de força de trabalho disponível. Sua condição de vida se situa abaixo do nível médio normal da classe trabalhadora, e justamente isso torna-a base ampla de ramos especiais de exploração do capital. Duração máxima de trabalho e o mínimo de salário caracterizam sua existência. Conhecemos já sua configuração principal, sob o nome de trabalho a domicílio. São continuamente recrutados para suas fileiras os que se tornam supérfluos na grande indústria e na agricultura, e notadamente nos ramos de atividade em decadência, nos quais o artesanato é destruído pela manufatura ou esta pela indústria mecânica. A superpopulação estagnada se amplia à medida que o incremento e a energia da acumulação aumentam o número dos trabalhadores supérfluos. Ela se reproduz e se perpetua, e é o componente da classe trabalhadora que tem, no crescimento global dela, uma participação relativamente maior que a dos demais componentes. Na realidade, a quantidade de nascimentos e óbitos e o tamanho absoluto das famílias estão na razão inversa do nível de salário e, portanto, da quantidade de meios de subsistência de que dispõem as diversas categorias de trabalhadores. Esta lei da sociedade capitalista não se encontra entre selvagens nem entre colonos civilizados. Lembra a reprodução em massa de espécies animais cujos indivíduos são débeis e constantemente perseguidos.[76]

Finalmente, o mais profundo sedimento da superpopulação relativa vegeta no inferno da indigência, do pauperismo. Pondo-se de lado os vagabundos, os criminosos, as prostitutas, o rebotalho do proletariado, em suma, essa camada social consiste em três categorias. Primeiro, os aptos para o trabalho. Basta olhar as estatísticas inglesas referentes ao pauperismo para se verificar que seu número aumenta em todas as crises e diminui quando os negócios se reanimam. Segundo, os órfãos e filhos de indigentes. Irão engrossar o exército industrial de reserva, e são recrutados rapidamente e em massa para o exército ativo dos trabalhadores em tempos de grande prosperidade, como em 1860, por exemplo. Terceiro, os degradados, desmoralizados, incapazes de trabalhar. São, notadamente, os indivíduos que sucumbem em virtude de sua incapacidade de adaptação, decorrente da divisão do trabalho; os que ultrapassam a idade normal de um trabalhador; e as vítimas da indústria, os mutilados, enfermos, viúvas etc., cujo número aumenta com as máquinas perigosas, as minas, as fábricas de produtos químicos etc. O pauperismo constitui o asilo dos inválidos do exército ativo dos trabalhadores e o peso morto do exército industrial de reserva. Sua produção e sua necessidade se compreendem na produção e na necessidade da superpopulação relativa, e ambos constituem condição de existência da produção capitalista e do desenvolvimento da riqueza. O pauperismo faz parte das despesas extras da produção capitalista, mas o capital arranja sempre um meio de transferi-las para a classe trabalhadora e para a classe média inferior.

Quanto maiores a riqueza social, o capital em função, a dimensão e energia de seu crescimento e consequentemente a magnitude absoluta do proletariado e da força produtiva de seu trabalho, tanto maior o exército industrial de reserva. A força de trabalho disponível é ampliada pelas mesmas causas que aumentam a força expansiva do capital. A magnitude relativa do exército industrial de reserva cresce portanto com as potências da riqueza, mas, quanto maior esse exército de reserva em relação ao exército ativo, tanto maior a massa da superpopulação consolidada, cuja miséria está na razão inversa do suplício de seu trabalho. E, ainda, quanto maiores essa camada de lázaros da classe trabalhadora e o exército industrial de reserva, tanto maior, usando-se a terminologia oficial, o pauperismo. *Esta é a lei geral, absoluta, da acumulação capitalista.* Como todas as outras leis, é modificada em seu funcionamento por muitas circunstâncias que não nos cabe analisar aqui.

[*O Capital*, Livro I, vol. 2, pp. 674-678, 714, 726-729, 730-735, 741-747]

13.10 A QUEDA DA TAXA DE LUCRO

[...] Então, esse aumento progressivo do capital constante em relação ao variável deve, necessariamente, ter por consequência *queda gradual na taxa geral de lucro*, desde que não varie a taxa de mais-valia ou o grau de exploração do trabalho pelo capital. Ora, vimos ser uma lei do modo de produção capitalista que, ao desenvolver-se ele, o capital variável decresce relativamente, comparado com o constante e, por conseguinte, com todo o capital posto em movimento. Em outras palavras, o mesmo número de trabalhadores, a mesma quantidade de força de trabalho, obtida por capital variável de valor determinado, em virtude dos métodos de produção peculiares que se desenvolvem dentro da produção capitalista, mobiliza, emprega, consome produtivamente, no mesmo espaço de tempo, massa crescente de meios de trabalho, de máquinas, de capital fixo de toda espécie, de matérias-primas e auxiliares, em suma, um capital constante com magnitude cada vez maior de valor. Esse gradual decréscimo relativo que o capital variável experimenta, confrontado com o constante e, portanto, com todo o capital, identifica-se com a ascensão progressiva da composição orgânica do capital social médio. É apenas outra maneira de expressar-se o desenvolvimento progressivo da produtividade social do trabalho, a qual se patenteia justamente na circunstância de o mesmo número de trabalhadores, no mesmo tempo, com o emprego crescente de máquinas, de capital fixo em geral, transformar em produtos quantidade maior de matérias-primas e auxiliares, havendo, portanto, redução de trabalho. A esse montante crescente do valor do capital constante — embora só de maneira longínqua represente ele o acréscimo da massa efetiva dos valores de uso que constituem materialmente o capital constante — corresponde redução crescente do preço do produto. Cada produto individual, isoladamente considerado, passa a conter quantidade menor de trabalho, tomando-se por termo de comparação estágios inferiores de produção, onde o capital desembolsado em trabalho é muito maior relativamente ao empregado em meios de produção. As equações que propusemos no início expressam, portanto, a tendência real da produção capitalista. Essa tendência produz, simultaneamente com o decréscimo relativo do capital variável em relação ao constante, cada vez mais elevada composição orgânica do capital global, daí resultando diretamente que a taxa de mais-valia, sem variar e mesmo elevando-se o grau de exploração do trabalho, se expresse em taxa geral de lucro em decréscimo contínuo (mais adiante, veremos por que esse decréscimo não se concretiza nessa forma absoluta, mas em tendência à queda progressiva). A tendência gradual, para cair, da taxa geral de lucro é, portanto, apenas expressão, *peculiar ao modo de produção capitalista*, do progresso da produtividade social do trabalho. A taxa de lucro pode, sem dúvida, cair em virtude de outras causas de natureza temporária, mas ficou demonstrado que é da essência do modo capitalista de produção, constituindo necessidade evidente, que, ao desenvolver-se ele, a taxa média geral da mais-valia tenha de exprimir-se em taxa geral cadente de lucro. A massa de trabalho vivo empregado decresce sempre em relação à massa de trabalho materializado que põe em movimento, à massa dos meios de produção produtivamente consumidos, inferindo-se daí que a parte não paga do trabalho vivo, a qual se concretiza em mais-valia, deve continuamente decrescer em relação ao montante de valor do capital global aplicado. Mas essa relação entre a massa de mais-valia e o valor de todo o capital aplicado constitui a taxa de lucro, que, por consequência, tem de ir diminuindo.

Embora a lei seja tão simples conforme se patenteia do exposto, nenhum economista conseguiu até hoje descobri-la, conforme veremos ulteriormente. [77] A economia política via a aparência, o fenômeno, e esgotava-se em tentativas de interpretação contraditórias. Dada a grande importância, porém, que essa lei tem para a produção capitalista, pode-se dizer que constitui o mistério em cuja solução se absorve a economia política desde Adam Smith, e que as diferentes escolas, depois dele, divergem nas tentativas de resolvê-lo. Mas, se ponderarmos que até hoje a economia política, embora vislumbrasse a diferença entre capital constante e variável, não chegou a formulá-la claramente; que nunca apresentou a mais-valia separada do lucro e a configurar o lucro em sua pureza, destacado de seus componentes diversos que ostentam autonomia recíproca, como lucro industrial, lucro comercial, juros, renda fundiária; que nunca analisou em seus fundamentos a variação da composição orgânica do capital e, por isso, tampouco a formação da taxa geral de lucro — deixa então de ser enigma a circunstância de não ter conseguido a solução desse mistério.

De propósito, apresentamos essa lei antes de tratar da dissociação do lucro em diversas categorias que se destacam entre si como entidades independentes. A circunstância desta exposição sobre a lei não depender da dissociação do lucro em diferentes partes que cabem a categorias diversas de pessoas demonstra desde logo a independência que a lei, em sua generalidade, tem daquela dissociação e das relações recíprocas, daí decorrentes, entre as categorias de lucro. O lucro de que ora falamos é apenas outro nome para a própria mais-valia, considerada em relação a todo o capital, e não em relação ao capital variável, donde deriva. A queda da taxa de lucro expressa, portanto, a proporção decrescente da própria mais-valia com o capital global adiantado e, por isso, não depende da distribuição, qualquer que ela seja, da mais-valia entre diversas categorias.

[...]

Patenteia-se aqui a lei já anteriormente apresentada:[78] com o decréscimo relativo do capital variável, portanto, com o desenvolvimento da produtividade social do trabalho, massa cada vez maior de capital é necessária para pôr em movimento a mesma quantidade de força de trabalho e extrair a mesma quantidade de trabalho excedente. Assim, na mesma proporção em que se desenvolve a produção capitalista, acentua-se a possibilidade de um excesso relativo da população trabalhadora, não por *decrescer*, mas por *acrescer* a força produtiva do trabalho social, por conseguinte, não por surgir desproporção essencial entre trabalho e meios de subsistência ou meios de produzi-los, mas por ocorrer desequilíbrio, oriundo da exploração capitalista do trabalho, entre o aumento progressivo do capital e o decréscimo relativo da necessidade que tem de população crescente.

Se a taxa de lucro diminui de 50%, reduz-se ela à metade, tendo o capital, portanto, de duplicar-se, para que não varie a massa de lucro. Para a massa de lucro ficar invariável ao decrescer a taxa de lucro, é necessário que o multiplicador que indica o aumento do capital global seja igual ao divisor que indica a diminuição da taxa de lucro. Se a taxa de lucro cai de 40 para 20, o capital global, inversamente, tem de elevar-se na razão de 20 para 40, a fim de que o resultado continue o mesmo. Se a taxa de lucro tiver caído de 40 para 8, teria o capital de aumentar na razão de 8 para 40, isto é, de quintuplicar-se. Um capital de 1.000.000 a 40% produz 400.000, e um capital de 5.000.000 a 8% produz os mesmos 400.000. Isto para o resultado ficar o mesmo, mas, se o objetivo é aumentá-lo, o capital tem de crescer em proporção maior do que aquela em que decresce a taxa de lucro. Noutras palavras: a fim de que a parte variável do capital global não fique a mesma, mas cresça em termos absolutos, embora se reduza sua percentagem em relação ao capital global, tem este de aumentar em proporção maior do que aquela em que diminui a percentagem do capital variável. Tem de crescer tanto que, em sua nova composição, precise de capital variável maior que o anterior para comprar força de trabalho. Se, de um capital = 100, a parte variável cair de 40 para 20, tem o capital total de elevar-se a mais de 200, para poder empregar capital variável superior a 40.

[...]

Ao mesmo tempo que baixa a taxa de lucro, aumenta a massa dos capitais, e, com esse aumento, vem depreciação do capital existente, a qual detém essa baixa e acelera a acumulação do valor-capital.

Ao desenvolver-se a produtividade, eleva-se a composição do capital, isto é, a parte variável decresce em relação à constante.

Essas diferentes tendências ora se positivam no espaço, umas ao lado das outras, ora no tempo, umas após outras; periodicamente, patenteia-se nas crises o conflito entre os elementos antagônicos. As crises não são mais do que soluções momentâneas e violentas das contradições existentes, erupções bruscas que restauram transitoriamente o equilíbrio desfeito.

Em termos bem genéricos, a antinomia consiste no seguinte: o modo capitalista de produção tende a desenvolver de maneira absoluta as forças produtivas, independentemente do valor, da mais-valia nele incluída e das condições sociais nas quais se efetua a produção capitalista, ao mesmo tempo que tem por finalidade manter o valor-capital existente e expandi-lo ao máximo (isto é, acelerar sempre o acréscimo desse valor). Caracteriza-o especificamente a circunstância de o valor-capital ser utilizado como meio de acrescer esse valor o máximo possível. Os métodos com que alcança esse objetivo implicam decréscimo da taxa de lucro, depreciação do capital existente e desenvolvimento das forças produtivas do trabalho à custa das forças produtivas já criadas.

A depreciação periódica do capital existente, meio imanente ao modo capitalista de produção de deter a queda da taxa de lucro e de acelerar acumulação do valor-capital pela formação de capital novo, perturba as condições dadas em que se efetua o processo de circulação e reprodução do capital e, assim, é acompanhada de paradas súbitas e crises do processo de produção.

A diminuição do capital variável em relação ao constante, a qual vem com o desenvolvimento das forças produtivas, incentiva o crescimento da população trabalhadora e, ao mesmo tempo, gera continuamente superpopulação artificial. A taxa cadente de lucro retarda a acumulação do capital, do ponto de vista do valor, acelerando-se a acumulação do valor de uso, enquanto esta, por sua vez, leva a acumulação, do ponto de vista do valor, a acelerar-se.

A produção capitalista procura sempre ultrapassar esses limites imanentes, mas ultrapassa-os apenas com meios que de novo lhe opõem esses mesmos limites, em escala mais potente.

A *barreira efetiva* da produção capitalista é o *próprio capital*: o capital e sua autoexpansão se patenteiam ponto de partida e meta, móvel e fim da produção; a produção existe para o *capital*, ao invés de os meios de produção serem apenas meios de acelerar continuamente o desenvolvimento do processo vital para a *sociedade* dos produtores. Os limites intransponíveis em que se podem mover a manutenção e a expansão do valor-capital, a qual se baseia na expropriação e no empobrecimento da grande massa dos produtores, colidem constantemente com os métodos de produção que o capital tem de empregar para atingir seu objetivo e que visam ao aumento ilimitado da produção, à produção como fim em si mesma, ao desenvolvimento incondicionado das forças produtivas sociais do trabalho. O meio — desenvolvimento ilimitado das forças produtivas sociais —, em caráter permanente, conflita com o objetivo limitado, a valorização do capital existente. Por conseguinte, se o modo capitalista de produção é um meio histórico para desenvolver a força produtiva social e criar o mercado mundial apropriado, é ele ao mesmo tempo a contradição permanente entre essa tarefa histórica e as relações sociais de produção que lhe correspondem.

[*O Capital*, Livro III, vol. 4, pp. 242-245, 254-255, 286-288]

13.11 O REINO DA LIBERDADE

Vimos[79] que o processo capitalista de produção é forma historicamente determinada do processo social de produção. Este abrange a produção das condições materiais da vida humana e ao mesmo tempo é processo que se desenvolve dentro de relações de produção específicas, histórico-econômicas, produzindo e reproduzindo essas relações de produção e, por conseguinte, os agentes desse processo, no contexto deles: as condições materiais de existência e as relações recíprocas, isto é, a forma econômica particular de sociedade que lhes corresponde. É que o conjunto das relações que os agentes da produção, produzindo dentro delas, mantêm entre si e com a natureza constitui justamente a sociedade, considerada em sua estrutura econômica. Como todos os anteriores, o processo capitalista de produção se efetua em certas condições materiais que ao mesmo tempo servem de suporte a determinadas relações sociais contraídas pelos indivíduos no processo de reprodução da vida. Aquelas condições e estas relações são, de um lado, requisitos prévios, e, do outro, resultados e criações do processo capitalista de produção; este as produz e reproduz. Vimos ainda que o capital — e o capitalista é o capital personificado, exercendo no processo de produção apenas a função de representante do capital —, no correspondente processo social de produção, extrai dos produtores diretos, ou seja, dos trabalhadores, determinada quantidade de trabalho excedente, de graça, trabalho excedente que, na essência, ainda é trabalho obtido por coerção, por mais que pareça resultar de livre estipulação contratual. Esse trabalho excedente é representado por mais-valia e esta se corporifica em produto excedente. Haverá sempre, necessariamente, trabalho excedente no sentido de trabalho que excede o nível das necessidades dadas. No sistema capitalista, no sistema escravista etc. reveste-se, entretanto, de forma antagônica e corresponde à mera ociosidade de fração da sociedade. Os seguros contra acidentes e a expansão progressiva do processo de reprodução, necessária e correspondente ao desenvolvimento das necessidades e ao crescimento demográfico, exigem determinada quantidade de trabalho excedente. Temos aí o que se chama de acumulação, no domínio capitalista. O capital, e este é um de seus aspectos civilizadores, extorque esse trabalho excedente de maneira e em condições que — para o desenvolvimento das forças produtivas, das relações sociais e para a criação dos elementos de nova estrutura superior — são mais vantajosas que as vigentes nas formas anteriores como a escravatura e a servidão. Assim atingir-se-á estágio em que não haverá coação para o progresso social nem o monopólio dele (abrangendo as vantagens materiais e intelectuais), coação e monopólio que um segmento da sociedade exerce à custa do outro. Ademais, o trabalho excedente cria os meios materiais e o germe de uma situação que, em forma superior da sociedade, possibilitam a esse trabalho excedente situar-se dentro de tempo mais limitado do trabalho material. É que, dependendo do desenvolvimento da produtividade do trabalho, o trabalho excedente pode ser grande em pequena jornada ou relativamente pequeno em grande jornada. Se o tempo de trabalho necessário = 3, e o trabalho excedente = 3, será a jornada toda = 6, e a taxa de trabalho excedente = 100%. Se o trabalho necessário = 9, e o trabalho excedente = 3, será a jornada toda = 12, e a taxa de trabalho excedente, de $33 \frac{1}{3}$ % apenas. Mas, a seguir, depende da produtividade do trabalho a quantidade de valor de uso que se produz em determinado tempo e, por conseguinte, também em dado tempo de trabalho excedente. A riqueza efetiva da sociedade e a possibilidade de ampliar sempre o processo de reprodução dependem não da duração do trabalho excedente e sim da produtividade deste e do grau de eficiência das condições de produção em que se efetua. De fato, o reino da liberdade começa onde o trabalho deixa de ser determinado por necessidade e por utilidade exteriormente imposta; por natureza, situa-se além da esfera da produção material propriamente dita. O selvagem tem de lutar com a natureza para satisfazer as necessidades, para manter e reproduzir a vida, e o mesmo tem de fazer o civilizado, sejam quais forem a forma de sociedade e o modo de produção. Acresce, desenvolvendo-se, o reino do imprescindível. É que aumentam as necessidades, mas, ao mesmo tempo, ampliam-se as forças produtivas para satisfazê-las. A liberdade nesse domínio só pode consistir nisto: o homem social, os produtores associados regulam racionalmente o intercâmbio material com a natureza, controlam-no coletivamente, sem deixar que ele seja a força cega que os domina; efetuam-no com o menor dispêndio de energias e nas condições mais adequadas e mais condignas com a natureza humana. Mas esse esforço situar-se-á sempre no reino da necessidade. Além dele começa o desenvolvimento das forças humanas como um fim em si mesmo, o reino genuíno da liberdade, o qual só pode florescer tendo por base o reino da necessidade. E a condição fundamental desse desenvolvimento humano é a redução da jornada de trabalho.

[*O Capital*, Livro III, vol. 6, pp. 940-942]

13.12 TRABALHO PRODUTIVO NO SISTEMA DE PRODUÇÃO CAPITALISTA

Só o tacanho espírito burguês, que considera absolutas e portanto formas naturais eternas as formas capitalistas de produção, pode confundir estas duas perguntas — que é *trabalho produtivo* do ponto de vista do capital e que trabalho é em geral produtivo ou que é trabalho produtivo em geral — e assim ter-se na conta de muito sábio, ao responder que todo trabalho que produza alguma coisa, um resultado qualquer, por isso mesmo é trabalho produtivo.

Primeiro: Só o trabalho que se transforma diretamente em capital *é produtivo*; portanto, só trabalho que faz do capital variável magnitude variável e, em consequência, torna o capital total $C = C + \Delta$.[80] Se o capital variável, antes de se trocar por trabalho, for igual a x, de modo a se estabelecer a equação y = x, é produtivo o trabalho que converte x a x + h e por conseguinte faz y = x, y' = x + h. Este, o primeiro ponto a elucidar: trabalho que produz mais-valia ou que é força que permite ao capital criar mais-valia, assumir a figura de capital, de valor que cresce por si mesmo.

Segundo: As forças produtivas sociais e gerais do trabalho são forças produtivas do capital. Mas essas forças produtivas só concernem ao processo de trabalho ou só dizem respeito ao valor de uso. Representam propriedades inerentes ao capital como coisa, seu valor de uso. Não influenciam diretamente o *valor de troca*. Trabalhem 100 pessoas em conjunto ou cada uma delas de por si, o valor de seu produto é igual a 100 jornadas de trabalho, seja qual for a quantidade de produtos em que se represente; isto é, não importa a produtividade do trabalho.

De um modo apenas, a variação na produtividade do trabalho influi no valor de troca:

Se a produtividade do trabalho, por exemplo, se desenvolve num ramo particular de atividade, digamos, não constitui mais exceção na tecelagem substituir os teares manuais pelos mecânicos, exigindo a produção de uma jarda de tecido por tear mecânico metade apenas do tempo requerido pelo manual, então 12 horas de um tecelão manual não representam mais um valor de 12 horas e sim de 6, pois agora o tempo de trabalho *necessário* se reduziu para 6 horas. As 12 horas do tecelão manual só configuram 6 horas de tempo de trabalho social, embora ele trabalhe 12 como dantes.

Mas não é desse assunto que se trata aqui. Tome-se, ao contrário, outro ramo de produção, por exemplo, tipografia, onde ainda não se emprega maquinaria. Nesse ramo, 12 horas produzem tanto *valor* quanto 12 horas em ramos de produção em que a maquinaria tem desenvolvimento máximo. Por conseguinte, o trabalho que produz *valor* continua sempre a ser trabalho do *indivíduo*, mas se expressa na forma de *trabalho geral*. O trabalho produtivo — como trabalho que produz valor — confronta, por isso, o capital sempre na forma de trabalho da força de trabalho individual, do *trabalhador isolado*, sejam quais forem as combinações sociais de que participem esses trabalhadores no processo de produção. Assim, enquanto o capital representa perante o trabalhador a força produtiva social do trabalho, o trabalho produtivo representa sempre perante o capital nada mais que o trabalho do *trabalhador isolado*.

Terceiro: Se parecem ser propriedade natural do capital, oriunda portanto de seu valor de uso, extorquir trabalho excedente e apropriar-se das forças produtivas sociais do trabalho, ao revés parece ser propriedade natural do trabalho gerar as próprias forças produtivas sociais como forças produtivas do capital, e o próprio produto excedente como mais-valia, autovalorização do capital.

É mister desenvolver agora esses três pontos e daí inferir a diferença entre trabalho produtivo e improdutivo.

Quanto ao primeiro ponto, a produtividade do capital consiste em contrapor-se ele ao trabalho convertido em trabalho assalariado, e a do trabalho em contrapor-se aos meios de trabalho convertidos em capital.

Vimos que dinheiro se torna capital, isto é, dado valor de troca se converte em valor de troca que acresce a si mesmo, em valor adicionado de mais-valia, em virtude de parte dele transformar-se em mercadorias que servem de meios de trabalho para o trabalho (matérias-primas, instrumentos, em suma, as condições materiais de trabalho), e parte aplicar-se na compra de força de trabalho. Entretanto, não é essa primeira troca entre o dinheiro e a força de trabalho, ou a mera compra desta, que transforma o dinheiro em capital. Essa compra incorpora ao capital o uso da força de trabalho por determinado tempo ou torna determinada quantidade de trabalho vivo um dos modos de existência, a enteléquia, por assim dizer, do próprio capital.

No processo de produção efetivo, o trabalho vivo se transforma em capital, ao reproduzir o salário — portanto, o valor do capital variável — e ainda gerar mais-valia; e por meio desse processo de transformação, a soma toda em dinheiro se converte em capital, embora a parte que varia diretamente seja apenas a desembolsada em salário. O valor, se era igual a $c + v$, é igual agora a $c + (v + x)$, o mesmo que $(c + v) + x$;[81] quer dizer, a soma original de dinheiro, a magnitude de valor, expandiu-se, revelou-se valor que ao mesmo tempo se conserva e acresce.

(Cabe observar aqui: a circunstância de só a *parte variável* do capital produzir acréscimo em nada altera o fato de aparecer expandida, por meio desse processo, a totalidade do valor original, de ficar ela acrescida de mais-valia, de se transformar portanto em capital toda a soma original de dinheiro. É que o valor original = $c + v$ (capital constante e capital variável) no processo torna-se $c + (v + x)$; o último termo é a parte reproduzida que surgiu pela transformação do trabalho vivo em trabalho materializado, transformação que é motivada e introduzida pela troca de v por força de trabalho ou por sua conversão em salário. Mas c +(v + x) = c + v (o capital original) + x. Ademais, a conversão de v em v + x e, portanto, de (c + v) em (c + v) + x só pode ocorrer quando parte do dinheiro se transforma em c. Uma parte só pode transformar-se em capital *variável* quando a outra se transforma em capital constante.)

No processo de produção efetivo, o trabalho se converte realmente em capital, mas essa conversão depende da troca originária entre dinheiro e força de trabalho. Só em virtude dessa conversão *direta* de trabalho em trabalho *materializado* pertencente não ao trabalhador e sim ao capitalista é que o dinheiro se converte em capital, inclusive a parte dele que assumiu a forma de meios de produção, de condições de trabalho. Antes, o dinheiro — exista na própria forma ou forma de mercadorias (produtos) adequadas para servir de meios de produção de novas mercadorias — é capital apenas *em si*.[82]

Só a apontada *relação* definida com o trabalho transforma o dinheiro ou a mercadoria em capital, e é *trabalho produtivo* o trabalho que, por meio dessa relação que mantém com as condições de produção e a que corresponde determinado comportamento no processo de produção efetivo — transforma dinheiro ou mercadoria em capital, isto é, conserva e acresce o valor do trabalho materializado, que se tornou independente em relação à força de trabalho. Trabalho produtivo é uma abreviação para designar o conjunto do relacionamento e dos modos em que a força de trabalho figura no processo capitalista de produção. É da maior importância, porém, distingui-lo de *outras* espécies de trabalho, pois essa distinção exprime a especificidade da forma do trabalho sobre que repousam o modo capitalista de produção por inteiro e o próprio capital.

Trabalho produtivo portanto é o que — no sistema de produção capitalista — produz *mais-valia* para o empregador ou que transforma as condições materiais de trabalho em capital e o dono delas em capitalista, por conseguinte trabalho que produz o próprio produto como capital.

Assim, ao falar de *trabalho produtivo*, falamos de trabalho *socialmente definido*, trabalho que envolve relação bem determinada entre o comprador e o vendedor do trabalho.

Embora o dinheiro nas mãos do comprador da força de trabalho — ou, se se expressa em mercadoria, os meios de produção e os meios de subsistência do trabalhador — só se torne capital por meio do processo, só neste se converta em capital, e essas coisas não sejam capital antes de entrar no processo, mas apenas se destinem a ser capital, são elas, entretanto, capital *em si*. São capital em virtude da forma autônoma com que confrontam a força de trabalho e esta as confronta, uma relação que motiva e assegura a troca com a força de trabalho e o processo daí decorrente da conversão real do trabalho em capital. Têm de antemão, em face dos trabalhadores, a *destinação social* que as torna capital e lhes dá o comando sobre o trabalho. Por isso, com respeito ao trabalho, são *precondições* na forma de capital.

Assim, podemos designar de *trabalho produtivo* o que se troca diretamente por *dinheiro na qualidade de capital* ou, apenas abreviando, o que diretamente se troca por *capital*, isto é, por dinheiro que *em si* é capital, tem a destinação de funcionar como capital, ou que, na qualidade de capital, enfrenta a força de trabalho. Na expressão trabalho que se troca *diretamente* por *capital* está implícito que o trabalho se troca por dinheiro como *capital* e efetivamente se converte em capital. A determinação *do caráter imediato* dessa troca é matéria que logo veremos mais de perto.

Trabalho produtivo é portanto o que, para o trabalhador, apenas reproduz o valor previamente determinado de sua força de trabalho, mas, como atividade geradora de valor, acresce o valor do capital, ou contrapõe ao próprio trabalhador os valores que criou na forma de capital.

[*Teorias da mais-valia*, vol. 1, pp. 388-391]

14. A Comuna de Paris*

A Comuna de Paris

---

*A Comuna de Paris — para Marx, autêntico "assalto ao céu" — foi objeto da análise marxiana que, na sequência das *mensagens* de Marx sobre a guerra franco-prussiana, redigidas em nome do Conselho Geral da Associação Internacional dos Trabalhadores, louvou o espírito revolucionário dos operários parisienses e denunciou a repressão e a infâmia da ação de Thiers e dos *versalheses*. Já elaborados em maio de 1871, os textos serão logo depois publicados no opúsculo *A guerra civil na França* — e o excerto aqui reproduzido, titulado pelo organizador deste volume, foi dele retirado. Extraído de K. Marx e F. Engels, *Obras escolhidas em três volumes* (Rio de Janeiro: Editorial Vitória, vol. 2, 1961, pp. 80-92. Tradução de Almir Matos). As notas indicadas por *N. da E. B.* são do tradutor; as assinaladas como *N. da R.* provêm das edições organizadas em Moscou pelo extinto Instituto Marx-Engels-Lenin.

[...]
    Ao alvorecer de 18 de março de 1871,[1] Paris foi despertada com o clamor: *"Viva a Comuna!"* Que é a Comuna, essa esfinge que tanto atormenta os espíritos burgueses?

    "Os proletários de Paris — dizia o manifesto do Comitê Central de 18 de março —, em meio aos fracassos e às traições das classes dominantes, compreenderam que chegou o momento de salvar a situação tomando em suas mãos a direção dos negócios públicos [...]. Compreenderam que é seu dever imperioso e seu direito incontestável tornar-se donos de seus próprios destinos, tomando o Poder." Mas a classe operária não pode limitar-se simplesmente a se apossar da máquina do Estado tal como se apresenta e servir-se dela para seus próprios fins.

    O poder estatal centralizado, com seus órgãos onipotentes — o exército permanente, a polícia, a burocracia, o clero e a magistratura, órgãos criados segundo um plano de divisão sistemática e hierárquica do trabalho —, procede dos tempos da monarquia absoluta e serviu à nascente sociedade burguesa como uma arma poderosa em suas lutas contra o feudalismo. Entretanto, seu desenvolvimento foi entravado por todo tipo de rebotalhos medievais: direitos senhoriais, privilégios locais, monopólios municipais e corporativos, códigos provinciais. A escova gigantesca da Revolução Francesa do século XVIII varreu todas essas relíquias de tempos passados, limpando assim, ao mesmo tempo, o solo da sociedade dos últimos obstáculos que se erguiam ante a superestrutura do edifício do Estado moderno, erigido sobre o Primeiro Império, que por sua vez era fruto das guerras de coalizão da velha Europa semifeudal contra a França moderna. Durante os regimes seguintes, o governo, colocado sob o controle do Parlamento — isto é, sob o controle direto das classes possuidoras —, não só se converteu num viveiro de enormes dívidas nacionais e de impostos esmagadores, mas, com a sedução irresistível de seus cargos, proteções e empregos, acabou por ser a maçã da discórdia entre as facções rivais e os aventureiros das classes dominantes; por outro lado, seu caráter político mudava simultaneamente com as mudanças econômicas operadas na sociedade. À medida que os progressos da moderna indústria desenvolviam, ampliavam e aprofundavam o antagonismo de classe entre o capital e o trabalho, o poder do Estado foi adquirindo cada vez mais o caráter de poder nacional do capital sobre o trabalho, de força pública organizada para a escravização social, de máquina do despotismo de classe. Depois de cada revolução, que assinala um passo adiante na luta de classes, revela-se com traços cada vez mais nítidos o caráter puramente repressivo do poder do Estado. A revolução de 1830, ao traduzir-se na passagem do governo das mãos dos latifundiários para as mãos dos capitalistas, o que fez foi transferi-lo dos inimigos mais remotos para os inimigos mais diretos da classe operária. Os burgueses republicanos, que se apoderaram do poder do Estado em nome da Revolução de Fevereiro, dele fizeram uso para as matanças de junho, para provar à classe operária que a República "social" é a República que assegura sua submissão social e para convencer a massa monárquica dos burgueses e latifundiários que podia entregar aos "republicanos" burgueses as inquietações e encargos do governo. Entretanto, depois de sua primeira e heroica façanha de junho, os republicanos burgueses tiveram que passar das primeiras linhas para a retaguarda do "partido da ordem", coalizão formada por todas as frações e facções rivais da classe apropriadora, em seu antagonismo, agora franco e manifesto, com a classe produtora. A forma mais adequada para esse governo por ações era a *República parlamentar*, com Luís Bonaparte por presidente. Foi esse um regime de franco terrorismo de classe e de insulto deliberado contra a *vile multitude*.[2] Se a República parlamentar, como dizia M. Thiers, era "a que menos as dividia" (as diversas frações da classe dominante), abria em troca um abismo entre essa classe e o conjunto da sociedade que se situava fora de suas reduzidas fileiras. Sua união vinha eliminar as restrições que as discórdias impunham ao poder do Estado sob regimes anteriores e, ante a ameaça de um isolamento do proletariado, serviam-se do poder estatal, sem piedade e com ostentação, como de uma máquina nacional de guerra do capital contra o trabalho. Mas essa cruzada ininterrupta contra as massas produtoras obrigava-as não só a revestir o poder executivo de faculdades de repressão cada vez maiores, mas, ao mesmo tempo, a despojar o seu próprio baluarte parlamentar — a Assembleia Nacional —, um por um, de todos os seus meios de defesa contra o poder executivo. Até que este, na pessoa de Luís Bonaparte, deu-lhes um pontapé. O fruto natural da República do "partido da ordem" foi o Segundo Império.

O Império, tendo o golpe de Estado por certidão de nascimento, o sufrágio universal por sanção e a espada por cetro, declarava apoiar-se nos camponeses, ampla massa de produtores não envolvida diretamente na luta entre o capital e o trabalho. Dizia que salvava a classe operária destruindo o parlamentarismo e, com ele, a descarada submissão do governo às classes possuidoras. Dizia que salvava as classes possuidoras mantendo de pé sua supremacia econômica sobre a classe operária; e, finalmente, pretendia unir todas as classes, ao ressuscitar para todos a quimera da glória nacional. Em realidade, era a única forma de governo possível, num momento em que a burguesia já havia perdido a capacidade para governar o país e a classe operária ainda não a havia adquirido. O Império foi aclamado de um extremo ao outro do mundo como o salvador da sociedade. Sob sua égide, a sociedade burguesa, livre de preocupações políticas, atingiu um desenvolvimento que nem ela mesma esperava. Sua indústria e seu comércio adquiriram proporções gigantescas; a especulação financeira realizou orgias cosmopolitas; a miséria das massas ressaltava sobre a ultrajante ostentação de um luxo suntuoso, falso e vil. O poder estatal, que aparentemente flutuava acima da sociedade, era de fato o seu maior escândalo e o viveiro de todas as suas corrupções. Sua podridão e a podridão da sociedade que ele salvou foram postas a nu pela baioneta da Prússia, que por sua vez ardia em desejos de trasladar esse regime de Paris para Berlim. O imperialismo[3] é a forma mais prostituída e, ao mesmo tempo, a última forma daquele poder estatal que a sociedade burguesa nascente havia começado a criar como meio para emancipar-se do feudalismo e que a sociedade burguesa adulta acabou transformando em um meio para a escravização do trabalho pelo capital.

Antítese direta do Império era a Comuna. O brado de "República social", com que a Revolução de Fevereiro foi anunciada pelo proletariado de Paris, não expressava mais que o vago desejo de uma República que não acabasse com a forma monárquica da dominação de classe, mas com a própria dominação de classe. A Comuna era a forma positiva dessa República.

Paris, sede central do velho poder governamental e, ao mesmo tempo, baluarte social da classe operária da França, levantara-se em armas contra a tentativa de Thiers e dos "rurais" de restaurar e perpetuar aquele velho poder que lhes havia sido legado pelo Império. E se Paris pôde resistir foi unicamente porque, em consequência do assédio, desfizera o exército, substituindo-o por uma Guarda Nacional, cujo principal contingente era formado pelos operários. Trata-se agora de transformar esse fato numa instituição duradoura. Por isso, o primeiro decreto da Comuna foi no sentido de suprimir o exército permanente e substituí-lo pelo povo armado.

A Comuna era composta de conselheiros municipais eleitos por sufrágio universal nos diversos distritos da cidade. Eram responsáveis e substituíveis a qualquer momento. A Comuna devia ser não um órgão parlamentar, mas uma corporação de trabalho, executiva e legislativa ao mesmo tempo. Em vez de continuar sendo um instrumento do governo central, a polícia foi imediatamente despojada de suas atribuições políticas e convertida num instrumento da Comuna, responsável perante ela e demissível a qualquer momento. O mesmo foi feito em relação aos funcionários dos demais ramos da administração. A partir dos membros da Comuna, todos que desempenhavam cargos públicos deviam receber *salários de operários*. Os interesses criados e as despesas de representação dos altos dignitários do Estado desapareceram com os próprios altos dignitários. Os cargos públicos deixaram de ser propriedade privada dos testas de ferro do governo central. Nas mãos da Comuna concentrou-se não só a administração municipal, mas toda iniciativa exercida até então pelo Estado.

Uma vez suprimidos o exército permanente e a polícia, que eram os elementos da força física do antigo governo, a Comuna estava impaciente por destruir a força espiritual de repressão, o "poder dos padres", decretando a separação da Igreja do Estado e a expropriação de todas as Igrejas como corporações possuidoras. Os padres foram devolvidos ao retiro da vida privada, a viver dos óbulos dos fiéis, como seus antecessores, os apóstolos. Todas as instituições de ensino foram abertas gratuitamente ao povo e ao mesmo tempo emancipadas de toda intromissão da Igreja e do Estado. Assim, não somente se punha o ensino ao alcance de todos, mas a própria ciência se redimia dos entraves criados pelos preconceitos de classe e pelo poder do governo.

Os funcionários judiciais deviam perder aquela fingida independência que só servira para disfarçar sua abjeta submissão aos sucessivos governos, aos quais iam prestando sucessivamente, e violando também sucessivamente, o juramento de fidelidade. Assim como os demais funcionários públicos, os magistrados e juízes deviam ser funcionários eletivos, responsáveis e demissíveis.

Como é lógico, a Comuna de Paris havia de servir de modelo a todos os grandes centros industriais da França. Uma vez estabelecido em Paris e nos centros secundários o regime comunal, o antigo governo centralizado teria que ceder lugar também nas províncias ao governo dos produtores pelos produtores. No breve esboço de organização nacional que a Comuna não teve tempo de desenvolver, diz-se claramente que a Comuna devia ser a forma política inclusive das menores aldeias do país e que nos distritos rurais o exército permanente devia ser substituído por uma milícia popular, com um tempo de serviço extraordinariamente curto. As comunas rurais de cada distrito administrariam seus assuntos coletivos por meio de uma assembleia de delegados na capital do distrito correspondente e essas assembleias, por sua vez, enviariam deputados à delegação nacional em Paris, entendendo-se que todos os delegados seriam substituíveis a qualquer momento e comprometidos com um mandato imperativo (instruções) de seus eleitores. As poucas, mas importantes, funções que restavam ainda a um governo central não se suprimiriam, como se disse, falseando propositadamente a verdade, mas seriam desempenhadas por agentes comunais e, portanto, estritamente responsáveis. Não se tratava de destruir a unidade da nação, mas, ao contrário, de organizá-la mediante um regime comunal, convertendo-a numa realidade ao destruir o poder estatal, que pretendia ser a encarnação daquela unidade, independente e situado acima da própria nação, em cujo corpo não era mais que uma excrescência parasitária. Enquanto que os órgãos puramente repressivos do velho poder estatal deviam ser amputados, suas funções legítimas deviam ser arrancadas a uma autoridade que usurpava uma posição preeminente sobre a própria sociedade, para restituí-la aos servidores responsáveis dessa sociedade. Em lugar de decidir uma vez, cada três ou seis anos, que membros da classe dominante devem representar[4] e esmagar o povo no Parlamento, o sufrágio universal deveria servir ao povo organizado em comunas, do mesmo modo que o sufrágio individual serve aos patrões que procuram operários e administradores para seus negócios. E é um fato perfeitamente conhecido que tanto as companhias como os indivíduos, quando se trata de negócios, sabem geralmente colocar cada homem no lugar que lhe cabe e, se erram alguma vez, reparam o erro com presteza. Por outro lado, nada podia ser mais alheio ao espírito da Comuna do que substituir o sufrágio universal por uma investidura hierárquica.

Em geral, as criações históricas completamente novas estão destinadas a ser tomadas como uma reprodução de formas velhas, e mesmo mortas, da vida social, com as quais podem ter certa semelhança. Assim, essa nova Comuna, que vem destruir o poder estatal moderno, foi confundida com uma reprodução das comunas medievais, que precederam imediatamente esse poder estatal e logo lhe serviram de base. O regime comunal foi erroneamente considerado como uma tentativa de fracionar numa federação de pequenos Estados, como sonhavam Montesquieu e os girondinos, aquela unidade das grandes nações que, se em suas origens foi instaurada pela violência, se converteu num poderoso fator da produção social. O antagonismo entre a Comuna e o poder do Estado tem sido apresentado como uma forma exagerada da velha luta contra o excessivo centralismo. Circunstâncias peculiares podem em outros países ter impedido o desenvolvimento clássico da forma burguesa de governo ao modo francês e ter permitido, como na Inglaterra, completar na cidade os grandes órgãos centrais do Estado com assembleias paroquiais (*vestries*) corrompidas, conselheiros negocistas e ferozes administradores da beneficência e, no campo, com juízes virtualmente hereditários. O regime comunal teria devolvido ao organismo social todas as forças que até então vinham sendo absorvidas pelo Estado parasitário, que se nutre às custas da sociedade e freia seu livre movimento. Bastaria esse fato apenas para dar início à regeneração da França. A burguesia provinciana da França via na Comuna uma tentativa para restaurar o predomínio que ela havia exercido sobre o campo sob Luís Felipe e que, sob Luís Napoleão, fora suplantado pelo suposto predomínio do campo sobre a cidade. Em realidade, o regime comunal colocava os produtores do campo sob a direção ideológica das capitais de seus distritos, oferecendo-lhes, nos operários da cidade, os representantes naturais de seus interesses. A simples existência da Comuna implicava, como algo evidente, um regime de autonomia local, porém já não como contrapeso a um poder estatal, que agora era supérfluo. Só na cabeça de um Bismarck que, quando não está metido em suas intrigas de sangue e de ferro, gosta de voltar à sua antiga ocupação, que tão bem corresponde a seu calibre mental, de colaborador do *Kladderadatsch* (o *Punch* de Berlim)[5] — só numa cabeça como essa poderia caber ao atribuir à Comuna de Paris a aspiração de reproduzir aquela caricatura da organização municipal francesa de 1791, que é a organização municipal da Prússia, onde a administração das cidades fica rebaixada ao papel de simples engrenagem secundária do aparelho policial do Estado prussiano. A Comuna converteu numa realidade essa palavra de ordem das revoluções burguesas, que é um "governo barato", ao destruir os dois grandes fatores de gastos: o exército permanente e a burocracia do Estado. Sua existência mesma pressupunha a não existência da monarquia que, pelo menos na Europa, é o apoio normal e o disfarce indispensável da dominação de classe. A Comuna dotou a República de uma base de instituições realmente democráticas. Mas nem o "governo barato" nem a "verdadeira República" constituíam sua meta final. Não eram senão seus corolários.

A variedade de interpretações a que tem sido submetida a Comuna e a variedade de interesses que a explicam em seu benefício demonstram que era uma forma política perfeitamente flexível, diferentemente das formas anteriores de governo, todas elas fundamentalmente repressivas. Eis o seu verdadeiro segredo: a Comuna era, essencialmente, um governo da classe operária, fruto da luta da classe produtora contra a classe apropriadora, a forma política afinal descoberta para levar a cabo a emancipação econômica do trabalho.

Sem essa última condição, o regime comunal teria sido uma impossibilidade e uma impostura. A dominação política dos produtores é incompatível com a perpetuação de sua escravidão social. A Comuna devia servir de alavanca para extirpar os fundamentos econômicos sobre os quais se apoia a existência das classes e, por conseguinte, a dominação de classe. Uma vez emancipado o trabalho, todo homem se converte em trabalhador e o trabalho produtivo deixa de ser um atributo de classe.

É um fato estranho. Apesar de tudo o que se falou e se escreveu, com tamanha profusão, durante os últimos sessenta anos, a respeito da emancipação do trabalho, mal os operários, não importa onde, tomam o problema em suas mãos, volta logo a ressoar toda a fraseologia apologética dos porta-vozes da sociedade atual, com os seus dois polos, o capital e a escravidão assalariada (hoje, o latifundiário não é mais do que o sócio comanditário do capitalista), como se a sociedade capitalista se achasse ainda em seu mais puro estado de inocência virginal, com seus antagonismos ainda em germe, com suas ilusões ainda encobertas, com suas prostituídas realidades ainda não desnudadas. A Comuna — exclamam — pretende abolir a propriedade, base de toda civilização! Sim, cavalheiros, a Comuna pretendia abolir essa propriedade de classe que converte o trabalho de muitos na riqueza de uns poucos. A Comuna aspirava à expropriação dos expropriadores. Queria fazer da propriedade individual uma realidade, transformando os meios de produção, a terra e o capital, que hoje são fundamentalmente meios de escravização e exploração do trabalho, em simples instrumentos de trabalho livre e associado. Mas isso é o comunismo, o "irrealizável" comunismo! Contudo, os indivíduos das classes dominantes bastante inteligentes para perceber a impossibilidade de perpetuar o sistema atual — e não são poucos — erigiram-se nos apóstolos enfadonhos e prolixos da produção cooperativa. Se a produção cooperativa for algo mais que uma impostura e um ardil; se há de substituir o sistema capitalista; se as sociedades cooperativas unidas regularem a produção nacional segundo um plano comum, tomando-a sob seu controle e pondo fim à anarquia constante e às convulsões periódicas, consequências inevitáveis da produção capitalista — que será isso, cavalheiros, senão comunismo, comunismo "realizável"?

A classe operária não esperava da Comuna nenhum milagre. Os operários não têm nenhuma utopia já pronta para introduzir "par décret du peuple".[6] Sabem que para conseguir sua própria emancipação, e com ela essa forma superior de vida para a qual tende irresistivelmente a sociedade atual, por seu próprio desenvolvimento econômico, terão que enfrentar longas lutas, toda uma série de processos históricos que transformarão as circunstâncias e os homens. Eles não têm que realizar nenhum ideal, mas simplesmente libertar os elementos da nova sociedade que a velha sociedade burguesa agonizante traz em seu seio. Plenamente consciente de sua missão histórica e heroicamente decidida a atuar de acordo com ela, a classe operária pode sorrir diante das grosseiras invectivas dos lacaios da pena e do patronato recheado de doutrinas burguesas de beneficência, que derramam suas ignorantes vulgaridades e suas fantasias sectárias com um tom sibilino de infalibilidade científica.

Quando a Comuna de Paris tomou em suas próprias mãos a direção da revolução; quando, pela primeira vez na história, os simples operários se atreveram a violar o monopólio de governo de seus "superiores naturais" e, em circunstâncias extraordinariamente difíceis, realizaram seu trabalho de modo modesto, consciente e eficaz, com salários o mais alto dos quais representava uma quinta parte da soma que, segundo uma alta autoridade científica,[7] é o vencimento mínimo do secretário de um conselho escolar de Londres, o velho mundo contorceu-se em convulsões de raiva ante o espetáculo da Bandeira Vermelha, símbolo da República do Trabalho, ondeando sobre o *Hôtel de Ville*.

No entanto, era essa a primeira revolução em que a classe operária foi abertamente reconhecida como a única classe capaz de iniciativa social, inclusive pela grande massa da classe média parisiense — lojistas, artesãos, comerciantes — com a única exceção dos capitalistas ricos. A Comuna os salvou, mediante uma sagaz solução da permanente fonte de discórdias dentro da própria classe média: o conflito entre credores e devedores.[8] Esses mesmos elementos da classe média, depois de haver colaborado no esmagamento da insurreição operária de junho de 1848, foram sacrificados sem cerimônia aos seus credores pela Assembleia Constituinte de então. Mas não foi esse o único motivo que os levou a cerrar fileiras em torno da classe operária. Sentiam que tinham de escolher entre a Comuna e o Império, qualquer que fosse o rótulo sob o qual este ressuscitasse. O Império arruinara-os economicamente, com sua dilapidação da riqueza pública, com a escroqueria financeira que fomentou e com o apoio prestado à centralização artificialmente acelerada do capital, que pressupunha a expropriação de muitos dos seus componentes. Suprimira-os politicamente e os escandalizara moralmente com suas orgias; insultara o seu voltairianismo ao entregar a educação de seus filhos aos *frères ignorantins*,[9] e sublevara seu sentimento nacional de franceses ao lançá-los precipitadamente a uma guerra que só ofereceu uma compensação para os desastres causados: a queda do Império. Com efeito, logo que a alta "boemia" bonapartista e capitalista fugiu de Paris, o autêntico partido da ordem da classe média surgiu sob a forma de "União Republicana", colocou-se sob a bandeira da Comuna e pôs-se a defendê-la contra as desfigurações premeditadas de Thiers. Só o tempo dirá se a gratidão dessa grande massa da classe média resistirá às duras provas atuais.

A Comuna tinha toda razão quando dizia aos camponeses: "Nossa vitória é a vossa única esperança." De todas as mentiras incubadas em Versalhes e difundidas pelos ilustres mercenários da imprensa europeia, uma das mais tremendas era a de que os "rurais" representavam o campesinato francês. Imaginai o amor que sentiriam os camponeses da França pelos homens a quem, depois de 1815, foram obrigados a pagar um bilhão de indenização! Aos olhos do camponês da França, a simples existência de grandes latifundiários já é uma usurpação de suas conquistas de 1789. Em 1848, a burguesia gravou seu lote de terra com o imposto adicional de 45 cêntimos por franco, mas então o fazia em nome da revolução, enquanto que agora fomentava uma guerra civil contra a revolução, para lançar sobre os ombros dos camponeses a carga principal dos cinco bilhões de indenização que devia pagar aos prussianos. De outro lado, a Comuna declarava, em uma de suas primeiras proclamações, que as despesas da guerra deviam ser pagas pelos seus verdadeiros responsáveis. A Comuna teria redimido o camponês da contribuição de sangue, ter-lhe-ia dado um governo barato, teria convertido os que hoje são seus vampiros — o tabelião, o advogado, o coletor e outros dignitários judiciais que lhe sugam o sangue — em empregados comunais assalariados, eleitos por ele e responsáveis ante ele. Tê-lo-ia libertado da tirania do guarda-florestal, do gendarme e do prefeito; o ensino pelo mestre escolar francês teria substituído o embrutecimento pelo cura. E o camponês francês é, antes de tudo, um homem que calcula. Ele consideraria extremamente razoável que o pagamento do padre, em vez de ser arrancado dele pelo cobrador de impostos, dependesse exclusivamente dos sentimentos religiosos dos paroquianos. Tais eram os grandes benefícios que o regime da Comuna — e só ele — oferecia como coisa imediata aos camponeses da França. Seria supérfluo, portanto, fazer aqui um exame detido dos problemas mais complexos, mais vitais, que só a Comuna era capaz de resolver — e que, ao mesmo tempo, estava obrigada a resolver — em favor dos camponeses, a saber: a dívida hipotecária, que pesava como uma maldição sobre seu pedaço de terra; o proletariado do campo, que crescia constantemente, e o processo de sua expropriação da terra que cultivava, processo cada vez mais acelerado em virtude do desenvolvimento da agricultura moderna e da concorrência da produção agrícola capitalista.

O camponês francês elegeu Luís Bonaparte presidente da República, mas o partido da ordem criou o Império. O que o camponês francês queria realmente, começou ele mesmo a demonstrar em 1849 e 1850, ao opor o seu alcaide ao prefeito do governo, seu mestre escolar ao padre do governo e sua própria pessoa ao gendarme do governo. Todas as leis promulgadas pelo partido da ordem em janeiro e fevereiro de 1850 foram descaradas medidas de repressão contra o camponês. O camponês era bonapartista porque a grande revolução, com todos os benefícios que ele havia conquistado, se personificava para ele em Napoleão. Mas essa quimera, que se ia esfumando rapidamente sob o Segundo Império (e que era, por natureza, contrária aos "rurais"), esse preconceito do passado, como teria resistido ele ao apelo da Comuna aos interesses vitais e às necessidades mais prementes dos camponeses?

Os "rurais" — tal era, em realidade, a sua principal preocupação — sabiam que três meses de livre contato de Paris da Comuna com as províncias bastariam para desencadear uma sublevação geral de camponeses; daí sua pressa em estabelecer o bloqueio policial de Paris para impedir que a epidemia se propagasse.

A Comuna era, pois, a verdadeira representação de todos os elementos sãos da sociedade francesa e, portanto, o governo nacional autêntico. Mas, ao mesmo tempo, como governo operário e campeão intrépido da emancipação do trabalho, era um governo internacional no pleno sentido da palavra. Ante os olhos do exército prussiano, que havia anexado à Alemanha duas províncias francesas, a Comuna anexou à França os operários do mundo inteiro.

O Segundo Império fora o jubileu da trapaça cosmopolita: os escroques de todos os países atenderam pressurosos ao seu apelo para participar em suas orgias e na pilhagem do povo francês. E ainda hoje o braço direito de Thiers é Ganesco, o velhaco abjeto, e seu braço esquerdo Markovski, o espião russo. A Comuna concedeu a todos os estrangeiros a honra de morrer por uma causa imortal. Entre a guerra exterior, perdida por sua traição, e a guerra civil, fomentada por sua conspiração com o invasor estrangeiro, a burguesia achava tempo para dar provas de patriotismo, organizando batidas policiais contra os alemães residentes na França. A Comuna nomeou um operário alemão seu ministro do Trabalho.* Thiers, a burguesia, o Segundo Império haviam enganado constantemente a Polônia com aparatosas manifestações de simpatia, quando em realidade a atraiçoavam aos interesses da Rússia, aos quais prestavam os serviços mais vis. A Comuna honrou os heroicos filhos da Polônia, colocando-os à frente dos defensores de Paris.** E, para marcar nitidamente a nova era histórica que conscientemente inaugurava, a Comuna, ante os olhos dos conquistadores prussianos, de um lado, e do exército bonapartista comandado por generais bonapartistas, de outro, jogou por terra aquele símbolo gigantesco da glória guerreira que era a Coluna de Vendôme.***

A grande medida social da Comuna foi a sua própria existência, o seu trabalho. Suas medidas concretas não podiam senão expressar a linha de conduta de um governo do povo pelo povo. Entre elas figuram a abolição do trabalho noturno para os padeiros e a proibição penal da prática corrente entre os patrões de reduzir os salários impondo multas a seus operários, sob os mais diversos pretextos, processo esse no qual o patronato reúne as funções de legislador, juiz e agente executivo e, além disso, embolsa o dinheiro. Outra medida desse gênero foi a entrega às organizações operárias, sob reserva de domínio, de todas as oficinas e fábricas fechadas, tanto no caso de os patrões terem fugido, como no caso de terem preferido suspender o trabalho.

As medidas financeiras da Comuna, notáveis por sua habilidade e moderação, tiveram de limitar-se necessariamente ao que era compatível com a situação de uma

---

*Leo Frankel (1844-1896). (*N. do O.*)
**J. Dombrowski (1836-1871) e W. Wróblevski (1836-1908). (*N. do O.*)
***Construída em 1806-1810, a Coluna foi derrubada em 1871, por decisão de Comuna. Em 1875, foi reconstruída a instâncias de setores reacionários. (*N. do O.*)

cidade sitiada. Tendo em conta o latrocínio gigantesco desencadeado sobre a cidade de Paris pelas grandes empresas financeiras e os empreiteiros de obras sob a tutela de Haussmann,[10] a Comuna teria tido motivos incomparavelmente melhores para confiscar seus bens do que Luís Bonaparte para confiscar os da família de Orléans. Os Hohenzollern e os oligarcas ingleses, boa parte de cujos bens provinha do saque da Igreja, ficaram naturalmente escandalizados quando a Comuna recolheu apenas 8 mil míseros francos da secularização.

Enquanto o governo de Versalhes, assim que readquiriu um pouco de ânimo e de forças, empregava contra a Comuna as medidas mais violentas; enquanto afogava a livre manifestação do pensamento por toda a França, até ao ponto de proibir as assembleias de delegados das grandes cidades; enquanto submetia Versalhes e o resto da França a uma espionagem que deixava nos cueiros o Segundo Império; enquanto queimava por meio de seus gendarmes inquisidores todos os jornais publicados em Paris e violava toda a correspondência que procedia da capital ou partia dela; enquanto na Assembleia Nacional as mais tímidas tentativas de aventurar uma palavra em favor de Paris eram esmagadas com alaridos que não se ouvia nem mesmo da *Chambre introuvable* de 1816;* com a guerra selvagem dos versalheses fora de Paris e suas tentativas de corrupção e conspiração, poderia a Comuna, sem trair ignominiosamente sua causa, conservar todas as formas e aparências de liberalismo, como se governasse em tempos de tranquila paz? Se o governo da Comuna se assemelhasse ao de M. Thiers, não teria havido mais razões para suprimir em Paris os jornais do partido da ordem do que para suprimir em Versalhes os jornais da Comuna.

Era verdadeiramente irritante para os "rurais" que a incrédula Comuna revelasse os segredos do convento de Picpus e da igreja de Saint-Laurent, precisamente no instante em que eles preconizavam o retorno ao seio da Igreja como o único meio de salvar a França. E era uma zombaria para M. Thiers que a Comuna destituísse e prendesse os seus generais à menor suspeita de negligência no cumprimento do dever, quando ele fazia chover grandes cruzes sobre os generais bonapartistas como prêmio por sua mestria na arte de perder batalhas, assinar capitulações e fumar bons cigarros em Wilhelmshöhe. A expulsão de seu seio e a

---

*Assembleia dos primeiros anos da Restauração (1815-1816), expressão das forças reacionárias. (*N. do O.*)

detenção pela Comuna de um dos seus membros,* que se havia infiltrado nela sob nome suposto e que, em Lyon, fora preso durante seis dias por uma simples falência, não era isso porventura um deliberado insulto ao falsário Jules Favre, então ainda ministro do Exterior da França e que continuava vendendo o seu país a Bismarck e dando ordens àquele incomparável governo da Bélgica? A verdade é que a Comuna não pretendia possuir o dom da infalibilidade, que se atribuíam sem exceção todos os governos do velho tipo.

Em todas as revoluções, ao lado dos verdadeiros revolucionários, aparecem homens de outra têmpera. Alguns deles, sobreviventes de revoluções passadas, que conservam sua devoção por ela, sem visão do movimento atual, porém donos ainda de sua influência sobre o povo, por sua reconhecida honradez e valentia, ou simplesmente por força da tradição; outros são simples charlatães que, em virtude de repetir ano após ano as mesmas objurgatórias estereotipadas contra o governo do dia, conseguiram fazer-se passar por revolucionários de pura cepa. Também após o 18 de março vieram à tona homens desse tipo, que em alguns casos conseguiram desempenhar papéis preeminentes. Na medida em que seu poder o permitia, dificultaram a verdadeira ação da classe operária, do mesmo modo que outros de sua espécie haviam obstado o pleno desenvolvimento de todas as revoluções anteriores. Constituem um mal inevitável; com o tempo são afastados; mas a Comuna não pôde dispor desse tempo.

Que maravilhosa foi, na verdade, a mudança operada pela Comuna em Paris! Daquela Paris prostituída pelo Segundo Império nada mais restava. Paris já não era o *rendez-vous* de latifundiários ingleses, dos absenteístas irlandeses, antigos escravistas e municionários norte-americanos, ex-proprietários russos de servos e boiardos de Valáquia. Já não havia cadáveres no necrotério, nem assaltos noturnos, nem simples furtos. Pela primeira vez desde os dias de fevereiro de 1848, podia--se andar com segurança pelas ruas de Paris, e isso sem que existisse polícia de nenhuma espécie. "Já não se ouve falar — dizia um membro da Comuna — de assassinatos, roubos e agressões. Dir-se-ia que a polícia levou consigo para Versalhes todos os seus amigos conservadores." As meretrizes haviam encontrado o rastro de seus protetores, fugitivos homens da família, da religião e, sobretudo,

*S. Blanchet (1833-?). (*N. do O.*)

da propriedade. Em seu lugar, voltavam a aparecer as autênticas mulheres de Paris, heroicas, nobres e abnegadas como as mulheres da antiguidade. Paris trabalhava e pensava, lutava e dava o seu sangue; radiante no entusiasmo de sua iniciativa histórica, dedicada a forjar uma sociedade nova, quase se esquecia dos canibais que tinha às suas portas.

Frente a esse mundo novo de Paris estava o mundo velho de Versalhes — aquela assembleia de legitimistas e orleanistas, vampiros de todos os regimes mortos, ávidos de nutrir-se dos despojos da nação, com o seu rabo de republicanos antediluvianos, que sancionavam com sua presença na Assembleia o motim dos escravistas, confiando a manutenção de sua República parlamentar à vaidade do senil saltimbanco que a presidia e caricaturando a revolução de 1789 com suas reuniões de espectros no "Jeu de Paume".[11] Assim era essa assembleia, representação de tudo o que havia de morto na França, só mantida com uma aparência de vida graças aos sabres dos generais de Luís Bonaparte. Paris toda verdade, Versalhes toda mentira, e uma mentira exalada da boca de Thiers.

"Dou-lhes a minha palavra, a que *jamais* faltei", disse Thiers a uma comissão de alcaides do departamento de Seine-et-Oise. Na Assembleia Nacional, afirmou que "é a Assembleia mais livremente eleita e mais liberal que já existiu na França". Disse à sua colorida soldadesca que é "a admiração do mundo e o melhor exército que a França já possuiu". Disse às províncias que o bombardeio de Paris, que ele realizou, é um mito: "se foram feitos alguns tiros de canhão, não foi pelo exército de Versalhes, mas por alguns insurretos, para fazer crer que lutam, quando de fato não se atrevem a aparecer". Pouco depois disse às províncias que "a artilharia de Versalhes não bombardeia Paris, mas simplesmente a canhoneia". Declarou ao arcebispo de Paris que as pretensas execuções e represálias (!) atribuídas às tropas de Versalhes não passam de uma mentira. Afirmou a Paris que só "anseia libertar-vos dos horríveis tiranos que vos oprimem" e que a Paris da Comuna não é, em realidade, "mais que um punhado de criminosos".

A Paris de M. Thiers não era a verdadeira Paris da "vil multidão", mas uma Paris fantasma, a Paris dos *franc-fileurs*,[12] Paris masculina e feminina dos bulevares, a Paris rica, capitalista; a Paris dourada, a Paris ociosa, que agora corria em tropel para Versalhes, Saint-Denis, Rueil e Saint-Germain, com seus lacaios, seus escroques, sua boemia literária e suas meretrizes. A Paris para a qual a guerra civil não era senão um divertido passatempo, a que acompanhava as batalhas por meio de binóculos, contando os tiros de canhão e jurando por sua própria honra e a de suas prostitutas que aquele espetáculo era muito melhor do que os que representavam em Porte-Saint-Martin. Ali, os que caíam eram mortos de verdade, os gritos dos feridos eram verdadeiros também e, além do mais, tudo era tão intensamente histórico!

Essa era a Paris de M. Thiers, da mesma forma que o mundo dos emigrados de Coblença era a França do senhor Calonne.*

[...]

---

*Charles-Alexandre Calonne (1734-1802), um dos chefes da emigração contrarrevolucionária que se seguiu a 1789. (*N. do O.*)

15. Observações à margem do *Programa do Partido Operário Alemão**

Observações à margem do *Programa do Partido...*

---

*Redigido por Marx em abril/início de maio de 1875 e publicado pela primeira vez, com cortes, em 1891, pelo órgão teórico da social-democracia alemã (*Neue Zeit*, nº 18, 1890-1891), este texto é também conhecido como *Crítica do Programa de Gotha* — uma vez que seu objeto é o projeto do programa do partido que unificaria, em congresso realizado naquela cidade, as duas principais tendências do movimento operário alemão, os *eisenachianos* e os *lassalleanos*. A edição integral do texto veio à luz somente em 1932. Extraído de K. Marx e F. Engels, *Obras escolhidas em três volumes* (Rio de Janeiro: Editorial Vitória, vol. 2, 1961, pp. 211-227. Tradução de Almir Matos). As notas assinadas por N. R. provêm das edições organizadas em Moscou pelo extinto Instituto Marx-Engels-Lenin.

I

1. "O trabalho é a fonte de toda a riqueza e de toda a cultura *e como* o trabalho útil só é possível dentro da sociedade e através dela, todos os membros da sociedade têm igual direito a perceber o fruto íntegro do trabalho."

Primeira parte do parágrafo: "O trabalho é a fonte de toda a riqueza e de toda a cultura."

O trabalho *não é a fonte* de toda a riqueza. A natureza é a fonte dos valores de uso (que são os que verdadeiramente integram a riqueza material!), nem mais nem menos que o trabalho, que não é mais que a manifestação de uma força natural, da força de trabalho do homem. Essa frase encontra-se em todas as cartilhas e só é correta se se subentender que o trabalho é efetuado com os correspondentes objetos e instrumentos. Um programa socialista, porém, não deve permitir que tais tópicos burgueses silenciem aquelas *condições* sem as quais não têm nenhum sentido. Na medida em que o homem se situa de antemão como proprietário diante da natureza, primeira fonte de todos os meios e objetos de trabalho, e a trata como possessão sua, seu trabalho converte-se em fonte de valores de uso, e, portanto, em fonte de riqueza. Os burgueses têm razões muito fundadas para atribuir ao trabalho uma *força criadora sobrenatural*; pois precisamente do fato de que o trabalho está condicionado pela natureza deduz-se que o homem que não dispõe de outra propriedade senão sua força de trabalho, tem que ser, necessariamente, em qualquer estado social e de civilização, escravo de outros homens, daqueles que se tornaram donos das condições materiais de trabalho. E não poderá trabalhar, nem, por conseguinte, viver, a não ser com a sua permissão.

Mas deixemos a tese tal como está, ou melhor, tal como vem capengando. Que conclusão deveria ter-se tirado dela? Evidentemente, esta:

"Como o trabalho é a fonte de toda a riqueza, ninguém na sociedade pode adquirir riqueza que não seja produto do trabalho. Se, portanto, a pessoa não trabalha, é que vive do trabalho alheio e adquire também sua cultura às custas do trabalho de outros."

Em vez disso, acrescenta-se à primeira oração uma segunda mediante a locução copulativa "*e como*", para deduzir dela, e não da primeira, a conclusão.

Segunda parte do parágrafo: "O trabalho útil só é possível dentro da sociedade e através dela."

Consoante a primeira tese, o trabalho era a fonte de toda a riqueza e de toda a cultura, isto é, sem trabalho não era possível igualmente a existência de uma sociedade. Agora, inteiramo-nos, opostamente, de que sem a sociedade não pode existir o trabalho "útil".

Do mesmo modo, teria sido possível dizer-se que o trabalho inútil e inclusive prejudicial à comunidade só pode converter-se em ramo industrial dentro da sociedade, que só dentro da sociedade pode-se viver do ócio etc. etc.; numa palavra, copiar aqui Rousseau inteiramente.

E que é trabalho "útil"? Não pode ser senão um: o trabalho que consegue o efeito útil proposto. Um selvagem — e o homem é um selvagem desde o momento em que deixa de ser mono — que mata um animal a pedrada, que junta frutos etc., executa um trabalho "útil".

Terceiro. Conclusão: "E como o trabalho útil só é possível dentro da sociedade e através dela, todos os membros da sociedade têm igual direito a perceber o fruto íntegro do trabalho."

Formosa conclusão! Se o trabalho útil só é possível dentro da sociedade e através dela, o fruto do trabalho pertencerá à sociedade, e o trabalhador individual só perceberá a parte que não seja necessária para manter a "condição" do trabalho, que é a sociedade.

Na realidade, os defensores de toda *ordem social existente* fizeram valer esta tese em todos os tempos. Em primeiro lugar, vêm as pretensões do governo e de tudo o que está ligado a ele, pois o governo é o órgão da sociedade para a manutenção da ordem social; detrás dele vêm as diferentes classes de propriedade privada, com suas respectivas pretensões, pois as diferentes classes de propriedade privada são as bases da sociedade etc. Como vemos, com estas frases ocas podem-se dar as voltas e as interpretações que se queira.

A primeira e a segunda parte do parágrafo somente guardariam uma certa relação lógica se fossem assim redigidas:

"O trabalho só é fonte de riqueza e de cultura como trabalho social", ou, o que é o mesmo, "dentro da sociedade e através dela".

Esta tese é, indiscutivelmente, exata, pois ainda que o trabalho do indivíduo isolado (pressupondo suas condições materiais) também possa criar valores de uso, não pode criar nem riqueza nem cultura.

Mas igualmente indiscutível é esta outra tese:

"Na medida em que o trabalho se desenvolva socialmente, convertendo-se assim em fonte de riqueza e de cultura, desenvolvem-se também a pobreza e o desamparo do operário, e a riqueza e a cultura dos que não trabalham."

Esta é a lei de toda a história, até hoje. Assim, pois, em vez dos tópicos surrados sobre "o trabalho" e "a sociedade", o que competia era indicar concretamente como, na atual sociedade capitalista, já se produzem, afinal, as condições materiais etc. que permitem e obrigam os operários a destruir essa maldição social.

Mas, de fato, todo este parágrafo, que é igualmente falso tanto pelo estilo como pelo conteúdo, não tem outra finalidade senão a de inscrever como lema, no alto da bandeira do Partido, o tópico lassalleano do "fruto íntegro do trabalho". Voltarei mais adiante a essa coisa de "fruto do trabalho", de "direito igual" etc., já que o mesmo é repetido logo depois sob uma forma algo diferente.

> 2. "Na sociedade atual, os meios de trabalho são monopólio da classe capitalista; o estado de dependência da classe operária que disto deriva é a causa da miséria e da escravidão em todas as suas formas."

Assim "corrigida", esta tese, tomada dos estatutos da Internacional, é falsa.

Na sociedade atual os meios de trabalho são monopólios dos latifundiários (o monopólio da propriedade do solo é, inclusive, a base do monopólio do capital) e dos capitalistas. Os estatutos da Internacional não mencionam, na passagem correspondente, nem uma nem outra classe de monopolistas. Falam dos *"monopolizadores dos meios de trabalho, isto é, das fontes da vida"*. Esta adição *"fontes da vida"* indica claramente que o solo está compreendido entre os meios de trabalho.

Esta emenda foi introduzida porque Lassalle, por motivos que hoje já são do conhecimento de todos, só atacava a classe capitalista, e não os latifundiários. Na Inglaterra, a maioria das vezes o capitalista não é sequer proprietário do solo sobre o qual ergue a sua fábrica.

> 3. "A emancipação do trabalho exige que os meios de trabalho elevem-se a patrimônio comum da sociedade e que todo o trabalho seja regulado coletivamente, com uma repartição equitativa do fruto do trabalho."

Onde se diz "que os meios de trabalho elevem-se a patrimônio comum" deveria dizer-se, indubitavelmente, "convertam-se em patrimônio comum". Isto, porém, só de passagem.

Que é o "fruto do trabalho"? O produto do trabalho ou seu valor? E neste último caso, o valor total do produto ou só a parte do valor que o trabalho acrescenta ao valor dos meios da produção consumidos?

Isso de "fruto do trabalho" é uma ideia vaga com que Lassalle eludiu conceitos econômicos concretos.

Que é "repartição equitativa"?

Não afirmam os burgueses que a atual repartição é "equitativa"? E não é esta, com efeito, a única repartição "equitativa" cabível sobre a base da forma atual de produção? Acaso as relações econômicas são reguladas pelos conceitos jurídicos? Pelo contrário, não são as relações jurídicas que surgem das relações econômicas? Não se forjam, também, os sectários socialistas as mais variadas ideias acerca da repartição "equitativa"?

Para saber o que se deve entender aqui pela frase "repartição equitativa", temos que cotejar este parágrafo com o primeiro. O parágrafo que glosamos supõe uma sociedade na qual os "meios de trabalho são patrimônio comum e todo o trabalho é regulado coletivamente", enquanto que, no primeiro parágrafo, vemos que "todos os membros da sociedade têm igual direito a perceber o fruto íntegro do trabalho".

"Todos os membros da sociedade"? Também os que não trabalham? Onde fica, então, o "fruto íntegro do trabalho"? Ou só os membros da sociedade que trabalham? Onde deixamos, então, o "direito igual" de todos os membros da sociedade?

Entretanto, isto de "todos os membros da sociedade" e "o direito igual" não são, manifestamente, senão frases. O essencial do assunto reside em que, nesta sociedade comunista, todo operário deve obter o "fruto íntegro do trabalho" lassalleano.

Tomemos, em primeiro lugar, as palavras "o fruto do trabalho" no sentido do produto do trabalho; então o fruto do trabalho coletivo será a *totalidade do produto social*.

Daqui, porém, é preciso deduzir:

Primeiro: uma parte para repor os meios de produção consumidos.

Segundo: uma parte suplementar para ampliar a produção.

Terceiro: o fundo de reserva ou de seguro contra acidentes, transtornos devidos a fenômenos naturais etc.

Estas deduções do "fruto íntegro do trabalho" constituem uma necessidade econômica e sua magnitude será determinada de acordo com os meios e forças existentes e, em parte, por meio do cálculo de probabilidades; o que não se pode fazer de modo algum é calculá-la partindo da equidade.

Fica a parte restante do produto total, destinada a servir de meios de consumo.

Mas, antes dessa parte chegar à repartição individual, dela é preciso deduzir ainda:

Primeiro: as despesas gerais de administração, não concernentes à produção.

Nesta parte se conseguirá, desde o primeiro momento, uma redução considerabilíssima, em comparação com a sociedade atual, redução que irá aumentando à medida que a nova sociedade se desenvolva.

Segundo: a parte que se destine a satisfazer necessidades coletivas, tais como escolas, instituições sanitárias etc.

Esta parte aumentará consideravelmente desde o primeiro momento, em comparação com a sociedade atual, e irá aumentando à medida que a nova sociedade se desenvolva.

Terceiro: os fundos de manutenção das pessoas não capacitadas para o trabalho etc.; em uma palavra, o que hoje compete à chamada beneficência oficial.

Só depois disto podemos proceder à "repartição", isto é, à única coisa que, sob a influência de Lassalle e com uma concepção estreita, o programa tem presente, ou seja, a parte dos meios de consumo que será repartida entre os produtores individuais da coletividade.

O "fruto íntegro do trabalho" transformou-se já, imperceptivelmente, no "fruto parcial", ainda que o que se retira ao produtor na qualidade de indivíduo a ele retorna, direta ou indiretamente, na qualidade de membro da sociedade.

E do mesmo modo como se evaporou a expressão "o fruto íntegro do trabalho", evapora-se agora a expressão "o fruto do trabalho", em geral.

No seio de uma sociedade coletivista, baseada na propriedade comum dos meios de produção, os produtores não trocam seus produtos; o trabalho invertido nos produtos não se apresenta aqui, tampouco, *como valor* destes produtos, como uma qualidade material, por eles possuída, pois aqui, em oposição ao que sucede na sociedade capitalista, os trabalhos individuais já não constituem parte integrante do trabalho comum através de um rodeio, mas diretamente. A expressão "o fruto do trabalho", já hoje recusável por sua ambiguidade, perde assim todo sentido.

Do que se trata aqui não é de uma sociedade comunista que *se desenvolveu* sobre sua própria base, mas de uma que acaba de *sair* precisamente da sociedade capitalista e que, portanto, apresenta ainda, em todos os seus aspectos, no econômico, no moral e no intelectual, o selo da velha sociedade de cujas entranhas procede. Congruentemente com isto, nela o produtor individual obtém da sociedade — depois de feitas as devidas deduções — precisamente aquilo que deu. O que o produtor deu à sociedade constitui sua cota individual de trabalho. Assim, por exemplo, a jornada social de trabalho compõe-se da soma das horas de trabalho individual; o tempo individual de trabalho de cada produtor em separado e a parte da jornada social de trabalho com que ele contribui são sua participação nela. A sociedade entrega-lhe um bônus consignando que prestou tal ou qual quantidade de trabalho (depois de descontar o que trabalhou para o fundo comum), e com este bônus ele retira dos depósitos sociais de meios de consumo a parte equivalente à quantidade de trabalho que prestou. A mesma quantidade de trabalho que deu a sociedade sob uma forma, recebe-a desta sob uma outra forma diferente.

Aqui impera, evidentemente, o mesmo princípio que regula o intercâmbio de mercadorias, uma vez que este é um intercâmbio de equivalentes. Variaram a forma e o conteúdo, porque sob as novas condições ninguém pode dar senão seu trabalho, e porque, de outra parte, agora nada pode passar a ser propriedade do indivíduo, fora dos meios individuais de consumo. Mas, no que se refere à distribuição destes entre os diferentes produtores, impera o mesmo princípio que no intercâmbio de mercadorias equivalentes: troca-se uma quantidade de trabalho, sob uma forma, por outra quantidade igual de trabalho, sob outra forma diferente.

Por isso, o *direito igual* continua sendo aqui, em princípio, o *direito burguês*, ainda que agora o princípio e a prática já não estejam mais em conflito, enquanto, no regime de intercâmbio de mercadorias, o intercâmbio de equivalentes não se verifica senão como *termo médio*, e não nos casos individuais.

Apesar deste progresso, este *direito igual* continua trazendo implícita uma limitação burguesa. O direito dos produtores é *proporcional* ao trabalho que prestou; a igualdade, aqui, consiste em que é medida pelo *mesmo critério*: pelo trabalho.

Mas alguns indivíduos são superiores, física e intelectualmente, a outros e, pois, no mesmo tempo, prestam mais trabalho ou podem trabalhar mais tempo; e o trabalho, para servir de medida, tem que ser determinado quanto à duração ou intensidade; de outro modo, deixa de ser uma medida. Este direito *igual* é um direito desigual para trabalho desigual. Não reconhece nenhuma distinção de classe, porque aqui cada indivíduo não é mais do que um operário como os demais, mas reconhece, tacitamente, como outros tantos privilégios naturais, as desiguais aptidões dos indivíduos, e, por conseguinte, a desigual capacidade de rendimento. *No fundo é, portanto, como todo direito, o direito da desigualdade*. O direito só pode consistir, por natureza, na aplicação de uma medida igual; mas os indivíduos desiguais (e não seriam indivíduos diferentes se não fossem desiguais) só podem ser medidos por uma mesma medida sempre e quando sejam considerados sob um ponto de vista igual, sempre e quando sejam olhados apenas sob um aspecto *determinado*: por exemplo, no caso concreto, *só como operários*, e não se veja neles nenhuma outra coisa, isto é, prescinda-se de tudo o mais. Prossigamos: uns operários são casados e outros não, uns têm mais filhos que outros etc. etc. Para igual trabalho e, por conseguinte, para igual participação no fundo social de consumo, uns obtêm de fato mais do que outros, uns são mais ricos do que outros etc. Para evitar todos estes inconvenientes, o direito não teria que ser igual, mas desigual.

Estes defeitos, porém, são inevitáveis na primeira fase da sociedade comunista, tal como brota da sociedade capitalista, depois de um longo e doloroso parto. O direito não pode ser nunca superior à estrutura econômica nem ao desenvolvimento cultural da sociedade por ela condicionado.

Na fase superior da sociedade comunista, quando houver desaparecido a subordinação escravizadora dos indivíduos à divisão do trabalho e, com ela, o contraste entre o trabalho intelectual e o trabalho manual; quando o trabalho não for somente um meio de vida, mas a primeira necessidade vital; quando, com o desenvolvimento dos indivíduos em todos os seus aspectos, crescerem também as forças produtivas e jorrarem em caudais os mananciais da riqueza coletiva, só então será possível ultrapassar-se totalmente o estreito horizonte do direito burguês e a sociedade poderá inscrever em suas bandeiras: De cada qual, segundo sua capacidade; a cada qual, segundo suas necessidades.

Alonguei-me sobre o "fruto íntegro do trabalho", de uma parte, e de outra, sobre "o direito igual" e "a repartição equitativa" para demonstrar em que grave falta se incorre, por um lado, quando se deseja impor ao nosso Partido, como dogmas, ideias que, se em outro tempo tiveram um sentido, hoje já não são mais do que tópicos em desuso, e, por outro lado, quando se tergiversa a concepção realista — que tanto esforço custou para inculcar no Partido, mas que hoje já está enraizada — com patranhas ideológicas, jurídicas e de outro tipo, tão em voga entre os democratas e os socialistas franceses.

Mesmo prescindindo do que fica exposto, é equivocado, em geral, tomar como essencial a chamada *distribuição* e aferrar-se a ela, como se fosse o mais importante.

A distribuição dos meios de consumo é, em cada momento, um corolário da distribuição das próprias condições de produção. E esta é uma característica do modo mesmo de produção. Por exemplo, o modo capitalista de produção repousa no fato de que as condições materiais de produção são entregues aos que não trabalham sob a forma de propriedade do capital e propriedade do solo, enquanto a massa é proprietária apenas da condição pessoal de produção, a força de trabalho. Distribuídos deste modo os elementos de produção, a atual distribuição dos meios de consumo é uma consequência natural. Se as condições materiais de produção fossem propriedade coletiva dos próprios operários, isto determinaria, por si só, uma distribuição dos meios de consumo diferente da atual. O socialismo vulgar (e, através dele, uma parte da democracia) aprendeu com os economistas burgueses a considerar e tratar a distribuição como algo independente do modo de produção e, portanto, a expor o socialismo como uma doutrina que gira principalmente em torno da distribuição. Uma vez que desde há muito tempo já está elucidada a verdadeira relação das coisas, por que voltar a marchar para trás?

> 4. "A emancipação do trabalho tem que ser obra da classe operária, diante da qual todas as demais classes não constituem senão *uma massa reacionária*."

A primeira estrofe foi tomada do preâmbulo dos estatutos da Internacional, mas "corrigida". Ali se diz: "A emancipação das classes trabalhadoras deverá ser conquistada pelas próprias classes trabalhadoras"; aqui, pelo contrário, "a classe operária" tem que emancipar a quem? "Ao trabalho." Entenda-o quem puder!

Para indenizar-nos, se nos oferece, a título de antístrofe, uma citação lassalleana do mais puro estilo: "diante da qual (da classe operária) todas as demais classes não constituem senão *uma massa reacionária*".

No *Manifesto Comunista*, afirma-se: "De todas as classes que ora enfrentam a burguesia, só o proletariado é uma classe *verdadeiramente revolucionária*. As outras classes degeneram e perecem com o desenvolvimento da grande indústria; o proletariado, pelo contrário, é o seu produto mais autêntico."[1]

Aqui, a burguesia é considerada como uma classe revolucionária — veículo da grande indústria — diante dos senhores feudais e das camadas médias, empenhados, aqueles e estas, em manter posições sociais que foram criadas por formas caducas de produção. Não constituem, portanto, *juntamente* com a *burguesia*, uma massa reacionária.

Por outra parte, o proletariado é revolucionário diante da burguesia, porque havendo surgido sobre a base da grande indústria, aspira a despojar a produção do seu caráter capitalista, que a burguesia quer perpetuar. Mas o *Manifesto* acrescenta que as "camadas médias... tornam-se revolucionárias quando têm diante de si a perspectiva de sua passagem iminente ao proletariado".

Portanto, desse ponto de vista, é também absurdo dizer que diante da classe operária "não constituem senão uma massa reacionária", juntamente com a burguesia e, ademais — como se isto fosse pouco —, com os senhores feudais.

Por acaso, nas últimas eleições declarou-se aos artesãos, aos pequenos industriais etc. e aos *camponeses*: diante de nós, não sois, juntamente com os burgueses e os senhores feudais, senão uma massa reacionária?

Lassalle sabia de cor o *Manifesto Comunista*, do mesmo modo como os seus devotos conhecem os evangelhos por ele compostos. Assim, pois, quando o falsificava tão grosseiramente, não podia fazê-lo senão para coonestar sua aliança com os adversários absolutistas e feudais contra a burguesia.

Além do mais, no parágrafo que acabamos de citar, esta sentença lassalleana é forçada e não guarda nenhuma relação com a citação mal digerida e "ajeitada" dos estatutos da Internacional. Trazê-la aqui é simplesmente uma impertinência que certamente não desagradará, longe disso, ao senhor Bismarck; uma dessas impertinências baratas em que é especialista o Marat de Berlim.[2]

> 5. "A classe operária busca, em primeiro lugar, sua emancipação *dentro do marco do Estado nacional de hoje*, consciente de que o resultado necessário de suas aspirações, comuns aos operários de todos os países civilizados, será a fraternização internacional dos povos."

Em oposição ao *Manifesto Comunista* e a todo o socialismo anterior, Lassalle concebia o movimento operário do ponto de vista nacional mais estreito. E depois da atividade da Internacional, ainda se seguem suas pegadas por esse caminho!

Naturalmente, a classe operária, para poder lutar, tem que organizar-se *como classe* em seu próprio país, já que este é o campo imediato de suas lutas. Neste sentido, sua luta de classes é nacional, não por seu conteúdo, mas, como diz o *Manifesto Comunista*, "por sua forma". Mas "o marco do Estado nacional de hoje", por exemplo, do Império Alemão, acha-se por sua vez, economicamente, "dentro do marco" do mercado mundial e, politicamente, "dentro do marco" de um sistema de Estados. Qualquer comerciante sabe que o comércio alemão é, ao mesmo tempo, comércio exterior, e o senhor Bismarck deve sua grandeza precisamente a uma política *internacional sui generis*.

E a que reduz seu internacionalismo o Partido Operário Alemão? À consciência de que o resultado de suas aspirações será a *fraternização internacional dos povos*, uma frase tomada da Liga Burguesa pela Paz e a Liberdade,[3] que se deseja fazer passar como equivalente da fraternidade internacional das classes trabalhadoras, em sua luta comum contra as classes dominantes e seus governos. *Dos deveres internacionais* da classe operária alemã não se diz, portanto, uma só palavra! E isto é o que a classe operária alemã deve contrapor à sua própria burguesia, que já fraterniza contra ela com os burgueses de todos os demais países, e à política internacional de conspiração do senhor Bismarck!

A profissão de fé internacionalista do programa fica, em realidade, *infinitamente por baixo* da do partido livre-cambista. Também este afirma que o resultado de suas aspirações será "a fraternização internacional dos povos". Mas, além disso, *faz alguma coisa* para internacionalizar o comércio, e está longe de se satisfazer com a consciência de que todos os povos comerciam dentro do seu próprio país.

A ação internacional das classes trabalhadoras não depende, de modo algum, da existência da *Associação Internacional dos Trabalhadores*. Esta constituiu somente uma primeira tentativa para fornecer àquela ação um órgão central: uma tentativa que, pelo impulso que deu, teve uma eficácia perdurável, mas que, em sua *primeira forma histórica*, não podia prolongar-se depois da queda da Comuna de Paris.

A *Norddeutsche* de Bismarck tinha razões de sobra quando, para satisfação do seu dono, proclamou que, em seu novo programa, o Partido Operário Alemão renegava o internacionalismo.[4]

II

"Partindo destes princípios, o Partido Operário Alemão aspira, por todos os meios legais, a implantar o *Estado livre* e a sociedade socialista; a abolir o sistema do salário, *com sua lei de bronze*, e a exploração sob todas as suas formas; a suprimir toda desigualdade social e política."

Voltarei mais adiante a essa coisa de Estado "livre".

Assim, pois, doravante, o Partido Operário Alemão terá que comungar com a "lei de bronze do salário" lassalleana! E para que não se perca esta "lei", chega-se ao absurdo de falar em "abolir o sistema do salário" (o correto teria sido dizer o sistema de trabalho assalariado), "*com* sua lei de bronze". Se suprimo o trabalho assalariado, suprimo também, evidentemente, suas leis, sejam de "bronze" ou de cortiça. O que se dá é que a luta de Lassalle contra o trabalho assalariado gira quase toda em torno dessa chamada lei. Portanto, para demonstrar que a seita de Lassalle triunfou, deve-se abolir "o sistema do salário, *com* sua lei de bronze" e não sem ela.

Da "lei de bronze do salário" a Lassalle não pertence, como é sabido, senão a expressão "de bronze", copiada das *"ewigen, ehernen grossen Gesetzen"* ("as leis eternas, as grandes leis de bronze"), de Goethe. A expressão "de bronze" é a contrassenha pela qual os crentes ortodoxos se reconhecem. E se admitimos a lei com o cunho de Lassalle, e portanto no sentido lassalleano, temos que admiti-la também com sua fundamentação. E qual é esta? É, como já assinalou Lange, pouco depois da morte de Lassalle, a teoria da população de Malthus (predicada pelo próprio Lange). Mas, se esta teoria for exata, a mencionada lei *não* poderá ser abolida, por muito que se suprima o trabalho assalariado, porque esta lei não regerá apenas no sistema do trabalho assalariado, mas em *qualquer* sistema social. Apoiando-se precisamente nisto, os economistas vêm demonstrando, há cinquenta anos e até mais, que o socialismo não pode acabar com a miséria, *determinada pela própria natureza*, mas tão somente *generalizá-la*, reparti-la por igual sobre toda a superfície da sociedade!

Mas nada disto é o fundamental. *Mesmo prescindindo* inteiramente da *falsa* concepção lassalleana desta lei, o retrocesso que causa real indignação consiste no seguinte:

depois da morte de Lassalle, havia progredido em *nosso* Partido a concepção científica de que o salário não é o que *parece* ser, isto é, o *valor* — ou *o preço do trabalho*, mas só uma forma disfarçada do *valor* — ou *do preço* — *da força de trabalho*. Com isto, havia sido lançada ao mar, de uma vez para sempre, tanto a velha concepção burguesa do salário, como toda crítica até hoje dirigida contra esta concepção, e se havia tornado claro que o operário assalariado só está autorizado a trabalhar para manter sua própria vida, isto é, *a viver*, uma vez que trabalha grátis durante certo tempo para o capitalista (e, portanto, também para os que, com ele, embolsam a mais-valia); que todo o sistema de produção capitalista gira em torno do prolongamento deste trabalho gratuito, alongando a jornada de trabalho ou desenvolvendo a produtividade, ou seja, acentuando a tensão da força de trabalho etc.; que, portanto, o sistema do trabalho assalariado é um sistema de escravidão, uma escravidão que se torna mais dura à medida que se desenvolvem as forças sociais produtivas do trabalho, ainda que o operário esteja melhor ou pior remunerado. E quando esta concepção cada vez mais ia ganhando terreno no seio do nosso Partido, retrocede-se aos dogmas de Lassalle, apesar de que hoje já ninguém pode ignorar que Lassalle *não sabia* o que era salário, mas que, indo na esteira dos economistas burgueses, tomava a aparência pela essência da coisa!

É como se, entre escravos que finalmente tivessem descoberto o segredo da escravidão e se rebelassem contra ela, viesse um escravo fanático das ideias antiquadas e escrevesse no programa da rebelião: a escravidão deve ser abolida porque a manutenção dos escravos, dentro do sistema da escravidão, não pode passar de um certo limite, extremamente baixo!

O simples fato de que os representantes do nosso Partido tenham sido capazes de cometer um atentado tão monstruoso contra uma concepção tão difundida entre a massa do Partido prova, por si só, a leviandade criminosa, a falta de escrúpulos com que foi empreendida a redação deste programa de transição.

Em vez da vaga frase final do parágrafo: "suprimir toda desigualdade social e política", o que se deveria ter dito é que, com a abolição das diferenças de classe, desaparecem por si mesmas as desigualdades sociais e políticas que delas emanam.

III

"A fim de *preparar o caminho para a solução do problema social*, o Partido Operário Alemão exige que sejam criadas cooperativas de produção, *com a ajuda do Estado e sob o controle democrático do povo trabalhador*. Na indústria e na agricultura, as cooperativas de produção *deverão ser criadas* em proporções tais *que delas surja a organização socialista de todo o trabalho*."

Depois da "lei de bronze" de Lassalle, vem a panaceia do profeta. E se lhe "prepara o caminho" de um modo digno. A luta de classes existente é substituída por uma frase de jornalista: "o *problema* social", para cuja "*solução*" "prepara-se o caminho". A "organização socialista de todo o trabalho" não é o resultado do processo revolucionário de transformação da sociedade, mas "surge" da "ajuda do Estado", ajuda que o Estado presta às cooperativas de produção "*criadas*" por *ele* e não pelos operários. Esta fantasia de que com empréstimos do Estado pode-se construir uma nova sociedade como se constrói uma nova ferrovia é digna de Lassalle!

Por um resto de pudor, coloca-se "a ajuda do Estado" sob o controle democrático do "povo trabalhador".

Mas, em primeiro lugar, o "povo trabalhador", na Alemanha, é constituído, em sua maioria, por camponeses, e não por proletários.

Em segundo lugar, "democrático" quer dizer em alemão "governado pelo povo" ("*volksherrschaftlich*"). E que significa isso de "controle democrático do povo trabalhador"? E, além disso, tratando-se de um povo trabalhador que, pelo simples fato de colocar estas reivindicações perante o Estado, exterioriza sua plena consciência de que nem está no Poder, nem se acha maduro para governar!

Desnecessário entrar aqui na crítica da receita prescrita por Buchez, sob o reinado de Luís Felipe, por *oposição* aos socialistas franceses, e aceita pelos trabalhadores reacionários do *Atelier*.[5] O verdadeiramente escandaloso não é tampouco o fato de que se tenha levado para o programa esta cura milagrosa específica, mas o fato de que se abandone o ponto de vista do movimento de classes, para retroceder ao movimento de seitas.

O fato de que os operários desejem estabelecer as condições de produção coletiva em toda a sociedade e antes de tudo em sua própria casa, numa escala nacional, só quer dizer que obram por subverter as atuais condições de produção, e isso nada tem a ver com a fundação de sociedades cooperativas com a ajuda do Estado.

E, no que se refere às sociedades cooperativas atuais, estas só têm valor na medida em que são criações independentes dos próprios operários, não protegidas nem pelos governos nem pelos burgueses.

IV

E agora vou referir-me à parte democrática.

A. "Base livre do Estado"

Antes de tudo, de acordo com o capítulo II, o Partido Operário Alemão aspira ao "Estado livre".

Que é o Estado livre?

A missão do operário que se libertou da estreita mentalidade do humilde súdito não é, de modo algum, tornar livre o Estado. No Império Alemão, o "Estado" é quase tão "livre" como na Rússia. A liberdade consiste em converter o Estado de órgão que está por cima da sociedade num órgão completamente subordinado a ela, e as formas de Estado continuam sendo hoje mais ou menos livres na medida em que limitam a "liberdade do Estado".

O Partido Operário Alemão — pelo menos se fizer seu este programa — demonstra como as ideias do socialismo não lhe deixaram sequer marcas superficiais; pois que, em vez de tomar a sociedade existente (e o mesmo podemos dizer de qualquer sociedade no futuro) como *base* do Estado existente (ou do futuro, para uma sociedade futura), considera mais o Estado como um ser independente, com seus próprios *fundamentos espirituais, morais e liberais*.

Além disso, que dizer do abuso com que o programa faz uso das palavras *"Estado atual", "sociedade atual"* e da incompreensão ainda mais estúpida manifestada relativamente ao Estado, ao qual dirige suas reivindicações!

A "sociedade atual" é a sociedade capitalista, que existe em todos os países civilizados, mais ou menos livre de complementos medievais, mais ou menos modificada pelas particularidades do desenvolvimento histórico de cada país, mais ou menos desenvolvida. Pelo contrário, o "Estado atual" se modifica com as fronteiras de cada país. No império prussiano é diverso do que existe na Suíça, na Inglaterra é diferente dos Estados Unidos. "O Estado atual" é, portanto, uma ficção.

Entretanto, os diferentes Estados dos diferentes países civilizados, em que pese a confusa diversidade de suas formas, têm em comum o fato de que todos eles repousam sobre as bases da moderna sociedade burguesa, ainda que em alguns lugares esta se ache mais desenvolvida do que em outros, no sentido capitalista. Têm também, portanto, certos caracteres essenciais comuns. Neste sentido, pode-se falar do "Estado atual" em oposição ao futuro, no qual sua atual raiz, a sociedade burguesa, ter-se-á extinguido.

Cabe, então, a pergunta: que transformação sofrerá o Estado na sociedade comunista? Ou, em outros termos: que funções sociais, análogas às atuais funções do Estado, subsistirão então? Esta pergunta só pode ser respondida cientificamente, e por mais que combinemos de mil maneiras a palavra povo e a palavra Estado, não nos aproximaremos um milímetro da solução do problema.

Entre a sociedade capitalista e a sociedade comunista medeia o período da transformação revolucionária da primeira na segunda. A este período corresponde também um período político de transição, cujo Estado não pode ser outro senão *a ditadura revolucionária do proletariado*.

O programa, porém, não se ocupa desta última, nem do Estado futuro da sociedade comunista.

Suas reivindicações políticas não vão além da velha e surrada ladainha democrática: sufrágio universal, legislação direta, direito popular, milícia do povo etc. São um simples eco do Partido Popular burguês,[6] da Liga pela Paz e a Liberdade. São, todas elas, reivindicações que, quando não são exageradas a ponto de ver-se convertidas em ideias fantásticas, já estão *realizadas*. Apenas o Estado que as pôs em prática não está dentro das fronteiras do Império Alemão, mas na Suíça, nos Estados Unidos etc. Esta espécie de "Estado do futuro" já é o Estado atual, se bem que situado fora "do marco" do Império Alemão.

Uma coisa, porém, foi esquecida. Já que o Partido Operário Alemão declara expressamente que atua dentro do "atual Estado nacional", isto é, dentro do *seu próprio* Estado, do Império Prussiano-Alemão — de outro modo, suas reivindicações seriam, em sua maior parte, absurdas, pois só se exige o que não se tem —, não devia ter esquecido o principal, a saber: que todas estas lindas minudências têm por base o reconhecimento da chamada soberania do povo, e que, portanto, só têm cabimento numa *República democrática*.

E já que não se tinha o desassombro — o que é muito cordato, pois a situação exige prudência — de exigir a república democrática, como o faziam os programas operários franceses sob Luís Felipe e sob Luís Napoleão, não se devia ter recorrido ao ardil, que nem é "honrado"[7] nem é digno, de exigir coisas que só têm sentido numa República democrática a um Estado que não passa de um despotismo militar de arcabouço burocrático e blindagem policial, guarnecido por formas parlamentares, de mistura com ingredientes feudais e já influenciado pela burguesia; e, ainda por cima, assegurar a este Estado que alguém imagina conseguir isso dele "por meios legais"!

Mesmo a democracia vulgar, que vê na República democrática o reino milenar e não tem a menor ideia de que é precisamente nesta última forma de Estado da sociedade burguesa onde se irá travar a batalha definitiva da luta de classes — até ela mesma está mil vezes acima desta espécie de democratismo que se move dentro dos limites do autorizado pela polícia e vedado pela lógica.

Que por "Estado" entende-se, de fato, a máquina de governo, ou que o Estado, em razão da divisão do trabalho, constitui um organismo próprio, separado da sociedade, indicam-no estas palavras: "o Partido Operário Alemão exige *como base econômica do Estado*: um imposto único e progressivo sobre a renda" etc. Os impostos são a base econômica da máquina de governo, e nada mais. No Estado do futuro, já existente na Suíça, esta reivindicação está quase realizada. O imposto sobre a renda pressupõe as diferentes fontes de receita das diferentes classes sociais, isto é, a sociedade capitalista. Nada há, pois, de estranho, que os *Financial-Reformers*[8] de Liverpool — que são burgueses, com o irmão de Gladstone à frente — coloquem a mesma reivindicação que o programa.

B. "O Partido Operário Alemão exige, como base espiritual e moral do Estado:

1. Educação popular geral e igual a cargo do Estado. Assistência escolar obrigatória para todos. Instrução gratuita."

Educação popular igual? Que se entende por isto? Acredita-se que na sociedade atual (que é a de que se trata) a educação pode ser *igual* para todas as classes? O que se exige é que também as classes altas sejam obrigadas pela força a conformar-se com a modesta educação dada pela escola pública, a única compatível com a situação econômica, não só do operário assalariado, mas também do camponês?

"Assistência escolar obrigatória para todos. Instrução gratuita." A primeira já existe, inclusive na Alemanha; a segunda na Suíça e nos Estados Unidos, no que se refere às escolas públicas. O fato de que em alguns estados deste último país sejam "gratuitos" também os centros de ensino superior significa tão somente, na realidade, que ali as classes altas pagam suas despesas de educação às custas do fundo dos impostos gerais. E — diga-se de passagem — isto também pode ser aplicado à "administração da justiça com caráter gratuito", de que se fala no ponto A,5 do programa. A justiça criminal é gratuita em toda parte; a justiça civil gira quase inteiramente em torno dos pleitos sobre a propriedade e afeta, portanto, quase exclusivamente às classes possuidoras. Pretende-se que estas decidam suas questões às custas do tesouro público?

O parágrafo sobre as escolas deveria exigir, pelo menos, escolas técnicas (teóricas e práticas) combinadas com as escolas públicas.

Isso de *"educação popular a cargo do Estado"* é completamente inadmissível. Uma coisa é determinar, por meio de uma lei geral, os recursos para as escolas públicas, as condições de capacitação do pessoal docente, as matérias de ensino etc. e velar pelo cumprimento destas prescrições legais mediante inspetores do Estado, como se faz nos Estados Unidos, e outra coisa completamente diferente é designar o Estado como educador do povo! Longe disto, o que deve ser feito é subtrair a escola a toda influência por parte do governo e da igreja. Sobretudo no Império Prussiano-Alemão (e não vale fugir com o baixo subterfúgio de que se fala de um "Estado futuro"; já vimos o que é este), onde, pelo contrário, é o Estado quem necessita de receber do povo uma educação muito severa.

Em que pese a toda sua fanfarronice democrática, o programa está todo ele infestado até a medula da fé servil da seita lassalleana no Estado; ou — o que não é muito melhor — da superstição democrática; ou é, mais propriamente, um compromisso entre estas duas superstições, nenhuma das quais nada tem a ver com o socialismo.

"*Liberdade da ciência*"; já é estatuída por um parágrafo da Constituição prussiana. Para que, pois, trazer isto aqui?

"*Liberdade de consciência*"! Se, nestes tempos do *Kulturkampf*,[9] desejava-se lembrar ao liberalismo seus velhos lemas, só se poderia fazer, naturalmente, deste modo: todo mundo tem o direito de satisfazer suas necessidades religiosas, do mesmo modo que suas necessidades físicas, sem que a polícia tenha que meter o nariz no assunto. Mas o Partido Operário, aproveitando a ocasião, tinha que haver expressado aqui sua convicção de que a "liberdade de consciência" burguesa limita-se a tolerar qualquer tipo de liberdade de consciência religiosa, ao passo que ele aspira, pelo contrário, a libertar a consciência de todas as fantasmagorias religiosas. Preferiu-se, porém, não sair dos limites "burgueses".

E com isto chego ao fim, pois o apêndice que vem depois do programa não constitui uma parte característica deste. Portanto, procurarei ser muito breve.

2. "*Jornada normal de trabalho*".

Em nenhum outro país limita-se o partido operário a formular uma reivindicação tão vaga, mas sempre fixa a duração da jornada de trabalho que, sob condições concretas, é considerada normal.

3. "*Restrição do trabalho da mulher e proibição do trabalho infantil*".

A regulamentação da jornada de trabalho já deve incluir a restrição do trabalho da mulher, no que se refere à duração, repouso etc. da jornada; a não ser assim, só pode equivaler à proibição do trabalho da mulher nos ramos da produção que sejam especialmente nocivos ao organismo feminino, ou inconvenientes, do ponto de vista moral, a este sexo. Se foi isto o que se quis dizer, deveria ter sido dito.

"*Proibição do trabalho infantil*". Aqui era absolutamente necessário fixar o limite de idade.

A proibição geral do trabalho infantil é incompatível com a existência da grande indústria e, portanto, um piedoso desejo, porém nada mais. Pôr em prática esta proibição — supondo-a factível — seria reacionário, uma vez que, regulamentada severamente a jornada de trabalho segundo as diferentes idades e aplicando as demais medidas preventivas para a proteção das crianças, a combinação do trabalho produtivo com o ensino, desde uma tenra idade, é um dos mais poderosos meios de transformação da sociedade atual.

4. "Inspeção pelo Estado da indústria nas fábricas, nas oficinas e a domicílio".

Tratando-se do Estado prussiano-alemão, deveria exigir-se, taxativamente, que os inspetores só poderiam ser substituídos mediante sentença judicial; que todo operário pudesse denunciá-los aos tribunais por transgressões no cumprimento do seu dever; e que fossem médicos.

5. "Regulamentação do trabalho nas prisões".

Reivindicação mesquinha, num programa geral operário. Em todo caso, deveria proclamar-se claramente que não se desejava, por temor à concorrência, ver delinquentes comuns tratados como bestas e, sobretudo, que não se queria privá-los de seu único meio de corrigir-se: o trabalho produtivo. Era o menos que se poderia esperar de socialistas.

6. "Uma lei eficaz de responsabilidade civil".

Devia dizer-se o que se entende por lei "eficaz" de responsabilidade civil.
Diremos de passagem que, ao falar da jornada normal de trabalho, não se teve em conta a parte da legislação fabril que se refere às medidas sanitárias e meios de proteção contra os acidentes etc. A lei de responsabilidade civil só entra em ação depois de infringidas estas prescrições.
Numa palavra, também o apêndice caracteriza-se por sua redação descuidada.
Dixi et salvavi animan meam.[10]

Notas

Texto 1: Emancipação política e emancipação humana

(1) "A questão da emancipação é uma questão universal, [é] a questão do nosso tempo, e geral. Não apenas os judeus, mas também nós queremos ser emancipados." B. BAUER, *Die Judenfrage*, ed. cit., p. 61.

(2) Em latim no texto: "confessadamente", "declaradamente".

(3) Marx está aqui a preparar o terreno para uma decidida e necessária passagem à crítica da política, à crítica da "Terra" (e não apenas do "Céu"). Como dirá a abrir o outro texto que publicou nos *Deustsch-französische Jahrbücher*: "Para a Alemanha, a *crítica da religião*, no essencial, está terminada, e a crítica da religião é o pressuposto [*Voraussetzung*] de toda a crítica" — MARX, *Zur Kritik der Hegelschen Rechtsphilosophie. Einleitung*; MEGA^2, vol. 1/2, p. 170. [Cf. adiante, em outra versão, a p. 75. (*N. do O.*)]

(4) Em francês no texto: "Não existe nos Estados Unidos nem religião do Estado, nem religião declarada [como sendo] da maioria, nem preeminência de um culto sobre outro. O Estado é estranho a todos os cultos." Gustave de BEAUMONT, *Marie ou l'esclavage aux États-Unis, tableau de moeurs américaines; l'un des auteurs de l'ouvrage intitulé: Du sustème pénitentiaire aux États-Unis*, Paris, 1835, t. 1, p. 214.

Após desenvolverem diligências várias, por incumbência do governo francês, Gustave Beaumont de la Bonnière com Alexis de Tocqueville viajaram pelos Estados Unidos em 1831-1832, tendo em sequência disso publicado *Du système pénitencier aux États-Unis et de son application en France*. Cf., por exemplo, Karl PISA, *Alexis de Tocqueville. Prophet des Massenzeitalters. Eine Biographie,* München-Zürich, Piper, 1986, pp. 63-88.

(5) Em francês no texto: "a constituição não impõe as crenças religiosas e a prática de um culto como condição dos privilégios políticos."

(6) Em francês no texto: "não se crê, nos Estados Unidos, que um homem sem religião possa ser um homem honesto."

(7) Cf. G. de BEAUMONT, *Marie ou l'esclavage...*, t. 1, pp. 218-221.

(8) Cf. Alexis de TOCQUEVILLE, *De la démocratie en Amérique*, Paris, 1835², t. 2, pp. 209--234.

(9) Cf. Thomas HAMILTON, *Die Menschen und die Sitten in den vereinigten Staaten von Nordamerika*, trad. L. Hout, Mannhein, 1834, vol. 2, pp. 241-244.
Esta tradução alemã de *Men and Manners in America* (1833) de Hamilton foi aquela que Marx leu, quando da sua estada em Kreuznach no verão de 1843 (após a sua saída de Colônia, na sequência da proibição da *Rheinische Zeitung*), tendo chegado até nós alguns dos extratos que então realizou. Cf. MARX, *Kreuznacher Hefte*, 5; MEGA², vol. IV/2, pp. 266-275.

(10) É o caminho da crítica materialista que vem aqui à luz: mostrar a raiz histórica terrena da superstição, uma vez que "é a vida que determina a consciência" (cf. MARX-ENGELS, *Die deutsche Ideologie. Kritik der neuesten deuschen Philosophie in ihren Repräsentanten Feuerbach, B. Bauer und Stirner, und des deustschen Sozialismus in seinen verschiedenen Propheten*; MEW, vol. 3, p. 27). É, precisamente, esta base material que, na sua própria contraditoriedade, tem que ser "entendida e praticamente revolucionada" (cf. MARX, *Thesen über Feuerbach*, 5; MEW, vol. 3, p. 6). [Cf. adiante, em outra versão, a p. 164 (*N. do O.*)]

(11) No quadro desta terminologia, é dizer que não basta a emancipação *política* no âmbito de um Estado burguês. É esse mesmo estado de coisas que tem que ser revolucionado, radicalizando a questão para um registro universal de "humanidade" (materialmente enraizada num viver concreto), e não a surpreendendo apenas na sua dimensão "política" formal.
"Humanizar" significa neste contexto, e no passo subsequente, considerar os problemas em causa a partir da sua raiz mundana, numa perspectiva de "humanidade", reconduzir os problemas à sua verdadeira radicação.

(12) Cf. B. BAUER, *Die Judenfrage*, ed. cit., p. 65.

(13) Em latim no texto: "a título privado", "em privado".

(14) A inspiração feuerbachiana não deixa de manifestar-se aqui. Uma vez que Deus não é mais do que a projeção transcendente das próprias determinações essenciais do humano, "na religião, o homem comporta-se para com a essência do homem como para com um outro ser" —

FEUERBACH, *Das Wesen des Christentums*; GW, vol. 5, p. 90. Veja-se igualmente o capítulo sobre a função intermediadora de Cristo, pp. 247-262.

Tenhamos todavia em conta que, anteriormente, também Bruno Bauer não havia deixado de salientar, no quadro da sua interpretação do pensamento genuíno de Hegel, que a religião não passava de um produto da atividade da "autoconsciência" (*Selbstbewußtsein*) do homem, hipostasiada numa esfera de alienação (*Entäußsein, Entfremdung*). Cf., por exemplo, B. BAUER, *Die Posaune des jüngsten Gerichts über Hegel, den Atheisten und Antchristen* (doravante: *Posaune*), XI; HL, pp. 344-355.

(15) De acordo com o sistema censitário vigente em diversos regimes constitucionais liberais, o exercício da capacidade eleitoral era feito depender do estatuto econômico. Marx copia, a partir da obra de Wilhelm WACHSMUTH: *Geschichte Frankreichs in Revolutionszeitalter*, diversas disposições sobre esta matéria constantes da Constituição francesa de 1791, não deixando de observar que o "eleitor" (*électeur*) ainda tinha de cumprir condições mais exigentes, quanto a rendimento, do que o simples "cidadão ativo". Cf. MARX, *Kreuznacher Hefte*, 4; MEGA², vol. IV/2, p. 172.

(16) Cf. HAMILTON, *Die Menschen und die Sitten in den vereinigten Staaten von Nordamerika*, trad. cit., vol. 1, p. 146. Esta frase consta de um dos excertos de Marx que integram os cadernos de Kreuznach. Cf. MARX, *Kreuznacher Hefte*, 5; MEGA², vol. IV/2, p. 268.

(17) Marx cita aqui a *Filosofia do Direito* de Hegel segundo a edição a cargo de Eduard Gans, como volume 8 das *Werke*, publicado em Berlim, Duncker & Humblot, 1833. Cf. HEGEL, *Grundlinien der Philosophie des Rechts*, § 270; TW, vol. 7, p. 428.

Para os comentários de Marx relativamente a outros aspectos deste mesmo § 270, nos *Manuscritos de 1843*: MARX, *Zur Kritik der Hegelschen Rechtsphilosophie*; MEGA², vol. I/2, pp. 15-19.

O aproveitamento crítico do debate com Hegel para pôr em evidência a elevação do "Estado de direito" (*Rechtsstaat*) como universalidade abstrata acima dos elementos particulares tinha também sido já objeto de considerações por parte de Moses Heß, num texto publicado em 1843 nos *Einundzwanzig Bogen*. Cf. M. HESS, *Socialismus und Communismus; Philosophische und sozialistische Schriften. 1837-1850. Eine Auswahl*, ed. Wolfgang Mönke (doravante: PSS) Berlim, Akademie--Verlag, 1980², p. 207.

(18) Ainda que, para Hegel, o "gênero" (*Gatting*) também fosse "o universal que é em e para si" (HEGEL, *Wissenschaft der Logik;* TW, vol. 6, p. 350) ou "o universal concreto" (HEGEL, *Enzyklopädie der philosophischen Wissenschaften im Grundriss*, § 177; TW, vol. 8, p. 328), a expressão "vida genérica" (*Gattungslebe*) acorda aqui uma ressonância imediatamente feuerbachiana, enquanto denotando a plenitude vivida e comunicante de uma verdadeira sociedade de humanos.

Cf. FEUWERBACH, *Grundsätze der Philosophie der Zukunft*, §§ 54, 61 e 64; GW, vol. 9. Respectivamente, pp. 335-336, 338-339 e 339-340.

Aludindo a esta obra de Feuerbach, e descortinando a possibilidade de nela — de um modo propositado, ou não — se encontrar uma "base filosófica" para o "socialismo", Marx interroga-se: "A unidade do homem com o homem, a qual está fundada na diferença real dos homens, o conceito do gênero humano [*Menschengattung*], puxado do Céu da abstração para a Terra real, que é ele se não o conceito da *sociedade* [*Gesellschaft*]?" MARX, *Brief an Feuerbach, 11. August 1844*; MEGA², vol. III/1, p. 63.

Nos *Manuscritos de 1844*, Marx voltará a desenvolver este tópico de que o homem é um "ser genérico" (*Gattingswesen*) — cf., por exemplo, MARX, *Ökonomisch-philosophische Manuskripte*; MEGA², vol. I/2, pp. 368-370. O expresso reconhecimento autocrítico da necessidade de abandonar esta terminologia chegará pouco depois, quando Marx toma mais nitidamente consciência do novo terreno em que a sua abordagem destes problemas se desenvolve — cf. MARX-ENGELS, *Die deutsche Ideologie*; MEW, vol. 3, pp. 217-218.

(19) Descobre-se, assim, aqui também, a raiz *terrena* da *alienação*, que não circunscreve o seu alcance à esfera exclusiva da problemática ética ou religiosa. Mesmo na idealização do Estado burguês, a universalidade *política* (proclamada) só com dificuldade disfarça a discriminação econômica real em que efetivamente assenta e de que se alimenta.

Nos *Manuscritos de 1844*, o aprofundamento desta temática prosseguirá — designadamente, a propósito das análises do trabalho e da propriedade privada ("Com a valorização do mundo das coisas, cresce em proporção direta a desvalorização do mundo dos homens", MARX, *Öhonomisch-philosophische Manuskripte*, MEGA², vol. I/2, p. 364) —, vindo a ganhar contornos de maior precisão em *O Capital*, com o desenvolvimento da problemática da exploração. Cf., por exemplo, MARX, *Das Kapital. Kritik der politischen Ökonomie*, I, 7, 23; MEW, vol. 23, pp. 674-675.

(20) É ainda neste sentido que, anos mais tarde, polemizando então com as concepções de Proudhon, Marx voltará a insistir em que a "história dos homens" é "uma história profana", e não uma "história sagrada — história das ideias". Cf. MARX, *Brief an Pawel W. Annenkow, 28. Dezember 1846*; MEGA², vol. III/2, p. 72. [Cf. adiante, em outra versão, a p. 130. (*N. do O.*)]

(21) Em francês no texto: "burguês".

(22) Cf. B. BAUER, *Die Fähigkeit der heutigen Juden und Christen, frei zu werden*, ed. cit., p. 57.

(23) Em francês no texto: "cidadão".

O *cidadão* é o membro da sociedade civil *política*, num Estado constitucionalizado formalmente democrático. O *burguês* pertence, privadamente, à esfera da sociedade civil, enquanto estrutura econômico-social. A distinção é, de algum modo, relançada para diversificados debates por Jean-Jacques ROUSSEAU, *Du contract social*, I, 6; *Oeuvers Complètes*, ed. Bernard Gagnebin e Marcel Raymond (doravante: OC), Paris, Gallimard, 1964, vol. III, pp. 360-362. É retomada também por Immanuel KANT, por exemplo, *Über den Gemeinspruch: das mag in der Theorie richting sein, taugt aber nicht für die Praxis*; Ak., vol. VIII, p. 295, Hegel igualmente dela se socorre — cf., por exemplo, HEGEL, *Grundlinien der Philosophie des Rechts*, § 190; TW, vol. 7, p. 348.

Para um enquadramento histórico-conceptual destas categorias, Manfred RIEDEL, "Bürger, Staatsbürger, Bürgertum", GG, vol. 1, pp. 672-725.

(24) Alusão a um dos trabalhos de Hércules, em que ele, segundo a mitologia, depois de matar o leão de Nemeia, passou a usar a pele desse animal como símbolo de força invencível.

(25) A obra de Bauer citada, aqui e no parágrafo seguinte, é *Die Judenfrage*.

(26) Cf. HEGEL, *Grundlinien der Philosophie des Rechts*, §§ 189-208; TW, vol. 7, pp. 346-360.

Para Hegel, a "sociedade civil" (*bürgerliche Gesellschaft*) — que se distingue tanto da figura da "família" (primeira substancialização imediata ou natural da relacionalidade) como da do "Estado" (concreção espiritualmente vivificada de comunidade livre) — corresponde a um estádio de organização social em que apenas uma "universalidade formal" impera, já que os seus membros apenas se ligam como "singulares autônomos" para efeitos de satisfação e necessidades, de segurança dos indivíduos e de proteção da propriedade. Cf. HEGEL, *Grundlinien der Philosophie des Rechts*, § 157; TW, vol, 7, p. 306.

Como Marx dirá, mais tarde: "A expressão sociedade civil implantou-se no século XVIII, quando as relações de propriedade se tinham livrado já da comunidade [*Gemeinwesen*] antiga e medieval. A sociedade civil como tal desenvolve-se apenas com a burguesia; a organização social que se desenvolve a partir da produção e do comércio [*Verkehr*], que em todos os tempos forma a base do Estado e da demais superstrutura idealista, foi entretanto designada persistentemente pelo mesmo nome." MARX-ENGELS, *Die deutsche Ideologie*; MEW, vol. 3, p. 36.

Para um enquadramento histórico desta realidade moderna: Leo KOFLER, *Zur Geschichte der bürgerlichen Gesellschaft. Versuch einer verstechenden Deutung der Neuzeit*, n. ed. Berlin, Dietz, 1992, 2 vols.

Sobre as vicissitudes histórico-conceptuais desta categoria: Manfred RIEDEL, "Bürgerliche Gesellschaft", GG, vol. 2, pp. 719-800.

(27) Em latim no texto: "guerra de todos contra todos".
A expressão é de Thomas HOBBES, *Elementorum philosophiæ sectio tertia: De cive*, I, 12; *Opera philosophica*, ed. William Molesworth, reimpr. Aalen, Scientia-Verlag, 1961, vol. II, p. 166. Com ela, pretendia Hobbes caracterizar o estado permanente e generalizado de beligerância entre os homens numa situação "de Natureza", isto é, antes da conclusão de um pacto de "sociedade".
É esta também a imagem de que Hegel se socorre, mas, desta vez, para descrever a "sociedade burguesa", dominada pela conflitualidade "do interesse privado individual de todos contra todos". Cf. HEGEL, *Grundlinien der Philosophie de Rechts*, § 289; TW, vol. 7, p. 458. Nos *Manuscritos de 1843*, Marx havia curado já de analisar e comentar esta passagem — cf. MARX, *Zur Kritik der Hegelschen Rechtsphilosophie*; MEGA², I/2, pp. 45-46.

(28) Alusão à Revolução Francesa, particularmente, na sua etapa jacobina. Cf. Albert SOBOUL, *La Révolution Française*, n. ed., Paris, Editions Sociales, 1988, pp. 320-335.
Num dos seus cadernos de apontamento, Marx registra: "A Revolução [subentende-se: francesa] = gênese do Estado moderno." MARX, *Über Feuerbach*; MEW, vol. 3, p 538. Veja-se também: ENGELS-MARX, *Die heilige Familie*; MEW, vol. 2, pp. 126-131.
Sobre a perspectivação marxiana da Revolução Francesa, entre muitos outros: Jean BRUHAT, "La Révolution française et la formation de la pensée de Marx", *Annales historiques de la Révolution française*, Paris, 38 (1966), n. 184, pp. 125-170; Hans-Peter JAECK, *Die französische bürgerliche Revolution vom 1789 im Frühwerk von Karl Marx (1843-1846). Geschichtsmethodologische Studien*, Berlim, Akademie-Verlag, 1979; Raymond HUARD, "Du jeune Marx au coup d'Etat du 2 décembre 1851", *Cahiers d'histoire*, Paris, n. 21 (1985), pp. 5-27; François FURET, *Marx et la Révolution française*. Paris, Flammarion, 1986; Carlos EYMAR, *La revolución francesa y el marxismo débil*, Madri, Tecnos, 1989; Shlomo AVINERI, "Towars a Clarification of Marx's Attitudes to the French Revolution", *Rivoluzione Francese e Filosofia Classica Tedesca*, ed. Domenico Losurdo, Urbino, Quattro Venti, 1993, pp. 257-262.

(29) Em francês no texto: "máximo".
É conhecida sob esta designação genérica um conjunto de medidas legislativas da Convenção, destinadas a fixar os preços máximos de determinados bens de primeira necessidade com intuitos de regulação econômica e de resposta à pressão popular. Cf. François FURET, "Maximum", *Dictionnaire critique de la Révolution Française. Institutions et Créations*, ed. F. Furet e Mona Ozouf, Paris, Flammarion, 1992, pp. 299-309.
Lembremos que, durante a sua estada em Kreuznach, Marx havia empreendido um vasto programa de leituras sobre a Revolução Francesa. Nos extratos que faz da obra de Carl LUDWIG, *Geschichte der letzen fünfzig Jahre*, figuram referências à questão do "Maximum". Cf. MARX, *Kreuznacher Hefte*, 2; MEGA², vol. IV/2, p. 86.

NOTAS

Em várias cartas de 1844, Ruge dá conta do projeto que Marx acalentava de redigir um "História da Convenção". Cf. RUGE, *Brief an Feuerbach, 15. Mai 1844, in* FEUERBACH, GW, vol. 18, p. 348, bem como *Briefe an Moritz Fleischer, 20.-26. Mai 1844* e *9. Juli 1844*; *Marx-Engels Jahrbuch* (doravante: MEJ), Berlim, 1 (1978), respectivamente pp. 393 e 397.

(30) Em francês no texto: "guilhotina".

Como Marx dirá, mais tarde, o "terrorismo", isto é, o regime vigente em França durante o período do Terror, "queria aniquilar o açambarcamento [*Akkaparation*] pelo decapitar dos açambarcadores"; cf. ENGELS-MARX, *Die heilige Familie*; MEW, vol. 2, p. 100.

Em articulação com todos estes desenvolvimentos, é igualmente de ter em conta a interpretação hegeliana deste período do Terror em França: cf. HEGEL, *Phänomenologie des Geistes;* TW, vol. 3, pp. 431-441.

Veja-se também: Jacques D'HONDT, "Marx e il Terrore", *Marxismo Oggi*, Milão, 9 (1996), n. 1, pp. 68-83.

(31) Isto é, em que o Estado começa a sentir-se a si próprio, ou a desenvolver formas elementares de tomada de consciência de si.

A expressão "autossentimento" ou "sentimento de si" (*Selbstgefühl*) remonta também a Hegel, denotando aquela modalidade de autorreferência em que se "sente o objeto do seu puro sentir". Cf. HEGEL, *Phänomenologie des Geistes*; TW, vol. 3, p. 170, e também p. 200. Há um passo da *Enciclopédia* em que se estabelece um paralelo com fenômenos de "loucura" que acompanharam, durante a Revolução Francesa, o "derrubamento [*Umsturz*] de quase todas as relações burguesas [*bürgerliche*]" — cf. HEGEL, *Enzyklopädie der philosophischen Wissenschaften im Grundrisse*, § 258, Zusatz; TW, vol. 10, p. 177.

(32) Em *A Sagrada Família*, ao considerar o episódio "Napoleão" como "a última luta do Terrorismo revolucionário" (entenda-se: da perspectiva revolucionária que animava o período batizado "do Terror") contra a "sociedade civil" e a sua política, Marx lembra, não sem alguma ironia, que ele procurou desempenhar-se dessa tarefa colocando "no lugar da *revolução permanente* a *guerra permanente*" — Cf. ENGELS-MARX, *Die heilige Familie*; MEW, vol. 2, p. 130.

É, de fato, a partir de uma meditação deste processo francês que vemos ganharem corpo os ulteriores desenvolvimentos de Marx em torno da "revolução em permanência" (*Revolution in Permanez*). Cf., por exemplo, MARX, *Die Klassenkämpfe in Frankreich 1848 bis 1850*; MEW, vol. 7, pp. 89-90, e MARX-ENGELS, *Ansprache der Zentralbehörde an den Bund vom März 1850*; MEW, vol. 7, pp. 247-248 e 254.

Riazanov, editor da primeira MEGA, assinala também este passo de *Zur Judenfrage* como "a primeira formulação da revolução permanente". Cf. David RIAZANOV, *Lenin als Theoretiker des proletarischen Staates* (1924); *David Rjasanow — Marx-Engels Forscher, Humanist, Dissident*, ed. Volker Külow e André Jaroslawski, Berlim, Dietz, 1993, p. 116.

(33) Hegel havia-se igualmente referido a este processo, no marco da Revolução Francesa, designando-o pela vitória do "curso do mundo" (*Weltlauf*) sobre a "virtude" (*Tugend*), sendo que a magnificação desta era o princípio enformador do "Terror" robespierrista. Cf. HEGEL, *Phänomenologie des Geistes*, TW, vol. 3, pp. 289-291, e também *Vorlesungen über die Philosophie der Geschichte*, TW, vol. 12, pp. 532-533.

(34) Um dos pontos que, mais tarde, Marx salienta como integrando as contribuições específicas deste artigo é, precisamente, a demonstração de que o "Estado dos estados [ou ordens sociais, *Stände*] e do cristianismo exclusivo é não só o Estado incompletado [*unvollendeter*], mas o Estado cristão incompletado". Cf. ENGELS-MARX, *Die heilige Familie*; MEW, vol. 2, p. 93.
Na raiz de todos estes desenvolvimentos encontra-se a convicção de que é *uma mesma realidade* mundana que sustenta as formas religiosas do cristianismo e as formas políticas do Estado burguês. O "Estado político desenvolvido" manifesta essa articulação de modo completo; o chamado "Estado cristão" apenas o faz de modo imperfeito.

(35) Dado o contexto da citação de Bauer, trata-se, porventura, de uma alusão à exortação de Paulo: "Não vos conformeis com este século." Cf. PAULO, *Carta aos romanos*, 12, 2.

(36) Aqui, e nos parágrafos seguintes, o texto de Bauer mencionado é *Die Judenfrage*, na edição citada.

(37) Abordando, mais tarde, este tópico por outro ângulo, Marx dirá que também a "teologia" pode ser designada como "*Economia nacional* [isto é, economia política] celeste" (*himmlische Nationalökonomie*), uma vez que é "a doutrina da produção, distribuição, intercâmbio e consumo da 'riqueza espiritual' e dos tesouros no Céu". Cf. ENGELS-MARX, *Die heilige Familie*; MEW, vol. 2, pp. 116-117.

(38) Esta mesma ideia havia ocorrido já num artigo para a *Rheinische Zeitung*: "a dominação da religião não é senão a religião da dominação, o culto da vontade do governo", MARX, *Der leitende Artikel in Nr. 179 der "Kölnischen Zeitung"*; MEGA², vol. I/1, p. 187.

(39) Assoma porventura aqui uma alusão irónica à prevenção bíblica de que os pecados contra o Espírito Santo não serão perdoados. Cf. MATEUS, *Evangelho*, 12, 31.

(40) Lembremos que desde muito cedo, retrabalhando perspectivas de clara inspiração hegeliana, Marx se havia apresentado como crítico da "oposição do real e de aquilo que deve-ser [*Gegensatz des Wirklichen und Sollenden*], a qual é própria do idealismo". Cf. MARX, *Brief an Heinrich Marx, 10.-11. November 1837*; MEGA², vol. III/1, p. 10.

(41) A envolver toda esta problemática encontrava-se o diferendo em torno da hierarquização do poder espiritual e do poder temporal. Reinterpretando a tradição luterana, e na sequência do pensamento das Luzes e de Hegel, os jovens hegelianos pronunciavam-se claramente a favor da supremacia do Estado. Cf., por exemplo, ENGELS, *Friedrich Wilhelm IV., König von Preßen*; MEGA², vol. I/3, pp. 431-432, onde esta temática aparece desenvolvida em articulação crítica com o programa do "Estado cristão".

(42) Marx faz contrastar aqui a alienação (religiosa *e política*) do "Estado cristão" com a plena assunção comunitária de uma perspectiva *democrática de humanidade*. Já nos *Manuscritos de 1843* encontramos importantes elementos para o desenvolvimento desta análise: "A *vida política*, em sentido moderno, é a *escolástica* da vida do povo. A *monarquia* é a expressão completa desta alienação. A *república* é a negação desta no interior da sua esfera própria." — MARX, *Zur Kritik der Hegelschen Rechtsphilosophie*; MEGA², vol. I/2, p. 33.

Um passo mais será dado, nos *Manuscritos de 1844*, com a consideração da base material económica do "trabalho alienado" no âmbito da "sociedade burguesa": "A *divisão do trabalho* é a expressão nacional-económica da *socialidade do trabalho* no interior da alienação." — MARX, *Ökonomisch-philosophische Manuskripte*; MEGA², vol. I/2, p. 429.

Contrariamente ao que, por vezes, ainda se lê, o termo e o tema da "alienação" (*Entfremdung, entfremden*) não desaparecem das análises "maduras" marxianas do sistema da exploração em regime capitalista. Cf., por exemplo, MARX, *Das Kapital*; MEW, vol. 23, nomeadamente, pp. 350-351, 455, 596, 635, 649, 674.

Sobre a problemática da alienação em Marx, entre muitos outros e segundo perspectivas diferenciadas: Carlos ASTRADA, *Trabajo y Alienación. En la "Fenomenología" y en los "Manuscritos"*, Buenos Aires, Siglo Veinte, 1965²; Heinrich POPITZ, *Der entfremdete Mensch. Zeitkritik und Geschichtsphilosophie des jungen Marx,* Frankfurt am Main, Europäische Verlagsanstalt, 1968²; Adolfo SÁNCHEZ VÁSQUEZ, "Sobre la enajenación en Marx", *Filosofía de la praxis,* México D. F., Grijalbo, 1967, pp. 345-361; István MÉSZÁROS, *Marx's Theory of Alienation*, Londres, Merlin Press, 1972³; Bertell OLLMAN, *Alienation. Marx's Conception of Man in Capitalist Society*, Cambridge, Cambridge University Press, 1973³; Lucien SÈVE, "Analyses marxistes de l'aliénation. Religion et économie politique", *Philosophie et Religion*, ed. CERM, Paris, Editions Sociales, 1974, pp. 203-254; Berthold WERLEIN, "Die marxistische Entfremdungstheorie und ihre Interpretationen", "... *einen grossen Hebel der Geschichte". Zum 100. Todestag von Karl Marx: Aktualität und Wirkung seines Werks*, ed. IMSF, Frankfurt am Main, Marxistische Blätter, 1982, pp. 244-257;

Adam SCHAFF, "L'importanza della teoria marxista dell'alienazione", *Marx. Un secolo,* ed. Nicolao Merker, Roma, Editori Riuniti, 1983, pp. 239-254; Hannelore DROHLA, "Zum Marxschen Entfremdungsbegriff, seinem Inhalt und seinem Platz im 'Kapital'", *Beiträge zur Marx-Engels Forschung,* Berlim, n. 16 (1984), pp. 167-174; Costanzo PREVE, "Oltre il marxismo esistenzialistico. Per una riformulazione critica radicale della nozione di 'alienazione'", *Marx Centouno,* Milão, 8 (1992), n. 11, pp. 68-79.

(43) Tenham-se igualmente em conta as considerações em torno da monarquia, a propósito do debate crítico com as concepções de Hegel, nos *Manuscritos de 1843:* cf. MARX, *Zur Kritik der Hegelschen Rechtsphilosophie*; MEGA², vol. I/2, pp. 23-36.

(44) É por isso que "a democracia é a verdade da monarquia" ou "o gênero da constituição [*Verfassungsgattung*], de que a monarquia é [apenas] uma espécie [*Art*] e, decerto, uma espécie má". Cf. MARX, *Zur Kritik der Hegelschen Rechtsphilosophie*; MEGA², vol. I/2, p. 30.

(45) O Estado democrático tem por pressuposto a soberania popular, enquanto expressão da igualdade e da liberdade dos humanos, a qual na religião apenas encontra uma representação idealizada, fictícia e "invertida": "Assim como não é a religião que cria o homem, mas o homem a religião, assim também não é a constituição que cria o povo, mas o povo a constituição." MARX, *Zur Kritik der Hegelschen Rechtsphilosophie*; MEGA², vol. I/2, p. 31.

(46) Lembremos que, num contexto que não é de todo estranho a esta problemática, já Kant se havia referido ao antagonismo social como constituindo "a socialidade insociável dos homens" (*die ungesellige Geselligkeit der Menschen*) — cf. KANT, *Idee zu einer allgemeinen Geschichte in weltbürgerlicher Absicht*; Ak., vol. VIII, p. 20.

(47) Todo este passo é decisivo para compreendermos um dos pontos centrais da crítica de Marx. No Estado "completo" ou desenvolvido da democracia burguesa, os homens continuam cindidos, tal como na religião, só que, neste caso, entre a sua etérea e igualitária condição de "cidadãos" e a realidade conflitual terrena da luta de interesses egoístas que domina a "sociedade civil".

(48) Cf. Gustave de BEAUMONT, *Marie ou l'esclavage*..., ed. cit., t. 1, pp. 181-182, 196-197 e 224.

(49) Porque, por um lado, as religiões podem continuar a persistir como "coisa privada", e porque, por outro lado, e num registro muito mais fundo, o próprio "Estado político" se encontra ele próprio intrinsecamente atravessado por uma "dualização" de ascendência "religiosa".

NOTAS

É neste sentido que, não sem ironia, Marx pode afirmar que "o Estado moderno, politicamente completo, que não conhece quaisquer privilégios religiosos, é também o Estado *cristão* completo", ENGELS-MARX, *Die heilige Familie*; MEW, vol. 2, pp. 117-118.

(50) Contrariamente à visão algo pessimista de Bauer, Marx chama aqui a atenção para a importância da luta das comunidades judaicas pelos direitos cívicos, no quadro de uma debilitação do domínio do "Estado cristão": "a *exasperação [Erbitterung]* cresce a cada petição que, com protesto, é rejeitada", MARX, *Brief an Ruge, 13. März 1843*; MEGA², vol. III/1, p. 46.

(51) B. BAUER, *Die Judenfrage*, ed. cit., p. 19.

(52) B. BAUER, *Die Judenfrage*, ed. cit., p. 19.
Pode entender-se como um comentário irónico a esta passagem de Bauer a seguinte observação que Marx fará mais tarde: "Face à sua descoberta de que os direitos humanos não são inatos — uma descoberta que, na Inglaterra, já foi descoberta infinitas vezes desde há mais de 40 anos —, é de chamar genial à afirmação de Fourier de que pescar, caçar etc., seriam direitos humanos inatos." ENGELS-MARX, *Die heilige Familie*; MEW, vol. 2, p. 92.

(53) B. BAUER, *Die Judenfrage*, ed. cit., p. 19-20.

(54) Cf. B. BAUER, *Die Judenfrage*, ed. cit., p. 60-61.

(55) Em francês no texto: "direitos do homem".

(56) Em francês no texto: "direitos do cidadão".
Sobre esta problemática, entre muitos outros: Hermann KLENNER, *Marxismus und Menschenrechte. Studien zur Rechtsphilosophie*, Berlim, Akademie-Verlag, 1982; Bernard BOURGEOIS, "Marx et les droits de l'homme", *Droit et liberté selon Marx,* ed. Guy Planty-Bonjour, Paris, PUF, 1986, pp. 5-53; Carlos EYMAR, *Karl Marx, crítico de los derechos humanos*, Madri, Tecnos, 1987; Lucien SÈVE, "Marx et les droits de l'homme", *Annalen für dialektische Philosophie*, Milão, 6 (1989), pp. 97-103.

(57) Em francês no texto: "ninguém deve ser inquietado pelas suas opiniões, mesmo religiosas."
Na sua biblioteca de Paris, Marx possuía o primeiro volume da *Collection des constitutions, chartes et lois fondamentales des peuples de l'Europe et des deux Amériques* (Paris, Chanson, 1821), de Pierre-Armand DUFAU, Jean-Baptiste DUVERGIER e Joseph GUADET; cf. MARX-ENGELS, *Marginalien — Probestücke. Text und Apparat*, ed. Richard Sperl, Berlim, Dietz, 1983, pp. 29-44.
As citações aqui efetuadas terão provavelmente sido retiradas desta coleção. No entanto, há que ter em conta que estas informações estavam também disponíveis em algumas outras obras

sobre a história da França que Marx leu durante a sua estadia em Kreuznach, e de que copiou excertos (nomeadamente da *Geschichte Frankreichs im Revolutionszeitalter*, Hamburg. 1840-1844, 4 vols., de Wilhelm WACHSMUTH). Marx conhecia também a *Histoire parlementaire de la révolution française ou journal des assemblées nationales depuis 1789-1815* (Paris, Paulin, 1834-1838, 40 t.), de Philippe BUCHEZ e Pierre ROUX-LAVERGNE, a que mais adiante aludirá.

(58) Em francês no texto: "*a liberdade de qualquer homem para exercer o culto religioso ao qual está ligado*".

(59) Em francês no texto: "*o livre exercício dos cultos*".

(60) Em francês no texto: "*A necessidade de enunciar estes direitos supõe ou a presença ou a lembrança recente do despotismo.*"

(61) Em francês no texto: "Constituição". No artigo em causa, dispõe-se: "Conformando-se às leis, ninguém pode ser impedido de exercer o culto que escolheu. Ninguém pode ser forçado a contribuir para as despesas de nenhum culto. A república não salaria nenhum deles".

(62) Em francês no texto: "*Todos os homens receberam da Natureza o direito imprescritível de adorar o Todo-Poderoso segundo as inspirações da sua consciência, e ninguém pode ser legalmente constrangido a seguir, instituir ou apoiar, contra a sua vontade, qualquer culto ou ministério religioso. Nenhuma autoridade humana pode, em caso algum, intervir nas questões de consciência e controlar os poderes da alma.*"

(63) Em francês no texto: "*De entre o número dos direitos naturais, alguns são inalienáveis da sua natureza, porque nada pode ser o equivalente deles. Fazem parte deste número os direitos de consciência*".

(64) As páginas referidas pertencem ao tomo segundo da obra de BEAUMONT mencionada (*Marie ou l'esclavage...*), e correspondem a citações das constituições da Pensilvânia e do New-Hampshire.

(65) Tal como já ocorrera com HEGEL (*Grundlinien der Philosophie des Rechts*, § 289; TW, vol. 7, p. 458), a "sociedade civil" (*bürgerliche Gesellschaft*) assume aqui os traços da sociedade "burguesa" da guerra de todos contra todos.

Lembremos que já Rousseau, estabelecendo também um contraste entre o "homem" e o "cidadão", entendia que "o homem civil não é senão uma unidade fracionária" e que é no quadro da dependência dos homens relativamente a homens que "o senhor e o escravo se depravam mutuamente". Cf. ROUSSEAU, *Emile, ou de l'éducation*, I e II; OC, vol. IV, respectivamente, pp. 249 e 311.

NOTAS

Ao tempo em que Marx escrevia, este tópico formava também uma referência constante na literatura "comunista". Assim, por exemplo, Théodore Dézamy exclama: "a indústria inteira não é mais do que um campo de batalhas contínuo, uma arena estreita e sangrenta [...], onde milhões de rivais encarniçados se precipitam e se chocam [...]!" T. DÉZAMY, *Code de la Communauté*, Paris, Prévost — Rouannet, 1842, p. IV.

(66) Em francês no texto: "Estes direitos etc. (os direitos naturais e imprescritíveis) são: a *igualdade*, a *liberdade*, a *segurança*, a *propriedade*". Neste passo, Marx reúne, socorrendo-se de formulações que aí ocorrem, o conteúdo dos artigos primeiro e segundo.

(67) Em francês no texto: "*A liberdade é o poder que pertence ao homem de fazer tudo o que não prejudique os direitos de outrem.*"

(68) Em francês no texto: "*A liberdade consiste em poder fazer tudo o que não prejudique outrem.*"

(69) Mônada, em grego: μονας, significa "unidade", o elemento mínimo, indivisível, da realidade. Esta passagem parece, no entanto, remeter para Leibniz, em cuja monadologia Hegel divisava "o princípio ocidental da individualidade" — cf. HEGEL, *Enzyklopädie der philosophischen Wissenschaften im Grundrisse*, § 151, Zusatz; TW, vol. 8, p. 295. A associação ao isolamento e à clausura decorre da conhecida tese leibniziana segundo a qual "as mônadas não têm janelas" — cf. Gottfried Wilhelm LEIBNIZ, *Monadologie*, § 7; *Die philosophischen Schriften*, ed. C. J. Gerhardt, reprod. Hildesheim, Georg Olms, 1965, vol. 6, p. 607.

Em 1841, em Berlim, Marx leu e copiou excertos — que chegaram até nós — de diversos escritos de Leibniz, onde a questão das "mônadas" é objeto de atenção. Cf. MARX, *Exrerpte aus Leibniz' Werken;* MEGA², vol. IV/I, nomeadamente, pp. 189 e 201-203.

No entanto, ao tempo, na literatura de incidência e de preocupação social, quer francesa quer alemã, o recurso à figura da "mônada" para descrever a realidade do isolamento e da incomunicação dos indivíduos submetidos a uma violenta concorrência de interesses privados egoístas era, de alguma maneira, frequente. Cf., por exemplo, Moses HESS, *Über das Geldwesen*, 10; PSS, p. 339. Veja-se também a caracterização crítica do "homem compreendido como absolutamente distinto de todos os seus semelhantes" que ocorre em Pierre LEROUX, *De l' Humanité (1840)*, ed. Miguel Abensour e Patrice Verrneren, Paris, Fayard, 1985, p. 105.

(70) Ironizando sobre este tópico, já em 1840, Pierre-Joseph Proudhon lembrava: "implicaria contradição dizer: a propriedade é o direito que um homem tem de dispor da maneira mais absoluta de uma propriedade social. Portanto, se nós estamos associados para a liberdade, a igualdade, a segurança, nós não o estamos para a propriedade", P.-J. PROUDHON, *Qu' est-ce*

que la propriété?, ou Recherches sur le principe du Droit et du Gouvememenr, ed. Emile James, Paris, Gamier-Flammarion, 1966, p. 94.

Reportando-se a Proudhon, em 1843, tanto Ruge como Heß se haviam feito também eco da necessidade de eliminação da propriedade privada, com vista a fundar "seriamente o princípio do Estado no *homem*" (cf. RUGE, *Zur Verständigung der Deutschen und Franzosen. Von einem Publizisten in der Fremde;* HL, p. 716), ou a "realizar" comunitariamente a "liberdade e a igualdade" (cf. HESS, *Socialismus und Communismus;* PSS, p. 202).

(71) Em francês no texto: "O direito de *propriedade* é aquele que pertence a todo o cidadão de gozar e de dispor *à sua vontade* dos seus bens, dos seus rendimentos, do fruto do seu trabalho e da sua indústria".

(72) Em francês no texto: "à sua vontade".

Num mesmo sentido, o jovem Engels, em artigo de dezembro de 1842 da *Rheinische Zeitung*, havia-se interrogado já: "Consiste a mui afamada liberdade inglesa em algo de outro que não no arbítrio puramente formal de, no interior das barreiras legais subsistentes, poder fazer e deixar [de fazer] o que lhe apraz?" — ENGELS, *Die innern Krisen;* MEGA², vol. I/3, p. 440.

(73) É com vista a um enquadramento normativo desta "sociedade civil" *assim determinada* que vêm articuladamente a estabelecer-se os diferentes institutos do "Estado político" burguês.

É por isso que Marx dirá que "o reconhecimento dos *direitos humanos* pelo *Estado moderno* não tem qualquer sentido diferente do reconhecimento da *escravatura* pelo *Estado antigo*", já que "escravatura" e "sociedade civil (burguesa)" constituíam a "base natural" *(Naturbasis)* dessas respectivas figuras do Estado. Cf. ENGELS-MARX, *Die heilige Familie;* MEW, vol. 2, p. 120.

(74) Em francês no texto: "*A igualdade consiste em que a lei — quer proteja, quer castigue — é a mesma para todos.*"

(75) Em francês no texto: "*A segurança consiste na proteção concedida pela sociedade a cada um dos seus membros para a conservação da sua pessoa, dos seus direitos e das suas propriedades.*"

(76) Cf. HEGEL, *Grundlinien der Philosophie des Rechts,* § 183; TW, vol. 7, p. 340. Este Estado da "necessidade" ou da carência *(Not)* e do "entendimento" — a que Hegel também chama "Estado externo" — corresponde à realização *(Verwirklichung)* de uma "finalidade interesseira" *(selbstsüchtiger Zweck),* condicionada a uma dimensão pobre de universalidade que funda "um sistema de dependência recíproca" no que toca à subsistência e ao bem-estar dos singulares. Fica, assim, preso nas malhas estreitas do mero "entendimento" *(Verstand),* porque é incapaz de elevar-se a um horizonte verdadeiramente *racional,* comunitariamente humano, de liberdade e de socialidade.

De novo na sequência de Hegel (cf. HEGEL, *Vorlesungen über die Geschichte der Philosophie;* TW, vol. 20, p. 226), Marx volta a referir-se a este "sistema do entendimento" (*Verstandeswesen*) para caracterizar a função que ao Estado deveria competir de acordo com Thomas Hobbes. Cf. ENGELS-MARX, *Die heilige Familie;* MEW, vol. 2, p. 136.

(77) Em francês no texto: "declaração de 1791".
Trata-se da *Déclaration des droits de l'homme et du citoyen,* de 26 de agosto de 1789, colocada à cabeça da Constituição de 1791.

(78) Em francês no texto: "Declaração dos direitos do homem etc., de 1793".
Sobre os condicionalismos de crise grave que rodearam estes textos constitucionais de 1793, veja-se, por exemplo: Albert SOBOUL, *La Révolution Française,* Paris, Editions Sociales, n. ed. 1988, pp. 297-335, bem como Jacques GODECHOT, *Les Constitutions de la France depuis* 1789, Paris, Flammarion, 1979, pp. 69-77.

(79) Em francês no texto: "burguês".
Em todo este passo, Marx faz contrastar vivamente a perspectiva formal política do *citoyen* com a do *homme* (idealizado) que acaba por não se elevar acima do *bourgeois* dos interesses econômicos rasteiros, não alcançando assim a dimensão plenamente emancipadora do homem como "ser genérico".

(80) Em francês no texto: "o *objetivo* de toda a *associação política* é a conservação dos direitos naturais e imprescritíveis do homem".

(81) Em francês no texto: "o *governo* é instituído para garantir ao homem o gozo dos seus direitos naturais e imprescritíveis".

(82) Em francês no texto: "a liberdade *indefinida* da imprensa".

(83) Em francês no texto: "a liberdade da imprensa não pode ser permitida quando ela compromete a liberdade pública".

(84) Cf. Philippe BUCHEZ e Pierre ROUX-LA VERGNE, *Histoire parlementaire des mois de juin, juillet, août, septembre et octobre 1793; Histoire parlementaire de la révolution française ou journal des assemblées nationales depuis 1789-1815,* Paris, Paulin, 1836, t. 28, p. 159.
Esta obra era uma das fontes utilizadas por Wilhelm WACHSMUTH na sua *Geschichte Frankreichs im Revolutionszeitalter,* que Marx teve ocasião de ler em Kreuznach. Cf. MARX, *Kreuznacher Hefte,* 4; MEGA², vol. IV/2. p. 165.

Na *Sagrada Família* volta a haver referências à interpretação da figura de Robespierre por parte de Buchez. Cf. ENGELS-MARX, *Die heilige Familie;* MEW, vol. 2, por exemplo, p. 127.

(85) Em *A ideologia alemã,* Marx desenvolverá mais alargadamente esta problemática da "inversão" que afetava as representações ideológicas dominantes. "Se em toda a ideologia os homens e as suas relações aparecem como numa câmara escura [*Camera obscura*] postas de cabeça para baixo, este fenômeno provém do seu processo de vida histórico do mesmo modo que a reviravolta [*Umdrehung*] dos objetos na retina [provém] do seu [processo de vida] imediatamente físico." — MARX-ENGELS, *Die deutsche Ideologie;* MEW, vol. 3, p. 26.

(86) Entenda-se: do monarca. Veja-se a crítica a que Marx submete a ideia do "poder do príncipe" como desnudada encarnação do "arbitrário" — MARX, *Zur Kritik der Hegelschen Rechtsphilosophie;* MEGA^2, vol. I/2, p. 25.

(87) Nos *Manuscritos de 1843*, este é precisamente um dos pontos em que assenta o ataque à concepção "invertida" de Hegel, que tudo pretendia deduzir do "Estado": "o Estado político não pode existir sem a base natural da família e a base artificial da sociedade civil" — MARX, *Zur Kritik der Hegelschen Rechtsphilosophie;* MEGA^2, vol. I/2, p. 9.

(88) Isto é, os "estados" ou ordens sociais *(Stände)* e as "corporações". Cf. HEGEL. *Grundlinien der Philosophie des Rechts,* § 288; TW, vol. 7. pp. 457-458.

(89) Como Marx formulava criticamente em 1843: "No monarca, a pessoa tem o Estado em si" — MARX. *Zur Kritik der Hegelschen Rechlsphilosophie;* MEGA^2, vol. I/2, p. 40.

(90) Já em 1843, Marx sublinhava a figura constitutiva da "participação", no estabelecimento e vigência de um Estado democrático. Cf. MARX, *Zur Kritik der Hegelschen Rechtsphilosophie;* MEGA^2, vol. I/2, p. 127.

(91) A revolução (apenas) política, para efeitos de abatimento do poder político do monarca, "idealiza" uma esfera política independente das estruturas materiais econômicas que continuam a reger a sociedade.

É neste quadro que se pode entender a alusão, no parágrafo seguinte, ao "idealismo" ou idealização política do Estado, e ao "materialismo" ou à materialidade das relações que, na "sociedade civil", persistem como fatores determinantes. "Idealismo" e "materialismo" não possuem aqui o seu sentido onto-gnosiológico técnico.

Em *A Sagrada Família,* ao estabelecer a ligação entre o materialismo do século XVIII e o comunismo francês e inglês do século XIX, Marx aponta para uma outra perspectiva, de natureza revolucionária: se o determinante, em termos de conhecimento e de comportamentos, é a materialidade do real, então, há que *transformar materialmente*, num sentido de afirmação e de promoção de humanidade, as próprias realidades. Cf. ENGELS-MARX, *Die heilige Familie;* MEW, vol. 2, p. 138.

(92) Anteriormente, Marx recorrera já a esta metáfora comparativa, mas noutro contexto: "As corporações são o materialismo da burocracia, e a burocracia é o espiritualismo das corporações. A corporação é a burocracia da sociedade civil; a burocracia é a corporação do Estado." — MARX, *Zur Kritik der Hegelschen Rechlsphilosophie;* MEGA^2, vol. I/2, p. 49.

(93) Isto é, a "sociedade civil" — politicamente liberta da dominação do monarca — assume-se claramente como "sociedade burguesa" do egoísmo dos interesses singulares em confronto.

(94) No "Estado político", é o *direito* que rege as relações entre os indivíduos, assim como, no âmbito da "feudalidade", era o *privilégio* que ordenava as relações entre os homens pertencentes a um "estado social" *[Stand]* determinado e a agremiações corporativas.

Como, nos *Manuscritos de 1843*, contra Hegel, Marx tratara de observar já criticamente: "O elemento *estados* [ou ordens sociais, *das ständische Element*] é a *mentira legal, sancionada*, dos Estados constitucionais, segundo a qual o *Estado* é o *interesse do povo* ou segundo a qual o *povo* [é] o *interesse de Estado.*" — MARX, *Kritik der Hegelschen Rechtsphilosophie;* MEGA^2, vol. I/2, p. 69.

(95) Em francês no texto: "direitos naturais".
No quadro do pensamento moderno, em geral, para os críticos da ordem feudal imbuídos de uma orientação "burguesa", aquele ordenamento aparecia fundamentalmente como uma manifestação de "artificialidade", à qual haveria que contrapor — no plano jurídico-político (direito natural) ou no plano econômico (fisiocratismo, por exemplo) — uma refundação corrigida ou retificada da existência social num registro de "naturalidade".
Como Marx dirá, numa obra de 1847: para os teorizadores da economia política (burguesa), "as instituições da feudalidade são instituições artificiais, as da burguesia são instituições naturais" — MARX, *Misère de la philosophie. Réponse à la philosophie de la misère de M. Proudhon*, II, 1, 7; *Oeuvres*, ed. Maximilien Rubel, Paris, Gallimard, 1965, vol. I, p. 88.
Curiosamente, no seu afã — a um tempo, apologético e polêmico — de busca de legitimação, também os partidários do *ancien régime* não deixaram de virar-se para pretensões de "naturalidade". Para Edmund BURKE *(Reflections on the Revolution in France and on the Proceedings in certain Societies in London relative to that Event;* ed. Conor Cruise O'Brien, Harmondsworth, Penguin, 1988^{12}, pp. 126 e 138, respectivamente), as disposições gerais da Revolução Francesa eram necessariamente "antinaturais" *(unnatural)* e os intentos niveladores não passavam de "uma usurpação das prerrogativas da Natureza"...

A batalha ideológica pela demonstração e pelo reconhecimento da "naturalidade" dos institutos que se pretendem justificar assume, na verdade, em diferentes contextos, um peso que não é irrelevante. Como Marx dirá num artigo de 1848 para a *Neue Rheinische Zeitung*: "Quando a 'monarquia' é Natureza, toda a tentativa republicana é uma sublevação [*Auflehnung*] contra a Natureza." MARX, *Thiers' Rede uber eine allgemeine Hypothekenbank mit Zwangskurs;* MEW, vol. 5, p. 424.

(96) Para Hegel, a "certeza imediata" ou "sensível" apenas nos dá a faticidade ou "naturalidade" discreta dos objetos, sem ascender a uma compreensão da sua essência, do seu movimento, das suas relações, em suma, da sua verdade — cf. HEGEL. *Phänomenologie des Geistes;* TW, vol. 3, pp. 82-92. "Para a certeza sensível, cada coisa vale na sua singularidade" — HEGEL, *Vorlesungen über die Geschichte der Philosophie;* TW, vol. 18, p. 201.

(97) Em francês no texto: "Aquele que ousa tratar [empreender, entreprendre] de instituir um povo deve sentir-se em estado de mudar, por assim dizer, a natureza humana, de transformar cada indivíduo (que, por si mesmo, é um todo perfeito e solitário) em parte de um todo maior (do qual esse indivíduo receba, de alguma maneira, a vida e o ser), de substituir uma existência parcial e moral à existência física e independente. É preciso que ele tire ao homem as suas forças próprias para lhe dar [forças] que lhe sejam estranhas e de que ele não possa fazer uso sem o socorro de outrem".

(98) Cf. Jean-Jacques ROUSSEAU. *Du Contract social,* II, 7; OC, vol. III, pp. 381-382.
Esta passagem encontra-se entre aquelas que Marx copiou, quando das suas leituras em Kreuznach. Cf. MARX, *Kreutnacher Hefte,* 2; MEGA², vol. IV/2, p. 96.

(99) Em francês no texto: "forças próprias".
Note-se que, indo além de Rousseau, Marx acentua aqui o horizonte *intrinsecamente social* das "forças próprias" do homem que há que desenvolver com consequência.

(100) Duas teses principais decorrem do exposto neste parágrafo: a do caráter *concreto* da comunidade e a da necessária *radicalização* da universalidade.
Por um lado, a chamada a primeiro plano do "ser genérico" do homem não corresponde à magnificação de uma mera abstração. A comunidade, a socialidade do homem plenamente entendida, só se realiza *nos* e *através* dos indivíduos que a integram, considerados, não na sua singularidade privada interesseira, mas enquanto exercendo a sua *qualidade social*.
Este posicionamento ontológico e político já se encontrava presente nos *Manuscritos de 1843.* "Os negócios e atividades [*Wirksamkeiten*] do Estado estão ligados a indivíduos — o Estado só é ativo [*wirksam*] através de indivíduos; porém, não [estão ligados] ao indivíduo como indivíduo *físico*, mas como [indivíduo] *estatal* [ou membro participante de um Estado, *staatliches*], [estão

ligados] à *qualidade de Estado* do indivíduo." São, portanto, "as pessoas que fazem o Estado"; "Como se não fosse o povo o Estado real. O Estado é um abstrato. Só o povo é o concreto." Cf. MARX, *Zur Kritik der Hegelschen Rechtsphilosophie;* MEGA², vol. I/2, pp. 22, 27 e 29, respectivamente.

Por outro lado, e na sequência do que foi dito, a dimensão concreta da comunidade de humanos requer que esta se não veja circunscrita a uma esfera *política* separada e meramente formal, mas antes que se alargue à totalidade do seu campo *social* de intervenção, o que implicará toda uma série mais vasta de revolucionamentos.

Na revolução apenas política, conduzida em regime burguês, "uma parte da sociedade civil emancipa-se e chega à dominação *universal"* — MARX, *Zur Kritik der Hegelschen Rechtsphilosophie, Einleitung;* MEGA², vol. I/2, p. 179. Só que esta "universalidade" é apenas putativa e imaginária; no fundo, é "parcial", na medida em que traduz o acesso ao poder de uma classe que domina em virtude da propriedade privada de que desfruta.

É por isso que há que *radicalizar* esta emancipação, colocando-a num terreno verdadeiramente geral de humanidade, o que pressupõe um empenhamento sério em "derrubar todas as relações em que o homem é um ser rebaixado, escravizado, desamparado, desprezível" — MARX, *Zur Kritik der Hegelschen Rechtsphilosophie. Einleitung;* MEGA², vol, I/2, p. 177. [Cf., para esta citação de Marx e a imediatamente anterior, adiante, as pp. 83 e 86 (*N. do O.*)]

O caminho para um aprofundamento da *natureza de classe* deste movimento libertador fica assim aberto. Nos *Manuscritos de 1844*, o comunismo aparece caracterizado como "humanismo *positivo",* como realização efetiva de humanidade desde as esferas elementares da economia — cf. MARX, *Ökonomisch-philosophische Manuscripte;* MEGA², vol. I/2. p. 301. [Cf. adiante, as pp. 110-111 (*N. do O.*)] No *Manifesto* de 1848, encontraremos as formulações mais amadurecidas e os novos posicionamentos, que vinculam o comunismo ao movimento histórico real das lutas revolucionárias do proletariado moderno pela superação *(Aufhebung)* da propriedade privada burguesa — cf. MARX-ENGELS, *Manifest der Kommunistischen Partei;* MEW, vol. 4, pp. 474-475, 471, 468. [Cf., adiante, as pp. 196-198, 193-194, 192-193 (*N. do O.*)].

Texto 2: Para a crítica da filosofia do direito de Hegel. Introdução

(1) Cf. a nota 37 do *Texto 1* e o rodapé das pp. 93 e 125. (*N. dos T.*)

Texto 5: Elementos fundantes de uma concepção materialista da história

(1) Embora conscientes da relevância da distinção entre os conceitos "real" e "efetivo" na literatura hegeliana, jovem hegeliana e marxista, optamos por traduzir *wirklich* por "real" (assim como *Wirklichketi* por "realidade" e *verwirklichen* por "realizar"), indicando entre colchetes as raras ocorrências, no original, dos termos *real, Realität, realisieren* e outras variantes. (*N. dos T.*)

(2) O verbo *aufheben* possui três sentidos principais: 1) levantar, sustentar, erguer; 2) anular, abolir, revogar, cancelar, suspender, superar; 3) conservar, poupar, preservar (cf. Michael Inwood, "Suprassunção", em *Dicionário Hegel*. Rio de Janeiro: Jorge Zahar, 1997, p. 302). Marx, do mesmo modo que Hegel (e Schiller), emprega comumente a palavra nas acepções 2 e 3 combinadas, mas também a emprega, muitas vezes, simplesmente na segunda acepção, dando ênfase ao aspecto negativo da "superação". Traduzimos *aufheben, aufgehoben, Aufhebung* por "superar, superado, superação" quando se trata da segunda acepção, ou por "suprassumir, suprassumido, suprassunção" quando é evidente se tratar de uma combinação da segunda com a terceira acepção. (*N. dos T.*)

(3) *Mule-Jenny*: máquina de fiar criada por Samuel Crompton, na Inglaterra, em 1779. (*N. dos T.*)

(4) Falha na manuscrito. (N. E. A./W)

(5) Referência ao "Prólogo no céu", do *Fausto*, de Goethe. (N.E.A./J)

(6) Planície de Roma.

(7) Geração ou nascimento espontâneo de organismos, também chamada de *generatio spontanea*.

(8) O conceito de "ideologia" surgiu durante a Revolução Francesa, primeiramente como o nome de uma nova ciência fundada pelos assim chamados ideólogos franceses. Foi Destutt de Tracy que, em abril de 1796, introduziu esse conceito numa conferência proferida no Instituto Nacional de Paris. Por ideologia, Destutt de Tracy entendia uma ciência das ideias que deveria ser a ciência primeira e fundamental. Os ideólogos polemizavam contra a metafísica e a ideologia e, politicamente, defendiam pontos de vista liberais. Napoleão, que inicialmente fora um discípulo dos ideólogos, concebia "ideologia" como frívolas brincadeiras do pensamento e invencionices vãs e rejeitava sua influência sobre a política. "Os ideólogos franceses entendiam 'ideia' como representação obtida sensivelmente e acreditavam, com isso, ter encontrado um fundamento seguro para toda filosofia. Napoleão, porém, dá ao conceito o significado de um conteúdo que transcende a empiria e a realidade, de modo que, para ele, a ideologia representa apenas um raciocínio e uma teoria desessencializada e distante da prática, uma forma de pensamento com pretensões ilegítimas a uma validade prática. Com Napoleão, o conceito de ideologia se torna um conceito polêmico, com o qual os adversários políticos devem ser desqualificados" (Ulrich Diers, "Ideologie", em O. Bunner, W, Conze e R. Koselleck, eds., *Geschichliche Grundbegriffe*. Stuttgart: 1982, vol. 3, p. 131-169). [...] (N. E. A./J)

(9) Ver nota 2. (*N. dos T.*)

(10) A palavra *Entfremdung* deriva de *fremd* ("alheio"), passando pelo verbo *entfremden* ("alhear"). Guarda, também, os sentidos de "estranhar", "deparar-se com algo ou alguém estranho", "não reconhecer algo ou alguém". Em Hegel, o conceito designa dois fenômenos distintos: 1) o fato de que a substância é estranha ao indivíduo; 2) a alienação ou abandono de si mesmo pelo indivíduo e sua identificação com a substância universal pela aquisição de cultura. No segundo sentido — mas não no primeiro —, *Entfremdung* é intercambiável com a palavra *Entäusserung*, que pode ser traduzida por "exteriorização" ou "externação". Para o Marx dos *Manuscritos econômico-filosóficos* de 1844, a *Entfremdung* (Marx usa também *Entäussegung* com o mesmo sentido) assume a forma da alienação do indivíduo no trabalho, o que se dá em quatro momentos: alienação/estranhamento do 1) trabalho, 2) do produto do trabalho, 3) do indivíduo em relação ao gênero e 4) do indivíduo em relação ao seu próprio ser social. Diferentemente de Hegel, a *Entfremdung* marxiana não é um fenômeno intrínseco a toda atividade humana, mas sim a apropriação por um "outro" (o capitalista) das forças próprias do trabalhador por meio da venda (*Veräusserung*) dessas forças. Da mesma forma, a solução para a alienação/estranhamento é bastante distinta nos dois autores: em Hegel, a solução está na intensificação da alienação pela negatividade radical do iluminismo e da revolução; para o Marx de 1844, ainda sob forte influência de Feuerbach, tratava-se de "recuperar" o ser genérico pela superação do trabalho alienado, isto é, da propriedade privada. É somente n'*A ideologia alemã*, porém, que Marx chega à ideia da *Aufhebung* da alienação/estranhamento não mais como "re-identificação" do indivíduo com a universalidade do "ser genérico" perdido, mas como liberação das forças produtivas que, sob a forma alienada da propriedade privada, desenvolveram-se como forças humanas universais. Cf. M. Inwood, *Dicionário Hegel*, cit., p. 45-8; K. Marx, *Ökonomisch-philosophische Manuskripte*, em MEGA-2, I/2, p. 363-75 [ed. bras.: *Manuscritos econômico-filosóficos*. São Paulo: Boitempo, 2004]; Rubens Enderle, *Ontologia e política: a formação do pensamento marxiano de 1842 a 1846* (Dissertação de mestrado, Belo Horizonte: UFMG, 2000), p. 83-91; M. H. M. da Costa, "A exteriorização da vida nos Manuscritos econômico-filosóficos de 1844", *Ensaios Ad Hominem*, v. 1, tomo 4, 2001, p. 165-212; W. Brekman, *Marx. the Young hegelians and the origins of radical social theory* (Cambridge: Cambridge University Press, 1999), p. 284-97. (*N. dos T.*)

(11) Na década de 1840, o termo *Stamm* (tribo, clã, tronco, linhagem) desempenhava um papel fundamental na ciência da história. Designava uma comunidade de pessoas que descendia de um único e mesmo predecessor. Uma primeira determinação precisa desse conceito foi realizada por Lewis Henry Morgan em sua obra *Ancient Society*, publicada em Londres no ano de 1877. (*N. dos T.*)

(12) Frase incompleta no original. (*N. dos T.*)

(13) Referência a Pellegrino Rossi, *Cours d'économie politique* (Bruxelas, 1843), p. 261. Cf. Karl Marx, *Brüsseler Hefte (1845) [Cadernos de Bruxelas (1845)]*, caderno 5, em MEGA-2, IV/3, p. 364. (*N. dos T.*)

(14) *Bloqueio continental*: barreira marítima criada por Napoleão, em 1806, para impedir que os aliados da França e os Estados neutros do continente europeu pudessem estabelecer comércio com a Grã-Bretanha. O bloqueio econômico levou a uma significativa diminuição das importações na Europa e a uma grande entrada de mercadorias coloniais, como o açúcar. A oposição da Rússia ao bloqueio continental contribuiu para a deflagração da guerra, em 1812. (N. E. A./J)

(15) Os *Hallische Jahrbücher für Deutsche Wissenschaft und Kunst* [*Anais Hallesianos de Ciência e Arte Alemãs*], fundados e dirigidos por Arnold Ruge e Theodor Echtermeyer, surgiram a partir de 1º de janeiro de 1838 na editora de Otto Wigand, em Leipzig. A sede da redação estava localizada na cidade de Halle. Em 1º de julho de 1841, Ruge e Wigand transferiram a redação para Dresden, a fim de escapar da censura prussiana, e a revista passou a se chamar *Deutsche Jahrbücher für Wissenschaft and Kunst* [*Anais Alemães de Ciência e Arte*]. Em 3 de janeiro de 1843 foi proibida a publicação dos *Deustche Jahrbücher*. (*N. dos T.*)

(16) Teatro do mundo.

(17) Bruno Bauer, *Geschichte Deutschlands und der französischen Revolution unter der Herrschaft Napoleons* (Charlottenburg, 1846).

(18) "Canção do Reno": assim era chamada a canção "Sie sollen ihn nicht haben, den freien deutschen Rhein" ["O Reno alemão, livre, não deve pertencer a eles"]. Composta por Nikolaus Becker (1809-1845), tornou-se extremamente popular em 1840, como hino patriótico contra a ameaça francesa de guerra pela anexação da margem alemã do Reno. (*N. dos T.*)

(19) "O desenvolvimento do princípio do espírito é a verdadeira *teodiceia*, pois é a constatação de que o espírito só pode libertar a si mesmo no elemento do espírito, e de que o que aconteceu e acontece todos os dias não apenas vem de Deus, como é a própria obra de Deus (G. W. F. Hegel, *Vorlesingen über die Philosophie der Geschichte*, editado por Eduard Gans, Berlim, 1837, p. 446 [ed. bras.: *Filosofia da história*. Brasília: Editora Universidade de Brasília, 1995]). (N. E. A./J)

(20) Cf. Hegel, *Vorlesingen*..., cit., p. 440. (N. E. A./J)

(21) Lojista.

Texto 7: Sobre a *Filosofia da miséria*

(1) Nesta carta, publicada pela primeira vez em 1912, por M. K. Lenke, Marx comunica a Annenkov as suas primeiras impressões sobre o livro de Proudhon, a que replicará com a *Miséria da filosofia*. Annenkov travou conhecimento com Marx em Paris, entre 1843 e 1844; ao que tudo indica, encontraram-se novamente em Bruxelas, em 1846.

(2) Na sua carta de 1º de novembro de 1846, Annenkov escrevera: "Confesso que o próprio plano do trabalho não me parece o resultado necessário da elaboração de um tema determinado e o seu desenvolvimento lógico, mas, sobretudo, o fruto da fantasia de um homem que assimilou uma parte insignificante da filosofia alemã."

(3) Marx ironiza, aqui, a "hipótese" que Proudhon, no prólogo da sua obra, expõe e comenta longamente, considerando-a um "instrumento dialético necessário".

(4) A edição original desta carta não traz a palavra *capricieux* (*caprichoso*), mas *cacadauphin* — bizarrismo que, tudo indica, deriva do fato de o editor não ter decifrado a letra de Marx.

(5) Marx evoca, aqui, certamente, a *Circular contra Kriege* (Bruxelas, 11 de maio de 1846).

(6) *Cóleras de homem honesto*.

(7) No original — "*Il ne veille pas en critique les sentimentalités socialistes...*" —, o que é outro erro do editor.

(8) Marx refere-se, certamente, a *A ideologia alemã*.

Texto 8: Manifesto do partido comunista

(1) A publicação do *Manifesto* nas línguas referidas não foi imediatamente possível. (*Nota da edição alemã*)

(2) Por burguesia compreende-se a classe dos capitalistas modernos, proprietários dos meios de produção social, que empregam o trabalho assalariado. Por proletários compreende-se a classe dos trabalhadores assalariados modernos que, privados de meios de produção próprios, se veem obrigados a vender a sua força de trabalho para poder existir. (*Nota de F. Engels à edição inglesa de 1888*)

(3) Isto é, com exatidão, a história transmitida *por escrito*. Em 1847, a pré-história da sociedade, a organização social que precedeu a toda história registrada, era praticamente desconhecida. De então para cá, Haxthausen descobriu a propriedade comum da terra na Rússia. Maurer provou ter sido esse o fundamento social de que saíram todas as tribos alemãs, e pouco a pouco descobriu-se que as comunidades aldeãs com propriedade comum da terra foram a forma originária da sociedade da Índia à Irlanda. Finalmente, foi esclarecida a organização interna desta sociedade comunista original, na sua forma típica, graças à descoberta culminante de Morgan da verdadeira natureza da *gens* e da sua situação na tribo. Com a dissolução destas comunidades primitivas começa a divisão da sociedade em classes diferenciadas e por fim antagônicas. Procurei acompanhar este processo de dissolução em *Der Ursprung der Familie, des Privateigenthums und des Staats* [*A origem da família, da propriedade privada e do Estado*], segunda edição, Sttutgard, 1886. (*Nota de F. Engels à edição inglesa de 1888*)

(4) *Guild-master*: membro pleno de uma corporação, mestre dentro de uma corporação, e não o seu dirigente. (*Nota de F. Engels à edição inglesa de 1888*)

(5) *Comuna* chamava-se na França à cidade que nascia mesmo antes de ter conquistado dos senhores e amos feudais a autonomia local e direitos políticos como "terceiro estado". De um modo geral, a Inglaterra é tomada como país típico do desenvolvimento econômico da burguesia, assim como a França o é para o desenvolvimento político. (*Nota de F. Engels à edição inglesa de 1888*)

Assim chamavam os habitantes das cidades da Itália e da França às suas comunidades urbanas, depois de terem comprado ou conquistado aos senhores feudais os primeiros direitos de autoadministração. (*Nota de F. Engels à edição alemã de 1890*)

(6) Nos seus trabalhos posteriores, Marx e Engels usam, em vez dos conceitos "valor do trabalho" e "preço do trabalho", os conceitos mais exatos "valor da força de trabalho" e "preço da força de trabalho". (*Nota da edição alemã*)

(7) Referência ao movimento por uma reforma da lei eleitoral, que, sob pressão do povo, a Câmara dos Comuns aprovou em 1831 e que acabou por ser ratificada pela Câmara dos Lordes em junho de 1832. Esta reforma dirigia-se contra o domínio monopolista da aristocracia rural e financeira e deu acesso ao parlamento aos representantes da burguesia industrial. O proletariado

NOTAS

e a pequena burguesia, que constituíram a principal força na luta, foram ludibriados pela burguesia liberal e não lhes foram concedidos direitos eleitorais. (*Nota da edição alemã*)

(8) A referência não é à Restauração inglesa, de 1660 a 1689, mas à Restauração francesa, de 1814 a 1830. (*Nota de F. Engels à edição inglesa de 1888*)

(9) Partidários da dinastia dos Bourbons, destituída em 1830; representavam os interesses do latifúndio hereditário. Em luta contra a dinastia reinante dos Orléans, no poder de 1830 a 1848, que se apoiava na aristocracia financeira e na grande burguesia, um setor dos legitimistas enveredou pela demagogia social e pretendeu passar por protetor dos trabalhadores contra a exploração burguesa. (*Nota da edição alemã*)

(10) Grupo formado por volta de 1842 por aristocratas políticos e literatos ingleses que aderiram ao Partido Conservador. Representantes eminentes da *Jovem Inglaterra* foram Benjamim Disraeli (1804-1881) e Thomas Carlyle (1795-1881). Exprimiam o descontentamento da aristocracia fundiária em face do crescente poder econômico e político da burguesia e recorreram a ardis demagógicos para atrair a classe operária para as suas posições. (*Nota da edição alemã*)

(11) Isto diz respeito sobretudo à Alemanha, onde a aristocracia e a fidalguia rurais fazem cultivar uma grande parte das suas propriedades por conta própria, com a ajuda de administradores, e são, além disso, grandes produtores de açúcar de beterraba e de aguardente de batata. A aristocracia britânica mais abastada ainda não desceu a tanto; mas também ela sabe compensar o declínio das rendas emprestando o seu nome a fundadores mais ou menos suspeitos de sociedades por ações. (*Nota de F. Engels à edição inglesa de 1888*)

(12) A tempestade revolucionária de 1848 varreu toda esta sórdida tendência e tirou aos seus defensores o apetite para continuar a brincar de socialismo. O principal representante e o tipo clássico dessa escola é o senhor Karl Grün. (*Nota de F. Engels à edição alemã de 1890*)

(13) *Falanstérios* eram as colônias socialistas projetadas por Charles Fourier; *Icária* foi o nome dado por Cabet à sua utopia e, mais tarde, à sua colônia comunista na América. (*Nota de F. Engels à edição inglesa de 1888*)

Colônias no interior era como Owen chamava às suas sociedades comunistas-modelo. *Falanstérios* era o nome dos palácios sociais projetados por Fourier. *Icária* se chamava o país utópico da fantasia, cujas instituições comunistas Cabet descreveu. (Nota *de F. Engels à edição alemã de 1890*)

(14) Por *reformistas* designam-se aqui os partidários do jornal *La Réforme* (que circulou em Paris entre 1843 e 1850; de outubro de 1847 a janeiro de 1848, Engels publicou nele vários artigos), que defendia a instauração da república e reformas sociais e democráticas. (*Nota da edição alemã*)

(15) Este partido era então representado no parlamento por Ledru-Rollin, na literatura por Louis Blanc, na imprensa diária por *La Réforme*. A designação *socialista democrático* significava, para seus inventores, um setor do partido democrático ou republicano com coloração mais ou menos socialista. (*Nota de F. Engels à edição inglesa de 1888*)
O partido que então se chamava, na França, *socialista democrático* era o representado politicamente por Ledru-Rollin e literariamente por Louis Blanc; era, pois, abissalmente diferente da social-democracia alemã dos nossos dias. (*Nota de F. Engels à edição alemã de 1890*)

(16) Democratas poloneses revolucionários sublevaram-se a 22 de fevereiro de 1846 no Estado livre de Cracóvia, que desde 1815 estava submetido ao controle comum da Áustria, da Rússia e da Prússia; formaram um governo nacional e publicaram um manifesto sobre a abolição das instituições feudais. A insurreição foi esmagada em março de 1846. (*Nota da edição alemã*)

Texto 9: O fenômeno bonapartista

(1) Entre a Revolução de 24 de fevereiro de 1848 e o golpe de 2 de dezembro de 1851, Marx, em passagem anterior desse texto, assinala um processo em três períodos: "o *período de fevereiro*; o de 4 de maio de 1848 a 28 de maio de 1848, o *período da constituição da república ou da Assembleia Nacional Constituinte*; o de 28 de maio de 1849 a 2 de dezembro de 1851, o *período da República Constitucional ou da Assembleia Nacional Legislativa*".
Luís Napoleão (1808-1873) — ou, do golpe de 2 de dezembro de 1851 a 4 de setembro de 1870, "Napoleão III" — fora eleito presidente da República em dezembro de 1848, apresentando-se como o defensor dos ideais napoleônicos; daí a ironia de Marx ao relacionar, no texto aqui apresentado, as suas "idées napoléoniennes". (*N. do O.*)

(2) A Sociedade 10 de Dezembro, base de apoio político ao golpe de 2 de dezembro de 1851, foi criada em 1849 por Luís Napoleão. (*N. do O.*)

(3) "Dentro de cinquenta anos a Europa será ou republicana ou cossaca." (*N. da R.*)

(4) "É o triunfo completo e definitivo do Socialismo." (*N. da R.*)

(5) Código Napoleônico. (*N. da R.*)

NOTAS

(6) É proibida a investigação da paternidade. (*N. da R.*)

(7) *Cevènnes*, região montanhosa da França, na qual, em princípios do século XVIII, houve um grande levante de camponeses protestantes (os chamados *Camisards*). Suas palavras de ordem eram: "Abaixo os Impostos!", "Liberdade de Consciência!". Os insurretos tomavam castelos feudais, escondiam-se nas montanhas, empenhavam-se em guerrilhas. A luta prolongou-se por quase três anos. (*N. da R.*)

(8) *Vendée*, região da França que foi o centro da contrarrevolução durante a revolução burguesa de fins do século XVIII. Em sua luta contra a França revolucionária, os contrarrevolucionários se utilizaram dos politicamente atrasados camponeses da Vendée, fortemente influenciados pelo clero católico. (*N. da R.*)

(9) *Vile multitude* — multidão vil, ignara. (*N. da R.*)

(10) *Point d'honneur* — ponto de honra, orgulho. (*N. da R.*)

(11) *Huissiers* — Oficiais de justiça. (*N. da R.*)

(12) *Remplaçant* — Aquele que, antigamente, na França e na Bélgica, substituía os jovens recrutados para o exército. (*N. da R.*)

(13) Na edição de 1852, este parágrafo terminava com as seguintes linhas, que Marx omitiu na edição de 1869: "A demolição da máquina do Estado não colocará em perigo a centralização. A burocracia é apenas a forma baixa e brutal de uma centralização que ainda não se libertou de seu oposto, o feudalismo. Quando se desapontar da Restauração Napoleônica, o camponês francês abandonará a crença em sua pequena propriedade, toda a estrutura do Estado, erigida sobre essa pequena propriedade, ruirá por terra e a *revolução proletária ganhará aquele coro sem o qual o seu solo se torna um canto de cisne em todos os países camponeses.*" (*N. da R.*)

(14) *Entourage* — os que o cercam. (*N. da R.*)

(15) *Tripotage* — trapaça. (*N. da R.*)

(16) *Rentiers* — os que vivem de rendas. (*N. da R.*)

(17) *Douceur* — propina. (*N. da R.*)

(18) *En détail* — a varejo. (*N. da R.*)

(19) *En gros* — por atacado. (*N. da R.*)

(20) *Obligeant* — obsequioso. (*N. da R.*)

(21) *État major* — estado-maior. (*N. da R.*)

(22) *Vol* significa ao mesmo tempo voo e furto. (*Nota de Marx*).

(23) "É o primeiro voo (furto) da águia." (*N. da R.*)

(24) "Contas teus bens, deverias antes contar teus anos." (*Nota de Marx*)

(25) Em sua obra *Cousine Bette*, Balzac pinta o filisteu parisiense mais dissoluto na figura de Crevel, personagem inspirado no Dr. Véron, proprietário do *Constitutionnel*. (*Nota de Marx.*) Granier de Cassagnac (1806-1880), citado a seguir, foi um jornalista sem princípios. (*N. do O.*)

(26) As palavras citadas são de Madame Girardin. (*Nota de Marx*)
Hommes entretenus — homens sustentados. (*N. da R.*)

(27) Uma das relíquias "sagradas" ("O manto sagrado de Treves") exibida na Catedral de Treves, em 1844, pelo clero católico reacionário. (*N. da R.*)

Texto 10: Introdução [à Crítica da Economia Política]

(1) Com essa *Introdução*, Marx inicia seus apontamentos econômicos dos anos de 1857/58, que foram publicados em conjunto em 1939, em Moscou, sob o título de *Grundrisse der Kritik der politischen Ökonomie (Rohentwurf)*.
Foi descoberta em 1902 entre os manuscritos deixados por Marx e publicada pela primeira vez por Kautsky, na revista *Die Neue Zeit* em 1903. É a essa *Introdução* que Marx faz alusão em seu prefácio de *Para a crítica da economia política*. O título "*Introdução à Crítica da Economia Política*" não é do próprio autor, mas refere-se ao nome com que foi publicado pela primeira vez e que se tornou tradicional. O texto não foi preparado para a publicação e Marx se refere a ele como um esboço (veja o referido prefácio). O caráter inacabado é mais visível na parte final, onde Marx alinha os temas que pretendia desenvolver futuramente. As palavras entre colchetes se referem a inclusões não constantes do manuscrito, acrescentadas para a compreensão do texto. As

palavras entre parênteses ou são do próprio Marx ou são traduções para o português de expressões estrangeiras que aparecem no texto original. (*N. do T.*)

(2) *Zoon politikon* (ser social, animal social). ARISTÓTELES. *De Republica*. Livro Primeiro. Cap. 2. (*N. da Ed. Alemã.*)

(3) No manuscrito, "produção" em lugar de "consumo". (*N. da Ed. Alemã*)

(4) No manuscrito, "pessoa" em lugar de "consumo" (*N. da Ed. Alemã*)

(5) Resolução: no texto que utilizamos para esta tradução (*Marx-Engels Werke*, v. 13, p. 621), bem como na edição de Kautsky, a palavra é *Aufloesung* (dissolução). M. Husson (Paris, Éditions Sociales, 1972, p. 155) leu *Auffassung* (concepção). Mantivemos a versão mencionada, já que Marx pretende mostrar aqui exatamente que o fato de os economistas dissociarem a produção da distribuição não provém de uma forma de conceber esses processos, mas uma dissociação real dos mesmos. (*N. do T.*)

(6) "Literatos socialistas" — é sobretudo ao "verdadeiro" socialista Karl Grün a quem se dirige essa referência. Suas teses sobre a relação entre a produção e o consumo são criticadas por Marx em *A ideologia alemã*. (*N. da Ed. Alemã.*)

(7) *Cum grano salis* (com um grão de sal). Tradução da edição de *Marx-Engels Werke*: "em sentido bem determinado". (*N. do T.*)

(8) "Priting House Square". Praça em Londres, onde se encontra localizada a redação do *Times*. (*N. da Ed. Alemã.*)

Texto 11: Prefácio à *Para a Crítica da Economia Política*

(1) A notável obra *Para a crítica da economia política (Zur Kritik der politischen Ökonomie)* representa um marco importante na formação da Economia Política marxista. Foi escrita no período entre agosto de 1858 e janeiro de 1859. Na resenha que escreve para o *Volk (Marx-Engels Werke*, v. 13, p. 468), Engels ressalta o significado desse livro para o "partido proletário alemão" e o método da "dialética materialista" empregado. O próprio Marx escreve a Engels em 22 de julho de 1859: "No caso de que escrevas algo [sobre o livro], não deves esquecer: 1) que o proudhonismo é aniquilado em suas bases, 2) que exatamente na forma mais simples, a forma da mercadoria, é analisado o caráter *especificamente* social da produção burguesa, mas não se trata de forma alguma de seu *caráter absoluto*." A realização da obra custou a Marx um trabalho de quinze anos, du-

rante os quais Marx estudou uma enorme quantidade de literatura socioeconômica e elaborou as bases de sua própria teoria econômica.

Em agosto de 1858, Marx inicia a sistematização do material colecionado e a redação definitiva, e, em 26 de janeiro de 1859, envia o manuscrito a Franz Dunker, o seu editor em Berlim. O livro, que deveria ser o primeiro de uma série de "cadernos", apareceu em junho de 1859 contendo apenas dois capítulos: "A mercadoria" e "O dinheiro ou a circulação simples", mas como primeiros capítulos do "Livro Primeiro: Sobre o Capital" (que deveria ser o primeiro num total de seis) e da "Seção I: O Capital em Geral".

Marx pretendia publicar o segundo caderno logo em seguida, onde trataria das questões ligadas ao capital. Contudo, pesquisas continuadas obrigaram-no a alterar seu plano original. Agora, em vez dos seis livros planejados, a obra deve constar de quatro tomos sobre o capital. No lugar dos "cadernos periódicos", Marx elabora o *Das Kapital*, onde retoma as teses principais de seu escrito *Zur Kritik der politischen Ökonomie*. No prefácio à primeira edição de *O Capital*, diz Marx a respeito da relação entre as duas obras: "A obra que entrego agora ao público é a continuação do meu escrito *Para a crítica da economia política*, publicado em 1859. A longa pausa entre o início e a continuação deve-se a uma enfermidade prolongada por muitos anos que me obrigou a interromper várias vezes o trabalho. O conteúdo daquele escrito está resumido no *capítulo I* deste livro. Essa inclusão não se deve apenas ao contexto ou à integridade da obra. A exposição está melhorada. Na medida em que a implicação dos fatos tenha permitido de alguma forma, muitos pontos, que foram anteriormente apenas mencionados, aparecem aqui mais desenvolvidos, enquanto que outros pontos desenvolvidos naquela obra, ao contrário, são aqui meramente mencionados. A parte referente à *história da teoria do valor e da teoria do dinheiro* fica agora totalmente fora, mas o leitor daquele escrito anterior encontrará nas notas do capítulo I novas fontes sobre a história daquela teoria."

A referência sobre os "outros pontos desenvolvidos naquela obra", que será tratada por alto em *O Capital*, consiste sobretudo no capítulo sobre o dinheiro que, juntamente com a parte sobre a história da teoria do dinheiro, constitui a exposição mais detalhada da teoria do dinheiro de Marx. Trata-se aqui de questões da circulação do dinheiro e da teoria dos meios de circulação, em um sistema de produção capitalista totalmente desenvolvido, que em *O Capital* só serão tratados no Livro Terceiro, *depois* de ter sido feita a análise do processo de produção e do processo de circulação do capital e a análise da taxa média de lucro. Se, por isso, *Para a crítica da economia política* é formalmente apenas um começo, e *O Capital* a sua continuação, pode-se afirmar também que ela abrange muito mais do que a mera circulação simples de mercadorias. Ela fornece já, no campo da teoria do dinheiro, os grandes traços da obra total. (*N. da Ed. Alemã*.)

A edição que utilizamos como texto básico para esta tradução foi a da Dietz Verlag Berlim (1972), da coleção *Marx-Engels Werke*, v. 13. Procuramos realizar uma tradução que, além de se manter fiel ao texto, deixasse transparecer todo o jogo dialético das categorias. Para isso foi muitas vezes preciso quebrar o uso corrente de certas palavras e até mesmo formar outras. Exemplo significativo de ruptura com o sentido tradicional é a tradução de *Geld*, quando não aparece composta com outra palavra, como em *Geldstück* (peça de moeda), por "dinheiro", quando frequentemente empregamos "moeda". Mas entre *Geld* e *Münze* existe uma oposição entre o ideal e o encarnado num ser particular, a que o bom senso português sempre foi cego. Para distinguir *Bestimmung* (determinação) de *Bestimmheit* (uma determinação que advém ao objeto por sua posição no processo), inventamos "determinidade". Assim é que a moeda, que encarna a idealidade do dinheiro graças ao próprio movimento dialético dessa última categoria, é uma determinidade formal do dinheiro. (*N. do T.*)

(2) Veja neste volume a *Introdução [à Crítica da Economia Política]*. (*N. do T.*)

(3) *Rheinische Zeitung für Politik, Handel und Gewerbe (Gazeta Renana de Política, Comércio e Indústria)* — Diário publicado em Colônia, de 1º de janeiro de 1842 até 31 de março de 1843. Fundado por representantes da burguesia renana, que se opunham ao absolutismo prussiano, o jornal atraiu também alguns jovens hegelianos. Marx foi seu colaborador a partir de abril de 1842 e seu redator-chefe a partir de outubro do mesmo ano. O jornal publicou também uma série de artigos de Friedrich Engels. Sob a influência de Marx, o jornal assumiu um caráter revolucionário-democrático, tendência esta que se acentuava progressivamente. A linha do *Rheinische Zeitung*, cuja popularidade crescia na Alemanha, provocou preocupação e insatisfação nos círculos governamentais, e a imprensa reacionária lançou-se enfurecida contra ele. O jornal foi colocado sob severa censura, depois de 19 de janeiro de 1843, por força de um decreto do governo prussiano, e proibido definitivamente em 1º de abril de 1843. (*N. da Ed. Alemã.*)

(4) *Allgemeine Zeitung (Jornal Geral)* — Diário conservador fundado em 1798. Entre 1810 e 1882 foi publicado em Augsburgo. Em artigo publicado no *Rheinische Zeitung* (*O Comunismo e o "Allgemeine Zeitung" de Augsburgo*), Marx ataca esse jornal por haver falsificado as ideias do socialismo e comunismo utópicos. (*N. da Ed. Alemã.*)

(5) Os *Deutsch-Französische Jahrbücher* (*Anais Franco-Alemães*) foram publicados em Paris, no idioma alemão, por Karl Marx e Arnold Ruge, e apareceram apenas uma única vez, em fevereiro de 1844. Neles foram publicados os trabalhos de Marx *A questão judaica* e *Para crítica da Filosofia do Direito de Hegel: Introdução*, bem como o *Esboço para uma crítica da Economia Política* e *A situação da Inglaterra, Past and Present by Thomas Carlyle*, Londres, 1843, de Friedrich Engels. Esses trabalhos marcam a passagem de Marx e Engels para o materialismo e comunismo. Contudo, divergências de princípio entre Marx e o burguês radical Ruge impediram que a revista continuasse a ser publicada. (*N. da Ed. Alemã.*)

(6) No original lê-se: "... *Rechtsverhültnisse wie Staatsformen (...) in den materiellen Lebensverhältnissen wurseln, deren Gesamtheit Hegel, nach dem Vorgang der Engländer und Franzosen des 18. Jahrhunderts, unter dem Namen 'bürgerliche Gesellschaft' zusammenfasst, dass aber dir Anatomie der bürgerlichen Gesellschaft in der politischen Ökonomie zu suchen sei".* Em breves palavras, pode-se dizer que a *bürgerliche Gesellschaft* (sociedade civil), para Hegel, se apresenta como a antítese da família, e o Estado surge como a síntese de ambos, como união dos respectivos princípios. A sociedade civil é o campo onde os indivíduos, como pessoas privadas, buscam a satisfação de seus interesses. Marx, ao contrário, distingue a concepção hegeliana de sua própria: a "sociedade civil" corresponde ao nível onde se dá "o relacionamento dos possuidores de mercadorias", "as relações materiais de vida" ou "metabolismo social". Ela constitui a *anatomia* ou a *base* da estrutura social. Mas a *sociedade burguesa* (o termo alemão é, também, como se viu, *bürgerliche Gesellschaft*) reúne, para Marx, não somente o modo *burguês* de produção como também as relações jurídicas, o Estado burguês etc., que implica. Em sua realidade histórica, a *bürgerliche Gesellschaft* é a sociedade capitalista, com todas as formações sociais que lhe são próprias.* (*N. do T.*)

(7) Trata-se de *A ideologia alemã.* (*N. da Ed. Alemã.*)

(8) Essa dissertação foi posteriormente divulgada em folheto intitulado *Trabalho assalariado e capital.* (*N. do Ed.*)

(9) *A Deutsche Arbeiterverein* (União dos Trabalhadores Alemães) foi fundada em agosto de 1847 por Marx e Engels em Bruxelas, com o objetivo de esclarecer politicamente os trabalhadores alemães que viviam na Bélgica, e para levar até eles as ideias do comunismo científico. Sob a direção de Marx, Engels e outros seus companheiros, a "União" se transformou em um centro dos trabalhadores alemães revolucionários. A *Deutsche Arbeiterverein* mantinha estreito contato com as associações operárias belgas. Seus membros mais progressistas entraram para a Comunidade de Bruxelas da Liga dos Comunistas. Essa associação desempenhou um papel destacado na fundação da *Association Démocratique* de Bruxelas. Logo após a Revolução de Fevereiro na França (1848),

---

*Na tradução francesa de Maurice Husson, o mesmo trecho da obra de Marx teve a seguinte redação: *"Mes recherches aboutirent à ce resultat que les rapports juridiques — ainsi que les formes de l'État — ne peuvent être compris ni par eux-mêmes, ni par la prétendue évolution génerale de l'esprit humain, mais qu'ils prennent au contraire leurs racines dans les conditions d'existence matérielles dont Hegel, à exemple des Anglais et des Français du XVIIIe siècle, comprend l'ensemble sous le nom de 'societé civile' et que l'anatomie de la societé civile doit être cherchée à son tour dans l'économie politique."* (MARX, Karl. *Contribution à la Critique de l'Économie Politique.* Paris, Éditions Sociales, 1957, p. 4). A tradução de M. Husson, em português, teria a seguinte redação: "Minhas pesquisas conduziram ao resultado segundo o qual as relações jurídicas — bem como as formas do Estado — não podem ser compreendidas nem por si mesmas, nem pela pretensa evolução geral do espírito humano, porém que, ao contrário, elas se enraízam nas condições materiais de existência, cujo conjunto Hegel, a exemplo dos ingleses e dos franceses do século XVIII, reúne sob o nome de 'sociedade civil', e que a anatomia da sociedade civil deve ser procurada, por sua vez, na Economia Política." Como se vê, Husson traduziu *bürgerliche Gesellschaft*, em ambas as passagens do trecho, igualmente por *sociedade civil.* (*N. do E.*)

a polícia belga detém e expulsa a maioria dos membros da "União", com o que essa associação teve que paralisar suas atividades. (*N. da Ed. Alemã.*)

(10) *Neue Rheinische Zeitung. Organ der Demokratie* (*Nova Gazeta Renana. Órgão da Democracia*) — Diário cuja redação esteve a cargo de Marx, e que foi publicado em Colônia de 1º de junho de 1848 a 19 de maio de 1849. A ele pertenceram também Friedrich Engels, Wilhelm Wolff, Georg Weerth, Ferdinand Wolff, Ernst Dronke, Ferdinand Freiligrath e Heinrich Bürgers.

Apesar das pressões e perseguições policiais contra os seus redatores, o *Neue Rheinische Zeitung* defendia corajosamente os interesses da democracia revolucionária e com isso os interesses do proletariado. Em maio de 1849, quando a contrarrevolução passa à ofensiva, o governo prussiano determina a expulsão de Marx da Prússia, depois de ter-lhe negado a nacionalidade. Sua expulsão e as represálias que se seguiram, contra os outros redatores, obrigam o jornal a fechar. O último número da *Nova Gazeta Renana* foi impresso em vermelho (nº 301, de 19 de maio de 1849) e traz uma proclamação de despedida dos redatores, dirigida aos operários de Colônia, em que afirmam que "a última palavra do jornal será por toda parte e sempre: *Emancipação da classe operária!*" O *Neue Rheinische Zeitung* "foi o melhor e jamais superado órgão do proletariado revolucionário" (Lenin). (*N. da Ed. Alemã.*)

(11) *New-York Daily Tribune* — Jornal americano, que existiu de 1841 a 1924. Nas décadas de 40 e 50 o jornal assumiu um caráter progressista e se engajou contra a escravidão. A colaboração de Marx começa em agosto de 1851 e se estende até março de 1862. Uma boa parte dos artigos foi escrita por Engels, por solicitação de Marx. Os artigos de ambos nesse jornal tratam de questões importantes do movimento operário, de política interna e externa, e do desenvolvimento econômico dos países europeus, como também questões ligadas à expansão colonial e aos movimentos de libertação nos países dominados e dependentes. (*N. da Ed. Alemã.*)

(12) "Que aqui se afaste toda a suspeita
Que neste lugar se despreze todo o medo". (DANTE, *Divina Comédia*.) (*N. da Ed. Alemã.*)

Texto 12: Valor, trabalho e mais-valia. O confronto entre trabalho e capital

(1) Em francês, no original: tocar de leve na questão. (*N. do E.*)

(2) Benjamin Franklin (1706-1790), filósofo e estadista norte-americano, tornou-se conhecido desde a publicação do seu primeiro ensaio: *A Modest Inquiry into the Nature and Necessity of a Paper Currency*. (*N. do E.*)

(3) Medida inglesa para secos, equivalente, nos Estados Unidos, a 35,238 litros, e, na Inglaterra, a 36,367 litros. (*N. do T.*)

(4) Ver RICARDO, David. *Princípios de Economia Política.* Cap. 1, sec. IV. (*N. do T.*)

(5) Em francês, no original, "preço necessário". (*N. do E.*)

(6) SMITH, Adam. *The Wealth of Nations.* Nova York, 1931, t. I. cap. 7, p. 57. (*N. do T.*)

(7) Thomas Hobbes (1588-1679), filósofo inglês, empírico e sensualista, ideólogo da nobreza aburguesada. Defendeu o poder ilimitado do Estado em suas obras, sobretudo no *Leviatã*, escrito em 1651, que foi queimado em público, após a restauração dos Stuarts. (*N. do E.*)

(8) O mesmo que "acumulação primitiva", como Marx diria em *O Capital.* (*N. do E.*)

(9) O *penny* (singular de *pence*) corresponde a 1/12 do xelim. (*N. do E.*)

(10) Mais tarde, em *O Capital*, Marx diria "taxa de mais-valia". Nessa obra só se emprega a expressão "taxa de lucro" como a relação entre o lucro e o capital total. (*N. da Ed. Francesa.*)

(11) Exploração. (*N. do E.*)

(12) Refere-se Marx aos países do continente europeu. (*N. do E.*)

(13) Jacobitas eram chamados os partidários de Jacques II (do latim Jacobus) e da Casa dos Stuarts, afastados pela revolução de 1688. Tentaram apoderar-se do poder em diversas ocasiões, a última das quais em 1745, mas sem o menor êxito. (*N. do E.*)

(14) Thomas Robert Malthus (1766-1834) é principalmente conhecido pelo seu *Essay on the Principles of Population as it Affects the Future Improvement of Society* (*Ensaio Sobre o Princípio da População na Medida em Que Afeta a Futura Melhoria da Sociedade*), no qual conclui pela fórmula pessimista de que a população tenderia a aumentar em progressão geométrica, enquanto os meios de subsistência crescem em progressão aritmética, devendo-se atingir um ponto em que não seria mais possível arranjar alimentos para todos. Essa concepção, profundamente reacionária, ainda hoje figura, em primeiro plano, no arsenal ideológico do imperialismo. (*N. do E.*)

(15) Jaguernaut é o nome de uma das imagem do deus indiano Vixnu. Nas festas em honra a essa divindade celebrava-se uma procissão acompanhando o carro do deus, debaixo do qual se atiravam e pereciam muitos fanáticos. (*N. do T.*)

(16) Habitante de uma antiga e atrasada província da Rússia czarista, hoje parte das Repúblicas Socialistas Soviéticas da Estônia e Letônia. (*N. do E.*) [Depois do colapso da antiga União Soviética, a Letônia (Livônia) constituiu-se em república independente em 4 de agosto de 1991. (*N. do O.*)]

(17) George Rose, estadista inglês (1744-1818), agente dedicado de Pitt e, depois, de Jorge III. (*N. do E.*)

(18) No cap. XXV do Livro Primeiro de *O Capital*, nota 253, onde Marx se detém a examinar minuciosamente esse problema, encontra-se a seguinte observação: "Aqui nos referimos às verdadeiras colônias, às terras virgens colonizadas por emigrantes livres. Os Estados Unidos, num sentido econômico, ainda são uma colônia da Europa. Quanto ao mais, isso diz respeito, também, àquelas antigas plantações, nas quais a abolição da escravatura transformou, completamente, as condições anteriores." MARX, Karl. *Das Kapital*. In: *Marx-Engels Werke*. Berlim, Dietz Verlag, 1977, v. 23, p. 792. Desde então, como em toda parte a terra se converteu em propriedade privada, cerraram-se, também, as possibilidades de transformar, nos países coloniais, os trabalhadores assalariados em produtores livres. (*N. do E.*)

(19) Chamado mais tarde, por Marx, capital "constante" e oposto ao capital transformado em salários, ou capital "variável". (*N. da Ed. Francesa.*)

Texto 13: Extratos d'*O Capital. Crítica da Economia Política*

(1) Vide minha obra *Contribuição à crítica* etc., p. 39. [Obra a que nos referimos neste volume como *Para a crítica da economia política*. (*N. de O*)].

(2) Karl Marx, *Contribuição à crítica da economia política*, Berlim, 1859, p. 3.

(3) "Desejo envolve necessidade; é o apetite do espírito e tão natural como a fome para o corpo. (...) A maioria [das coisas] tem valor porque satisfaz as necessidades do espírito." (Nicholas Barbon, *A discourse on coining the new money lighter. In answer to Mr. Locke's considerations* etc., Londres, 1696, pp. 2 e 3.)

(4) "As coisas possuem uma virtude intrínseca (como Barbon designa valor de uso), igual em toda a parte, como a propriedade do ímã de atrair o ferro" (*op. cit.*, p. 6). A propriedade do ímã só se tornou útil depois de se descobrir, por meio dela, a polaridade magnética.

(5) "O valor natural de qualquer coisa consiste em sua capacidade de prover as necessidades ou de servir às comodidades da vida humana." (John Locke, "Some Considerations on the Consequences of the Lowering of Interest", 1691, em *Works*, ed. Londres, 1777, v. II, p. 28.) No século XVII, ainda se encontra com frequência nos escritores ingleses "worth" significando valor de uso e "value" valor de troca, em conformidade com o espírito de um idioma que sói expressar o fenômeno original com um termo germânico, e o reflexo, com um termo latino.

(6) Na sociedade burguesa reina a ficção jurídica de que todo ser humano, como comprador, tem um conhecimento enciclopédico das mercadorias.

(7) "O valor consiste na relação de troca que se estabelece entre uma coisa e outra, entre a quantidade de um produto e a de outro." (Le Trosne, "De l'intérêt social", em *Physiocrates*, ed. Daire, Paris, 1846, p. 889.)

(8) "Nada pode ter um valor de troca intrínseco." (N. Barbon, *op. cit.*, p. 6.) Ou, como diz Butler: "O valor de uma coisa é exatamente o que ela dá em troca."

(9) "One sort of wares are as good as another, if the value be equal. There is no difference or distinction in things of equal value." Barbon acrescenta: "Cem libras esterlinas de chumbo ou de ferro valem tanto quanto cem libras esterlinas de ouro ou de prata." (N. Barbon, *loc. cit.*, p. 53 e 57.)

(10) Nota da 2ª edição: "The value of them (the necessaries of life) when they are exchanged the one for another, is regulated by the quantity of labour necessarily required, and commonly taken in producing them." "O valor dos objetos, quando se permutam, é determinado pela quantidade de trabalho necessariamente exigida e comumente gasta para produzi-los." (*Some thoughts on the interest of money in general, and particularly in the Public Funds* etc., Londres, pp. 36 e 37.) Não traz data esse notável trabalho anônimo do século passado. De seu conteúdo infere-se que apareceu no tempo de Jorge II, por volta de 1739 ou 1740.

(11) "Todos os produtos da mesma espécie formam, a bem dizer, uma só massa, cujo preço é determinado de modo geral, sem se levar em conta circunstâncias especiais." (Le Trosne, *op. cit.*, p. 893.)

(12) K. Marx, *op. cit.*, p. 6.

NOTAS

(13) A 1ª edição continua: "Conhecemos, agora, a *substância* do valor. É o trabalho. Conhecemos a *medida de sua magnitude*. É o tempo de trabalho. Resta analisar sua *forma*, o sinete que se imprime sobre o valor, o valor de troca. Mas, antes, é mister desenvolver mais pormenorizadamente as definições já formuladas." (*N. da ed. alemã*)

(14) Nota da 4ª edição: "O trecho que intercalei entre colchetes destina-se a evitar o erro, muito frequente, de achar que Marx considera mercadoria qualquer produto, desde que não seja consumido pelo produtor, mas por outro."(*Nota de F. Engels*).

(15) "Todos os fenômenos do universo, provocados pela mão do homem ou pelas leis gerais da física, não constituem, na realidade, criações novas, mas apenas transformação da matéria. Associação e dissociação são os únicos elementos que o espírito humano acha ao analisar a ideia de produção; o mesmo ocorre com a produção do valor" (valor de uso, embora o próprio Verri, nessa polêmica com os fisiocratas, não saiba claramente de que valor está falando) "e da riqueza, quando a terra, o ar e a água transformam-se, nos campos, em trigo, ou quando, pela intervenção do homem, a secreção de um inseto se transforma em seda, ou diversas peças de metal se ordenam para formar um despertador." (Pietro Verri, *Meditazioni sulla economia política*, impresso, primeiro, em 1771, na edição dos economistas italianos, de Custodi, parte moderna, v. XV, pp. 21 e 22.)

(16) Vide Hegel, *Philosophie des Rechts*, Berlim, 1840, pp. 250 e 190.

(17) Repare o leitor que não se trata aqui de salário ou do valor que o trabalhador recebe por seu tempo de trabalho, mas do valor da mercadoria no qual se traduz seu tempo de trabalho. Não existe ainda a categoria salário neste estágio de nossa exposição.

(18) Shakespeare, *Henrique IV*, parte 1ª, ato III, cena III. (*Nota da Ed. Alemã*)

(19) Quando o mundo parecia estar tranquilo, recorde-se, a China e as mesas começaram a bailar, *pour encourager les autres*.

(20) Nota da 2ª edição: Entre os antigos germanos, a unidade para medir a terra era a área que podia ser lavrada num dia, e, por isso, deram-lhe o nome de *Tagwerk** ou *Tagwanne (jurnale* ou *Jurnalis, terra jurnalis, jornalis* ou *diurnalis), Mannwerk, Mannskraft, Mannsmaad, Mannshauet*.

---

*O *Tagwerk*, medida agrária antiquada, varia, conforme usos regionais, de 25 a 35 ares, aproximadamente. Em português, temos a palavra *jeira*, com os seguintes sentidos arcaicos: área que podia ser lavrada por uma junta de bois num dia; antiga medida agrária que variava, conforme o lugar, de 19 a 36 hectares; serviço de lavoura obrigatório e gratuito. Outros significados: serviço de um jornaleiro em cada dia; salário por dia de serviço. (*N. do T.*)

Vide Georg Ludwig von Maurer. *Einleitung zur Geschichte der Mark* — Hof — *usw. Verfassung*, Munique, 1854, pp. 129 e seguintes.

(21) Nota da 2ª edição: Galiani, por isso, depois de dizer que o valor é uma relação entre pessoas ("La ricchezza é una ragione tra due persone"), deveria ter acrescentado: oculta sob um invólucro material. (Galiani, *Della moneta*, p. 221, t. III, coleção "Scrittori Classici Italiani di Economia Politica", parte moderna, Milão, 1803.)

(22) "Que pensar de uma lei que só pode impor-se através de revoluções periódicas? É uma lei natural que assenta sobre a inconsciência daqueles cuja ação está sujeita a ela." (Friedrich Engels, "Umrisse zu einer Kritik der Nationalökonomie", *Deutsch-Französische Jahrbücher*, ed. por Arnold Ruge e Karl Marx, Paris, 1844.)

(23) Nota da 2ª edição: Ricardo também não está livre de mancadas robinsonianas. "Ele transforma o pescador e o caçador primitivos em donos de mercadorias, peixe e caça, que permutam na proporção do tempo de trabalho incorporado nesses valores de troca. Cai, então, no anacronismo de fazer o pescador e o caçador selvagens consultarem as tabelas de anuidades, de uso corrente na Bolsa de Londres em 1817, para calcular o valor correspondente aos instrumentos de trabalho. Os 'Paralelogramas de Owen' parecem ter sido a única forma de sociedade que conhecia além da burguesa." (Karl Marx, *Contribuição à crítica* etc., pp. 38-39.)

(24) Nota da 2ª edição: "É ridículo o preconceito, difundido recentemente, de que a forma primitiva da propriedade comum é especificamente eslava ou exclusivamente russa. Sua existência pode ser comprovada entre os romanos, germanos, celtas, e dela ainda se encontra, hoje, na Índia, um mostruário completo de exemplares variados, embora parcialmente em ruína. Estudo em maior profundidade das formas asiáticas de propriedade coletiva, especialmente das indianas, comprovaria como diversas formas transmutadas decorrem das diferentes formas de propriedade coletiva natural. Assim, por exemplo, os diferentes tipos originais de propriedade privada entre os romanos e germanos podem ser inferidos de formas diferentes da propriedade comum indiana." (Karl Marx, *Contribuição à crítica* etc., p. 10.)

(25) A análise de Ricardo sobre a magnitude do valor, a melhor, é, contudo, insuficiente, como se verá nos Livros III e IV desta obra. Quanto ao valor em geral, a economia política clássica não distingue, expressamente e com plena consciência, entre o trabalho representado no valor e o mesmo trabalho representado no valor de uso do produto. É claro que faz, de fato, essa distinção, ao considerar o trabalho, ora qualitativa, ora quantitativamente. Mas não lhe ocorre que a distinção puramente quantitativa dos trabalhos pressupõe sua unidade qualitativa, sua homogeneidade, sua redução, portanto, a trabalho humano abstrato. Ricardo, por exemplo, afirma estar de acordo

com Destutt de Tracy, quando este diz que "é certo que nossas faculdades físicas e mentais são nossa riqueza original, que o emprego dessas faculdades, o trabalho sob qualquer de suas formas, é nosso tesouro original, e que tudo o que chamamos de bens provém desse emprego (...); em consequência, também é certo que todos esses bens representam, simplesmente, o trabalho que os produziu e que, se têm um valor ou mesmo dois valores distintos, só podem obtê-los do valor do trabalho donde promanam". (Ricardo, *The principles of Pol. Econ.*, 3ª ed., Londres, 1821, p. 334.*) Observamos apenas que Ricardo atribui sua interpretação mais profunda a Destutt. Este diz realmente que todos os bens que constituem a riqueza "representam simplesmente o trabalho que os produziu", mas que obtêm seus "dois valores distintos" (valor de uso e valor de troca) do "valor do trabalho". Cai assim no lugar-comum da economia vulgar, que pressupõe o valor de uma mercadoria (aqui, o trabalho), para logo determinar, como consequência, o valor das outras. Ricardo entende Destutt como se este tivesse dito que o trabalho (não o valor do trabalho) está representado no valor de uso e no valor de troca. Ele mesmo atenta tão pouco para o duplo caráter do trabalho representado duplamente no valor de uso e no valor que, em todo o capítulo, "Valor e riqueza", se extenua batalhando contra as trivialidades de um J. B. Say. No fim, se surpreende em ver que há concordância entre ele e Destutt quanto a ser o trabalho fonte de valor, apesar de Destutt estar de acordo com Say quanto ao conceito de valor.

(26) Uma das falhas principais da economia política clássica é não ter conseguido devassar — partindo da análise da mercadoria e, particularmente, do valor da mercadoria — a forma do valor, a qual o torna valor de troca. Seus mais categorizados representantes, como A. Smith e Ricardo, tratam com absoluta indiferença a forma do valor ou consideram-na mesmo alheia à natureza da mercadoria. O motivo não decorre apenas de a análise da magnitude do valor absorver totalmente sua atenção. Há uma razão mais profunda. A forma do valor do produto do trabalho é a forma mais abstrata, mais universal do modo de produção burguês, que, através dela, fica caracterizado como uma espécie particular de produção social, de acordo com a sua natureza histórica. A quem considere esse modo de produção a eterna forma natural da produção social escapará, necessariamente, o que é específico da forma do valor e, em consequência, da forma mercadoria e dos seus desenvolvimentos posteriores, a forma dinheiro, a forma capital etc. Encontram-se, por isto, economistas que concordam plenamente em ser a magnitude do valor medida pelo tempo de trabalho, mas sustentam em relação ao dinheiro, figura conclusa do equivalente geral, as ideias mais contraditórias e extravagantes. Confunde-nos, por exemplo, o acervo de lugares-comuns, constituído pelas precárias definições de dinheiro que apresentam ao estudarem os problemas bancários. Por isso, surgiu em sentido contrário um sistema mercantilista restaurado (Ganilh etc.) que vê no valor apenas a forma social ou, antes, o fantasma insubstancial dessa forma.

E, para esclarecer de uma vez por todas, direi que, no meu entender, economia política clássica é toda a economia que, desde W. Petty, investiga os nexos causais das condições burguesas de

---

*Vide Destutt de Tracy, *Eléments d'idéologie. IVᵉ e Vᵉ parties*, Paris, 1826, pp. 35 e 36.

produção, ao contrário da economia vulgar, que trata apenas das relações aparentes, rumina, continuamente, o material fornecido há muito tempo pela economia científica a fim de oferecer uma explicação plausível para os fenômenos mais salientes, que sirva ao uso diário da burguesia, limitando-se, de resto, a sistematizar pedantemente e a proclamar como verdades eternas as ideias banais, presunçosas, dos capitalistas sobre seu próprio mundo, para eles o melhor dos mundos.

(27) "Os economistas têm uma maneira de proceder singular. Para eles, só há duas espécies de instituições, as artificiais e as naturais. As do feudalismo são instituições artificiais; as da burguesia, naturais. Equiparam-se, assim, aos teólogos, que classificam as religiões em duas espécies. Toda religião que não for a sua é uma invenção dos homens; a sua é uma revelação de Deus. — Desse modo, havia história, mas, agora, não há mais" (Karl Marx, *Misère de la philosophie. Réponse à la Philosophie de la misère*, de M. Proudhon, 1847, p. 113). O Sr. Bastiat é realmente engraçado, imaginando que os antigos gregos e romanos viviam apenas do saque. Se há povos que vivam de rapina, durante muitos séculos, deve existir sempre algo para saquear ou têm de reproduzir-se continuamente as coisas que são objeto de saque. Por isso, parece que também os gregos e os romanos tinham um processo qualquer de produção, portanto, uma economia, que constituía a base material do seu mundo, do mesmo modo que a economia burguesa constitui a do mundo de hoje. Ou quer Bastiat dizer, talvez, que um modo de produção baseado na escravatura se fundamenta num sistema de rapina? Assim, ele enveda por senda perigosa. Se um pensador portentoso, como Aristóteles, errou em sua apreciação sobre o trabalho escravo, por que um economista pigmeu, como Bastiat, estaria certo em sua apreciação sobre o trabalho assalariado? — É oportuna, aqui, uma breve resposta à objeção levantada por um periódico teuto-americano, quando apareceu meu livro *Contribuição à crítica da economia política* (1859). Segundo ele — minha ideia de ser cada determinado modo de produção e as correspondentes relações de produção, em suma, "a estrutura econômica da sociedade a base real sobre que se ergue uma superestrutura jurídica e política, e à qual correspondem determinadas formas de consciência social", de "o modo de produção da vida material condicionar o processo da vida social, política e intelectual em geral" —, tudo isto seria verdadeiro no mundo hodierno, onde dominam os interesses, mas não na Idade Média, sob o reinado do catolicismo, nem em Roma ou Atenas, sob o reinado da política. De início, é estranho que alguém se compraza em pressupor o desconhecimento por outrem desses lugares-comuns sobre a Idade Média e a Antiguidade. O que está claro é que nem a Idade Média podia viver do catolicismo, nem o mundo antigo da política. Ao contrário, é a maneira como ganhavam a vida que explica por que, numa época, desempenhava o papel principal a política e, na outra, o catolicismo. De resto, basta um pouco de conhecimento da história da república romana para saber que sua história secreta é a história da propriedade territorial. Já Dom Quixote pagou pelo erro de presumir que a cavalaria andante era compatível com qualquer estrutura econômica da sociedade.

(28) O contraste entre o poder proporcionado pela propriedade da terra em virtude de relações de servidão e domínio e o poder impessoal do dinheiro está claramente expresso em dois provérbios franceses que dizem que "não há terra sem senhor" e que "dinheiro não tem senhor".

(29) "Compram-se mercadorias com dinheiro, e dinheiro com mercadorias." (Mercier de la Rivière, *L'ordre naturel et essentiel des sociétés politiques*, p. 543).

(30) "Quando se compra uma coisa para vendê-la, chama-se a soma empregada de dinheiro adiantado; quando se compra a coisa sem o intuito de vendê-la, pode-se dizer que a soma empregada foi gasta" (James Stewart, *Works* etc., edited by General Sir James Stewart, his son, Londres, 1805, vol. I, p. 274).

(31) "Não se troca dinheiro por dinheiro", diz Mercier de la Rivière aos mercantilistas (*op. cit.*, p. 486). Em obra destinada, pelo seu título, a tratar de comércio e de especulação, lê-se: "Todo comércio consiste na permuta de coisas de espécie diferente; e o proveito [para o comerciante?] se origina dessa diferença. Trocar uma libra de pão por uma libra de pão não traria nenhum lucro (...) daí ser o comércio vantajoso em comparação com o jogo, que é apenas troca de dinheiro por dinheiro" (Th. Corbet, *An inquiry into the causes and modes of the wealth of individuals; or the principles of trade and speculation explained*, Londres, 1841, p. 5). Embora Corbet não veja que D — D, permutar dinheiro por dinheiro, é a forma de circulação característica não só do capital comercial, mas de todo capital, pelo menos admite que essa forma de uma espécie de comércio, a especulação, é comum ao jogo. Aparece então MacCulloch e acha que comprar para vender é especular, e que a diferença entre especulação e comércio se desvanece. "Todo negócio em que uma pessoa compra um produto para vendê-lo é realmente uma especulação." (MacCulloch, *A dictionary practical* etc. *of commerce*, Londres, 1847, p. 1009). Bem mais ingênuo, Pinto, o Píndaro da Bolsa de Amsterdã: "O comércio é um jogo [frase tirada de Locke] e não é com pobres que se pode ganhar. Se, durante longo tempo, se ganhasse tudo de todos, ter-se-ia amigavelmente de devolver a maior parte dos lucros, para recomeçar o jogo." (Pinto, *Traité de la circulation et du crédit*, Amsterdã, 1771, p. 231).

(32) "Na forma de dinheiro (...) o capital não produz nenhum lucro" (Ricardo, *Princ. of Pol. Econ.*, p. 267.)

(33) Nas enciclopédias referentes à antiguidade clássica pode-se ler a afirmação disparatada de que, no mundo antigo, o capital era plenamente desenvolvido, "mas que faltavam o trabalhador livre e o sistema de crédito". Também Mommsen, em sua *História romana*, incorre numa série de quiproquós.

(34) Diversas legislações estabelecem, por isso, um máximo para o contrato de trabalho. Nos países onde o trabalho é livre, a lei regula as condições de rescisão do contrato. Em diversos países, notadamente no México (antes da Guerra Civil americana, também nos territórios arrancados ao México e, até a revolução de Kusa, nas províncias danubianas), a escravatura se oculta sob a forma de peonagem. Por meio de adiantamentos resgatáveis em trabalho e transmitindo-se a obrigação de resgate de geração em geração, torna-se, não o trabalhador individual, mas também sua família, propriedade, de fato, de outras pessoas e das respectivas famílias. Juárez abolira a peonagem. O chamado imperador Maximiliano restabeleceu-a por decreto, justamente denunciado na Câmara dos Deputados dos Estados Unidos como destinado a restabelecer a escravatura no México. "Posso ceder a outro, por tempo limitado, o uso de minhas particulares aptidões corporais e mentais e possibilidades de atividade, porque elas adquirem, com essa limitação, uma relação extrínseca com minha totalidade e generalidade. Com a alienação de todo o meu tempo concretizado no trabalho e da totalidade de minha produção, converteria em propriedade de outrem a própria substância do que foi cedido, a saber, minha atividade geral e realidade, minha personalidade." (Hegel, *Philosophie des Rechts*, Berlim, 1840, p. 104, § 67)

(35) O que caracteriza a época capitalista é adquirir a força de trabalho, para o trabalhador, a forma de mercadoria que lhe pertence, tomando seu trabalho a forma de trabalho assalariado. Além disso, só a partir desse momento se generaliza a forma mercadoria dos produtos do trabalho.

(36) "O valor de um homem é como o de todas as outras coisas, seu preço, isto é, a soma que se paga para se dispor de sua força" (Th. Hobbes, "Leviathan", em *Works*, ed. Molesworth, Londres, 1839 a 1844, vol. III, p. 76).

(37) Em Roma antiga, o *villicus*, o feitor dos escravos nos trabalhos agrícolas, recebia "uma ração menor que a dos escravos braceiros, por ser seu trabalho mais leve que o destes". (Th. Mommsen, *Röm. Geschite*, 1856, p. 810)

(38) Vide *Over-Population and its Remedy*, Londres, 1846, de W. Th. Thornton.

(39) Petty.

(40) "Seu preço natural [do trabalho] (...) consiste numa soma de coisas necessárias e úteis, exigidas pela natureza e pelos hábitos de um país, para o sustento do trabalhador e a fim de capacitá-lo a constituir família que assegure ao mercado uma oferta de trabalho sem diminuição" (R. Torrens, *An essay on the external corn trade*, Londres, 1815, p. 62). A palavra *trabalho* está aí erradamente *por força de trabalho*.

(41) Rossi, *Cours d'écon. polit.*, Bruxelas, 1843, pp. 370, 371.

(42) Sismondi, "*Nouv. Princ.* etc.," t. I, p. 113.

(43) "Todo trabalho é pago depois de concluído" (*An inquiry into those principles, respecting the nature of demand* etc., p. 104). "O crédito comercial tinha de começar no momento em que o trabalhador, o primeiro criador da produção, pôde, com suas poupanças, esperar o salário de seu trabalho até o fim da semana, da quinzena, do mês, do trimestre etc." (Ch. Ganilh, *Des systèmes d'écon. polit.*, 2ª ed., Paris, 1821, t. II, p. 150).

(44) "O trabalhador empresta sua atividade", mas, acrescenta espertamente Storch, "nada arrisca além da perda de seu salário (...) o trabalhador não fornece nada de material" (Storch, *Cours d'écon. pol.*, Petersburgo, 1815, t. II, pp. 36, 37).

(45) Um exemplo. Em Londres existem duas espécies de padeiros, os *full priced*, que vendem o pão sem redução de preço, e os *undersellers*, que o vendem com redução. Esta classe constitui ¾ do número total de padeiros (p. XXXII do relatório do comissário do governo, H. S. Tremenheere, *Grievances complained of by the journeymen bakers* etc., Londres, 1862). Esses *undersellers* vendem pão, em regra, falsificado com a adição de alúmen, sabão, potassa, cal, pó de pedra de Devonshire e outros ingredientes análogos, agradáveis, nutritivos e saudáveis. (Vide o livro azul citado acima, o relatório do "Committee of 1885 on the Adulteration of Bread" e o trabalho do Dr. Hassall, *Adulterations detected*, 2ª. ed., Londres, 1861.) Sir John Gordon declarou, perante o Comitê de 1855, que "em virtude dessas falsificações, o pobre que vive de duas libras-peso de pão por dia não recebe realmente a quarta parte da correspondente substância alimentícia, sem se falar nos efeitos prejudiciais sobre sua saúde". "Grande parte da classe trabalhadora", embora esteja perfeitamente a par das falsificações, aceita nas suas compras as adições de alúmen, pó de pedra etc., e a razão dissso, explica Tremenheere (*op. cit.*, p. XLVIII), "decorre de serem forçados por necessidade a aceitar do seu padeiro ou do merceeiro o pão que querem fornecer." Uma vez que só recebem o salário no fim da semana, "só então" podem "pagar o pão consumido pela família", e acrescenta Tremenheere, apoiando-se em depoimentos de testemunhas: "É notório que o pão composto dessas misturas é feito expressamente para essa espécie de clientes." ("It is notorious that bread composed of those mixtures is made expressely for sale in this manner.)" "Em muitos distritos rurais ingleses" (mais ainda nos escoceses) "o salário é pago por quinzena e até por mês. Com esses longos intervalos entre os pagamentos, tem o trabalhador rural de comprar sua mercadoria a crédito. (...) Ele tem de pagar preços mais altos e está preso ao armazém que lhe dá crédito. Assim, em Horningsham in Wilts, por exemplo, onde o salário é mensal, custa-lhe a farinha 2 xelins e 4 *pence* por *stone*, quando o preço noutra parte é 1 xelim e 10 *pence*" (*Sixth Report on Public Health by The Medical Officer of the Privy Council etc*, 1864, p. 264). "Os estampadores manuais de Paisley e Kilmarnock [na Escócia ocidental] conseguiram, com uma greve, a redução

do prazo para pagamento de salário de um mês para duas semanas." (*Reports of the Inspectors of Factories for 31st Oct. 1853*, p. 34). É outra modalidade de crédito que o trabalhador dá ao capitalista o método de muitos proprietários de minas de carvão de só pagar ao trabalhador no fim do mês, fornecendo-lhe recursos por conta no intervalo, muitas vezes em mercadorias, que ele tem de pagar acima do preço do mercado (*trucksystem*). "É prática usual dos donos das minas pagar uma vez por mês, e adiantar dinheiro aos seus trabalhadores ao fim de cada semana intermediária. Esse adiantamento é dado no armazém [o *Tommy-shop*, que pertence ao próprio patrão.] Os homens tomam-no de um lado do armazém e gastam-no do outro" (*Children's Employment Commission, III, Report*, Londres, 1864, p. 38, n. 192).

(46) Parece um paradoxo, por exemplo, considerar o peixe que ainda não foi pescado meio de produção da pesca. Mas, até hoje, não se inventou a arte de pescar em águas onde não haja peixes.

(47) Essa conceituação de trabalho produtivo, derivada apenas do processo de trabalho, não é de modo nenhum adequada ao processo de produção capitalista.

(48) Storch distingue entre *matière*, a matéria-prima propriamente dita, e *matériaux*, os materiais acessórios; Cherbuliez chama os materiais acessórios *matières instrumentales*.

(49) Esta é uma das circunstâncias que encarecem a produção baseada na escravatura. O trabalhador aí, segundo a expressão acertada dos antigos, se distingue do animal, instrumento capaz de articular som, e do instrumento inanimado de trabalho, instrumento mudo, por ser instrumento dotado de linguagem. Mas o trabalhador faz o animal e os instrumentos sentirem que ele não é seu semelhante, mas um ser humano. Cria para si mesmo a consciência dessa diferença, maltratando-os e destruindo-os passionalmente. Constitui, por isso, princípio econômico só empregar, na produção escravista, os instrumentos de trabalho mais rudes, mais grosseiros, difíceis de serem estragados em virtude de sua rusticidade primária. Até a eclosão da Guerra de Secessão, encontravam-se nos estados escravocratas banhados pelo Golfo do México arados construídos segundo velho estilo chinês, que fuçavam a terra como um porco ou uma toupeira, sem fendê--la nem revirá-la. Vide J. E. Cairnes, *The slave power*, Londres, 1862, pp. 46 e segs. Em seu livro *Seabord slave states*, [pp. 46, 47], diz Olmsted: "Mostraram-me aqui instrumentos que ninguém entre nós, no uso normal de sua razão, poria nas mãos de um trabalhador a quem pagasse salário. Na minha opinião, o peso excessivo e a rusticidade deles tornam o trabalho, pelo menos, dez por cento mais difícil do que seria se executado com os instrumentos que utilizamos. Asseguraram-me que, em face do modo negligente e inepto como os escravos os utilizam, seria mau negócio fornecer-lhes algo mais leve ou menos tosco, e que instrumentos como os que confiamos aos nossos trabalhadores, para nosso proveito, não durariam um dia nos campos de trigo da Virgínia, embora a terra seja mais leve e mais livre de pedras que a nossa. Do mesmo modo, quando perguntei por que nas fazendas substituíam geralmente os cavalos por mulas, a primeira

razão apresentada e a mais convincente foi a de que os cavalos não podem suportar o tratamento que lhes costumam infligir os negros. Em pouco tempo arruínam ou aleijam os cavalos, enquanto as mulas aguentam as bordoadas e a falta ocasional de uma ou duas rações, sem prejuízo para seu estado físico. Não se resfriam, nem adoecem, quando não cuidam delas ou as submetem à estafa. Não preciso ir além da janela do quarto onde estou escrevendo para ver, quase a qualquer hora, o gado ser tratado de modo que levaria qualquer fazendeiro do Norte a despedir imediatamente o vaqueiro."

(50) A diferença entre trabalho superior e simples, entre trabalho qualificado e não qualificado decorre, em parte, de meras ilusões, ou pelo menos de distinções que cessaram de ser reais, mas sobrevivem convencionalmente, por tradição; em parte, se origina também da situação precária de certas camadas da classe trabalhadora, situação que as impede, mais que as outras, de reivindicarem e obterem o valor de sua força de trabalho. Circunstâncias fortuitas desempenham, no caso, papel tão importante que esses dois gêneros de trabalho chegam a trocar de posição. Onde, por exemplo, a substância física da classe trabalhadora está enfraquecida e relativamente esgotada, como nos países de produção capitalista desenvolvida, os trabalhos brutais que exigem muita força muscular são considerados superiores a muitos trabalhos mais refinados, que são rebaixados ao nível de trabalho simples. Na Inglaterra, um pedreiro ocupa uma posição superior à de um tecedor de damasco; já o trabalho de um aparador de veludo é considerado simples, embora exija grande esforço físico e seja nocivo à saúde. Além disso, não devemos supor que o trabalho superior, qualificado, represente grande proporção do trabalho nacional. Laing estima que mais de 11 milhões de pessoas vivem de trabalho simples, na Inglaterra e no País de Gales. Desconta um milhão de aristocratas e um milhão e meio de indigentes, vagabundos, criminosos, prostitutas etc. da população de 18 milhões que existia ao publicar-se sua obra, ficando 4.650.00 para a classe média. Nesta incluí pessoas que vivem de pequenos investimentos, funcionários, artistas, professores etc. Para chegar a esses $4\frac{2}{3}$ milhões, considera parte trabalhadora da classe média, além de banqueiros etc., todos os trabalhadores de fábrica mais bem remunerados. Neste grupo incluiu também os pedreiros. Restaram-lhe então os referidos 11 milhões (S. Laing, *National distress* etc., Londres, 1844, [pp. 49 a 52 *passim*]). "A grande classe que só dispõe de trabalho comum para dar em troca de alimento constitui a grande maioria da população" (James Mill, no artigo "Colony", *Supplement to the Encyclop. Brit.*, 1831).

(51) "Quando se fala de trabalho como medida de valor, subentende-se necessariamente uma espécie determinada de trabalho (...) sendo fácil de averiguar a proporção em que se encontra em relação às outras espécies" ([J. Cazenove], *Outlines of polit. economy*, Londres, 1832, pp. 22, 23).

(52) "O trabalho substitui uma criação destruída por uma nova." (*An essay on the polit. econ. of nations*, Londres, 1821, p. 13).

(53) Não se trata aqui de consertos dos instrumentos de trabalho, máquinas, construções etc. Uma máquina que está sendo reparada não está desempenhando o papel de instrumento de trabalho, mas de material, de objeto de trabalho. O operário não trabalha com ela e sim trabalha nela, para recuperar seu valor de uso. Todo o trabalho de consertar pode ser considerado, nesta análise, parcela do trabalho exigido para a produção do instrumental de trabalho. No texto, entretanto, referimo-nos ao desgaste a que ninguém pode dar jeito e que progressivamente torna o instrumental imprestável; aludimos "àquela espécie de desgaste que não se pode reparar ao longo do tempo e que leva uma faca finalmente a tal estado que o cuteleiro diz não valer mais a pena substituir a lâmina". Viu-se, no texto, que uma máquina participa de cada processo de trabalho em sua totalidade, mas apenas parcialmente no processo simultâneo de formar valor. Isto permite julgar a confusão das ideias seguintes: "Ricardo fala da quantidade de trabalho despendida por um construtor de máquinas ao fabricar uma máquina de fazer meias", como se estivesse contida, por exemplo, no valor de um par de meias. "Entretanto, todo o trabalho que produz cada par de meias (...) inclui o trabalho por inteiro do construtor da máquina, e não apenas uma parte; pois uma máquina faz muitos pares de meias, e nenhum deles poderia ter sido feito com a ausência de qualquer parte da máquina." (*Observations on certain verbal disputes in pol. econ., particularly relating to value, and to demand and supply*, Londres, 1821, p. 54.) O autor, um sabichão enfatuado, tem razão em sua confusa polêmica apenas no tocante à circunstância de não terem Ricardo e nenhum outro economista, antes ou depois dele, distinguido exatamente os dois aspectos do trabalho e muito menos ainda analisado seu papel diverso na formação do valor.

(54) Compreende-se o absurdo de J. B. Say, que procura derivar a mais-valia (juros, lucros, renda) dos "serviços produtivos" que os meios de produção, terra, instrumental, couro etc. prestam no processo de trabalho por meio de seu valor de uso. Wilhelm Roscher, que dificilmente perde uma oportunidade de destacar belos pensamentos apologéticos, exclama: "J. B. Say, em seu *Traité*, t.I, cap. 4, observa com toda a razão que o valor produzido por um moinho de azeite, depois de descontar todos os custos, é sem dúvida algo novo, inteiramente diverso do trabalho por meio do qual foi construído o próprio moinho" (*Op. cit.*, p. 82, nota). Muito bem. O óleo produzido pelo moinho é algo muito diverso do trabalho despendido para construir o moinho. E por valor entende Roscher coisas tais como óleo, uma vez que óleo tem valor. Encontrando-se, porém, na "natureza" óleo mineral, petróleo, embora relativamente em pequenas quantidades, faz ele essa outra observação: "Ela [a natureza] quase não produz valores de troca". (*Op. cit.*, p. 79.) A natureza de Roscher e o valor de troca dela lembram a jovem imprudente que admite ter tido um filho, mas que ele é "muito pequeno". Esse *"savant sérieux"* observa a seguir: "A escola de Ricardo costuma subordinar o capital à ideia de trabalho, chamando-o de trabalho acumulado. É um ponto de vista inadequado, pois o possuidor do capital fez, sem dúvida, mais que a simples produção e conservação do mesmo, isto é, absteve-se de usufruí-lo, e em compensação, exige juros" (*Op. cit.*, p. 82).

NOTAS

Que "adequado" é esse "método anatômico-fisiológico" da economia política, que extrai "valor" da mera "apetência" do capitalista.

(54a) "De todos os instrumentos da agricultura, o trabalho do homem (...) é o que mais importa ao empresário agrícola para reembolsar-se de seu capital. Os outros dois — os animais utilizados na lavoura e (...) os instrumentos como carroças, arados e pás — nada são se não houver certa quantidade do primeiro" (Edmund Burke, *Thoughts and details on scarcity, originally presented to the Rt. Hon. W. Pitt in the month of november 1795*, Londres, 1800, p. 10).

(55) No *Times* de 26 de novembro de 1862, um fabricante que possuía uma fiação com 800 trabalhadores e consumia semanalmente, em média, 150 fardos de algodão da Índia ou cerca de 130 fardos de algodão americano, queixava-se ao público sobre as despesas anuais, que sobrecarregavam sua fábrica quando parava de funcionar. Estimava-as em 6.000 libras. Entre essas despesas encontram-se várias parcelas que não nos interessam aqui, tais como aluguéis, impostos, seguros, salários de trabalhadores contratados anualmente, superintendentes, contador, engenheiro etc. Computa 150 libras esterlinas de carvão, para aquecer a fábrica em diversas ocasiões e pôr em movimento a máquina a vapor, várias vezes, além de salários a trabalhadores que operam ocasionalmente para manter a maquinaria em condições de funcionar. Inclui 1.200 libras esterlinas para a deterioração da maquinaria, uma vez que "o tempo e as causas naturais de desgaste não interrompem seus efeitos por cessar de girar a máquina a vapor". Diz expressamente que fixou esse pequeno montante de 1.200 libras esterlinas por já estar a maquinaria bastante usada.

(56) "Consumo produtivo (...) ocorre quando o consumo de uma mercadoria é parte do processo de produção. (...) Nesse caso, não há consumo de valor." (S. P. Newman, *op. cit.*, p. 296).

(57) Num compêndio americano que está talvez na 20ª. edição, lê-se: "Não é importante a forma sob a qual o capital reaparece." Depois de uma longa enumeração de todos os possíveis ingredientes da produção que reaparecem no produto, surge esta conclusão: "Transformam-se também as diversas espécies de alimentos, roupas e habitação que são indispensáveis à existência e ao conforto do ser humano. São consumidas ao longo do tempo, e seu valor reaparece no novo vigor que emprestam ao corpo e ao espírito humano, formando assim novo capital que se aplica em novo processo de produção" (F. Wayland, *op. cit.*, pp. 31, 32). Não considerando outras singularidades, reparamos que não é o preço do pão que reaparece no vigor renovado, mas as substâncias nutritivas. Além disso, o que reaparece como valor desse vigor, dessa força, é o valor dos meios de subsistência. Se esses meios de subsistência custam apenas a metade, produzirão a mesma quantidade de músculos, ossos etc., a mesma força, enfim, mas não força do mesmo valor. Essa conversão de valor em força e toda essa imprecisão farisaica dissimulam a tentativa, de resto vã, de extrair mais-valia do mero reaparecimento de valores preexistentes.

(58) "Todos os produtos do mesmo tipo constituem, a bem dizer, uma massa cujo preço é determinado de maneira geral e sem consideração a circunstâncias particulares" (Le Trosne, *op. cit.*, p. 893).

(58a) "Se considerarmos o valor do capital fixo aplicado parte do capital desembolsado, teremos de computar, no fim do ano, o valor remanescente deste capital como parte da receita anual." (Malthus, *Princ. of pol. econ.*, 2ª. ed., Londres, 1836, p. 260.)

(59) Nota da 2ª. edição: É evidente o que diz Lucrécio: "*Nil posse creari de nihilo.*" Nada se tira do nada. Criação de valor é conversão de força de trabalho em trabalho. Força de trabalho é matéria convertida em organismo humano.

(60) Do mesmo modo, se diz taxa de lucro, taxa de juros etc. Veremos no Livro Terceiro que é fácil compreender o que é taxa de lucro, desde que se conheçam as leis da mais-valia. Se seguirmos o caminho oposto, não entenderemos nem um nem outro.

(60a) Nota da 3ª. edição: O autor usa aí a linguagem econômica corrente. Lembramos que, à página 137 [cf., neste volume, a p. 345 — *N. do O.*] ficou demonstrado que, na realidade, não é o capitalista quem faz adiantamento ao trabalhador, mas este ao capitalista. (*Nota de F. E.*)

(61) Empregamos até agora a expressão "tempo de trabalho necessário" para designar o tempo de trabalho socialmente necessário à produção de uma mercadoria. Doravante, empregá-la-emos também para significar o tempo de trabalho necessário à produção dessa mercadoria especial que é a força de trabalho. O uso dos mesmos termos técnicos com sentidos diversos oferece inconvenientes, mas nenhuma ciência pode evitá-lo inteiramente. Veja-se, por exemplo, o que ocorre com as matemáticas superiores e elementares.

(62) Wilhelm Roscher, na opinião dele mesmo o Tucídides da economia política, sustenta que a formação da mais-valia ou do produto excedente e a acumulação daí decorrente se originam, hodiernamente, da parcimônia do capitalista, que, em compensação, exige juros. E, com genialidade asnática, descobre que "nos níveis mais baixos de civilização, o forte obrigava o fraco a ser parcimonioso" (*op. cit.*, pp. 82, 78). Obrigava-o a poupar trabalho ou produtos excedentes que não existiam? O que leva Roscher e quejandos a transformarem em razões de ser da mais-valia as justificações mais ou menos plausíveis que o capitalista apresenta para apropriar-se da mais-valia existente é, sem dúvida, além da ignorância real, o medo apologético de analisar conscienciosamente o valor e a mais-valia e chegar a resultados embaraçantes e proibidos.

NOTAS

(62a) Nota da 2ª. edição: A taxa da mais-valia, embora seja a expressão exata do grau de exploração da força de trabalho, não exprime, entretanto, a magnitude absoluta dessa exploração. Se o trabalho necessário = 5 horas e a mais-valia = 5 horas, o grau de exploração será = 100%. Mediu-se com 5 horas a magnitude da exploração. Mas, se o trabalho necessário = 6 horas e a mais-valia = 6 horas, o grau de exploração continua a ser de 100%, enquanto a magnitude da exploração aumenta de 20%, de 5 para 6 horas.

(63) O valor do salário médio diário é determinado pelo que o trabalhador precisa "para viver, trabalhar e reproduzir-se" (William Petty, *Political anatomy of Ireland*, 1672, p. 64). "O preço do trabalho é sempre determinado pelas coisas necessárias à vida." O trabalhador não recebe o salário adequado "quando (...) o salário não é suficiente para alimentar uma família tão grande como a que muitos deles costumam possuir, de acordo com o baixo nível de vida que lhes corresponde" (J. Vanderlint, *loc. cit.*, p. 15). "O trabalhador comum, que nada possui além de seus braços e sua atividade, só tem o trabalho que consegue vender a outros. (...) Em toda a espécie de trabalho, tem de ocorrer e realmente sempre ocorre que o salário do trabalhador fica limitado ao que ele precisa para sua subsistência" (Turgot, *Reflexions* etc., *Oeuvres*, éd. Daire, t. 1, p. 10). "O preço das coisas necessárias à vida é realmente igual ao custo de produção do trabalho" (Malthus, *Inquiry into etc. Rent*, Londres, 1815, p. 48, nota).

(64) O aperfeiçoamento industrial não é outra coisa que a descoberta de novos meios de confeccionar um produto com menos gente ou "o que é o mesmo, em menos tempo". (Galiani, *loc. cit.*, pp. 158, 159). "Reduzir os custos de produção nada mais é do que reduzir o número de pessoas empregadas na produção" (Sismondi, *Études* etc., t.I, p. 22).

(65) "A simples existência dos patrões capitalistas, como uma classe distinta, decorre da produtividade do trabalho" (Ramsay, *loc cit*, p. 206). "Se o trabalho de cada ser humano fosse apenas suficiente para produzir seus próprios alimentos, não haveria nenhuma propriedade." (Ravenstone, *loc. cit*, p. 14)

(65a) Segundo estimativa recentemente feita, vivem nas regiões da Terra já exploradas, pelo menos, quatro milhões de canibais.

(66) "Entre os índios selvagens da América quase tudo pertence ao trabalhador, que recebe 99% do produto de seu trabalho. Na Inglaterra, o trabalhador talvez não chegue a receber $\frac{2}{3}$," (*The Advantages of the East India Trade* etc., pp. 72 e 73).

(67) Diodoro, *loc. cit.*, 1. I, cap. 80.

(68) "Acumulação do capital: emprego de uma parte da renda como capital" (Malthus, *Définitions* etc., ed. Cazenove, p. 11). "Transformação de renda em capital" (Malthus, *Princ. of Pol. Econ.*, 2ª. ed, Londres, 1836, p. 320).

(68a) Omitimos aqui o comércio exterior, por meio do qual uma nação pode transformar artigos de luxo em meios de produção ou meios de subsistência e vice-versa. Para desembaraçar nossa análise de circunstâncias acessórias perturbadoras, consideramos todo o mundo comercial como se pertencesse a uma única nação, e pressupomos que a produção capitalista se estabeleceu por toda a parte e apoderou-se de todos os ramos industriais.

(68b) Ao analisar a acumulação, Sismondi comete o erro de se contentar demasiadamente com a frase "transformação da renda em capital", sem examinar a fundo as condições materiais dessa operação.

(68c) "O trabalho primitivo a que o capital deveu sua origem" (Sismondi, *loc.cit.*, ed. Paris, t. 1, p. 109).

(69) Karl Marx, *loc. cit.* "Havendo igual opressão das massas, um país é tanto mais rico quanto mais proletários possua" (Colins, *L'économie politique, source des révolutions et des utopies prétendues socialistes*, Paris, 1857, t. III, p. 331). Por "proletário" deve entender-se economicamente o assalariado que produz e expande o capital e é lançado à rua logo que se torna supérfluo às necessidades de expansão do "*monsieur capital*", como o chama Pecqueur. "O proletário doentio da floresta virgem" não passa de uma curiosa fantasia de Roscher; o habitante da floresta virgem é proprietário dela e trata-a como sua propriedade, com a mesma liberdade de um orangotango. Ele não é um proletário, e só o seria se a floresta o explorasse, em vez de ser explorada por ele. Quanto a seu estado de saúde, resistiria bem a uma comparação com a do proletário moderno e mesmo com a de respeitáveis cavalheiros, sifilíticos e escrofulosos. Provavelmente, *Herr* Wilhelm Roscher entende por floresta os arredores campestres de Lüneburg, sua terra natal.

(70) Nota da 4ª edição: Os recentes trustes ingleses e americanos já têm em mira esse objetivo, procurando juntar pelo menos todas as grandes empresas de um ramo industrial numa grande sociedade anônima, com monopólio efetivo. (*Nota de F. E.*)

(71) Nota da 3ª edição: No exemplar de uso pessoal de Marx, encontramos a seguinte anotação à margem: "Para desenvolver mais tarde: se a ampliação é puramente quantitativa, os lucros no mesmo ramo de negócios comportam-se, em relação aos capitais grandes e pequenos, de conformidade com as magnitudes dos capitais adiantados. Se a ampliação quantitativa resulta em mudança qualitativa, a taxa do lucro aumenta simultaneamente para o capital maior." (*Nota de F. E.*)

(72) Dados extraídos do censo da Inglaterra e País de Gales, relativos ao número de empregados: Total das pessoas empregadas na agricultura (inclusive proprietários, arrendatários, horteláos, pastores etc.): em 1851, 2.011.447; 1861, 1.924.110; redução, 87.337. Fiação de lã: em 1851, 102.714; 1861,

NOTAS

79.242. Fábricas de seda: 1851, 111.940; 1861, 101.678. Indústria de tecidos estampados: 1851, 12.098; 1861,12.556; pequeno aumento de empregados, mas a enorme expansão dos negócios indica que houve uma grande queda relativa no seu número. Fabricação de chapéus: 1851, 15.957; 1861, 13.814. Confecção de chapéus de palha e adornos de cabeça: 1851, 20.393; 1861, 18.176. Produção de malte: 1851, 10.566; 1861, 10.677. Fabricação de velas: 1851, 4.949; 1861, 4.686; decréscimo causado em parte pelo aumento da iluminação a gás. Confecção de pentes: 1851, 2.038; 1861, 1.478. Serradores: 1851, 30.552; 1861, 31.647; pequeno acréscimo em virtude da aplicação crescente de serras mecânicas. Confecção de pregos: 1851, 26.940; 1861, 26.130; queda em virtude da concorrência da máquina. Minas de zinco e cobre: 1851, 31.360; 1861, 32.041. Temos, entretanto, fiação e tecelagem de algodão, com 371.777, em 1851, e 456.646, em 1861, e mineração de carvão, com 183.389, em 1851, e 246.613, em 1861. "Desde 1851, o aumento dos trabalhadores é, em regra, maior nos ramos onde até agora não se aplicou maquinaria com sucesso." (*Census of England and Wales for 1861*, vol. III, Londres, 1863, pp. 85 a 89.)

(73) A lei do decréscimo progressivo da magnitude relativa do capital variável e seus efeitos sobre a situação da classe trabalhadora foram percebidos intuitivamente por alguns destacados economistas da escola clássica, embora não chegassem a ser realmente compreendidos. A esse respeito, o maior mérito cabe a John Barton, embora ele, como todos os outros, confundisse o capital constante com o fixo, e o variável com o circulante. Diz ele: "A procura de trabalho depende do aumento do capital circulante, e não do fixo. Se fosse verdade que a relação entre ambas as espécies de capital é igual em todos os tempos e sob todas as circunstâncias, então resultaria daí que o número dos trabalhadores empregados guarda proporção com a riqueza do Estado. Mas essa proposição não tem probabilidade de ser verdadeira. Na medida em que se desenvolvem as ciências naturais e se expande a civilização, aumenta o capital fixo numa proporção cada vez maior em relação ao circulante. O montante de capital fixo empregado quando se produz uma peça de musselina inglesa é pelo menos cem vezes, provavelmente mil vezes, maior que o empregado para produzir uma peça semelhante de musselina indiana. E a proporção de capital circulante é cem ou mil vezes menor. (...) Se a totalidade das poupanças anuais fossem investidas em capital fixo, não teria nenhum efeito no sentido de aumentar a procura de trabalho" (John Barton, *Observations on the circumstances which influence the condition of the labouring classes of society*, Londres, 1817, pp. 16 e 17). "A mesma causa que pode aumentar a renda líquida do país pode ao mesmo tempo tornar supérflua a população e deteriorar a situação do trabalhador" (Ricardo, *loc. cit.*, p. 469). Com o acréscimo do capital, "a procura de trabalho se processa em proporção decrescente." (*loc. cit.*, p. 480, nota). "O montante de capital destinado a manter o trabalho pode variar independentemente de qualquer mudança no montante global do capital. (...) Grandes flutuações no número de trabalhadores empregados e grandes sofrimentos podem se tornar mais frequentes quando o capital se torna mais abundante." (Richard Jones, *An introductory lecture on pol. econ.*, Londres, 1833, p. 12.) "A procura de trabalho não aumenta na proporção da acumulação do capital global.

(...) Por isso, com o progresso da sociedade, todo aumento de capital nacional, destinado à reprodução, influi cada vez menos na situação do trabalhador." (Ramsay, *loc. cit.*, pp. 90 e 91).

(74) No último semestre de 1866, em Londres, foram despedidos 80 a 90 mil trabalhadores; entretanto, no relatório sobre as fábricas, referente ao mesmo semestre, lia-se: "Parece que não é de nenhum modo acertado dizer que a procura gera a oferta no momento exato em que dela precisa. Isto não ocorreu com o trabalho, pois muita maquinaria teve de ficar parada o ano passado por falta de braços" (*Report of Inspt. of Fact. for 31st Oct. 1866*, p. 81).

(74a) Discurso de abertura da Conferência Sanitária, 14 de janeiro de 1875, pronunciado por J. Chamberlain, ex-prefeito da cidade, atualmente (1883) Ministro do Comércio.

(75) No censo de 1861, da Inglaterra e País de Gales, "781 cidades continham 10.960.998 habitantes, enquanto a população das aldeias e das paróquias rurais era apenas de 9.105.226... Em 1851, figuravam no censo 580 cidades, cuja população era quase igual à das zonas rurais. Mas enquanto a população do campo aumentou nos últimos 10 anos em apenas meio milhão, a das 580 cidades cresceu de 1.554.067. O acréscimo de população nas paróquias rurais é de 6,5% e, nas cidades, de 17,3%. A diferença na taxa de crescimento decorre da emigração do campo para a cidade. Três quartos do crescimento global da população pertencem às cidades" (*Census* etc., vol. III, pp. 11 e 12).

(76) "A pobreza parece favorecer a procriação" (A. Smith). Segundo o abade Galiani, espírito galante e perspicaz, esta é uma sábia disposição da providência divina: "Deus dispôs que os homens que exercem os misteres mais úteis nascessem em abundância." (Galiani, *loc. cit.*, p. 78) "A miséria, levada ao seu grau mais extremo da fome e da peste, aumenta o crescimento da população, em vez de lhe pôr um freio" (S. Laing, *National distress*, 1844, p. 69). Depois de ilustrar estatisticamente sua afirmação, prossegue Laing: "Se todos os seres humanos vivessem em condições cômodas, o mundo estaria em pouco tempo despovoado" ("If the people were all in easy circumstances, the world would soon be depopulated").

(77) Ver *Theorien über den Mehrwert*, de Karl Marx, zweiter Teil, p. 435-66.

(78) Ver Livro I, p. 726s., 748s. [Cf., neste volume, pp. 381-3 e s. e 393-394. (*N do O.*)

(79) Começo do capítulo XLVIII, no manuscrito.

(80) Marx utiliza, para designar mais-valia, a letra grega Δ (delta), empregada em matemática para significar acréscimo. Mais adiante designa mais-valia por h.

(81) Aí e a seguir Marx designa a mais-valia por x.

(82) Em si = virtualmente, potencialmente, em essência.

Texto 14: A Comuna de Paris

(1) Em janeiro de 1871, Thiers, em nome da república recém-instaurada, articula um armistício com os alemães. A Guarda Nacional se nega a depor armas e se rebela a 18 de março – Thiers foge para Versalhes e a população parisiense elege a assembleia que a governaria até maio, na primeira experiência mundial de um poder nas mãos dos trabalhadores. Com o apoio das tropas alemãs, Thiers ataca Paris a 2 de abril, mas só triunfa a 27 de maio. A Comuna foi sufocada pelo terror: 30 mil fuzilados sumariamente no cemitério de Père-Lachaise, 45 mil prisioneiros e 4 mil deportados. (*N. do O.*)

(2) Vil multidão. (*N. da R.*)

(3) O termo "imperialismo" é aqui empregado por Marx para designar o regime bonapartista do "Império" de Luís Napoleão. (*N. da Ed. Bras.*)

(4) O texto inglês diz: *misrepresent*, isto é, "representar mal", com o sentido de *trair*. (*N. da Ed. Bras.*)

(5) *Kladderadatsch*, revista satírica alemã, fundada em Berlim em 1848. *Punch*, revista satírica que se começou a publicar em Londres em 1841. (*N. da R.*)

(6) Por decreto do povo. (*N. da R.*)

(7) Refere-se ao professor Huxley. (*Nota da edição alemã de 1871.*)

(8) A 18 de abril, a Comuna publicou um decreto prorrogando por três anos o pagamento das dívidas. (*N. da R.*)

(9) Frades ignorantes. (*N. da R.*)

(10) O *barão de Haussmann* foi, durante o Segundo Império, prefeito do departamento do Sena, isto é, da cidade de Paris. Realizou uma série de obras para modificar o plano de Paris, com o fim de facilitar a luta contra as insurreições dos operários. (*Nota para a tradução russa publicada sob a direção de V.I.Lênin*)

(11) Frontão onde a Assembleia Nacional adotou sua célebre decisão. (*Nota da E. Alemã de 1871*)

(12) Apodo com que o povo chamava aos que fugiam de Paris assediada. (*N. da R.*)

Texto 15: Observações à margem do Programa do Partido Operário Alemão

(1) Veja-se, neste volume, a página 195. (*N. do O.*)

(2) Aqui, pelo visto, Marx chama ironicamente o "Marat de Berlim" a Hasselmann, redator--chefe do *Neuer Sozial-Demokrat (Novo Social-Democrata)*, o órgão central dos lassalleanos. (*N. da R.*)

(3) A *Liga Internacional pela Paz e a Liberdade*, fundada em Genebra em 1867, era uma organização de democratas e pacifistas burgueses. A I Internacional, por solicitação e sob a direção de Marx, lutou resolutamente contra os lemas demagógicos da Liga, que afastavam o proletariado da luta de classes. (*N. da R.*)

(4) Marx alude ao editorial aparecido no nº 67 de *Norddeutsche Allgemeine Zeitung* (*Gazeta Geral da Alemanha do Norte*), de 20 de março de 1875. Referindo-se ao artigo 5 do programa do Partido Social-Democrata, o editorial assinalava que a "agitação social-democrata havia-se tornado, em vários sentidos, mais prudente" e que "renegava a Internacional". (*N. da R.*)

(5) *Atelier*: revista mensal operária publicada em Paris (1840/1850), e que se achava sob a influência do socialismo católico de Buchez. (*N. da R.*)

(6) O *Partido Popular* foi fundado em Darmstad, em setembro de 1865, e definitivamente organizado no Congresso de Stuttgart, em setembro de 1868. Era um partido da pequena burguesia, sobretudo do sul da Alemanha. Opunha os princípios pequeno-burgueses do federalismo à política bismarckiana, que buscava a unificação da Alemanha sob a hegemonia da Prússia dos *junkers*. (*N. da R.*)

(7) Os eisenachianos foram chamados de *honrados*. Marx, aqui, faz um jogo de palavras. (*N. da R.*)

NOTAS

(8) Partidários da reforma financeira. (*N. da R.*)

(9) *Kulturkampf (Luta pela cultura)*, isto é, a luta travada por Bismarck, na década de 1870, contra o Partido Católico Alemão, o partido do "Centro", por meio de perseguições policiais contra o catolicismo. (*N. da R.*)

(10) *Disse e salvei minh'alma.* (*N. da R.*)

Índice

A

Anacarsis, 80
Annenkov, P. V., 5, 17, 123, 167, 169, 467
Aristóteles, 120, 484
Arthur Giannotti, José, 235, 267

B

Babeuf, 212
Backes, Marcelo, 161
Bakunin, Mikhail, 31, 36
Barata-Moura, José, 49, 91
Bauer, Bruno, 8, 9, 11, 16, 35, 49, 123, 447, 466
Bauer, Edgar, 8, 16, 127
Bauer (irmãos), 8, 9, 11, 12, 16, 37, 49, 51, 52, 53, 54, 57, 60, 63, 64, 66, 123, 127, 449, 452, 455, 466
Beaumont, G. de, 53, 63, 65, 445
Bebel, A., 33
Bismarck, 31, 32, 413, 420, 434, 435, 498
Blanchet, S., 420
Blanqui, L. A., 24
Boisguillebert, 15
Bonaparte, 22, 24, 36, 41, 217, 219, 220, 221, 223, 225, 226, 228, 229, 230, 231, 232, 233, 408, 409, 417, 419, 421
Bonaparte, Luís, 22, 24, 36, 41, 233, 408, 409, 417, 419, 421
Bruno, São, 139, 148, 152, 153, 154, 155

C

Cabet, 110, 469
Calonne, Charles-Alexandre, 422
Carone, Edgard, 39
Cherbuliez, 308, 488
Cracóvia, 215, 470

D

d'Ailly, Pierre, 230
Demócrito, 9, 35, 40
Dombrowski, J., 418

E

Edgar, Herr, 8, 10, 127, 128
Eleanor, 10
Enderle, Rubens, 133, 465
Engels, Friedrich, 11, 14, 15, 16, 17, 18, 20, 21, 22, 23, 26, 27, 31, 33, 34, 35, 36, 39, 40, 41, 42, 43, 44, 45, 46, 47, 48, 73, 82, 93, 111, 123, 126, 133, 161, 163, 183, 235, 260, 267, 272, 311, 405, 423, 451, 452, 454, 458, 468, 469, 470, 473, 474, 475, 476, 477, 479, 481, 482
Epicuro, 9, 35, 40, 333
Ésquilo, 79

F

Favre, Jules, 420
Felipe, Luís, 85, 233, 413, 438, 441

Feuerbach, Ludwig, 5, 10, 11, 16, 35, 40, 46, 95, 99, 109, 114, 115, 117, 118, 119, 133, 135, 136, 137, 138, 139, 149, 150, 154, 155, 161, 163, 164, 165, 446, 447, 448, 450, 451, 465
Fourier, 107, 125, 169, 180, 213, 455, 469
Frankel, Leo, 418
Franziska, 10
Frederick, 10

G

Ganesco, 418
Guido, Heinrich, 10
Guise, 231
Guizot, 16, 35, 185, 221, 232, 270

H

Hamilton, 53
Hegel, 5, 9, 10, 11, 13, 15, 35, 40, 45, 47, 55, 56, 57, 67, 73, 82, 99, 117, 119, 120, 130, 139, 158, 255, 256, 270, 447, 449, 450, 451, 452, 453, 454, 457, 458, 459, 460, 461, 462, 463, 464, 465, 466, 467, 475, 476, 481, 486
Heine, Heinrich, 11
Hobbes, Thomas, 286, 450, 459, 478
Hobsbawm, 18, 39, 45, 46

I

IV, Frederico Guilherme, 9, 20, 85

J

Jacob, William, 320
Jenny, 8, 10, 21, 33, 34, 135, 464
Jones, Richard, 308, 495
K
Kautsky, 26, 472
Konder, Leandro, 217, 275
Köppen, Karl, 8

L

Laércio, Diógenes, 80
Lafargue, Paul, 31
Lange, 436
Lassale, F., 23
Lassalle, 32, 46, 428, 430, 434, 436, 437, 438
Laura, 10
Liebknecht, K., 33
Luciano, 79
Ludwig, 10, 149, 161, 482

M

Mac-Culloch, 15
Malagodi, Edgard, 235, 267
Markovski, 418
Martorano, Luciano Cavini, 133
Marx, Charles, 180
Marx, Heinrich, 8, 453
Marx, Karl, 7, 9, 11, 12, 42, 43, 46, 46, 49, 73, 91, 95, 117, 123, 133, 161, 167, 183, 217, 235, 267, 273, 275, 405, 423, 450, 453, 455, 465, 466, 475, 476, 479, 480, 481, 482, 484, 494, 496, 497
Matos, Almir, 405, 423
Max, São, 152, 154, 155
Melo, Francisco, 91
Metternich, 185
Michel, Karl M., 99
Montesquieu, 10, 412
Morgan, L. H., 34, 465
Morny, 232

N

Napoleão, Luís, 20, 24, 32, 148, 217, 220, 222, 223, 224, 226, 227, 228, 229, 233, 413, 417, 441, 451, 464, 466, 470, 497
Netto, José Paulo, 3, 5, 7, 167

O

Otto, F., 51
Owen, 111, 213, 469, 482

P

Pacheco, Maria Antónia, 91
Pina, Álvaro, 183
Pressburg, Henriette, 8
Proudhon, P.-J., 5, 11, 14, 17, 35, 46, 47, 104, 105, 107, 123, 125, 126, 127, 128, 129, 167, 169, 170, 171, 172, 173, 174, 175, 176, 177, 178, 179, 180, 211, 238, 262, 272, 448, 457, 458, 461, 467, 484

R

Ramsey, 308
Ranke, 10
Rheinische, Zeitung, 269, 272, 446, 452, 458, 462, 475, 477
Riazanov, David, 39, 47
Ricardo, D., 15, 27, 125, 127, 237, 249, 250, 307, 308, 314, 478, 482, 483, 485, 490, 495
Robinson, 330, 331, 332
Rose, George, 305, 479
Rousseau, 10, 71, 237, 426, 449, 456, 462
Ruge, Arnold, 11, 14, 35, 451, 455, 458, 466, 475, 482

S

Saint-Simon, 108, 125, 213
Sampaio, Vicente Azevedo de Arruda, 8, 73, 123
Savigny, Friedrich Karl von, 77
Say, 15, 125, 247, 248, 483, 490
Schaper, Von, 269
Schneider, Nélio, 133
Schumpeter, J. A., 125
Shakespeare, 77, 222, 265, 305, 481
Sieyès, 87
Sismondi, 15, 27, 127, 208, 308, 314, 344, 380, 487, 493, 494

Smith, Adam, 15, 27, 94, 125, 127, 173, 237, 240, 258, 283, 284, 308, 395, 478, 483, 496
Steuart, 27, 238
Stirner, São Max, 152, 154, 155
Stuart Mill, J., 15, 240

T

Thiers, Adolphe, 32, 85, 405, 408, 410, 416, 418, 419, 421, 422, 462, 497
Thornton, 305, 486
Tooke, 284
Tracy, Destutt de, 127, 464, 483
Trotski, 30
Tschernyschwski, M., 315

V

Villegardelle, 110
Vogt, Karl, 24
von Gülich, Gustav, 313

W

Wachsmuth, 10, 447, 456, 459
Wagner, A., 33
Weitling, W., 17
Weston, John, 25, 275, 307
Westphalen, Jenny von, 8
Weydemeyer, J., 217
Wirth, Max, 330

X

XIV, Luís, 225

Este livro foi composto na tipografia Adobe
Garamond Pro, em corpo 11,5/16 e impresso em
papel off-white no Sistema Digital Instant Duplex da
Divisão Gráfica da Distribuidora Record.